LOGISTICS ENTERPRISE

EXCELLENT

北京长久物流股份有限公司

——行天下 长久远

北京长久物流股份有限公司

北京长久物流有限公司成立于2003年9月10日，2011年8月2日长久有限整体变更为股份有限公司。公司目前主要从事整车运输物流服务，专注于搭建物流网络、整合物流资源及物流规划。公司自成立以来，以其高质高效的服务，在业内享有良好的品牌声誉，曾多次获得“年度全国先进物流企业”等荣誉称号。

面对全球经济一体化和网络经济时代的到来，长久物流在巩固其核心汽车物流业务的同时，正积极拓展其他业务领域，致力于发展成为国内一流的、具有竞争力的、能提供综合物流解决方案的优秀第三方物流供应商。长久物流始终恪守“至诚、志专、致远”的核心价值观，锐意创新、不断进取！

公司优势

1.独立于汽车生产厂商的第三方汽车物流优势
2.经营模式优势
3.客户资源优势
4.物流网络优势
5.信息化管理优势
6.运力保障优势
7.专业化品牌优势
8.人力资源优势

发行概况

报送信息	内容
公司全称	北京长久物流股份有限公司
股票简称	长久物流
股票代码	603569
公司总股本	40001万股
本次上市流通股本	4001万股
上市日	2016年8月10日
发行价	15.43元/股
发行市盈率	22.98倍
上交所上市公司家数	第1115家（2016年第35家）

募投项目

本次发行股票募集资金，将为发行人实现上述战略目标提供有力的资金支持，并发挥重要作用，主要体现在以下四方面：

1　为公司实现未来业务发展目标提供资金保障，并为公司未来计划扩大投资时再融资提供广阔的平台。

2　优化业务模式，提升公司信息化程度，降低运营成本，为公司在未来行业竞争中的核心竞争力提供更好的保障。

3　进一步丰富客户群体，丰富服务品种，加大高附加值服务在整体业务中的比例，提升整体盈利水平。

4　发行上市后，公司作为公众公司，可以快速提高公司市场知名度，增强公司在市场的影响力，也提高公司对优秀人才的吸引力，有利于公司的长远发展。

www.changjiulogistics.com

地址：北京市朝阳区东三环北路霞光里18号佳程广场B座7层
电话：010-57355999 传真：010-57355800
官方客服热线：4008185959

不断超越的

客服电话：4008865156
公司地址：北京市海淀区丰秀中路1号
联系电话：010-58710733

Beijing iFoton Logistics Co.,Ltd. was founded in May 2002, and its registered capital up to 80 million RMB, located in Haidian District, Beijing City. There is existing 2000 staff in company. Its annual revenue is nearly 2 billion RMB. The company has a business network throughout the country, consisting of 8 branches with more than 50 business departments located in Beijing, Shandong, Hunan, Guangdong and other regions.

Since founded, the company has been adhered to innovation of management and technology, built a business platform including vehicle logistics, production logistics, components logistics and passenger service. Now, the company has developed into a leading logistics enterprise.Facing the whole country, based on the auto industry, dig car value chain logistics, logistics business development other industries, for suppliers, makers, distributors, service providers and end users with the overall logistics solutions.

As for the "5A-level Integrated Logistics Enterprise", we have got the elaborate management system and applied to ISO9001, OHSAS18001 and ISO14001 standard. The company has been honored the"Top10 Brands of China Automotive Logistics".We have got the honor of "The Advanced Enterprise of China Logistics " and " Top100 Enterprise of China Logistics" for seven years. We were awarded more than 80 honorary titles such as "The Demonstration Base for China's Logistics Culture","The Outstanding Contribution Enterprise for China's Automotive Logistics ", the company had risen into "KPI Vehicle Logistics Enterprise ", and so on.

Efficient connectivity creates values. With the concept of "professional, intelligent, sincere, trust", we are committed to achieve the brand value of "intelligent-leading technology, reliable service, and excellent benefit". Through the innovation of management and technology, by 2020, the company will become a leading intelligent logistics enterprise with excellent quality.

东风车城物流

DFWL DONGFENG CHECHENG LOGISTICS

成为领

概况

东风车城物流股份有限公司是东风汽车公司下属核心物流企业，创立于1993年，总部位于广东省深圳市。经过二十多年的快速发展，公司已初步形成以整车物流运输为主，零部件物流运输为辅的经营格局，与国内多家知名物流企业建立有战略合作伙伴关系，在国内汽车物流行业具有较高知名度。

业务范畴

公司主要业务包括：整车物流及仓储，汽车零部件运输及仓储，集装箱运输，铁运、水运货物代理，商用车与普通货物运输，零部件生产及销售等，是一家具有综合实力的集团型物流企业。主要服务客户包括东风日产、东风乘用车、东风本田、神龙汽车、东风裕隆、东风悦达起亚、东风雷诺、东风柳汽等。

先的汽车物流综合解决方案提供商

物流资源

公司目前整车仓储面积达110万m^2，室内零部件仓储面积达30万m^2，拥有普通货车、特种货车、海关监管车、轿运车、叉车及正面吊等各类型运输设施设备上千余台。

目前，公司在全国建有十大物流基地，并设有八大驻外办事处。已建立覆盖全国南北纵横、东西贯通的公路、铁路、水路联运物流运输网络，年运输能力超过150万台。

物流网络

中都物流简介

中都物流有限公司，5A级物流企业，成立于2008年1月8日，是由北汽集团和首钢集团共同投资设立的专业物流公司，注册资金4.5亿元。目前共有十个下属公司，职工1500余人，2015年实现营业收入35亿元，位于汽车物流行业前列。依托北汽集团发展战略，先后在北京、株洲、黄骅、增城、镇江五个城市建立了汽车物流基地，总面积超2000亩，可为汽车工厂提供全方位、一体化的供应链解决方案。中都物流拥有从事汽车和钢铁物流的核心资源和关键业务，业务范围涉及汽车整车物流、生产物流、售后物流、钢铁物流、国际货代物流、物流金融等方面，具备完整的第三方物流(3PL)功能和能力，并正在以此为基础拓展第四方物流(4PL)业务。

有自营网络的互联网运力平台！

chering.cn

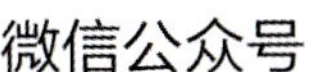

微信公众号　　车运往

车运介绍 Introduce

中都车运（www.chering.cn）为中都物流旗下整车物流互联网运力服务平台，依托覆盖全国的商品车运输自营及社会化运力网络，为汽车运输需求企业、个人、新车及二手车电商、互联网汽车托运平台，提供安全、专业、高效、智能、绿色的汽车运输物流服务。

车运优势 Advantage

1．快速配载，高时效

百万商品车配载资源，快速配载启运，时效有保障

2．自营动力网络，高保障

标准化运输管理与考核，服务有保障

3．品牌服务实力保障，高可靠

高端车型运输服务能力，安全有保障

4．专业团队+互联网平台，汽车运输专家

整车物流行业资深专家运营团队，专业有保障

武汉东本储运有限公司
WUHAN DONG HON LOGISTICS CO.,LTD

COMPANY PROFILES 公司简介

武汉东本储运有限公司成立于2004年4月，公司位于武汉经济技术开发区东荆河路，是由中国东风汽车工业进出口有限公司、日本株式会社本田物流公司、本田技研（中国）投资有限公司及上海神越实业有限公司共同组成的一家专业物流公司，经营普通货运、仓储配送、汽车零部件的组装生产、物流咨询、捆包、捆包资材的生产、销售等业务，主要为东风本田汽车有限公司提供零部件调达运输、厂内零部件配送、整车运输及售后备件运输等全方位的物流服务。在零件采购领域、生产制造领域、商品车及售后配件领域与客户进行了全面的物流合作。

东本储运

公司理念

放眼世界，以成为国际领先、客户信赖、员工自豪的综合物流企业为奋斗目标。

经营理念

始终站在客户的立场，提供安全、专业、高技术的优质物流服务

永葆青春与梦想，提倡创新与学习，向更高目标挑战

注重沟通、交流与合作，创造安全、和谐、愉悦的工作环境

为社会朝着更加丰富、更具活力的方向发展不断努力

主营业务

入厂物流
□循环取货
□仓储运输
□集中配送

厂内物流
□线边配送
□线边整理

整车物流
□商品车下线
□商品车仓储
□商品车运输

备件物流
□备件包装
□备件仓储
□备件运输

空容器物流
□空容器收集
□空容器返还

业务纵贯汽车供应链物流全过程

HOWO

质领先锋
驭动力

元初国际---中国与世界的桥梁和纽带

Origin International Ties up China and the World

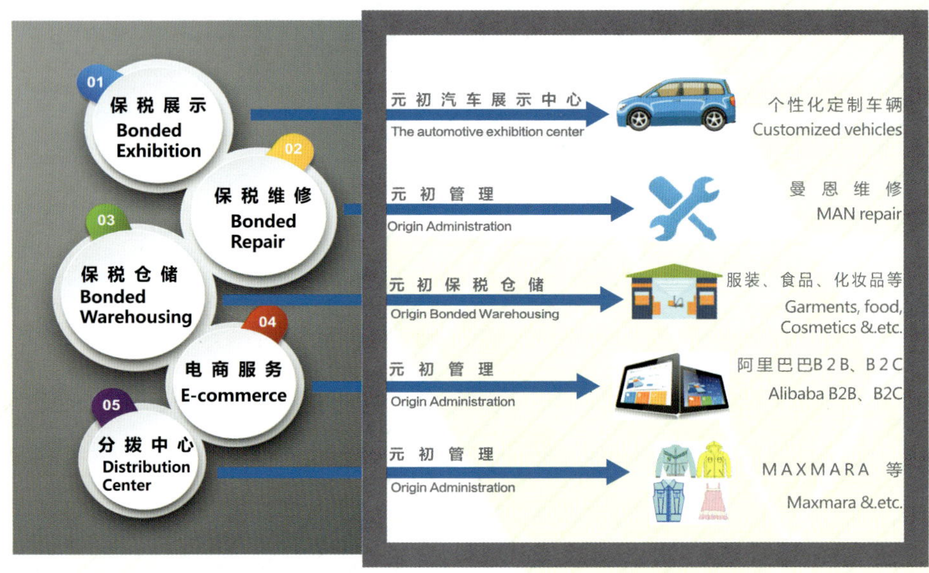

2007年武汉国际物流博览会上，公司被评为“最佳汽车物流企业”

上海元初国际物流有限公司成立于2005年元月

最佳汽车物流企业

上海元初供应链管理有限公司成立于2009年8月

公司成立

元初供应链

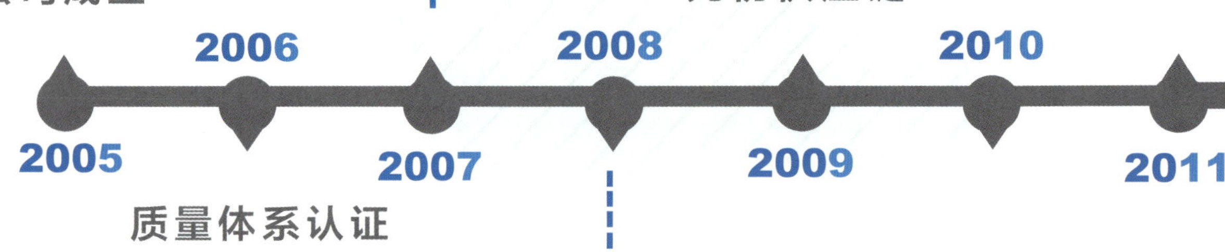

质量体系认证

通过了ISO9001：2000/ISO14000质量体系认证

优秀报关企业

2008年3月公司被评为“上海市优秀报关企业”

企业大事记

我们的快乐是
帮助客户提升竞争力

铁水联运
Rail-Sea Multimodal Transportation

以上海、重庆、成都、广州、青岛为几大核心点，

通过铁路的干线和直线运输，辐射华中、华北地区。

以重庆和成都为枢纽，连接中欧班列，搭建起由

南至北的汽车铁路运输网络。

2012

自贸区首批试点企业

从上海自贸区成立以来，元初供应链作为自贸区标杆企业，多次接待市领导及海内外团体的视察、学习

2013

2014

自贸区优秀企业

2014年上海自贸区优秀企业

2015

AEO 高级认证

元初供应链通过国际海关组织的AEO高级认证

2016

元初欧洲有限公司成立

铁水联运网建成

新纪元
新起点

Company History Timeline

ULS
Liaoning
United Logistics Service
Co.,Ltd

ULS

MAERSK

TEREX

Produced by
FOTON DAIMLER
AUTOMOTIVE
福田戴姆勒汽车
AUMAN
GTL
ISG
超能版

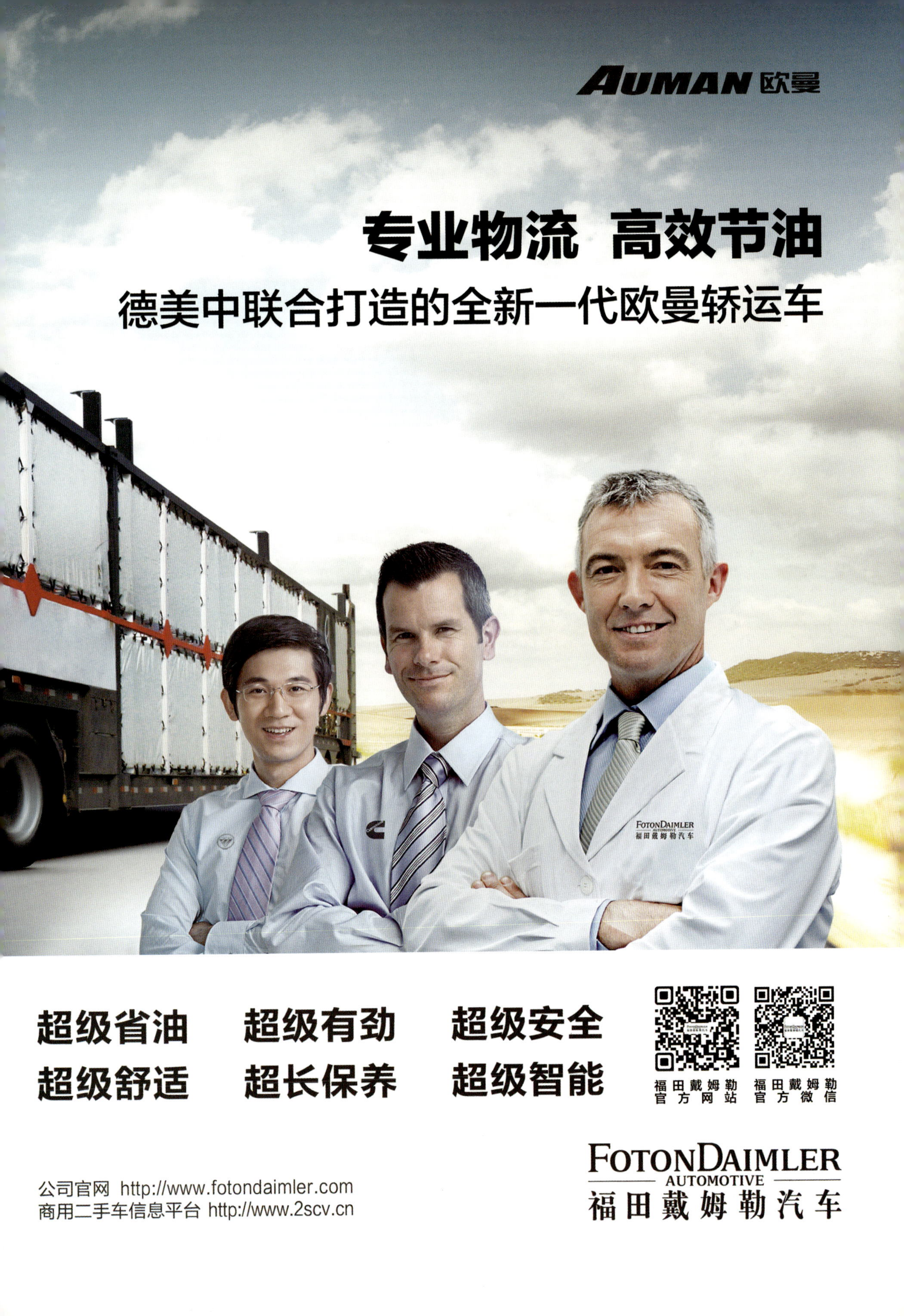
AUMAN 欧曼
专业物流 高效节油
德美中联合打造的全新一代欧曼轿运车
FOTONDAIMLER AUTOMOTIVE 福田戴姆勒汽车
超级省油 超级有劲 超级安全
超级舒适 超长保养 超级智能
福田戴姆勒官方网站
福田戴姆勒官方微信
公司官网 http://www.fotondaimler.com
商用二手车信息平台 http://www.2scv.cn
FOTONDAIMLER
AUTOMOTIVE
福田戴姆勒汽车

HUA TONG LOGISTICS 华通物流

BMW

选择oTMS的原因：

oTMS在途可视化，有效解决传统电话低效的运单追踪；
准确的运输KPI，助力企业高效管理承运商；
oTMS便捷、准确的ePOD、电子文档管理；
oTMS服务专业，快速的上线——4周实施上线。

Joyi佳怡®

选择oTMS的原因：

信息高效传递，快速链接上下游及信息共享；
集中化管理，集团公司可以有效地管理运输过程及KPI数据；
透明化的过程跟踪与监控，实时信息反馈；
多级承运商有效管理。

选择oTMS的原因：

领先的握手交接技术，实现准确的提货与送货；
满足总部管理诉求，实现精准运输KPI管控；
更低的TCO、更快的ROI、更低的风险；
oTMS服务专业，实施3周内完成系统上线。

长久物流
CHANGJIU LOGISTICS

选择oTMS的原因：

助力长久有效提升干线整车运输管理与效率；
oTMS的电子回单大幅缩短传统纸质回单时间；
oTMS便捷、准确的计费和账单功能，提升结账效率、缩短结算时间；
oTMS服务专业，快速的上线——2周实施上线。

烟台港滚装物流有限公司

隶属于烟台港股份有限公司，公司依托港口资源与区位优势开展内外贸商品车物流业务。烟台港地处“烟台－大连黄金水道”南端,辐射东北、华北、华东、华南等重要经济区域，可为全国汽车生产商以及物流商提供商品车装卸、仓储、保税、分拨、中转等多种物流服务。港口设施齐全，具备水路、公路、铁路集装箱装卸能力，是山东半岛乃至全国重要的综合性商品车物流基地。烟台港现已开通烟台至大连、天津、上海、广州等多条内贸滚装航线，以及烟台至南美、东南亚、美东、美西、北非、中东等外贸滚装航线，为上汽通用、东风日产、吉利汽车、奇瑞汽车、福特、雪铁龙、广汽本田、广汽传祺、长安汽车、中国重汽、中国一汽、斗山机械、雷沃重工、通用五菱、舒驰客车、中通客车、金龙客车、北奔重卡、福田雷沃等众多内外贸汽车生产商提供物流服务。

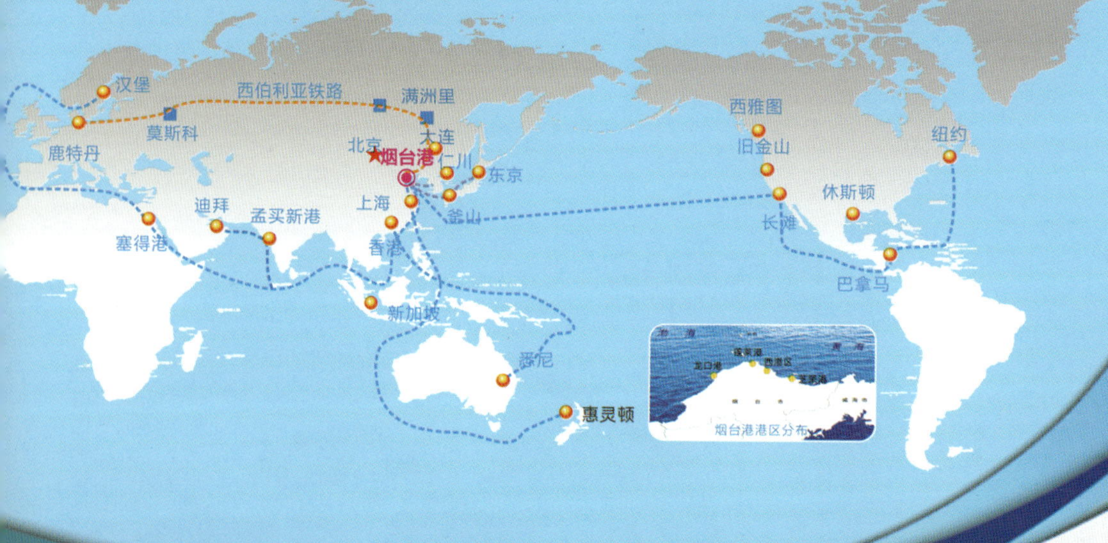

行业物流解决方案
包装解决方案
多式联运
电动车城市配送

裕络物流于2008年创立于上海，主要从事国内第三方物流业务包括行业物流解决方案、多式联运（汽运+火车）、包装解决方案和绿色环保运力城市配送服务。历经8年发展，我们的物流网络达到15个，包括：上海、苏州（昆山）、杭州、北京、天津、大连、长春、沈阳、哈尔滨、武汉、合肥、十堰、重庆、成都、昆明。仓储面积达10万多平方米。

我们基于行业客户的物流和供应链需求，建立了信息化平台，包括：萌链运输管理系统、运输优化系统、库存管理和优化系统、物流包装和器具设计系统、供应链优化系统等。

裕络的智能物流专注于基于信息系统支持下的定制化物流解决方案，把人员、设备、车辆与信息系统无缝有机结合起来实现服务作业过程智能化应用，使业务运营管理系统具备记录、识别分析、判断和决策能力。

精益管理强调的是有效成本驱动下的物流服务作业效率提高和供应链管理持续的绩效改进，为客户创造价值，体现服务的透明度、快速反应、精准递交和持续优化。

提供创新的物流解决方案适应市场细分化的客户需求，进一步帮助客户提高供应链成员服务绩效水平，加快订单周期、降低库存和运营成本的有效性控制，是我们持续改进和提高的服务宗旨。

智能物流和精益供应链

INTELLIGENT LOGISTICS& LEAN SUPPLY CHAIN

Logistics Solution of Industry Vertical
Package Solution
Multimodal Transportation
EV – City Distribution

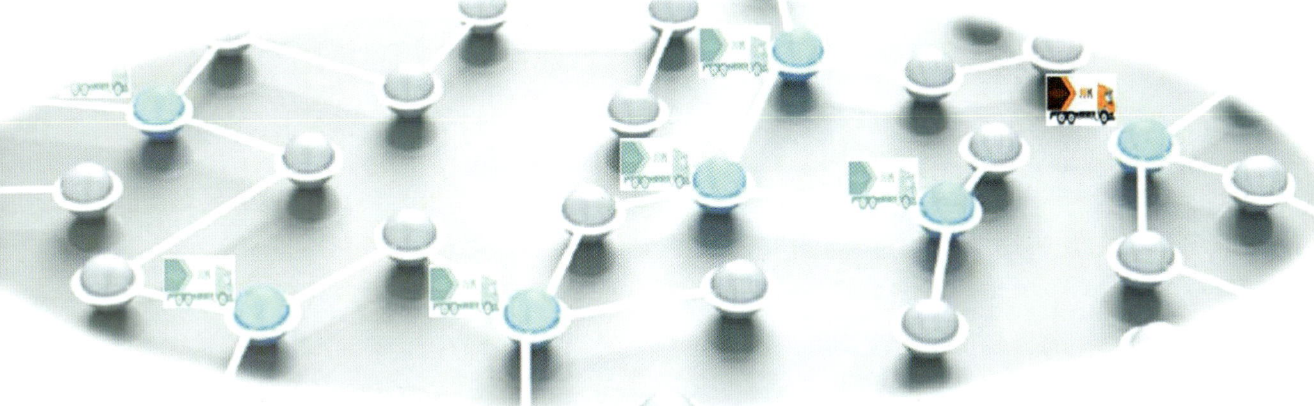

SINO-CITYLINK LOGISTICS (Shanghai) Co, LTD [SCLL] founded in Shanghai 2008. As a 3rd Party Logistics Service Provider, our service scope include as: Industry Logistics Solution, Intermodal Transport (Trucking + Railway) , Package Solution and Green Environment Protection Transportation Service of City Distribution via Electric Vehicle. After 8 years development, 15 branches of our logistics chain network distributes include: SHA, SZV, HGH, BJS, TSN, DLC, CGQ, SHE, HRB, WUH, HFE, WDS, CKG, CTU, KGM etc. The entire warehouse storage space more than 100, 000sqm.

SCLL has been established our owned information system platform, based on customer requirements of logistics and supply chain management that include: BUDLINK - Transportation Management System, Transportation Optimization System, Inventory Management and Optimization System, Package Design Logistics System, Supply Chain Optimization System etc.

The intelligent logistics of SINO-CITYLINK for customer is providing the tailored Logistics Service Solution based on our information system platform. To make sure completely achieve system integration applying link with people, equipment, vehicle to be capable identifying, estimation, decision in the whole operation process.

The lean logistics of SINO-CITYLINK emphasize the operation productivity improvement and the working performance measurement and optimization of Supply Chain to customer experience with the visibility, quick response and continuous optimization.

To satisfy with the market segment requirement of customers, SCLL provides Intelligent Logistics Solution, our service is dedicate to further measure and improve the level of working performance for Supply Chain Partner especially in shorten the order cycle, inventory reduction and operation cost saving .

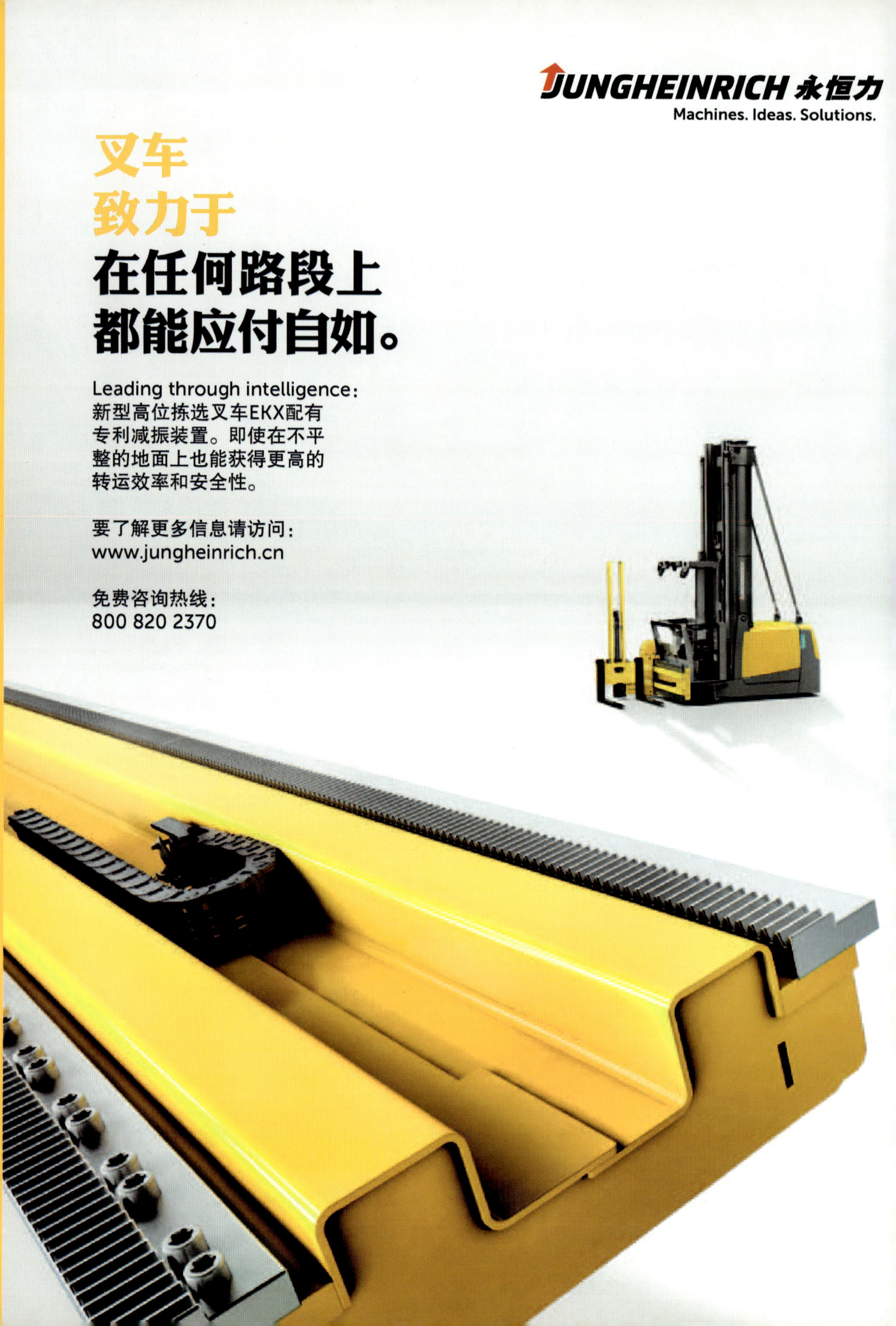

JUNGHEINRICH 永恒力
Machines. Ideas. Solutions.

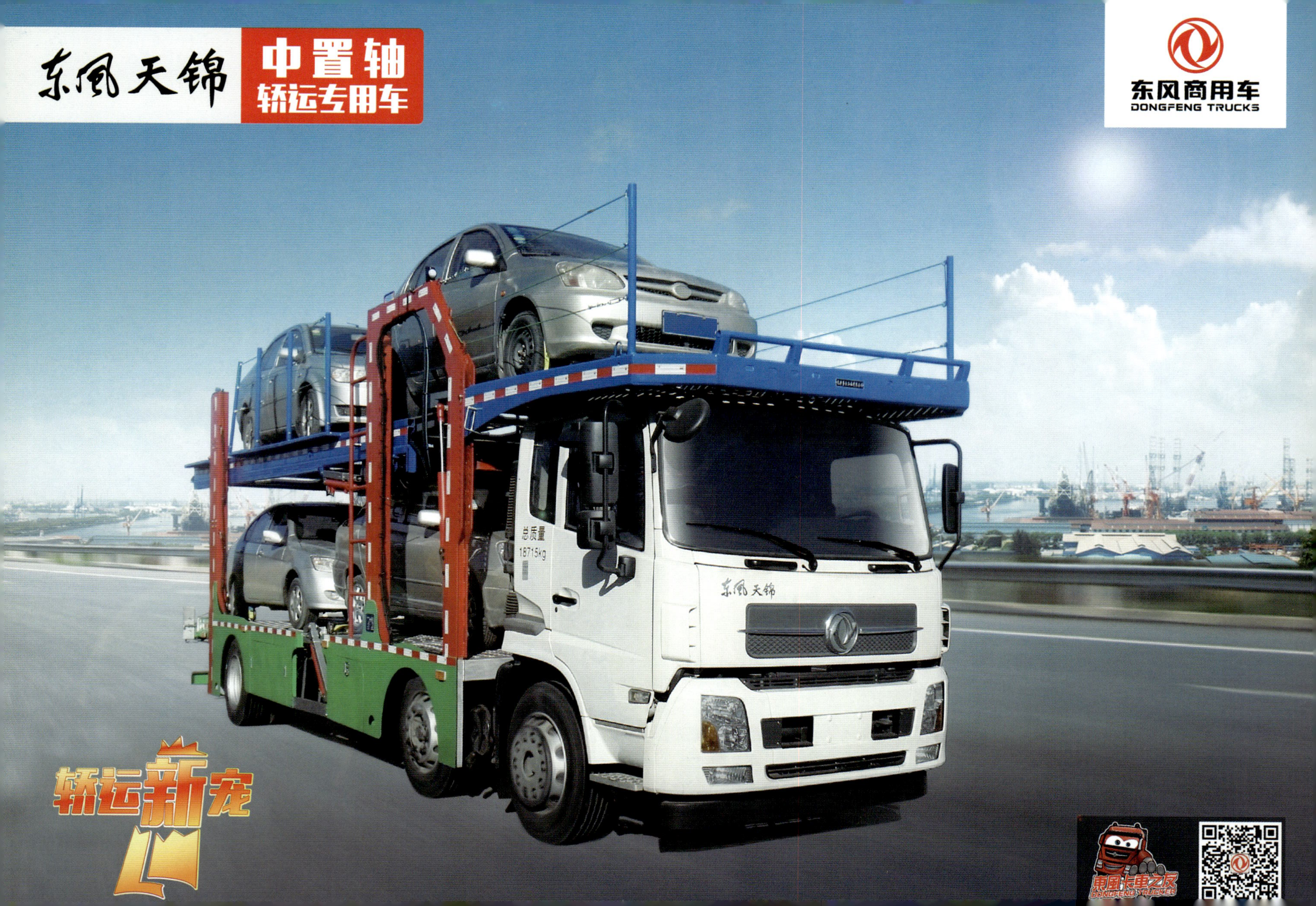
东风天锦
中置轴
轿运专用车
东风商用车
DONGFENG TRUCKS
总质量
18715kg
东风天锦
轿运新宠
東風卡車之友

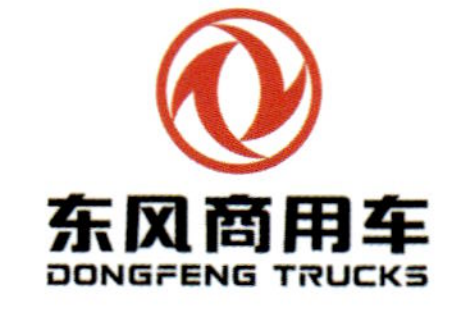

码垛机器人

双层堆垛机

物料配送AGV

多层穿梭车

发动机生产物流

轮胎码垛机器人

发动机与变速箱合装线

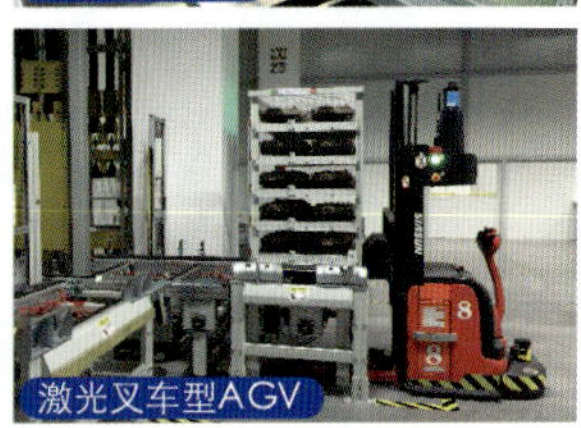

激光叉车型AGV

中国汽车物流发展报告

China Automotive Logistics Development Report

(2016)

中国物流与采购联合会汽车物流分会

China Automotive Logistics Association of CFLP

中国财富出版社

图书在版编目（CIP）数据

中国汽车物流发展报告．2016／中国物流与采购联合会汽车物流分会编．—北京：中国财富出版社，2016.11

ISBN 978－7－5047－6008－1

Ⅰ．①中…　Ⅱ．①中…　Ⅲ．①汽车工业—物流—产业发展—研究报告—中国—2016　Ⅳ．①F426.471.6

中国版本图书馆 CIP 数据核字（2016）第 255309 号

策划编辑　惠　婳　　**责任编辑**　惠　婳
责任印制　何崇杭　　**责任校对**　梁　凡　张营营　　**责任发行**　敬　东

出版发行	中国财富出版社		
社　　址	北京市丰台区南四环西路 188 号 5 区 20 楼	**邮政编码**	100070
电　　话	010－52227568（发行部）		010－52227588 转 307（总编室）
	010－68589540（读者服务部）		010－52227588 转 305（质检部）
网　　址	http://www.cfpress.com.cn		
经　　销	新华书店		
印　　刷	北京京都六环印刷厂		
书　　号	ISBN 978－7－5047－6008－1/F·2678		
开　　本	787mm×1092mm　1/16	**版　　次**	2016 年 11 月第 1 版
印　　张	21.75　　**彩　插**　16	**印　　次**	2016 年 11 月第 1 次印刷
字　　数	492 千字	**定　　价**	180.00 元

《中国汽车物流发展报告》
（2016）

编　委　会

于　洪　一汽集团进出口有限公司
王印涛　天津精英供应链管理有限公司
韦　伟　达基物流股份有限公司
石井岗　重庆长安民生物流股份有限公司
朱燕阳　西上海汽车服务股份有限公司
刘永杰　北京诚通物流有限公司
刘国斌　一汽-大众销售有限责任公司
李　伟　辽宁华通物流有限公司
杨　凯　北京拙诚智慧创新投资管理有限公司
杨咸平　芜湖奇瑞物流有限公司
杨晓宇　吉林省百川物流有限公司
邱红阳　重庆中集汽车物流股份有限公司
俞伟娜　哈弗物流有限公司
沈浩扬　乔达国际货运（中国）有限公司
张　明　一汽轿车股份有限公司
张　蔚　法国劳尔公司
张晓东　北京交通大学交通运输学院
张雁飞　安徽江汽物流有限公司
陈　钢　中世国际物流有限公司
陈旭中　捷富凯国际物流（中国）有限公司
陈兹武　北京一点致远科技有限公司
季建华　上海交通大学中美物流研究院
段恒永　中国重汽集团销售公司
姜　君　一汽丰田汽车销售有限公司
祝建华　中联物流（中国）有限公司
徐涵博　同方环球（天津）物流有限公司
黄影明　上海元初国际物流有限公司
程明光　中企永联数据交换技术有限公司
谢德安　林德（中国）叉车有限公司

（以上排名按理事会顺序）

《中国汽车物流发展报告》
（2016）

编　辑　部

主　　　编：左新宇
副　主　编：宋夏虹　张晋姝（执行）
编辑人员：王　萌　何嘉欢　胡　静　冯　拓
恩腾飞　夏　轩

联系方式：

中国物流与采购联合会汽车物流分会
汽车物流网：http：//auto 56. org
电　　　话：010－68392227　010－68392285
传　　　真：010－68392289
邮　　　箱：qichewuliu@ auto 56. org
地　　　址：北京市西城区月坛北街25号2234室

前　言

近些年，我国物流业保持了持续、快速、稳定发展的良好势头，行业规模、服务能力显著提升，汽车产业作为国民经济发展的支柱产业，汽车物流行业发展和技术提升备受关注，中国物流与采购联合会汽车物流分会2016年继2015年后再度发布《中国汽车物流发展报告》，主要反映了2015—2016年我国汽车物流发展特点、面临问题及发展趋势，全面总结行业发展现状，探索未来发展方向。

在供给侧改革和互联网浪潮的大背景之下，2015年我国汽车物流行业发生了“质”的变化，具体表现为三个方面。一是行业格局相对稳固。汽车物流行业经过十多年快速发展后，整体市场格局已经相对稳固，围绕汽车生产制造企业服务的物流企业、承运商、第三方服务公司已形成了相对稳定的市场竞争格局，企业间从竞争关系为主逐渐向合作共赢为主转变，共同营造出良性竞争、互利互赢的市场氛围。二是服务链条不断延伸。汽车物流服务向汽车产业链上下游纵向延伸，上游服务延伸到汽车零部件供应商物流，下游延伸到汽车后市场物流；同时向相关专业物流领域及跨界领域横向拓展，如“互联网+”汽车物流已成为行业发展的重要板块。三是物流技术创新应用。汽车物流企业进入由以市场扩张为主转向为以技术创新为核心寻求市场竞争力的新阶段，RFID（射频识别）、信息可视化等信息技术手段已广泛应用到汽车物流领域，新技术装备的应用有效改善了物流作业效率。2016年，车辆运输车治理将进一步优化汽车整车物流行业，在用车的整车物流会成为后市场物流重要板块……汽车物流通过不断转型升级，推动上下游供应链整合，充分提高经营过程当中供给侧的效率、能力与质量，汽车物流行业逐渐进入规范、有序、健康的发展轨道。

本报告共分为5篇：一是综合报告篇，内容涉及我国汽车物流总体发展环境、发展现状以及发展趋势；二是行业统计篇，中国物流与采购联合会汽车物流分会组织发放了调查问卷并整理分析，形成零部件入厂物流、整车物流、售后服务备件物流统计调查结果；三是专题报告篇，深入分析行业重点、热点内容，形成专题报告，感谢长久物流、风神物流等企业供稿；四是创新成果篇，收录了2015年企业汽车物流创新成果获奖项目；五是资料汇编篇，包括重要的行业文件、法规标准。

本报告有利于梳理汽车物流行业年度情况，全景展示年度行业发展，供读者参考和借鉴，内容难免有疏漏之处，敬请广大读者批评指正。

编委会

2016年10月

目　录
CONTENTS

综合报告篇

行业统计篇

专题报告篇

创新成果篇

资料汇编篇

综合报告篇

第一章　中国汽车物流发展环境分析

第一节　中国汽车物流发展的外部环境

一、经济环境

2015年，面对错综复杂的国际形势和艰巨繁重的国内改革发展稳定任务，国家积极深入推进结构性改革，先后出台了一系列稳增长、调结构、防风险的政策，国际经济运行出现了总体平稳的势头，供给侧结构性改革给很多行业带来了新的生机，服务业主导的趋势进一步显现，需求结构持续改善，是“十三五”的良好开端，为各行各业提供了很好的经济环境。

（一）国民经济保持平稳增长

2011—2015年，我国国内生产总值（GDP）保持中高速的平稳增长。2015年，经济运行的总体特征是稳中趋缓、稳中有进、稳中有忧，各领域分化加剧，动力转换过程中有利因素和不利因素并存，全年国内生产总值676708亿元，按可比价格计算，比上年增长6.9%（如图1－1所示）。其中，第一产业增加值60863亿元，增长3.9%；第二产业增加值274278亿元，增长6%；第三产业增加值341567亿元，增长8.3%。第一产业增加值占国内生产总值的比重为9%，第二产业增加值比重为40.5%，第三产业增加值比重为50.5%，首次突破50%。如图1－2所示。全年人均国内生产总值49351元，比上年增长6.3%。全年国民总收入673021亿元。

产业结构持续优化，结构性衰退和结构性繁荣并存。全年，第三产业占GDP的比重达到50.5%，较2014年同期提高2.4个百分点，高于第二产业10个百分点。工业内部结构调整加快，新产业、新业态、新产品增长较快，产业结构加快向中高端水平迈进。

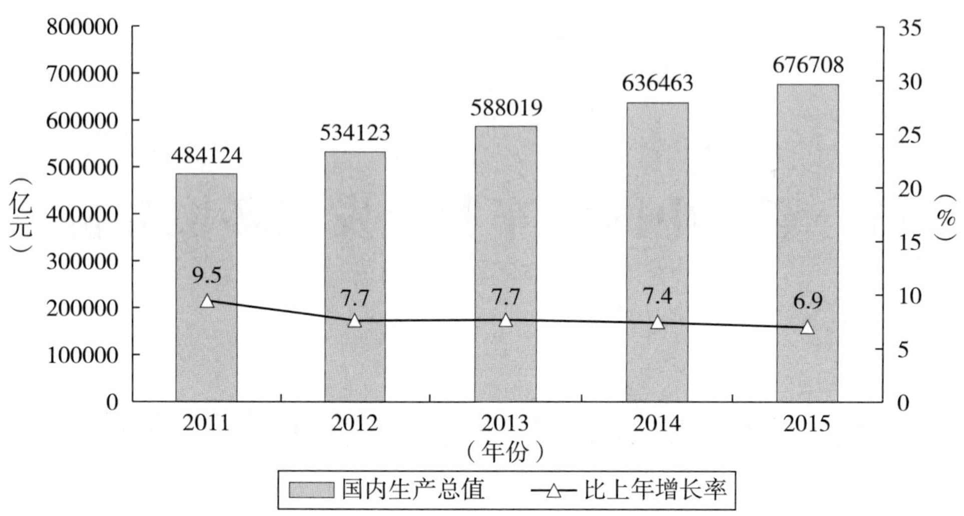

图 1－1　2011—2015 年国内生产总值及其增长速度

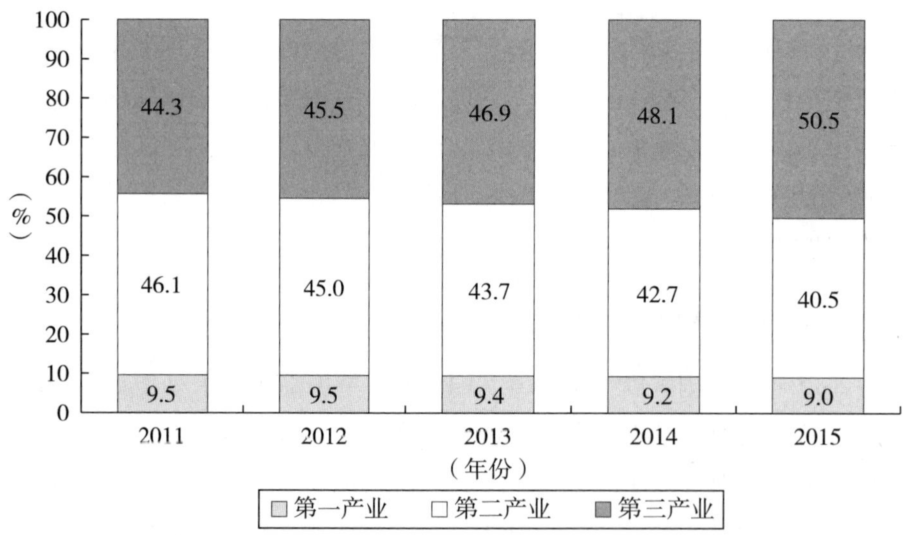

图 1－2　2011—2015 年三次产业增加值占国内生产总值比重

（二）工业发展稳步前行

2015 年，全年全部工业增加值 228974 亿元，按可比价格计算，比上年增长 5. 9%。规模以上工业增加值增长 6. 1%。如图 1－3 所示。

全年规模以上工业中，农副食品加工业增加值比上年增长 5. 5%，纺织业增长 7%，化学原料和化学制品制造业增长 9. 5%，非金属矿物制品业增长 6. 5%，黑色金属冶炼和压延加工业增长 5. 4%，通用设备制造业增长 2. 9%，专用设备制造业增长 3. 4%，

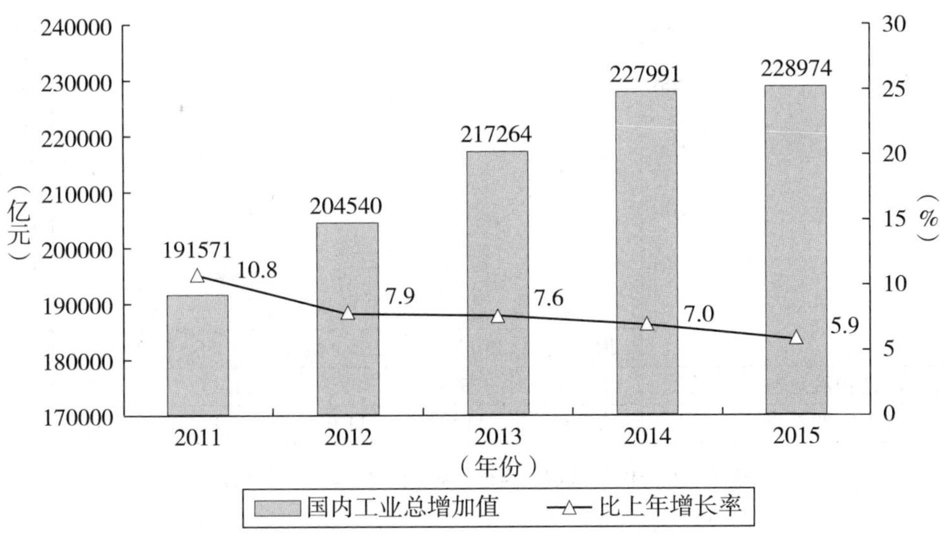

图 1－3　2011—2015 年国内工业总增加值及其增长速度

汽车制造业增长 6.7%，电气机械和器材制造业增长 7.3%，计算机、通信和其他电子设备制造业增长 10.5%，电力、热力生产和供应业增长 0.5%。

二、物流行业总体发展情况

2015 年是“十二五”规划的收官之年。回望过去的五年，我国经济进入新常态，经济增速放缓，结构调整加快，发展动能转换。在下行压力不断加大的情况下，物流业保持了中高速增长。

（一）物流需求稳中趋缓

2015 年，全国社会物流总额 219.2 万亿元，按可比价格计算，比上年增长 5.8%，增速回落 2.1 个百分点。分季度看，一季度 49.4 万亿元，增长 5.6%，回落 3 个百分点；上半年 104.7 万亿元，增长 5.7%，回落 3 个百分点；前三季度 162.8 万亿元，增长 5.8%，回落 2.6 个百分点；全年社会物流总额呈稳中趋缓的发展态势。如图 1－4 所示。

（二）社会物流总费用增速回落

2015 年，社会物流总费用 10.9 万亿元，比上年增长 2.8%，增速比上年回落 4.1 个百分点。从构成看，运输费用占社会物流总费用的比重为 53.2%，比上年提高 0.4 个百分点；保管费用占 40.0%，比上年下降 0.8 个百分点；管理费用占 12.8%，比上年提高 0.4 个百分点。如表 1－1 所示。

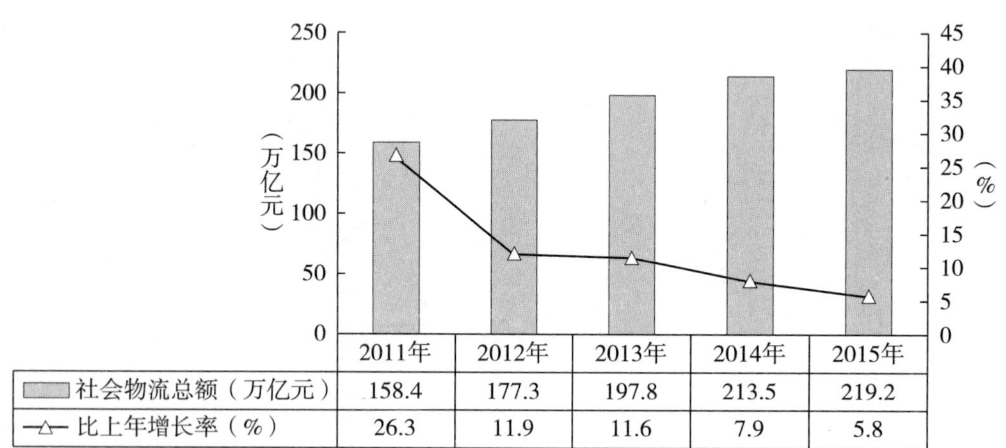

图 1－4　2011—2015 年社会物流总额及其增长速度

表 1－1　2015 年社会物流总费用构成及其增长速度

费用类型	绝对值（万亿元）	同比增长（%）	在社会物流总费用中所占比重（%）
运输费用	5. 8	3. 1	53. 2
保管费用	3. 7	1. 6	40. 0
管理费用	1. 4	5. 0	12. 8

2015 年，社会物流总费用与 GDP 的比率为 16. 0%，比上年下降 0. 6 个百分点。社会物流总费用与 GDP 的比率从五年前的 17. 8%，预计将降至 16% 以下，运行效率有所提升。

（三）物流需求结构持续调整

2015 年，从物流总额构成来看，工业品物流总额 204 万亿元，按可比价格计算，比上年增长 6. 1%，增速回落 2. 2 个百分点；进口货物物流总额 10. 4 万亿元，增长 0. 2%，回落 1. 9 个百分点；农产品物流总额 3. 5 万亿元，增长 3. 9%，回落 0. 2 个百分点；再生资源物流总额 8616 亿元，增长 19. 0%，增速提高 4. 9 个百分点；单位与居民物品物流总额 5078 亿元，增长 35. 5%，提高 2. 6 个百分点，如表 1－2 所示。

表 1－2　2015 年社会物流总额构成及其增长速度

	绝对值（万亿元）	同比增长（%）	在社会物流总费用中所占比重（%）
工业品物流总额	204. 0	6. 1	93. 1
进口货物物流总额	10. 4	0. 2	4. 7
再生资源物流总额	0. 86	19. 0	0. 4

续 表

	绝对值（万亿元）	同比增长（%）	在社会物流总费用中所占比重（%）
农产品物流总额	3.5	3.9	1.6
单位与居民物品物流总额	0.51	35.5	0.2

（四）物流政策不断推进行业发展

1.《关于积极推进“互联网+”行动的指导意见》

2015年7月4日，国务院印发《关于积极推进“互联网+”行动的指导意见》，明确创业创新、协同制造等11项重点行动，提出推动互联网与制造业融合，发展基于互联网的协同制造新模式。

2. GB 1589—2016发布

2016年7月26日发布的GB 1589—2016对我国整车物流公路运输的现状将产生根本性影响，其在GB 1589—2004的基础之上，在运输车辆的外廓尺寸、轴荷以及轴重上进行了重新确定。主要表现在：①在外廓尺寸方面，车宽由原来的2.5米变化为2.55米；②半挂车长度限值13.75米；③新增了中置轴车型的分类，中置轴挂车长度限值12米；④在轴重方面，6轴车限重49吨。

GB 1589—2016的发布，在考虑到我国现有国情，以及欧美整车物流公路运输的优秀经验基础上，势必会导致运输车辆车型上的相应调整，会带动我国整车物流运输车辆的全面变革，其中中置轴车辆，长头车辆的前期可期。

此外，还给后一步的全国范围的治超治限活动提供了坚实可行的法律依据，推动整个行业健康持续发展。

3. 治超治限方案政策的发布

《交通运输部办公厅 国家发展和改革委员会办公厅 工业和信息化部办公厅 公安部办公厅 国家质量监督检验检疫总局办公厅关于印发〈车辆运输车治理工作方案〉的通知》（交办运〔2016〕107号）提到，从2016年9月21日起，3年内将在全国内分阶段，逐步实现由超宽，超长车辆到全部合规车的平稳过渡。这一全国范围内的治超治限活动，必将改变整车物流市场的经营环境，带动整车物流市场向标准化、规范化发展，同时也进一步引导各整车物流市场的相关方要合法竞争、良性竞争，促进整车物流企业的技术进步。

4. 大型国有企业的整合

随着我国经济实力稳步增强，以及对产业升级需求，国际竞争力提升，资源高效利用的迫切希望，近年来国家出台了一系列鼓励大型国有企业整合的政策。

这一政策在宏观上促进了生产资源的整合，反映到整车物流市场上，就可能会实现上游运输资源的高效整合，同时在下游整车物流链条中，实现物流运输网路的优化，物流场地的协同，从而实现节约社会成本，企业资源，提高物流企业运作效率，降低空载率，最终提高物流企业的竞争力，提高管理水平。

5. **全面营改增政策**

于2016年3月开始推行的全面营改增政策，也在一定程度上，赋予了进一步降低整车物流企业税负的可能，使得企业有更多的资金能投入到具备核心竞争力的服务产品中去。

三、汽车行业政策与环境

2015年，《中国制造2025》、“互联网”指导意见等重磅政策相继出炉；这一年，节能与新能源汽车细化政策频出，这些政策引导着中国汽车行业走向更加健康可持续发展的未来。

（一）2015年整车领域相关政策法规

1. **《汽车品牌销售管理办法》征求意见**

按《汽车销售管理办法（征求意见稿）》的思路，整车企业在产业链的强势及垄断地位将被削弱，同时，将给予经销商更大的话语权，重新平衡汽车厂家和经销商之间的关系，将在一定程度上改善中国汽车流通秩序，促进汽车市场均衡发展。

2. **《关于征求促进汽车维修业转型升级提升服务质量的指导意见》**

由交通运输部等十部委参与审批的《关于征求促进汽车维修业转型升级提升服务质量的指导意见》于2015年1月1日执行。旨在更好地解决汽车维修市场结构不优、发展不规范，消费不透明、不诚信等问题。意见明确要求破除维修配件渠道垄断，鼓励原厂配件企业、生产企业向汽车售后市场提供原厂配件和具有自主商标的独立售后配件；允许授权配件经销企业、授权维修企业向非授权维修企业或终端用户转售原厂配件；车主享有使用同质配件维修汽车的权利。这意味着消费者将来有可能在普通修理厂，以更低的成本享受与4S店一样的维修服务，汽修垄断局面将被打破。

3. **国四排放标准全面实施**

按照工信部2014年第27号公告要求，2015年1月1日起柴油车国四排放标准在全国范围内实施，国三柴油车不得销售。国四排放升级，将淘汰一些产品技术落后的企业，成就起点较高的新品牌，市场格局由此发生改变。2015年，受国四排放标准升级的影响，重卡和轻卡市场格局或将发生改变，轻卡行业将更为明显。

4.《车辆购置税征收管理办法》

国家税务总局日前公布《车辆购置税征收管理办法》，并决定自 2015 年 2 月 1 日起施行。根据新规定，4S 店经销商提供的市场价格信息，将作为车购税征收的重要核定依据，在以前的车购税征收规定中，最低计税价格主要是根据机动车生产企业提供的车辆价格信息核定的，新办法增加了以经销商提供的价格信息作为核定依据。这样一来，在征收车购税上会更加灵活，因为车市上有各种优惠，买车价格往往会低于标价。对于市民来说，今后买车时的价格越低、缴税有望更少。

（二）2015 年零部件及售后备件领域相关政策法规

1.《中国制造 2025》正式发布明确规划十大关键领域

2015 年 5 月 19 日，备受瞩目的《中国制造 2025》规划正式对外发布。《中国制造 2025》提出“三步走”战略：第一步，到 2025 年迈入制造强国行列；第二步，到 2035 年我国制造业整体达到世界制造强国阵营中等水平；第三步，到新中国成立 100 周年时，我制造业大国地位更加巩固，综合实力进入世界制造强国前列。

《中国制造 2025》要求，“继续支持电动汽车、燃料电池汽车发展，掌握汽车低碳化、信息化、智能化核心技术，提升动力电池、驱动电机、高效内燃机、先进变速器、轻量化材料、智能控制等核心技术的工程化和产业化能力，形成从关键零部件到整车的完整工业体系和创新体系，推动自主品牌节能与新能源汽车同国际先进水平接轨”，“大力推动重点领域突破发展，聚焦新一代信息技术产业、高档数控机床和机器人、航空航天装备、海洋工程装备及高技术船舶、先进轨道交通装备、节能与新能源汽车、电力装备、农机装备、新材料、生物医药及高性能医疗器械十大重点领域”。

2. 零部件再制造产品“以旧换再”试点工作启动

2015 年 8 月 11 日，在中国汽车工业协会信息发布会上获悉，由国家发改委、财政部、工信部、商务部、质检总局组织实施的再制造产品“以旧换再”试点工作，正式在全国启动。目前，财政部现已向各地预拨补助资金。这标志着自 2013 年“以旧换再”试点方案发布以来，“以旧换再”的另一只靴子终于落地。

此次纳入“以旧换再”试点方案的零部件产品为汽车发动机与变速器，国家对符合条件的汽车发动机、变速器等再制造产品，按照置换价格的 10% 进行补贴，再制造发动机最高补贴 2000 元，再制造变速器最高补贴 1000 元。包括广州市花都全球自动变速箱有限公司、潍柴动力（潍坊）再制造有限公司、东风康明斯发动机有限公司等在内的 10 家试点企业负责实施汽车发动机和变速器再制造产品的“以旧换再”工作，涉及 112 个型号发动机和变速器再制造产品。

3. 零部件统一编码国家标准将于 2016 年实施

2015 年 9 月 11 日，国家标准委批准发布了由中国物品编码中心、中国自动识别技术协会等单位起草的 GB/T 32007—2015《汽车零部件的统一编码与标识》国家标准，标准将于 2016 年 1 月 1 日正式实施。

标准规定了汽车零部件统一编码的编码原则、数据结构，符号表示方法及其位置的一般原则。适用于汽车零部件（配件）统一编码和标识的编制，以及汽车零部件（配件）的信息采集及数据交换。对规范汽车维修市场，提高企业管理效率、降低运营成本，实现消费者配件查询、配件可追溯体系的建立提供了技术手段。

该标准的设定在于规范并统一各类汽车零部件的编码与标识，提高汽车零部件管理的信息化水平，实现可追踪性与可追溯性；有助于零部件和整车企业对产品的全生命周期管理及缺陷产品召回，有利于汽车服务市场的转型、升级，促进我国汽车零部件生产企业、整车企业、维修和流通领域的诚信和品牌建设。同时，标准的出台为汽车配件生产、流通、维修，后市场的电子商务、移动互联网、质量保障体系、云服务平台的建立提供有力支撑。

（三）2015 年新能源汽车领域相关政策

2015 年，新能源汽车相关政策陆续出台，各地针对新能源车给予了不同的政策倾斜，大大推动了新能源汽车的发展。

1.《2016—2020 年新能源汽车推广应用财政支持政策方案（征求意见稿）》

2014 年国家发改委等单位联合发布了《关于进一步做好新能源汽车推广应用工作的通知》。按照这一通知的要求，自 2015 年 1 月 1 日起，国家对新能源汽车的补贴标准将进一步降低，即在 2013 年标准的基础上下调 10%，而 2014 年这一补贴标准是在 2013 年的基础上下降 5%。该文件还规定，这一补贴推广政策将执行到 2015 年 12 月 31 日。与此同时，地方补贴在今年也会随着国家补贴下降。

2.《国家重点研发计划新能源汽车重点专项实施方案（征求意见稿）》

2015 年 2 月 25 日，科技部发布《国家重点研发计划新能源汽车重点专项实施方案（征求意见稿）》，计划到 2020 年，建立起完善的电动汽车动力系统科技体系和产业链。

3.《关于 2016—2020 年新能源汽车推广应用财政支持政策的通知》

2015 年 4 月 29 日，财政部、科技部、工业和信息化部和发展改革委联合公布《关于 2016—2020 年新能源汽车推广应用财政支持政策的通知》。2017—2020 年除燃料电池汽车外其他车型补助标准适当退坡，其中，2017—2018 年补助标准在 2016 年基础上下降 20%，2019—2020 年补助标准在 2016 年基础上下降 40%。

4. 不得对新能源汽车实行限行、限购

2015 年 9 月 29 日，国务院常务会议指出，要完善新能源汽车扶持政策，支持动力电池、燃料电池汽车等研发，开展智能网联汽车示范试点；机关企事业单位要落实车辆更新中新能源汽车占比要求，加大对新增及更新公交车中新能源汽车比例的考核力度，对不达标地区要扣减燃油和运营补贴；创新分时租赁、车辆共享等运营模式；各地不得对新能源汽车实行限行、限购，已实行的应当取消。

第二节　中国汽车物流发展的产业环境分析

一、中国汽车产业总体发展概况

（一）中国汽车产业产销情况

汽车产销市场是汽车物流市场发展的根本。2015 年，我国汽车产销量呈现总体增长的态势，但增长速度低于往年。2015 年我国汽车产业继续保持增长态势，汽车产销量分别为 2450. 33 万辆和 2459. 76 万辆，同比增长分别为 3. 29% 和 4. 71%，增速分别比上年同期减缓 3. 97 个百分点和 2. 15 个百分点，2009—2015 年我国汽车年产销量及其增长速度如图 1 – 5 所示。

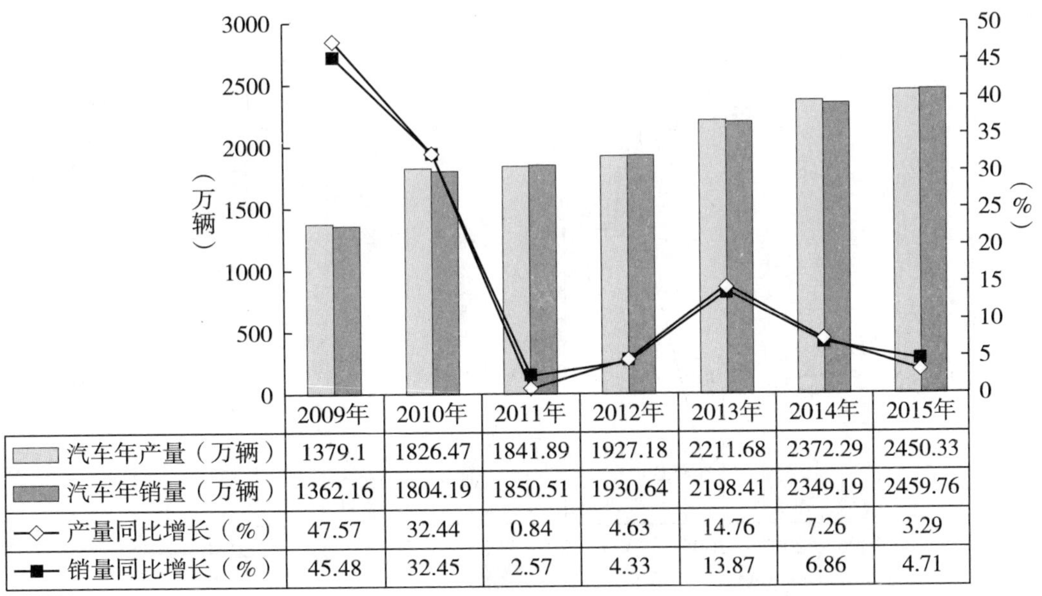

	2009年	2010年	2011年	2012年	2013年	2014年	2015年
汽车年产量（万辆）	1379.1	1826.47	1841.89	1927.18	2211.68	2372.29	2450.33
汽车年销量（万辆）	1362.16	1804.19	1850.51	1930.64	2198.41	2349.19	2459.76
产量同比增长（%）	47.57	32.44	0.84	4.63	14.76	7.26	3.29
销量同比增长（%）	45.48	32.45	2.57	4.33	13.87	6.86	4.71

图 1 – 5　2009—2015 年我国汽车每年产销量及其增长速度

汽车销量从近四年的情况来看，汽车市场增长速度与过去 10 年相比已经有了明显下降，2000—2010 年汽车市场年平均增长速度高达 24. 2%，如果剔除 2009—2010 年政策刺激下的超常规增长，2000—2008 年的年平均增长速度也高达 20%。而 2011—2015 年的年平均增长速度放缓，平均增速在 6.46%。因此，可以判断，近几年汽车市场需求增长回落，与 2009 年和 2010 年超常规增速有着密切的关系，应该有部分高速增长后的回调因素。当然，宏观经济从高速增长转为中高速增长仍然是影响汽车市场增速回落的关键原因。

在 2015 年中国汽车销售总量中排名前十位的企业集团分别是上汽、东风、一汽、长安、北汽、广汽、华晨、长城、江淮和吉利，分别销售 586.35 万辆、387.25 万辆、284.38 万辆、277.65 万辆、248.90 万辆、130.31 万辆、85.61 万辆、85.27 万辆、58.79 万辆和 56.19 万辆，销量合计为 2200.7 万辆，其销量占汽车销售总量的 89.5%。

（二）中国汽车市场总体情况

2015 年，我国汽车市场呈现“正常—低速—快速”的三段式发展，大体呈现出 V 形走势。从季度走势来看，一季度汽车市场运行基本平稳，前三个月保持增长态势，同比增速为 3.2%。从四月开始，我国汽车市场一路持续下降，4 月同比下降 1.2%，到 7 月达到谷底，当月同比下降 8.2%。8 月以后市场逐步企稳回升，9 月市场恢复到正增长，11 月同比增速高达 19.7%，四季度同比增长高达 15.6%，市场呈现快速增长态势。据统计，2015 年国内汽车总需求达到 2502 万辆，同比增长 3.9%，如图 1－6 所示。

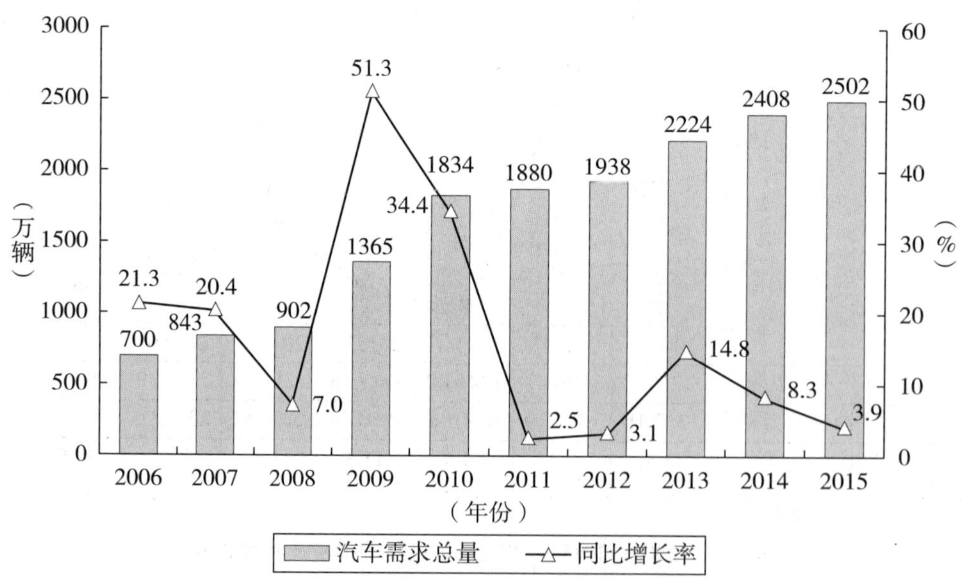

图 1－6　2006—2015 年我国汽车每年需求量及其增长速度

汽车市场增速下滑是乘用车和商用车双双下降所带来的。2015 年，我国乘用车市场内需仅为 1961 万辆，同比增长 7.4%，增速较 2014 年回落 4.1 个百分点。而商用车市场仍维持负增长，七类商用车销售同比下降 7.7%。商用车市场需求负增长态势是短期经济下滑和中长期产业结构调整和运输效率提升等叠加共同导致的。

（三）中国汽车保有量总体情况

截至 2015 年年底，全国民用汽车保有量达到 17228 万辆（包括三轮汽车和低速货车 955 万辆），比上年末增长 11.5%，其中私人汽车保有量 14399 万辆，增长 14.4%。民用轿车保有量 9508 万辆，增长 14.6%，其中私人轿车 8793 万辆，增长 15.8%。

随着我国经济社会持续快速发展，群众购车刚性需求旺盛，汽车保有量继续呈快速增长趋势，据公安部交管局统计，2015 年新注册登记的汽车达 2385 万辆，保有量净增 1781 万辆，均为历史最高水平。汽车占机动车的比率迅速提高，近五年汽车占机动车比率从 47.06% 提高到 61.82%，群众机动化出行方式经历了从摩托车到汽车的转变，交通出行结构发生了根本性变化。

全国有 40 个城市的汽车保有量超过百万辆，北京、成都、深圳、上海、重庆、天津、苏州、郑州、杭州、广州、西安 11 个城市汽车保有量超过 200 万辆，如图 1-7 所示。新能源汽车保有量达 58.32 万辆，与 2014 年相比增长 169.48%。其中，纯电动汽车保有量 33.2 万辆，占新能源汽车总量的 56.93%，与 2014 年相比增长 317.06%。

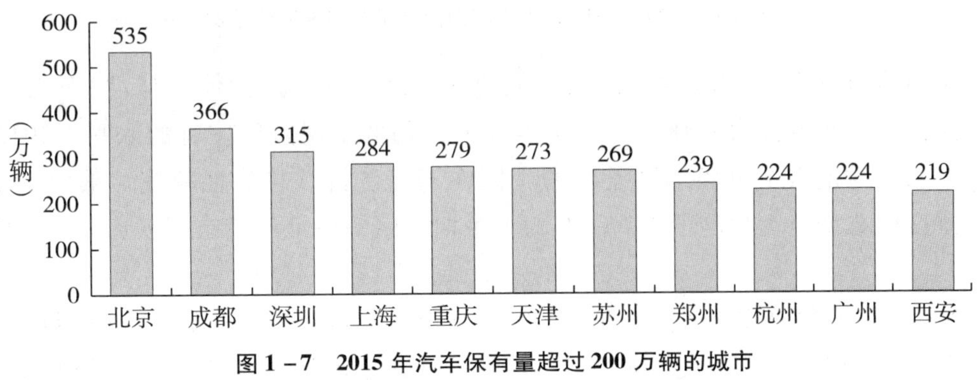

图 1-7　2015 年汽车保有量超过 200 万辆的城市

二、乘用车与商用车产业发展概况

（一）中国乘用车产业发展概况

2015 年，中国乘用车市场增长速度明显下降，乘用车累计销售 2115 万辆，同比增长7.4%，增幅比上年回落2.5个百分点，如图1－8所示。其中：基本型乘用车（轿车）销售1172.02万辆，同比下降5.33%；运动型多用途乘用车（SUV）销售622.03万辆，同比增长52.39%；多功能乘用车（MPV）销售210.67万辆，同比增长10.05%；交叉型乘用车销售109.91万辆，同比下降17.47%。乘用车市场步入稳定增长的态势，近五年乘用车市场增长速度已回落至年均9%，2015年增长速度较前两年持续放缓。

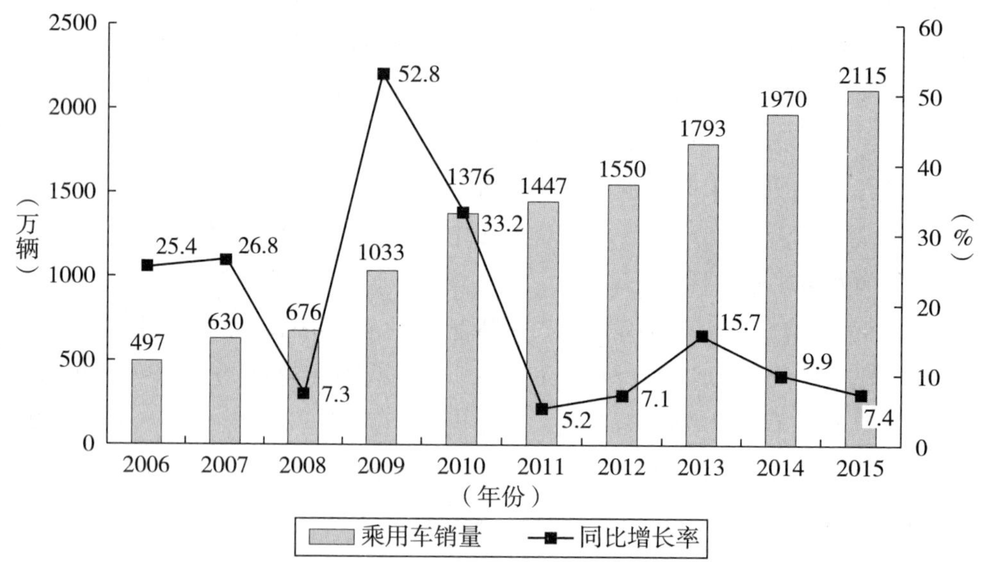

图1－8　2006—2015年我国国内乘用车销量变化情况

2015年车市呈现三段式（正常—低速—快速）发展，大体类似“V”字形态势。虽然第四季度强力反弹，但全年累计增速仍低于现阶段应有的水平。2015年第二、第三季度汽车市场急剧滑坡的主因在于经济持续趋势性减速。乘用车市场第二季度以来增速大幅度下滑，还有两个短期原因，一个是股市因素，一个是限购因素。

2015年，国内乘用车产量达到了2108万辆。根据盖世汽车研究院整理的数据，其中上海市、重庆市、广东省、湖北省、吉林省和北京市是2015年乘用车的主要生产地，其2014年乘用车产量均超150万辆，占据了国内半数以上的乘用车产量。2015年我国各省份汽车产量分布，如图1－9所示。2015年我国各乘用车生产企业销售情况，如表1－3所示。

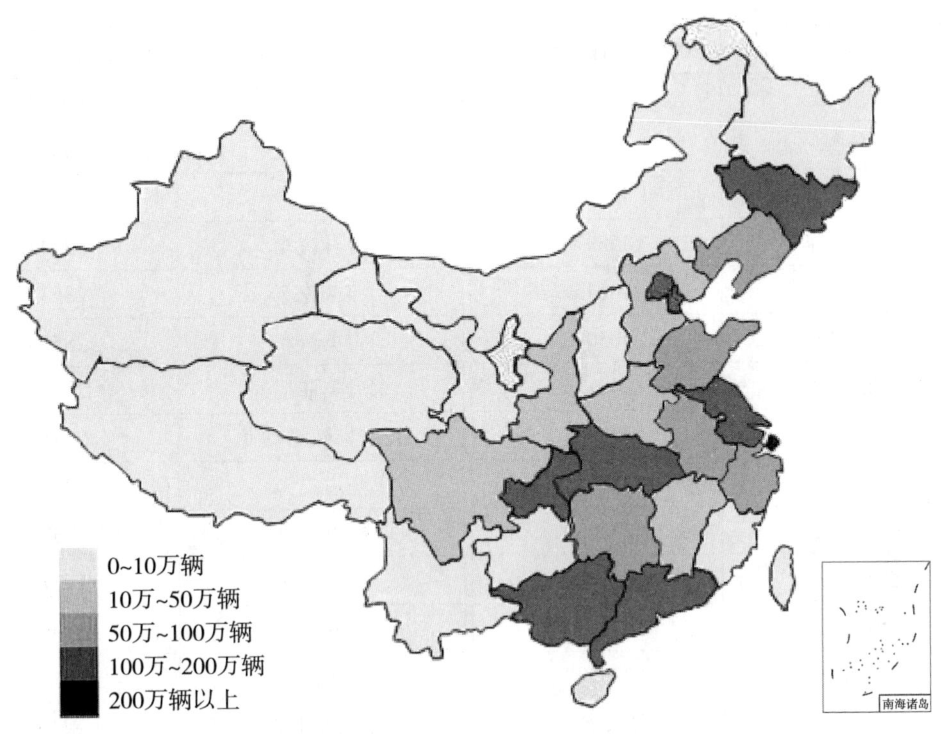

图 1－9　2015 年我国各省份产量分布

表 1－3　2015 年我国乘用车分企业销售情况

企业名称	2015 年销售量（辆）	企业名称	2015 年销售量（辆）
乘用车企业总计	21157360	长安铃木	120175
上海大众	1805633	昌河汽车	118450
上汽通用五菱	1797607	海马轿车	110829
上海通用	1724976	东风风神	100417
一汽－大众	1650186	东南汽车	75025
长安汽车	1112859	华泰汽车	71172
北京现代	1062826	一汽海马	70617
东风日产	1000678	江铃汽车	67704
长安福特	868677	天津一汽	65096
长城汽车	753230	沃尔沃亚太	64019
神龙汽车	704818	东风裕隆	60315
东风悦达起亚	616096	广汽三菱	56315
一汽丰田	607090	长丰汽车	45027

续 表

企业名称	2015 年销售量（辆）	企业名称	2015 年销售量（辆）
广汽本田	580068	四川汽车	40783
吉利汽车	542715	广汽菲克	39486
奇瑞汽车	464673	郑州日产	35253
比亚迪汽车	455376	吉林汽车	34242
东风本田	406469	潍柴汽车	28537
广汽丰田	403088	吉奥汽车	28524
江淮汽车	346175	东风英菲尼迪	25467
北京汽车	339775	长安标致雪铁龙	21451
华晨宝马	286645	华晨鑫源	20230
东风柳州	252689	广汽中兴	17525
北京奔驰	250189	观致汽车	14247
一汽轿车	229434	上汽大通	13985
北汽银翔	223327	莲花汽车	11581
东风小康	223212	北京汽车制造厂	8123
众泰汽车	222959	永源汽车	6806
广汽传祺	190123	福田汽车	6509
华晨汽车	183701	福建戴姆勒	5081
上海汽车	170016	黄海汽车	4829
力帆汽车	148049	哈飞汽车	38
长安马自达	146122	美亚汽车	21

（二）中国商用车产业发展概况

2015 年，商用车产销 342.39 万辆和 345.13 万辆，同比下降 9.97% 和 8.97%。2015 年，商用车销量在整个汽车市场仅占 14.03% 的份额，比 2014 年下降了 2 个百分点，如图 1－10 所示。

其中，商用车排名前十的企业是北汽福田、东风汽车、金杯汽车、上汽通用五菱、江铃控股、江淮股份、一汽集团、中国重型、重庆力帆、长安汽车，销量分别为 47.30 万辆、39.87 万辆、25.26 万辆、24.24 万辆、23.24 万辆、23.18 万辆、17.52 万辆、15.82 万辆、14.42 万辆、14.34 万辆，10 家企业 2015 年共销售 245.19 万辆，占 2014 年商用车总销量的 71.45%，如图 1－11 所示。

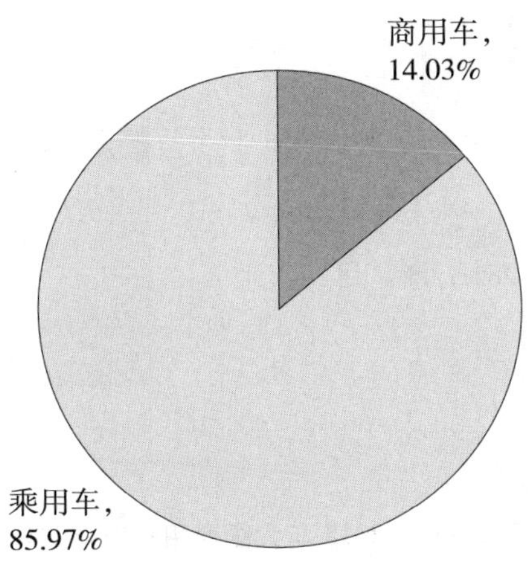

图 1 – 10　2015 年我国商用车占整体汽车市场份额

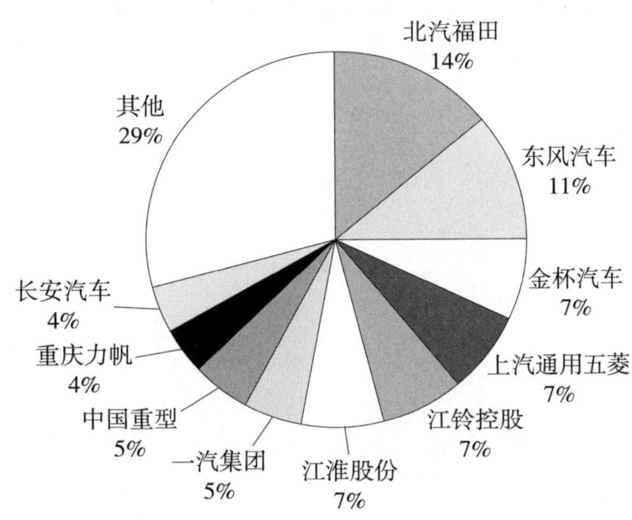

图 1 – 11　2015 年我国商用车品牌市场份额

卡车销量及结构情况：重卡、中卡、轻卡、微卡销量分别为 55. 1 万辆、20 万辆、155. 8 万辆和 54. 6 万辆，除微卡同比增长 3. 1% 外，重卡、中卡、轻卡分别累计同比下降 26%、19% 和 6%，市场下降明显；重卡、中卡、轻卡、微卡占卡车市场的比重分别为 19. 3%、7%、54. 6% 和 19. 1%。如图 1 – 12 所示。

2015 年，尽管客车行业需求减缓，但行业内骨干企业继续稳居主导，保持了较高的市场集中度。2015 年，客车销量排名位居前十位的企业依次是：华晨金杯、郑州宇通、江铃控股、南京依维柯、北汽福田、金龙联合、厦门金旅、苏州金龙、保定长安和上汽大通，分别销售 9. 6 万辆、6. 7 万辆、6. 31 万辆、4. 07 万辆、3. 71 万辆、3. 55 万辆、2. 96 万辆、2. 52 万辆、2. 35 万辆和 1. 9 万辆。与上年同期相比，保定长安、上

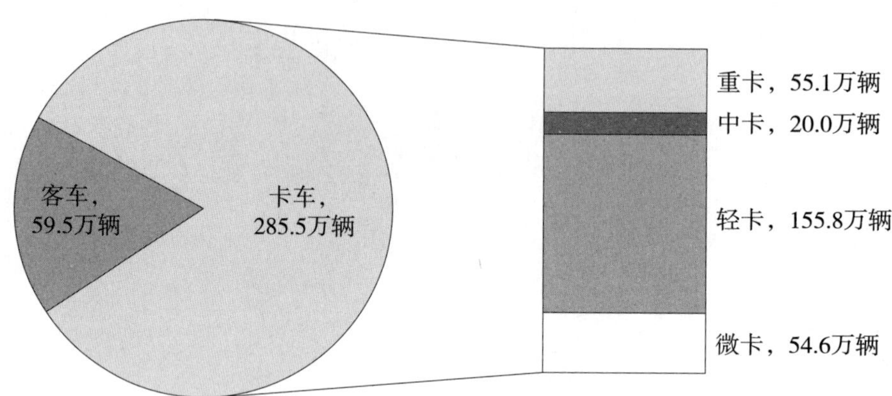

图 1－12　2015 年我国商用车市场结构

汽大通销量增长较快，郑州宇通、金龙联合和厦门金旅增速略低，其他企业有所下降，华晨金杯降幅居前。2015 年，上述十家企业共销售 43.66 万辆，占客车销售总量的 76.39%。

第二章　2015—2016 年中国汽车物流发展趋势分析

第一节　2015—2016 年中国汽车物流发展概述

一、汽车物流市场整体上保持平稳增长

汽车产销市场是汽车物流市场发展的根本。2015 年，汽车产销量呈现总体增长的态势，但增长速度低于往年，据中国汽车工业协会统计数据，2015 年，我国汽车产业继续保持增长态势，汽车产销 2450.33 万辆和 2459.76 万辆，同比增长 3.25% 和 4.68%，增速比上年同期减缓 4.01 个百分点和 2.18 个百分点。其中，乘用车市场增长速度明显下降，乘用车累计销售 2114.63 万辆，同比增长 7.30%，增幅比上年回落 2.59 个百分点；商用车产销 342.39 万辆和 345.13 万辆，同比下降 9.97% 和 8.97%，2015 年，客车销量比上年略有下降，但保持了 50 万辆以上规模，共销售 57.15 万辆，同比下降 0.07%，货车产销 26.7 万辆和 26.91 万辆，同比下降 4.53% 和 3.61%。2015 年，汽车累计出口 72.82 万辆，比上年下降 20%。其中乘用车出口 42.77 万辆，比上年下降 19.8%；商用车出口 30.05 万辆，比上年下降 20.4%；2015 年我国进口汽车进口量 106.73 万辆，同比下滑 25%。

汽车物流市场的发展不仅仅关联于汽车工业市场，2015 年我国汽车物流市场在汽车产业链条中还呈现纵向和横向拓展的态势，汽车物流核心骨干企业的市场规模多数保持 10% 以上的高速增长。

二、汽车物流市场业务继续在横纵两方面拓展

从行业核心企业的发展情况来看，在主要围绕汽车生产企业的零部件入厂、整车销售和售后服务备件三个环节来提供物流服务的同时，上游正从零部件入厂物流向汽车零部件供应商的管理上延，下游从主机厂售后服务备件物流向更广义的维修保养和美容等后市场物流服务延长。

（一）汽车物流产业链的上下游纵向拓展

1. 旺盛的后市场物流需求

前文提到，随着我国经济社会持续快速发展，群众购车刚性需求旺盛，汽车保有量继续呈快速增长趋势，截至2015年年底，我国机动车保有量达2.79亿辆，其中汽车1.72亿辆，创历年新高。我国小型载客汽车达1.36亿辆。其中，以个人名义登记的小型载客汽车（私家车）达到1.24亿辆，占小型载客汽车的91.53%。与2014年相比，私家车增加了1877万辆，增幅为17.77%。全国平均每百户家庭拥有31辆私家车，北京、成都、深圳等大城市每百户家庭拥有私家车超过60辆。

汽车保有量不断增长带来的是旺盛的后市场物流需求，一方面是由于保养、维修带来的售后服务备件需求，另一方面是整车后市场需求。

2015年后市场物流服务的新的增长点主要体现在个人在用车和二手车两个方面。个人在用车物流是由于个人旅游和探亲等情况产生的异地用车需求，这类需求者希望能够将拥有的私家车运至目的地，供个人异地使用，这是一块新增的市场，这部分需求越来越旺盛，为汽车物流行业提供了新的业务增长点。中铁特货、安吉物流、长久物流、长安民生物流等多家汽车物流企业都在发力异地用车需求的市场，帮助长途旅行或异地工作者提供整车物流服务，方便客户异地使用私家车。

二手车市场方面，据中国汽车流通协会的数据统计，2015年我国二手车市场累计交易量为942万辆，相比2014年微增2.4%（如图2-1所示）。二手车市场继续保持低速增长的同时，二手车异地交易呈现明显上升趋势。以北京二手车市场的交易情况为例，北京二手车外迁数量占北京市二手车总量的34.13%，这说明二手车物流已成为后市场物流的重要板块。

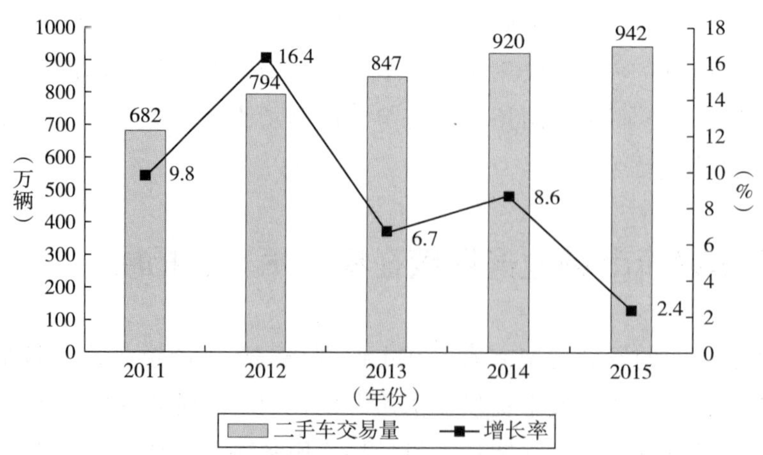

图2-1　2011—2015年我国二手车市场交易量情况

数据来源：中国汽车流通协会。

2. 汽车零部件供应商物流越来越受到行业关注

汽车零部件供应商的物流需求十分巨大，但是运作方式松散。以往汽车零部件物流的服务主要围绕主机厂开展，现在服务主体正在悄然发生前移，在汽车零部件供应商物流松散运作方式中，存在巨大的物流成本空间，这成为汽车物流企业新的利润源泉。

（二）汽车物流业务横向拓展

在横向业务拓展上，包括向国际市场和其他相关专业物流市场拓展。

一方面，汽车物流领域的领军企业在向整个汽车产业链上下游延伸的同时，还在积极布局和拓展国际市场。例如，安吉跟随上汽集团海外布局在泰国设立了分公司；长久物流的汽车零部件服务已经延伸到德国，依托哈欧班列完成国际铁路运输，并且借此机会将公司的业务范畴扩展到工业品、消费品等其他物流领域。

另一方面，2015 年与汽车物流相关联的业务扩展取得实质性进展，包括向其他相关专业物流方向的拓展，除了传统商用车之外，汽车物流还延伸到与其物流特点相似的农用车及工程机械等轮式机械物流业务，2015 年“时风”农用车成为中铁特货的新客户。

三、行业政策愈加明朗，市场环境日趋规范

整车物流“全行业违规”“超限”运作依然是 2015 年悬在整个中国汽车物流行业头上的“达摩克利斯之剑”。一方面，随着新标准的即将出台，以及由于部分地区车辆运输车恶性事故带来的区域整肃，都让国家有关政府部门和行业上下达成共识，行业的顽疾已经到了必须解决的时刻；另一方面，汽车物流企业在经过了多年违规运营之后，凸显出的“病态后遗症”及潜在事故都给企业运营和社会安全带来危害。例如，违规运作大幅度拉低了汽车物流行业的运价水平，使价格出现扭曲；公路的罚款执法愈演愈烈，让汽车物流及相关运输企业苦不堪言，加上在很多罚款不能抵扣进项成本的情况下，“营改增”的实施不啻雪上加霜。在上述情况之下，汽车物流全行业期盼规范化运作，而行业协会也为此做出积极的努力。

目前，2015 年关于车辆运输车治理方案仍旧没有出台，但全行业对于新的车辆运输车标准形成了一致意见，行业协会也组织了汽车物流企业与国家部委进行对接，共同探讨了下一步在治理车辆运输车行业问题中的过渡性政策。2016 年 8 月，《交通运输部办公厅 国家发展和改革委员会办公厅 工业和信息化部办公厅 公安部办公厅 国家质量监督检验检疫总局办公厅关于印发〈车辆运输车治理工作方案〉的通知》

（交办运〔2016〕107 号），为行业发展提供了新的契机（具体内容见资料汇编篇）。

此外，在全行业整顿后，针对一些汽车物流企业尤其是中小汽车物流承运商所担心的运价太低，置换车辆成本高等问题，也研究了三方面的保障措施。一是回归标准车量以后，尽管单车运输数量减少，但运输效率会提高；二是规范化运营之后，企业的罚款成本会降低；三是铁路和水运能力将得到进一步释放，综合运输体系的发展将会降低运输成本。综上所述，汽车整车物流企业及承运商不能单纯地比较双排车变单排车后运输数量上的变化，而要综合考虑成本上的变化。为推动行业健康发展，促进企业间良好合作，建立行业科学定价机制，综合吸取采纳企业经验和专家研究意见，提出整车物流公路运输成本和价格指标体系研究参考。

总而言之，2015 年可以说是汽车物流标准和政策制定出台的重要孕育期，2016 年政策落地使全行业实现规范化发展。汽车物流行业政策趋于明朗，为这个行业公路运输的规范化经营带来了曙光。

四、汽车物流标准愈加完善

1. 车辆运输车标准取得突破性进展

2015 年，交通运输部、公安部、工信部、国家标准化委员会会同相关研究机构进行了广泛调研和深入研究，车辆运输车标准基本形成了一致意见，国家标准《道路车辆外廓尺寸、轴荷及质量限值》（GB 1589—2004）已经通过审查会，进入报批阶段，GB 1589 中首次增加了中置轴车辆运输列车，并在车辆运输车的宽度等方面进行了调整。国家标准《车辆运输车通用技术条件》和《货运挂车系列型谱》已完成征求意见。车辆运输中置轴挂车列车技术指标基本制定完成，将会成为汽车公路运输的主要运载工具。

2. 汽车物流行业标准体系继续完善

在全国物流标准化技术委员会推动下，分会牵头的《商用车背车装载技术要求》《汽车零部件物流器具分类及编码》两项行业标准正式发布。《汽车物流统计指标体系》《汽车物流信息系统基础要求》两项国家标准进入报批阶段。《汽车整车出口物流标识规范》（20132702－T－469）国家标准已经完成征求意见稿，正在面向全社会征询意见。

3.《深化标准化工作改革方案》出台利好汽车物流行业

2015 年 3 月，《国务院关于印发深化标准化工作改革方案的通知》中指出“通过改革，把政府单一供给的现行标准体系，转变为由政府主导制定的标准和市场自主制定的标准共同构成的新型标准体系。建立完善与新型标准体系配套的标准化管理体制”，并提出培育发展团体标准。在标准制定主体上，鼓励具备相应能力的学会、协会、商会、联合会等社会组织和产业技术联盟协调相关市场主体共同制定满足市场和创新需要的标准，供市场自愿选用，增加标准的有效供给。2015 年 6 月，中国物流与采购联合会获批成为团体标准第一批试点单位。2015 年是标准工作变化较大的一年，随着《深化标准化工作改革方案》的出台，为标准化工作提供了新的指导方向。根据《深化标准化工作改革方案》的要求，中物联汽车物流分会牵头展开了汽车物流团体标准工作，召开了《中置轴车辆运输车技术选型条件》团体标准的征询意见会议，与会单位针对中置轴车辆运输车的相关问题进行了研究与探讨。协会牵头组织团体标准制定意向征集工作，企业已上报十余个团体标准项目。团体标准作为标准工作的重要组成部分，以市场为主体，企业为核心，在标准出台后能够更好地应用，减少了标准宣贯工作的困难。

五、行业统计分析工作进一步深入

为了更好地了解汽车物流行业发展现状，分析行业发展中遇见的问题，2015 年首次开展了汽车物流全行业的数据调研工作，针对汽车物流企业进行年度数据收集，主要包括整车、零部件、售后服务备件三个方面的调研，调研根据《汽车物流统计指标体系》中指标进行数据采集，共涉及三大类 60 余项指标，调研完成后将对数据进行整理和分析。同时，完成了汽车物流 KPI（关键绩效指标）调查工作，除零部件物流 KPI 调查外，新增整车物流 KPI 和售后服务备件物流 KPI 调查。汽车物流分会研究中心组织编写的《中国汽车物流发展报告（2015）》于 2015 年 10 月面向全国发售，是汽车物流行业内首次编写的年度分析报告，其中涵盖了汽车物流调查报告、专题报告、创新报告等众多部分，对汽车物流年度的总结和发展起到了重要的作用。

六、汽车物流技术开发和管理水平不断创新

2015 年，我国汽车物流企业对技术表现出空前的关注，一方面，在企业内部管理上，随着劳动力成本越来越高，以及新进入市场的劳动力对工作环境要求越来越高等众多客观原因，汽车物流企业越来越多的用技术替代人力以减少用工成本，并通过技术来改善劳动者工作的环境和条件，减轻劳动力密集的传统行业特点；另一方面，借助于现代技术的应用，汽车产业出现了电子商务的发展和平台建设、供应链金融等新业态。2015 年，汽车物流行业的领军企业普遍关注新技术的应用，并且采取行动积极的开发和应用新技术，这也可以说是 2015 年我国汽车物流发展的新变化之一。2015

年，各汽车物流企业在行业创新方面又取得了一定的进步，在汽车整车物流、零部件入厂物流、售后服务备件物流、综合类四个方面涌现出35个创新项目。

1. **汽车整车物流创新项目**

2015年，汽车整车物流创新项目主要围绕信息技术，管理模式等多个角度进行研究，其中信息技术包括智能管理系统开发应用，发运监测系统开发应用，整车物流App（应用程序）的开发与应用，条码新技术应用、移动终端技术开发与应用等；管理模式的创新包括综合运输体系的管理与创新，自动配载方案的设计，整车物流计划评价体系的构建，海运集装箱的解决方案，整车物流定价模型的建立等，这些新技术、新理念的创新和应用，极大地提高了整车物流作业的效率，实现了运输仓储装备先进化，信息管理智能化，运营操作便利化。

2. **汽车零部件入厂物流创新项目**

2015年汽车零部件入厂物流的项目创新较之前更加注重细节的优化，主要围绕技术创新、管理创新、信息应用、流程优化等几个方面开展，技术创新包括AGV（自动导引运输车）技术在厂内配送物流的应用研究，TESD爆胎应急安全装置的设计与应用，驶入式货架专用存储托盘的设计与应用，汽车车顶内装饰件包装箱的设计与应用；管理创新包括干线运输取货配车管理，仓储管理的优化与实践，基于“互联网+”的Milk-Run（循环取货）取货确认管理，汽车物流岗位定额工时测算研究，汽车生产领域集配防差错管理创新等；信息应用主要包括发动机库信息化优化，车身车间焊接大总成流转管理系统应用，智能App整合与提升传统取货管理技术解决方案，基于互联网的社区型运输协同平台汽车行业运输中的应用；流程优化包括基于多种零件组合排序上线配送模式的实践，零部件生产及入库优化管理，基于JIT（准时制生产）配送的物流排序拣选过程优化创新，降低生产零件追加订单比例的优化。这些项目的创新与应用更加注重细节，将其他领域的优秀技术和信息手段与汽车物流领域相结合，并探索适用于汽车零部件入厂物流发展的新模式，为其发展注射了一针强心剂。

3. **售后服务备件创新项目**

售后服务备件创新项目主要围绕提高备件物流的效率和备件设施改进两个方面，例如，“构建备件极速物流体系的业务变革”“华晨宝马中国售后配件配送中心定制项目”这两个项目，售后备件物流具有其自身的特点，在技术改进，项目创新道路上还有其挖掘和发展的空间。

4. **综合类汽车物流创新项目**

此类技术创新可以应用到汽车物流全产业链当中，从宏观层面的研究到微观技术的开发，都有其创新点，例如编写的《汽车制造物流管理》教材为培养专业汽车物流人才提供了理论与实践的学习资料，“以信息系统为载体的汽车航空物流企业市场营销管理模式创新”将航空运输纳入到汽车物流综合运输体系中来，“基于 RFID（无线射频识别）的周转器具管理应用”在零部件入厂和售后服务备件物流中均发挥了重要的作用。

第二节 中国汽车物流发展趋势分析

2015 年，我国汽车物流市场发生了质的变化，具体表现为三个方面：一是经过了十多年的发展，汽车物流行业的整体市场格局已经相对稳固，围绕汽车生产企业形成的第三方物流企业及承运商、服务公司已形成了相对稳定的格局，行业企业间合作成为当前发展的主旋律；二是汽车物流企业向汽车产业链上下游不断延伸，向相关专业物流领域及跨界领域横向拓展；三是汽车物流企业进入由以市场扩张为主转向为以技术创新为核心寻求市场竞争力的新阶段。随着车辆运输车国家标准和整顿政策的即将出台，物流新技术的应用，汽车物流跨界发展，2016 年汽车物流行业将会有新的发展机遇与挑战。

一、汽车物流市场将会继续增长

2016 年，我国汽车物流业可能出现的第一大机遇就是市场增长的机遇。预计 2016 年整个中国汽车工业的增长幅度不会低于 2015 年，从 2015 年 12 月的销售数据可以看出，我国汽车市场回暖的迹象非常明显，因此可以说，2016 年汽车市场的增长是汽车物流市场增长的根本。与此同时，延续 2015 年我国汽车物流纵向和横向双向拓展的态势，汽车物流企业继续向产业链上下游延伸，汽车零部件供应商规模比汽车生产企业大，汽车物流企业不仅要按照汽车主机厂要求去服务零部件供应商，更要从主观意识角度重视汽车零部件供应商物流这个“潜在的金矿”。今后，汽车物流企业承接的汽车零部件供应商物流业务，将会成为汽车物流行业新的增长点。

二、新的商业环境为汽车物流行业带来的机会和挑战

电子商务的兴起使整个汽车工业面临着互联网对商流的影响，消费者消费习惯的改变对传统的流通渠道产生了巨大的影响，整车销售体系和后市场供应体系正在发生着巨大的变革，尽管汽车产业门槛高、规模大、变革速度慢，但消费习惯的改变会直

接影响汽车产业链的变革，汽车工业的车轮也一定会朝着消费习惯的方向转动，商流的转变对汽车物流会产生巨大的影响。对于汽车物流企业来说，如果抓住了时代的发展脉搏就是机会，抓不住就是挑战，但对主流物流企业来说机遇大于挑战，因此通过十多年的发展与积累，汽车物流企业已经形成了良好的物流网络和运作基础，在新的商业环境中因势利导，逐渐推陈出新，就能使汽车物流企业将挑战转化为发展机遇。

三、整车行业规范化经营助推综合运输体系的建设

随着国家“治超”力度的加大，整车公路运输将会发生重大变化，铁路运力的释放，可以承接更多的汽车物流需求，公路和铁路、水路之间业务量的变化将决定整车运输结构。以公路运输为主的长途干线运输量今后将会减少，而转变为以铁路和水运为核心的多式联运模式，例如，以往整车从哈尔滨到广州的公路运输业务很可能改变为哈尔滨到大连的短途公路运输业务，再通过水运方式运达广州，汽车运输业务总量不会减少，但公路将作为以短途接驳运输为主的运输方式。

总而言之，汽车作为工业品中技术门槛最高、产业链条最长、市场规模最大的一个行业，存在的无形门槛决定了汽车产业链上的每一个环节都有其利润空间，也可以说，汽车物流是大宗商品物流领域中非常难得的细分市场，希望所有汽车物流企业能够专注在这个细分市场，在专注的同时关注和把握行业发展趋势，善于把行业趋势和先进技术应用到企业发展之中，珍惜来之不易的发展机会，大家共同将汽车物流行业建设得更好。

行业统计篇

第三章　我国汽车零部件入厂物流统计调查分析

为了解汽车物流行业发展现状，分析行业发展中遇见的问题，进一步优化汽车物流行业发展结构，推动公、铁、水综合运输体系建设，提升零部件、整车至售后服务备件物流的供应链管理水平，汽车物流分会自2015年开始，开展了汽车物流企业统计指标的调查活动。从企业基本信息、企业总体情况、业务规模情况、业务效益情况、业务成本情况、业务效率情况及业务质量情况等方面对相关企业进行问卷调查，并根据样本数据采集情况，分别从物流业务规模、物流业务成本、物流业务效率、物流业务质量四个方面进行统计分析，供行业参考。

第一节　零部件入厂物流业务规模情况

（一）运输业务情况

1. 公路运输情况

在零部件入厂物流业务的庞大运输量中，采用公路运输大于90%的企业占比为9%；采用公路运输小于50%的企业占比为18%；采用公路运输为50%～90%的企业占比为73%。如图3－1所示。

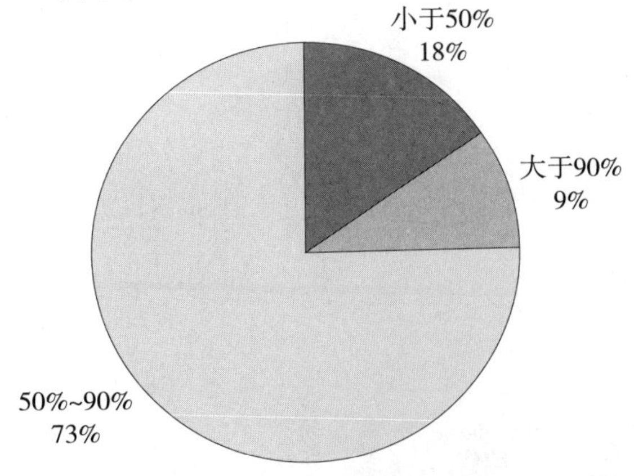

图3－1　零部件入厂物流业务的公路货运量比重情况

2. 铁路运输情况

在铁路运输量方面，仅有两家样本企业填写调研表，且铁路运输的比例均占所有运输方式的1%以下，可以看出零部件物流的铁路运输比例较低，一般以公路运输为主。

3. 水路运输情况

在水路运输量方面，采用水路运输小于5%的企业占比约为50%；采用水路运输大于20%的企业占比为33%，采用水路运输比例在5%～20%的企业占比约为17%。如图3－2所示。

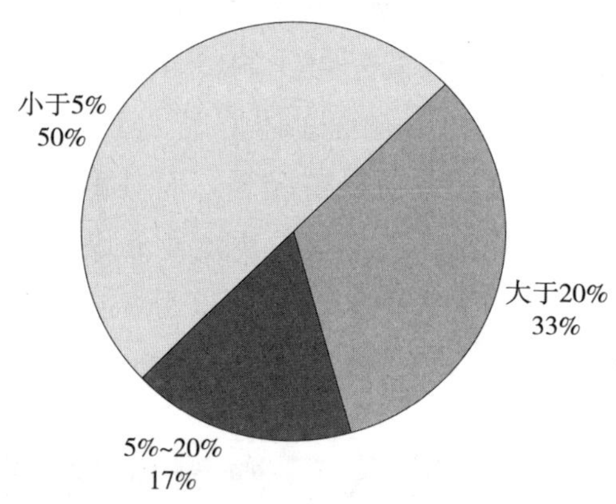

图3－2　零部件入厂物流业务的水路货运量比重情况

（二）仓储业务情况

1. 自有仓储资源

自有仓储方面，约有11%的企业，其自有仓储面积比重大于80%；约有22%的企业，其自有仓储面积比重小于30%；约有22%的企业，其自有仓储面积比重为60%～80%；约有45%的企业，其自有仓储面积比重为30%～60%。如图3－3、图3－4所示。

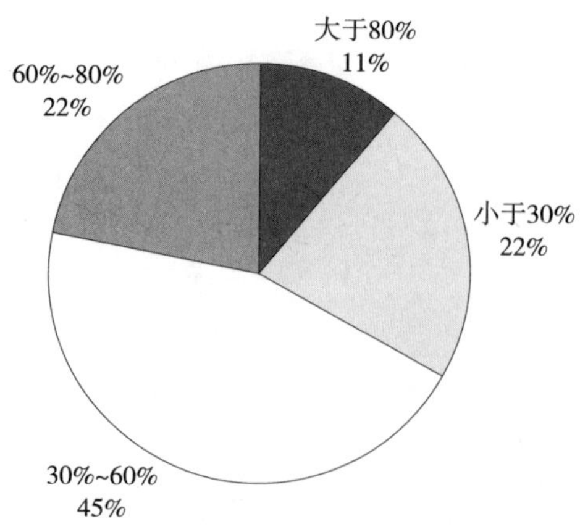

图3－3　零部件业务自有仓库面积的比重情况

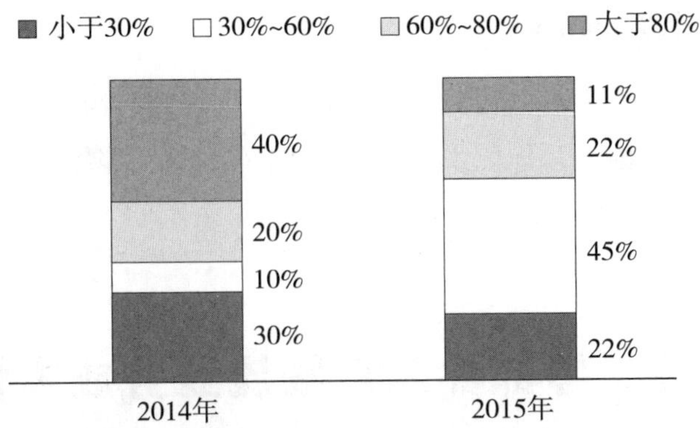

图 3－4　2014 年与 2015 年零部件业务自有仓库面积比例对比情况

2. 租有仓储资源

租用仓储方面，约有 18% 的企业，其租用仓储面积比重小于 30%；约有 27% 的企业，其租用仓储面积比重大于 80%；约有 37% 的企业，其租用仓储面积比重为 30% ~ 60%；约有 18% 的企业，其租用仓储面积比重为 60% ~80%。如图 3－5、图 3－6 所示。

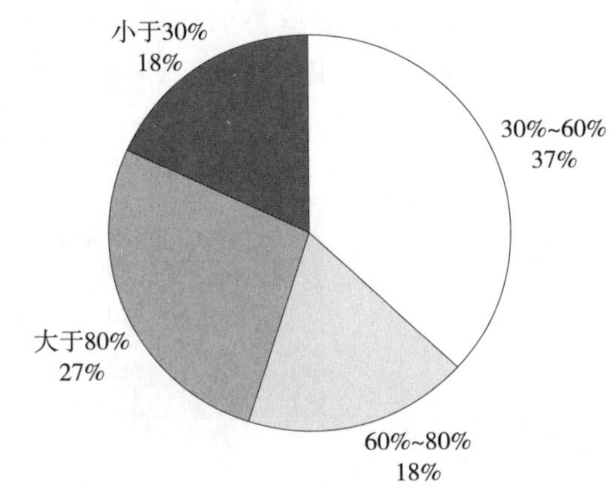

图 3－5　零部件业务租用仓库面积的比重情况

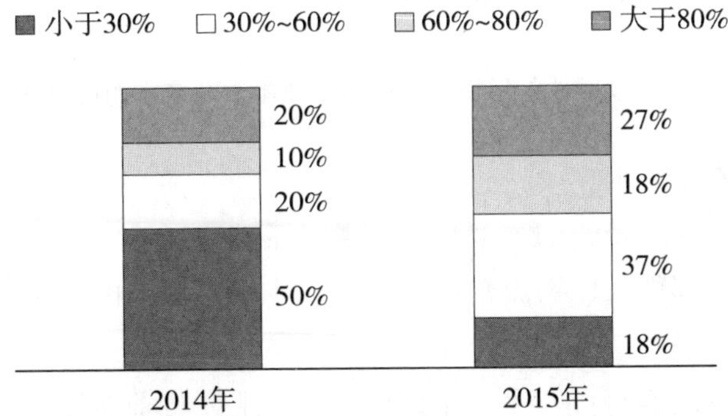

图 3－6　2014 年与 2015 年零部件业务租赁仓库面积比例对比情况

（三）信息系统数量情况

样本企业中均有信息系统，企业均已实现信息化管理。约有 17% 的零部件入厂物流企业拥有多于一套的信息系统，约有 83% 的零部件入厂物流企业拥有一套的信息系统。

第二节　零部件入厂物流业务成本情况

（一）各环节业务成本

1. 运输业务成本

运输成本方面，约有 25% 的零部件入厂物流企业其运输成本占总成本的比重大于 50%；约有 25% 的零部件入厂物流企业其运输成本占总成本的比重小于 30%；约有 25% 的零部件入厂物流企业其运输成本占总成本的比重在 40% ~50%、30% ~40% 范围内，此次样本数据显示，运输成本占比比较分散，但根据 2015 年数据显示以及了解，运输成本仍是物流成本的重要部分。如图 3 –7 所示。

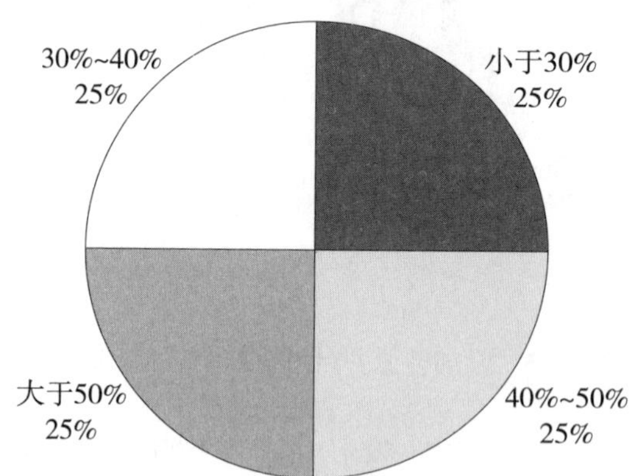

图 3 –7　零部件入厂物流企业运输成本占总成本的比重情况

2. 仓储业务成本

仓储成本方面，约有 75% 的零部件入厂物流企业其仓储成本占总成本的比重小于 30%；约有 25% 的零部件入厂物流企业其仓储成本占总成本的比重在 30% 以上。

3. 包装业务成本

此次调查样本中，填写此项数据的企业均选择包装业务成本占总成本的 5% ~ 10%，分布较为集中。

4. 装卸搬运业务成本

装卸搬运成本方面，约有50%的零部件入厂物流企业其装卸搬运成本占总成本的比重在5%～20%范围内；约有25%的零部件入厂物流企业其装卸搬运成本占总成本的比重小于5%；约有25%的零部件入厂物流企业其装卸搬运成本占总成本的比重大于25%。如图3－8所示。

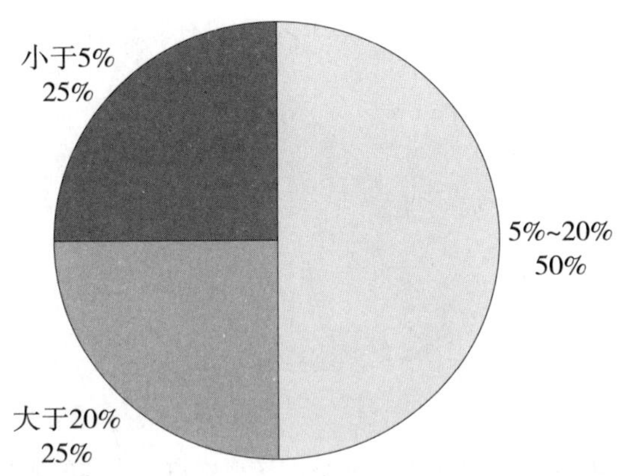

图3－8　零部件入厂物流企业装卸搬运成本占总成本的比重情况

5. 流通加工业务成本

流通加工成本方面，约有75%的零部件入厂物流企业其流通加工成本占总成本的比重小于5%；约有25%的零部件入厂物流企业其流通加工成本占总成本的比重在5%～10%范围内。如图3－9所示。

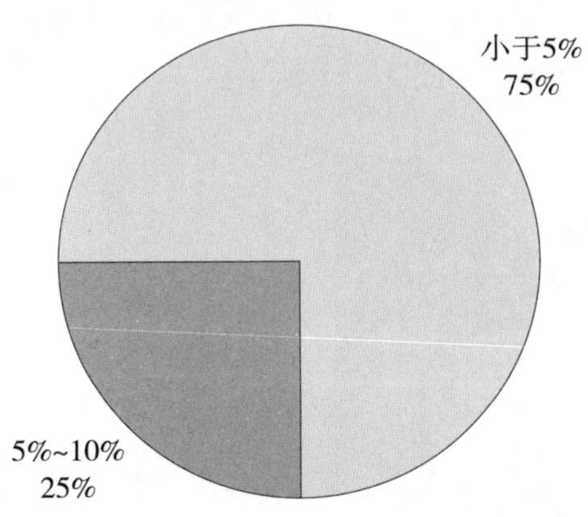

图3－9　零部件入厂物流企业流通加工成本占总成本的比重情况

注：没有企业选择其他数据区间。

6. 配送业务成本

配送成本方面，约有33%的零部件入厂物流企业其配送成本占总成本的比重大于

20%；约有17%的零部件入厂物流企业其配送成本占总成本的比重在10% ~20%范围内；约有50%的零部件入厂物流企业其配送成本占总成本的比重在5% ~10%范围内。如图3－10所示。

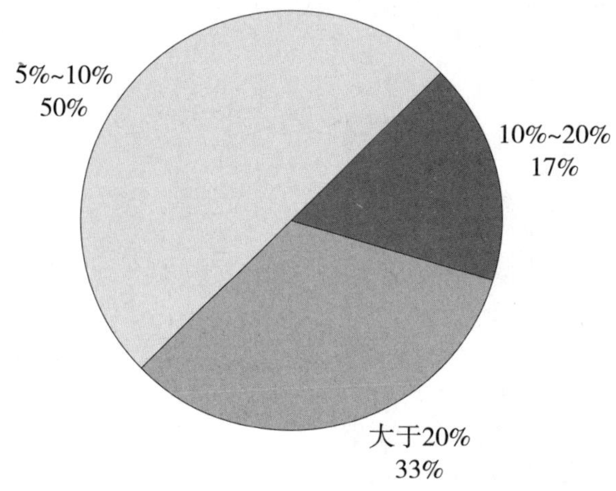

图3－10　零部件入厂物流企业配送成本占总成本的比重情况

注：没有企业选择其他数据区间。

（二）信息及相关业务成本

信息及相关服务成本方面，约有25%的零部件入厂物流企业其信息及相关服务成本占总成本的比重小于1%；约有25%的零部件入厂物流企业其信息及相关服务成本占总成本的比重在1% ~5%范围内；约有50%的零部件入厂物流企业其信息及相关服务成本占总成本的比重大于5%。如图3－11所示。

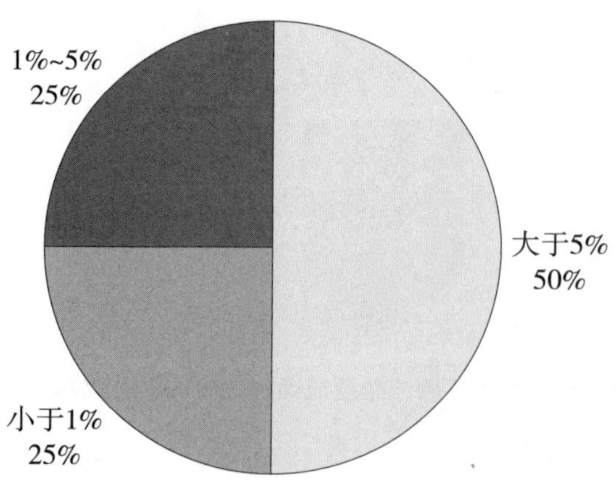

图3－11　零部件入厂物流企业信息及相关服务成本占总成本的比重情况

（三）管理及其他成本

1. 管理成本

物流管理成本方面，约有20%的零部件入厂物流企业其物流管理成本占总成本的比重在0.5%～2%范围内；约有40%的零部件入厂物流企业其物流管理成本占总成本的比重大于2%；约有40%的零部件入厂物流企业其物流管理成本占总成本的比重小于0.5%。如图3－12所示。

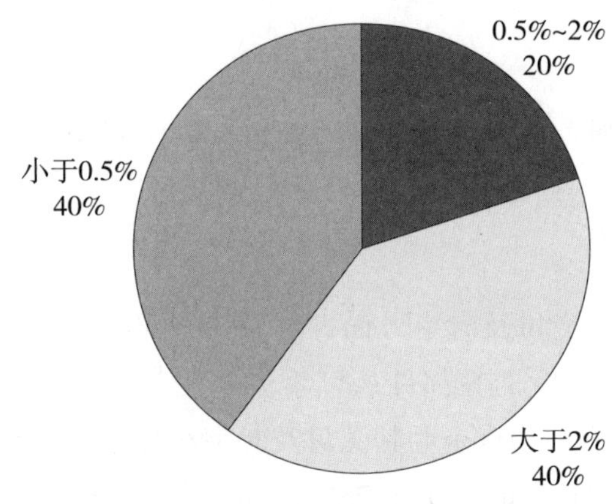

图3－12　零部件入厂物流企业物流管理成本占总成本的比重情况

2. 保险成本

保险成本方面，调查的样本企业填报的保险成本均在1%以下，占比较低，其中，约有20%的零部件入厂物流企业其保险成本占总成本的比重小于0.5%；约有80%的零部件入厂物流企业其保险成本占总成本的比重在0.5%～1%范围内。

第三节　零部件入厂物流业务效率情况

（一）调度及时率

零部件入厂物流业务调度及时率方面，约有38%的零部件入厂物流企业其调度及时率在99%以上；约有25%的零部件入厂物流企业其调度及时率在98%～99%范围内；约有25%的零部件入厂物流企业其调度及时率在95%～98%范围内，约有12%的零部件入厂物流企业其调度及时率小于95%。如图3－13所示。

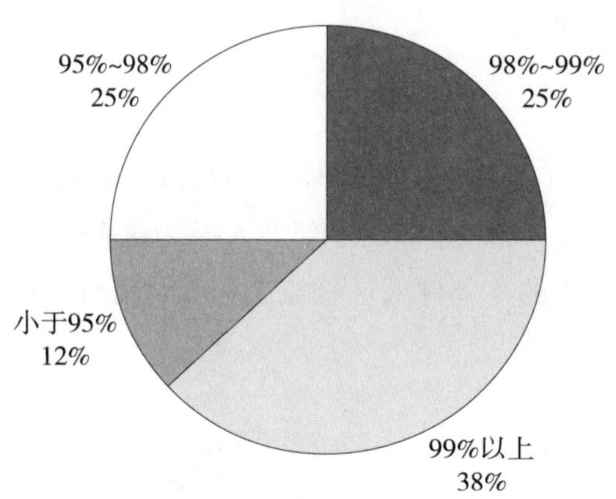

图 3－13　零部件入厂物流企业调度及时率情况

（二）交付及时率

零部件入厂物流业务交付及时率方面，约有 33% 的零部件入厂物流企业其交付及时率在 99% 以上；约有 11% 的零部件入厂物流企业其交付及时率在 98% ～99% 范围内；约有 45% 的零部件入厂物流企业其交付及时率在 95% ～98% 范围内，约有 11% 的零部件入厂物流企业其交付及时率小于 95%。如图 3－14 所示。

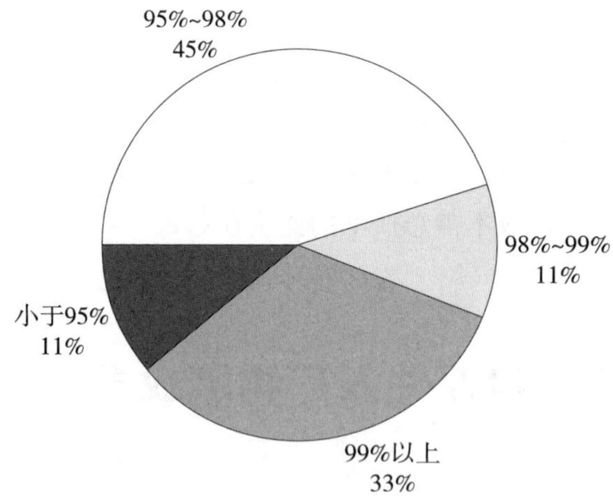

图 3－14　零部件入厂物流企业交付及时率情况

（三）车船利用率

零部件入厂物流业务车船利用率方面，样本企业填报的信息显示，车辆利用率均在 98% 以下，相比 2014 年数据有所下降。

（四）仓库设备利用率

零部件入厂物流业务仓库设备利用率方面，约有 62% 的零部件入厂物流企业其仓库设备利用率小于 95%；约有 13% 的零部件入厂物流企业其仓库设备利用率在 95% ~99% 范围内；有 25% 的零部件入厂物流企业其仓库设备利用率大于 99%。如图 3 – 15 所示。

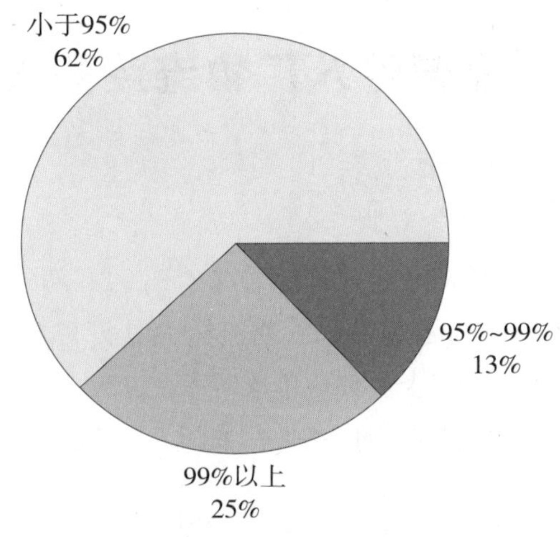

图 3 – 15　零部件入厂物流企业仓库设备利用率情况

（五）仓容利用率

零部件入厂物流业务仓容利用率方面，约有 67% 的零部件入厂物流企业其仓容利用率小于 95%；约有 11% 的零部件入厂物流企业其仓容利用率在 95% ~99% 范围内；约有 22% 的零部件入厂物流企业其仓容利用率在 99% 以上。如图 3 – 16 所示。

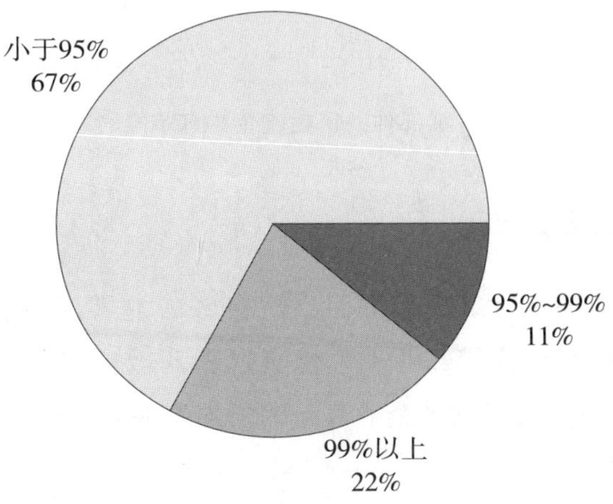

图 3 – 16　零部件入厂物流企业仓容利用率情况

（六）运输设备装载率

零部件入厂物流业务运输设备装载率方面，约有75%的零部件入厂物流企业其运输设备装载率小于95%；仅有25%的零部件入厂物流企业其运输设备装载率在95%以上，运输设备的利用率有待提高。

第四节　零部件入厂物流业务质量情况

（一）订单准时率

零部件入厂物流业务订单准时率方面，约有25%的零部件入厂物流企业其订单准时率在99%以上；约有13%的零部件入厂物流企业其订单准时率在98%～99%范围内；约有50%的零部件入厂物流企业其订单准时率在95%～98%范围内；约有12%的零部件入厂物流企业其订单准时率小于95%。如图3－17所示。

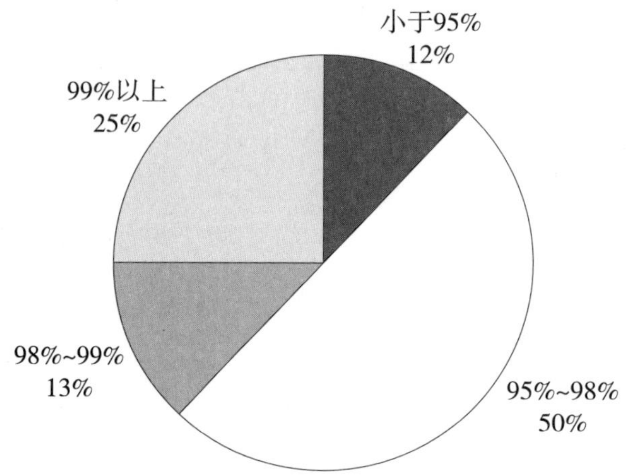

图3－17　零部件入厂物流企业订单准时率情况

（二）运输货损货差率

零部件入厂物流业务运输货损率方面，约有62%的零部件入厂物流企业其运输货损率小于0.1%；约有12%的零部件入厂物流企业其运输货损率在0.1%～0.2%范围内；分别有13%的零部件入厂物流企业其运输货损率在0.2%～0.5%、0.5%以上范围内。如图3－18所示。

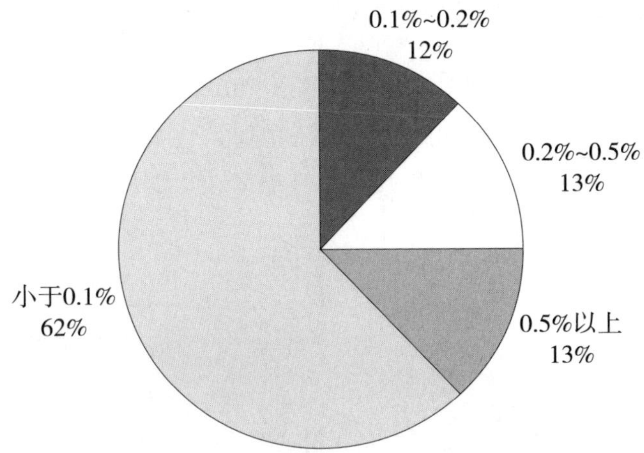

图 3－18　零部件入厂物流企业运输货损率情况

零部件入厂物流业务运输货差率方面，所有零部件入厂物流企业的运输货差率在 0. 2% 以下。

（三）仓储货损货差率

仓储货损率方面，约有 72% 的零部件入厂物流企业其仓储货损率小于 0. 1%；分别有 14% 的零部件入厂物流企业其仓储货损率在 0. 1% ~0. 2%、0. 2% 以上的范围内。如图 3－19 所示。

零部件入厂物流业务仓储货差率方面，绝大部分的零部件入厂物流企业其仓储货差率都小于 0. 1%。

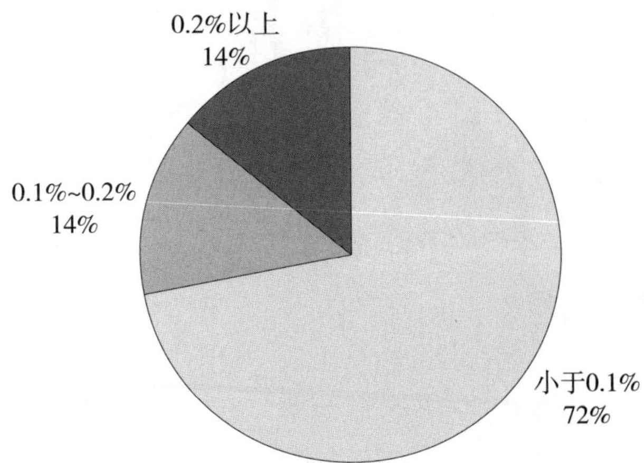

图 3－19　零部件入厂物流企业仓储货损率情况

（四）包装破损率

零部件入厂物流业务包装破损率方面，约有50%的零部件入厂物流企业其包装破损率小于0.1%；约有37%的零部件入厂物流企业其包装破损率在0.1%～0.2%范围内；约有13%的零部件入厂物流企业其包装破损率在0.2%以上。如图3－20所示。

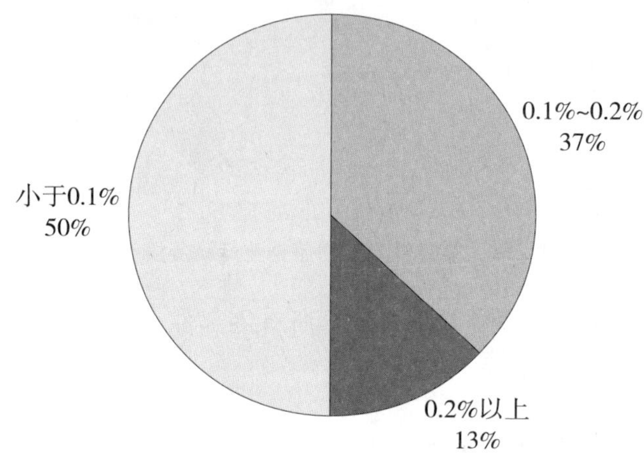

图3－20　零部件入厂物流企业包装破损率情况

（五）设备完好率

零部件入厂物流业务设备完好率方面，约有67%的零部件入厂物流企业其设备完好率在99%以上；分别有11%的零部件入厂物流企业其设备完好率在95%～98%、98%～99%、95%以下。如图3－21所示。

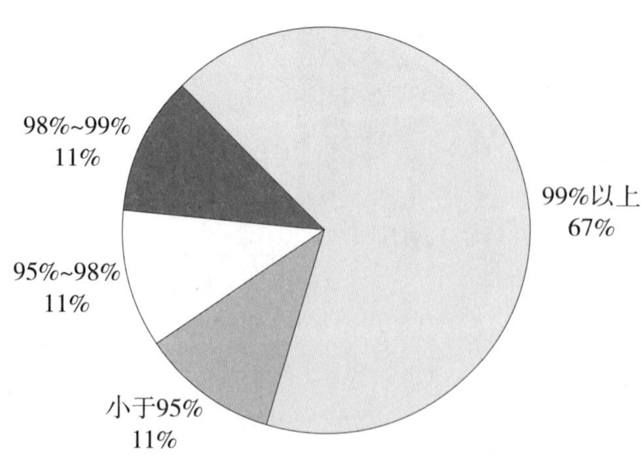

图3－21　零部件入厂物流企业设备完好率情况

（六）安全事故次数

2015 年零部件入厂物流业务运输安全事故次数方面，约有 46% 的零部件入厂物流企业其运输安全事故次数为 0；约有 45% 的零部件入厂物流企业其运输安全事故次数在 1 ~5 次范围内。

2015 年零部件入厂物流业务仓库安全事故次数方面，约有 60% 的零部件入厂物流企业其仓储安全事故次数为 0。

（七）仓储库位摆放准确率

零部件入厂物流业务仓储库位摆放准确率方面，约有 63% 的零部件入厂物流企业其仓储库位摆放准确率在 99% 以上；约有 25% 的零部件入厂物流企业其仓储库位摆放准确率在 98% ~99% 范围内；约有 12% 的零部件入厂物流企业其仓储库位摆放准确率在 98% 以下。如图 3 –22 所示。

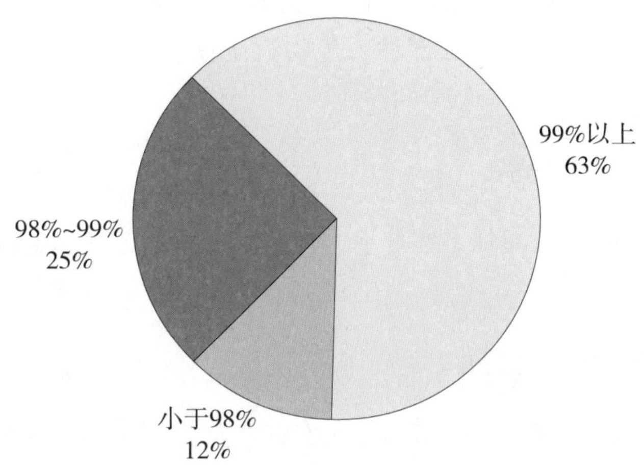

图 3 –22 零部件入厂物流企业仓储库位摆放准确率情况

（八）先进先出执行率

零部件入厂物流业务先进先出执行率方面，约有 57% 的零部件入厂物流企业其先进先出执行率在 99% 以上；约有 14% 的零部件入厂物流企业其先进先出执行率在 98% ~99% 范围内；约有 29% 的零部件入厂物流企业其先进先出执行率小于 98%。如图 3 –23 所示。

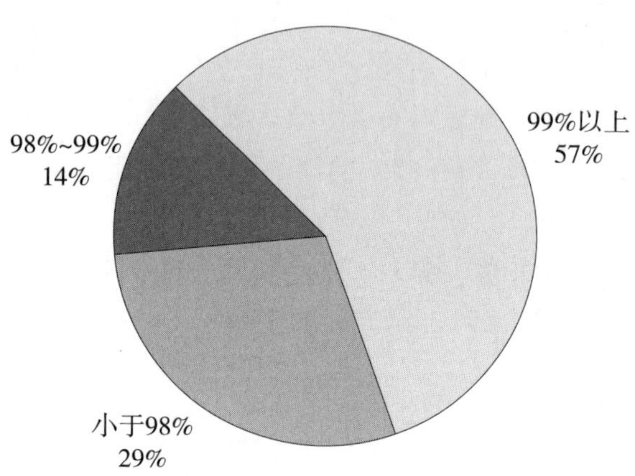

图 3－23　零部件入厂物流企业先进先出执行率情况

（九）账实符合率

零部件入厂物流业务账实符合率方面，约有 86% 的零部件入厂物流企业其账实符合率在 99% 以上；约有 14% 的零部件入厂物流企业其账实符合率在 98% ～99% 范围内。

（十）流通加工完好率

零部件入厂物流业务流通加工完好率方面，所有样本企业其流通加工完好率均在 99% 以上。

（十一）投诉与索赔次数

2015 年零部件入厂物流业务投诉与索赔次数方面，约有 30% 的零部件入厂物流企业其投诉与索赔次数为 0；约有 30% 的零部件入厂物流企业其投诉与索赔次数在 2 ~ 5 次范围内；约有 20% 的零部件入厂物流企业其投诉与索赔次数为 1 次；约有 20% 的零部件入厂物流企业其投诉与索赔次数为 5 次以上。如图 3－24 所示。

（十二）物流停线时间

零部件入厂物流业务物流停线时间方面，约有 60% 的零部件入厂物流企业其物流停线时间在 2 小时以内；约有 20% 的零部件入厂物流企业其物流停线时间在 2 ~ 10 小时；约有 20% 的零部件入厂物流企业其物流停线时间在 10 小时以上。如图 3－25 所示。

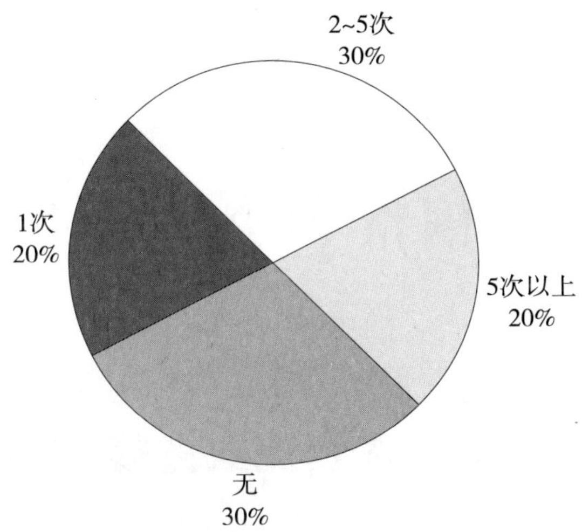

图 3－24　2015 年零部件入厂物流企业投诉与索赔次数情况

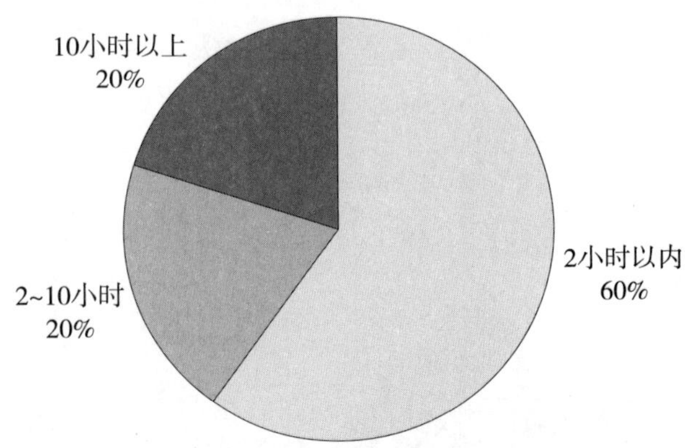

图 3－25　零部件入厂物流企业物流停线时间情况

第四章　我国整车物流统计调查分析

第一节　整车物流业务规模情况

（一）运输业务情况

在整车物流业务的庞大运输量中，采用公路运输大于90%的企业占比为50%；采用公路运输小于50%的企业占比为20%；采用公路运输为50%～90%的企业占比为30%。如图4－1所示。

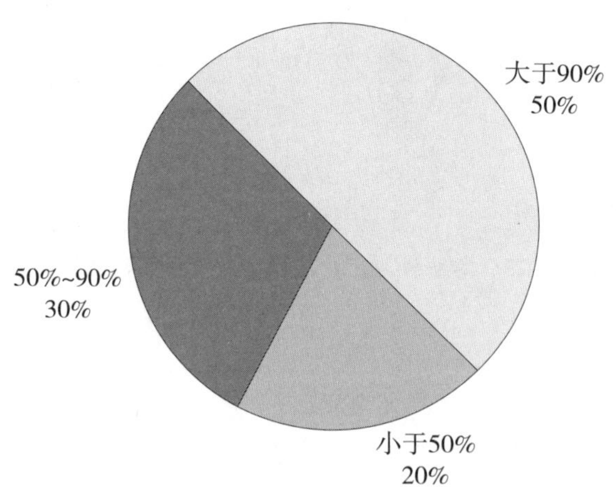

图4－1　整车物流业务的公路货运量比重情况

在铁路运输量方面，采用铁路运输小于1%的企业占比为11%；采用铁路运输大于10%的企业占比为33%；采用铁路运输为1%～5%的企业占比为45%；采用铁路运输为5%～10%的企业占比为11%。如图4－2所示。

在水路运输量方面，采用水路运输小于5%的企业占比约为57%；采用水路运输大于20%、10%～20%、5%～10%这三个区间的企业占比均为14%。如图4－3所示。

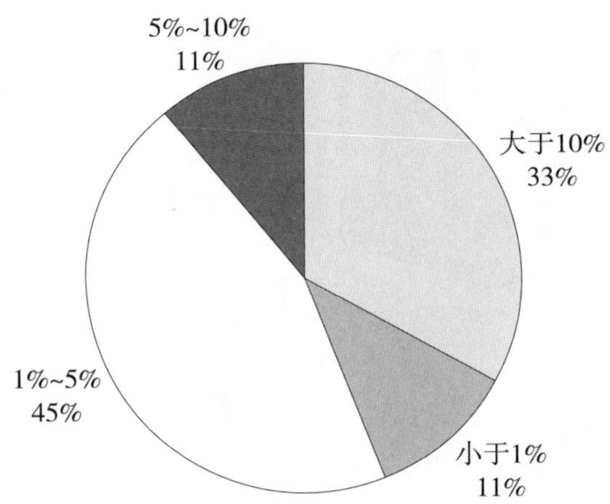

图 4－2　整车物流业务的铁路货运量比重情况

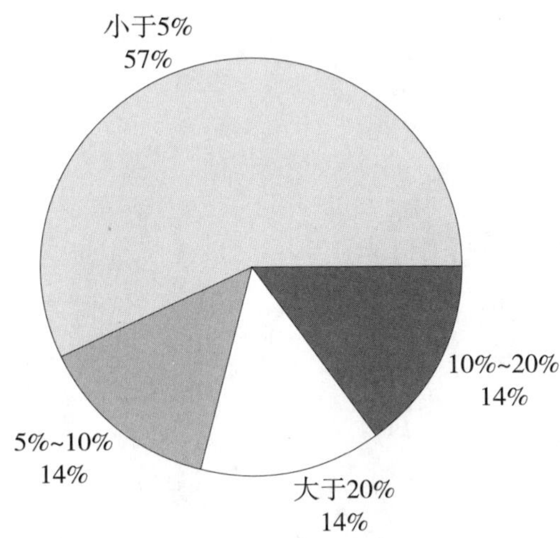

图 4－3　整车物流业务的水路货运量比重情况

（二）仓储业务情况

自有仓储方面，约有 30% 的企业，其自有仓储面积比重小于 30%；约有 40% 的企业，其自有仓储面积比重为 30% ～60%；约有 20% 的企业，其自有仓储面积比重为 60% ～80%；约有 10% 的企业，其自有仓储面积比重大于 80%。如图 4－4 所示。

租用仓储方面，约有 33% 的企业，其租用仓储面积比重为 60% ～80%；同样有 33% 的企业，其租用仓储面积比重为 30% ～60%；约有 17% 的企业，其租用仓储面积比重大于 80%；约有 17% 的企业，其租用仓储面积比重小于 30%。如图 4－5 所示。

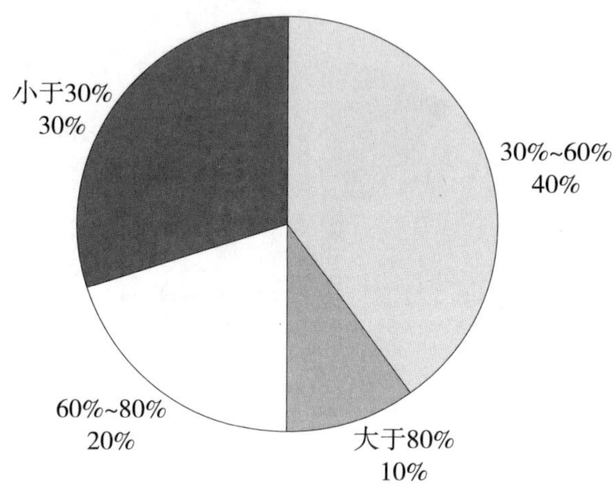

图4－4　整车业务自有仓库面积的比例情况

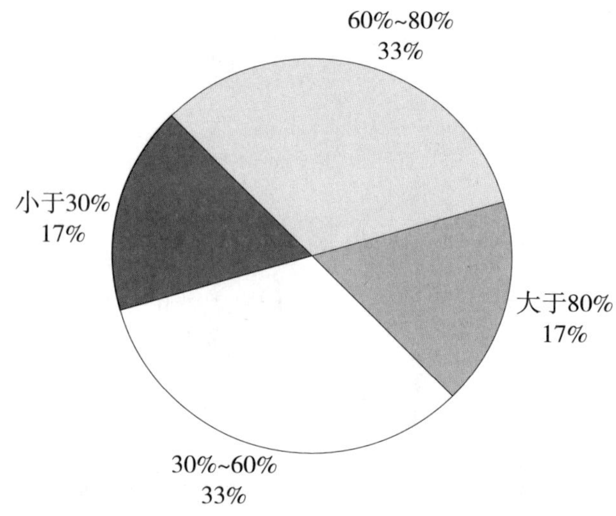

图4－5　整车业务租用仓库面积的比例情况

（三）信息系统数量情况

如图4－6所示，约有79%的整车物流企业拥有多于一套的信息系统，约有21%的整车物流企业拥有一套的信息系统。

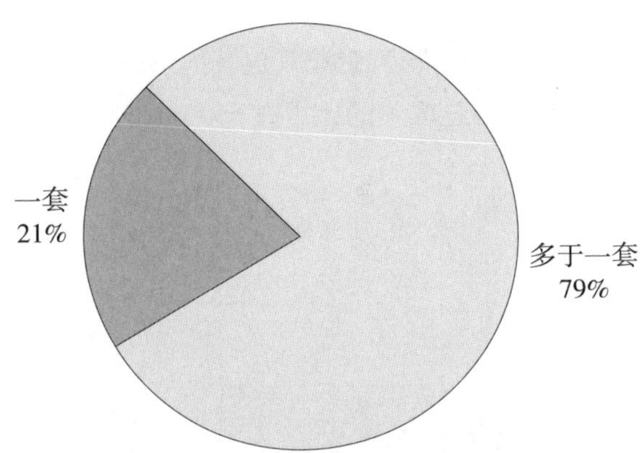

图 4－6　整车物流企业信息系统数量情况

第二节　整车物流业务成本情况

（一）各环节业务成本

1. 运输业务成本

运输成本方面，约有 89% 的整车物流企业其运输成本占总成本的比重大于 50%；约有 11% 的整车物流企业其运输成本占总成本的比重小于 30%。如图 4－7 所示。

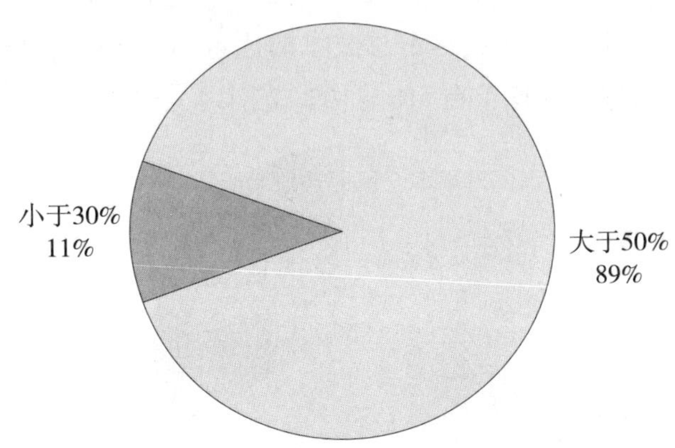

图 4－7　整车物流企业运输成本占总成本的比重情况

注：没有企业选择其他数据区间。

2. 仓储业务成本

仓储成本方面，样本企业的仓储成本占总成本的比重均小于 30%。

3. 包装业务成本

包装成本方面，约有67%的整车物流企业其包装成本占总成本的比重小于5%；约有33%的整车物流企业其包装成本占总成本的比重在5%～10%范围内。如图4－8所示。

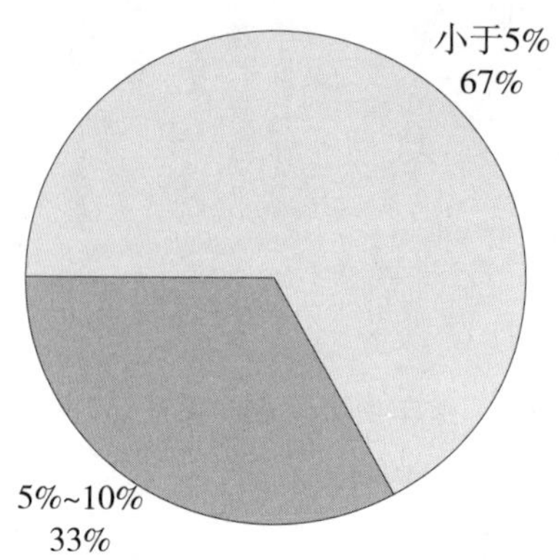

图4－8　整车物流企业包装成本占总成本的比重情况

注：没有企业选择其他数据区间。

4. 装卸搬运业务成本

装卸搬运成本方面，样本企业的仓储成本占总成本的比重基本小于5%。

5. 流通加工业务成本

流通加工成本方面，样本企业的流通加工成本占总成本的比重均小于10%。

6. 配送业务成本

配送成本方面，约有33%的整车物流企业其配送成本占总成本的比重大于20%；约有34%的整车物流企业其配送成本占总成本的比重小于5%；同样有33%的整车物流企业其配送成本占总成本的比重在5%～10%范围内。如图4－9所示。

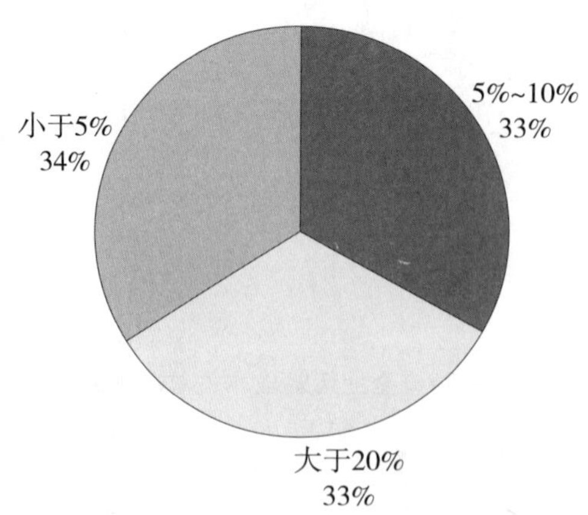

图4－9　整车物流企业配送成本占总成本的比重情况

注：没有企业选择其他数据区间。

（二）信息及相关业务成本

信息及相关服务成本方面，约有33%的整车物流企业其信息及相关服务成本占总成本的比重小于2%；约有67%的整车物流企业其信息及相关服务成本占总成本的比重在2%～5%范围内。如图4－10所示。

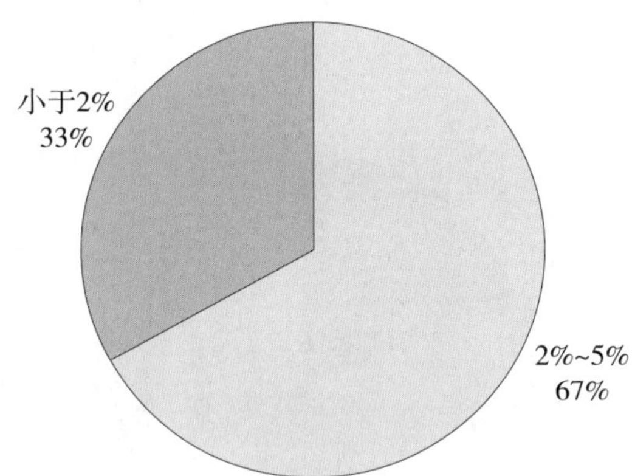

图4－10　整车物流企业信息及相关服务成本占总成本的比重情况

注：没有企业选择其他数据区间。

（三）管理及其他成本

1. 管理成本

物流管理成本方面，约有67%的整车物流企业其物流管理成本占总成本的比重大于2%；约有33%的整车物流企业其物流管理成本占总成本的比重在0.5%～2%范围内。如图4－11所示。

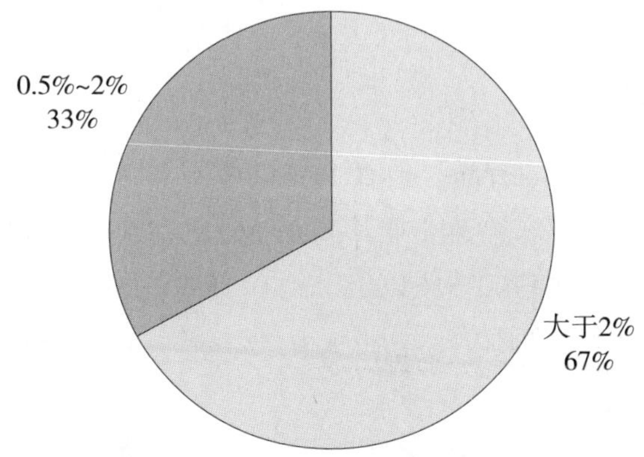

图4－11　整车物流企业物流管理成本占总成本的比重情况

注：没有企业选择其他数据区间。

2. **利息成本**

利息成本方面，样本企业利息成本均占总成本的1%以下。

3. **保险成本**

保险成本方面，约有40%的整车物流企业其保险成本占总成本的比重大于2%；约有20%的整车物流企业其保险成本占总成本的比重在1%～2%范围内；约有20%的整车物流企业其保险成本占总成本的比重在0.5%～1%范围内；约有20%的整车物流企业其保险成本占总成本的比重小于0.5%。如图4－12所示。

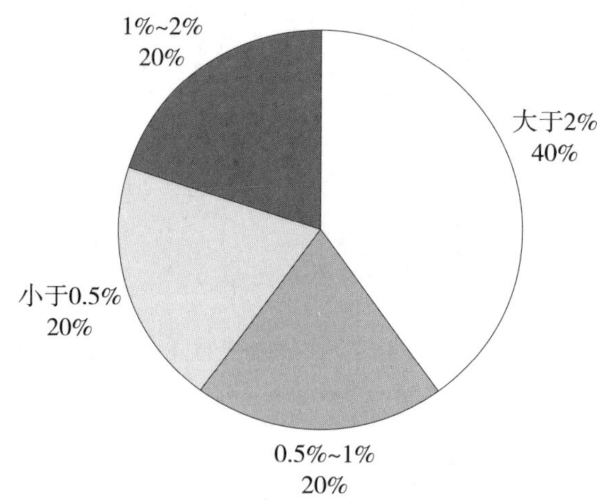

图4－12　整车物流企业保险成本占总成本的比重情况

第三节　整车物流业务效率情况

（一）调度及时率

整车物流业务调度及时率方面，约有39%的整车物流企业其调度及时率在95%～98%范围内；约有15%的整车物流企业其调度及时率在98%～99%范围内；约有31%的整车物流企业其调度及时率在99%以上；约有15%的整车物流企业其调度及时率在95%以下范围内。如图4－13所示。

（二）订单及时率

整车物流业务订单及时率方面，约有46%的整车物流企业其订单及时率在95%～98%范围内；约有8%的整车物流企业其订单及时率在98%～99%范围内；约有15%

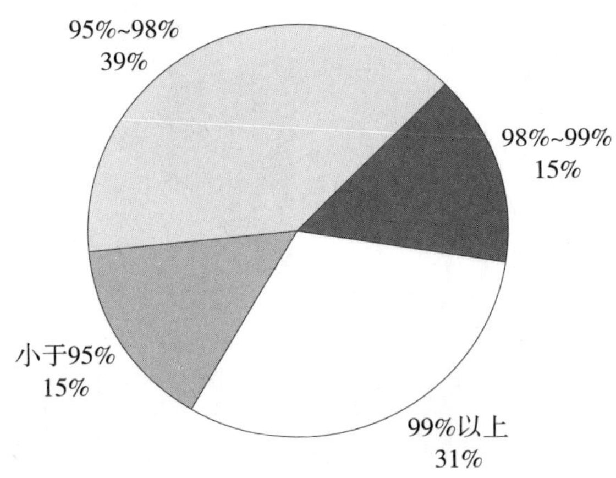

图 4－13　整车物流企业调度及时率情况

的整车物流企业其订单及时率在 99% 以上；约有 31% 的整车物流企业其订单及时率小于 95%。如图 4－14 所示。

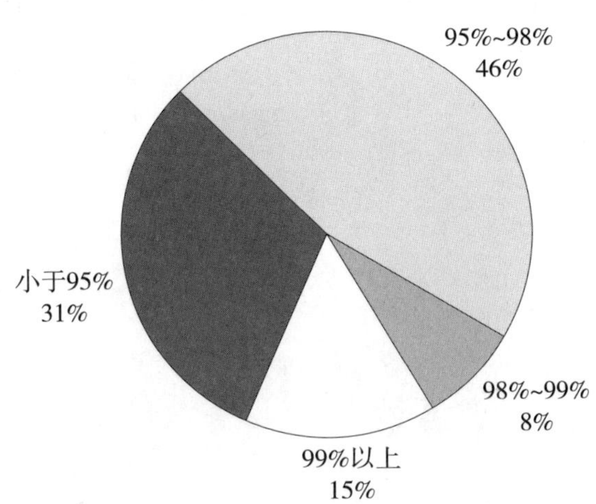

图 4－14　整车物流企业订单及时率情况

（三）车船利用率

整车物流业务车船利用率方面，约有 43% 的整车物流企业其车船利用率小于 95%；约有 14% 的整车物流企业其车船利用率在 95% ~99% 范围内；约有 43% 的整车物流企业其车船利用率在 99% 以上。如图 4－15 所示。

（四）仓库设备利用率

整车物流业务仓库设备利用率方面，约有 13% 的整车物流企业其仓库设备利用率

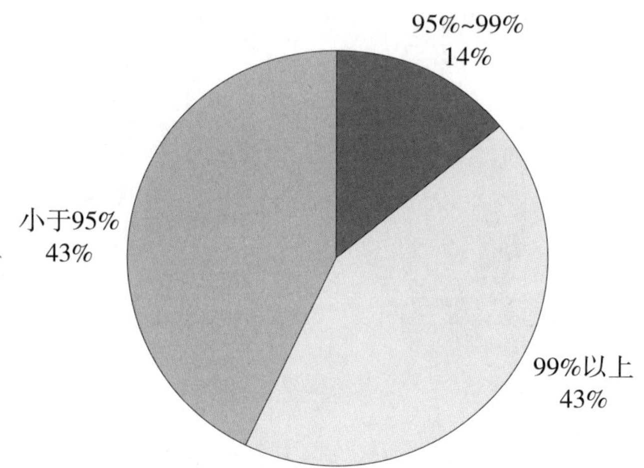

图 4－15　整车物流企业车船利用率情况

在 95%～99% 范围内；约有 37% 的整车物流企业其仓库设备利用率小于 95%；约有 50% 的整车物流企业其仓库设备利用率大于 99%。如图 4－16 所示。

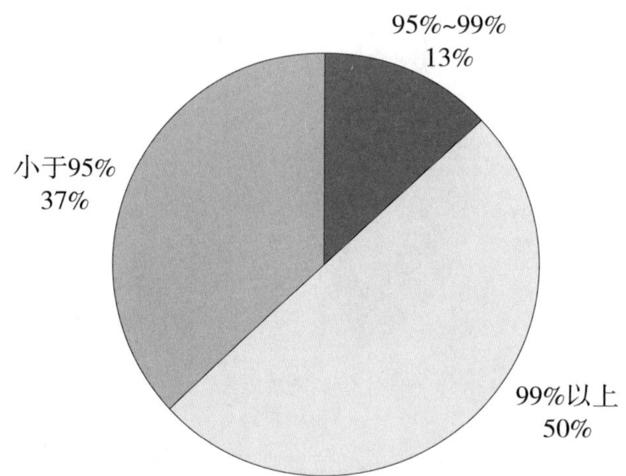

图 4－16　整车物流企业仓库设备利用率情况

（五）运输设备装载率

整车物流业务运输设备装载率方面，约有 46% 的整车物流企业其运输设备装载率在 99% 以上；整车物流企业其运输设备装载率在小于 95%、95%～98%、98%～99% 三个区间内的比例均为 18%。如图 4－17 所示。

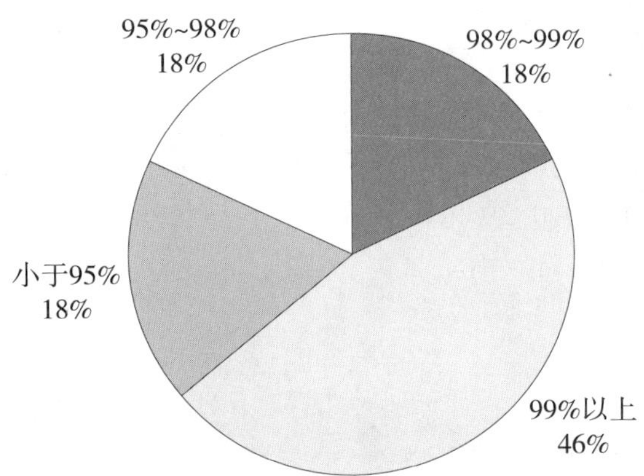

图 4－17　整车物流企业运输设备装载率情况

第四节　整车物流业务质量情况

（一）订单准时率

整车物流业务订单准时率方面，约有 31% 的整车物流企业其订单准时率在 95% ~ 98% 范围内；约有 8% 的整车物流企业其订单准时率在 99% 以上；约有 54% 的整车物流企业其订单准时率小于 95%；约有 7% 的整车物流企业其订单准时率在 98% ~99% 范围内。如图 4－18 所示。

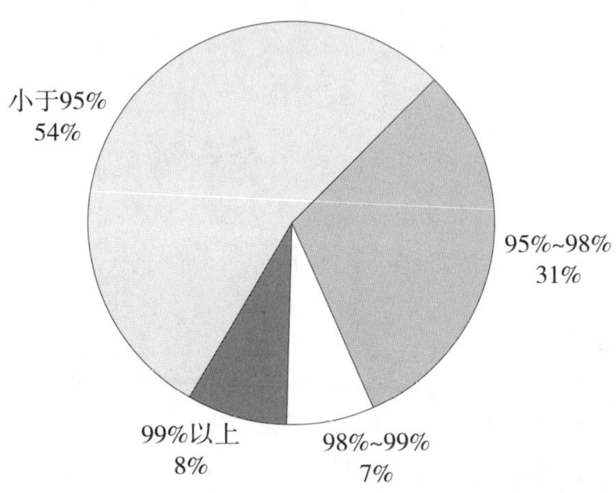

图 4－18　整车物流企业订单准时率情况

（二）运输仓储货损货差率

整车物流业务运输货损率方面，约有72%的整车物流企业其运输货损率小于0.1%；约有14%的整车物流企业其运输货损率在0.1%～0.2%范围内；约有7%的整车物流企业其运输货损率在0.2%～0.5%范围内；同样约有7%的整车物流企业其运输货损率高于0.5%。如图4－19所示。

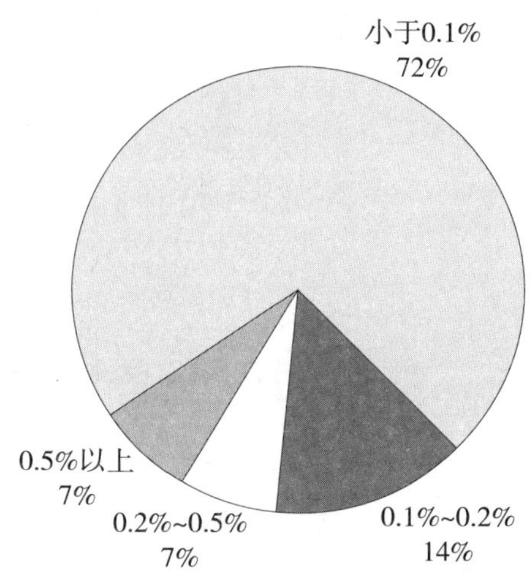

图4－19　整车物流企业运输货损率情况

整车物流业务运输货差率方面，绝大部分的整车物流企业其运输货差率小于0.1%。

仓储方面，绝大部分的整车物流企业其仓储货损率都小于0.2%，仓储货差率小于0.1%。

（三）设备完好率

整车物流业务设备完好率方面，约有50%的整车物流企业其设备完好率在99%以上；约有38%的整车物流企业其设备完好率在95%～99%范围内；约有12%的整车物流企业其设备完好率小于95%。如图4－20所示。

（四）安全事故次数

2015年，整车物流业务运输安全事故次数方面，约有38%的整车物流企业其运输安全事故次数在1～5次范围内；约有31%的整车物流企业其运输安全事故次数为0；约有8%的整车物流企业其运输安全事故次数为1次；约有23%的整车物流企业其运输安全事故次数为5次以上。如图4－21所示。

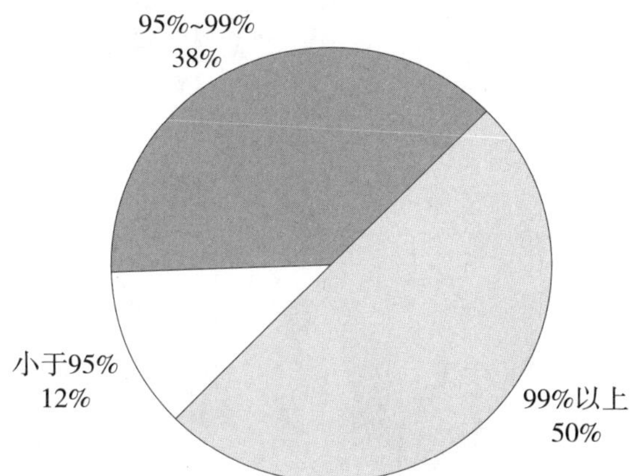

图 4-20 整车物流企业设备完好率情况

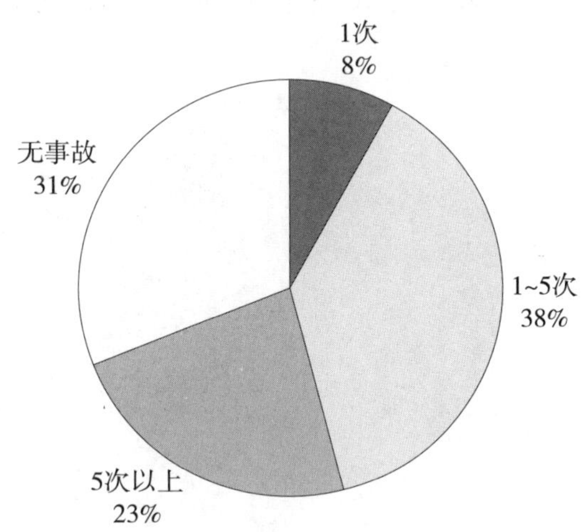

图 4-21 2015 年整车物流企业运输安全事故次数情况

2015 年整车物流业务仓库安全事故次数方面，约有 77% 的整车物流企业其仓储安全事故次数为 0；约有 15% 的整车物流企业其仓储安全事故次数为 1 ~ 5 次；约有 8% 的整车物流企业其仓储安全事故超过 5 次。如图 4-22 所示。

（五）投诉与索赔次数

2015 年整车物流业务投诉与索赔次数方面，约有 38% 的整车物流企业其投诉与索赔次数在 5 次以上；约有 39% 的整车物流企业其投诉与索赔次数为 0。如图 4-23 所示。

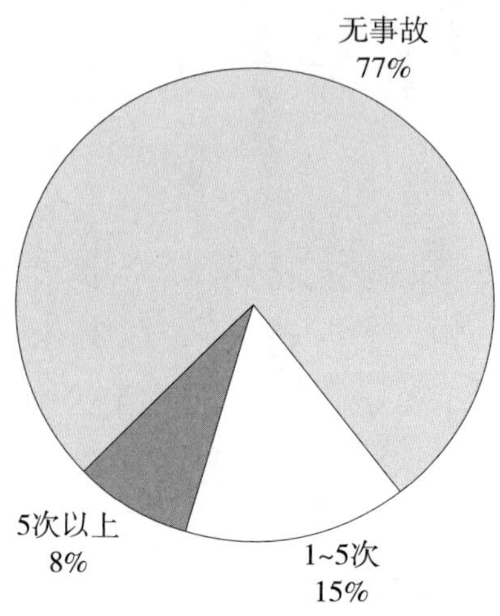

图 4－22　2014 年整车物流企业仓储安全事故次数情况

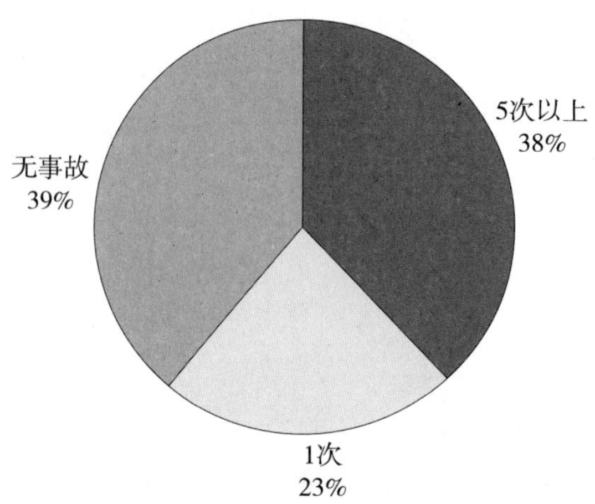

图 4－23　2015 年整车物流企业投诉与索赔次数情况

第五章　我国汽车售后备件物流统计调查分析

第一节　售后备件物流业务规模情况

（一）运输业务情况

在售后备件物流业务的庞大运输量中，采用公路运输大于90%的企业占比为45%；采用公路运输小于50%的企业占比为11%；采用公路运输为50%～90%的企业占比为44%。如图5－1所示。

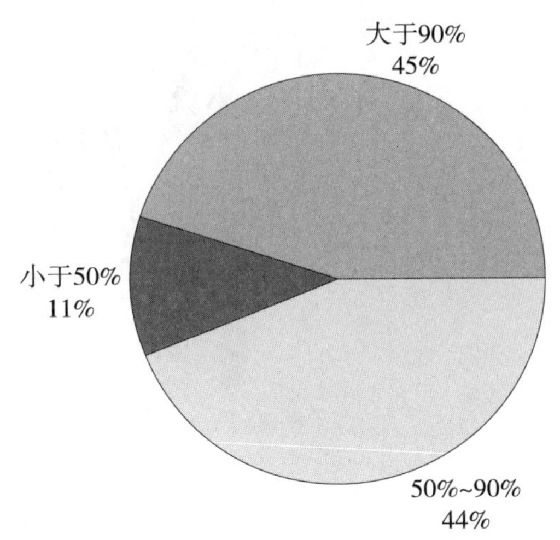

图5－1　售后备件物流业务的公路货运量比重情况

在铁路运输量方面，采用铁路运输小于1%的企业占比为20%；采用铁路运输为1%～5%的企业占比为40%；采用铁路运输为5%～10%的企业占比为20%，采用铁路运输超过10%的企业占比为20%。如图5－2所示。

在水路运输量方面，企业采用水路运输的比例均小于10%。

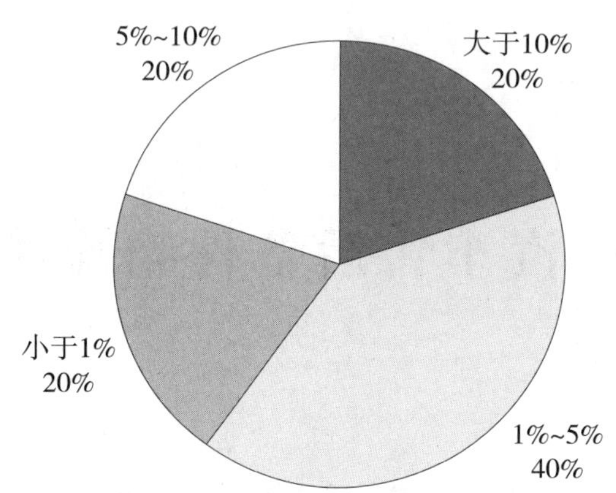

图 5－2　售后备件物流业务的铁路货运量比重情况

（二）仓储业务情况

自有仓储方面，约有 11% 的企业，其自有仓储面积比重大于 80%；约有 33% 的企业，其自有仓储面积比重小于 30%；约有 45% 的企业，其自有仓储面积比重为 30% ~ 60%；约有 11% 的企业，其自有仓储面积比重为 60% ~80%。如图 5－3 所示。

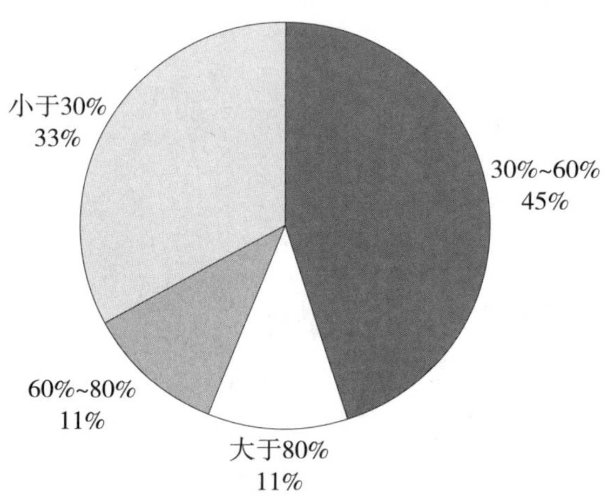

图 5－3　售后备件业务自有仓库面积的比例情况

租用仓储方面，约有 25% 的企业，其租用仓储面积比重小于 60%；约有 50% 的企业，其租用仓储面积比重为 60% ~80%；约有 25% 的企业，其租用仓储面积比重大于 80%。如图 5－4 所示。

（三）信息系统数量情况

如图 5－5 所示，约有 70% 的售后备件物流企业拥有多于一套的信息系统，约有

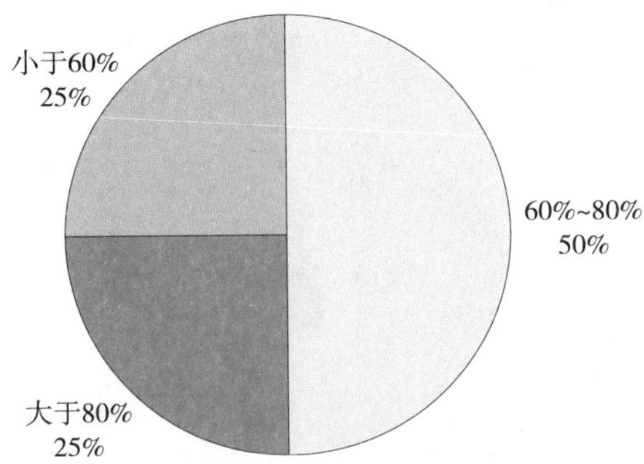

图5-4　售后备件业务租用仓库面积的比例情况

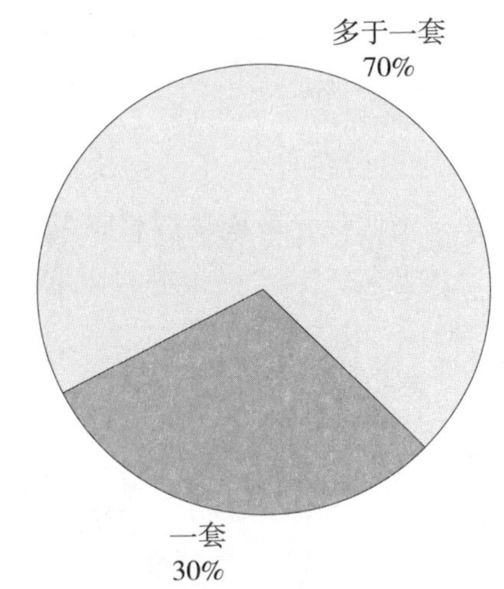

图5-5　售后备件物流企业信息系统数量情况

30%的售后备件物流企业拥有一套信息系统。

第二节　售后备件物流企业成本情况

（一）各环节业务成本

1. 运输业务成本

运输成本方面，约有57%的售后备件物流企业其运输成本占总成本的比重大于50%；约有29%的售后备件物流企业其运输成本占总成本的比重在30%～50%范围内；

约有 14% 的售后备件物流企业其运输成本占总成本的比重小于 30%。如图 5－6 所示。

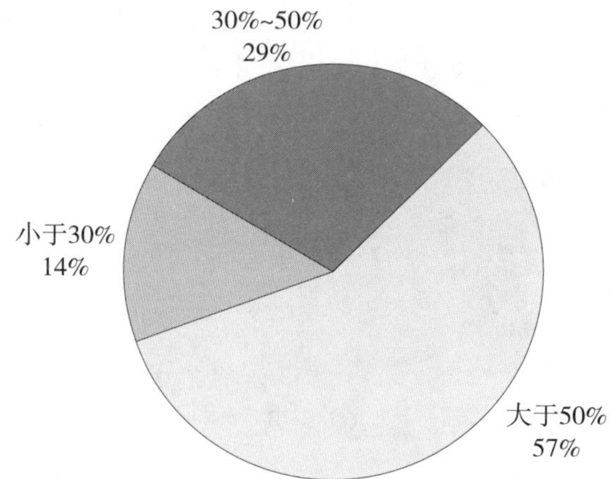

图 5－6　售后备件物流企业运输成本占总成本的比重情况

2. 仓储业务成本

仓储成本方面，约有 62% 的售后备件物流企业其仓储成本占总成本的比重小于 30%；约有 12% 的售后备件物流企业其仓储成本占总成本的比重在 30%～40% 范围内；约有 13% 的售后备件物流企业其仓储成本占总成本的比重在 40%～50% 范围内；约有 13% 的售后备件物流企业其仓储成本占总成本的比重超过 50%。如图 5－7 所示。

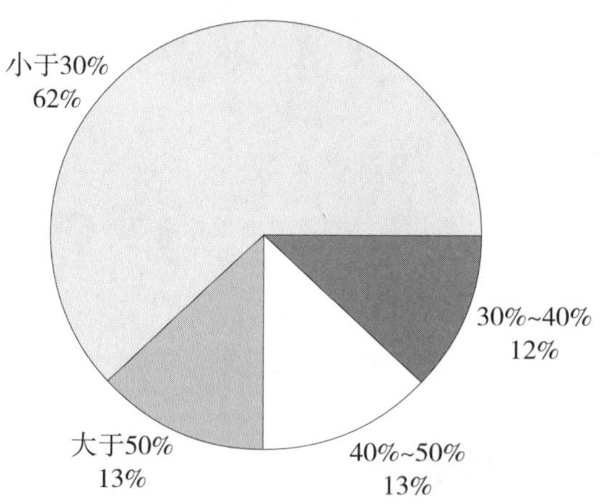

图 5－7　售后备件物流企业仓储成本占总成本的比重情况

3. 包装业务成本

调查的样本企业包装业务成本均占总物流成本的 5%～10%。

4. 装卸搬运业务成本

装卸搬运成本方面，约有 75% 的售后备件物流企业其装卸搬运成本占总成本的比重小于5%；约有25%的售后备件物流企业其装卸搬运成本占总成本的比重在5%～10%范围内。如图5－8所示。

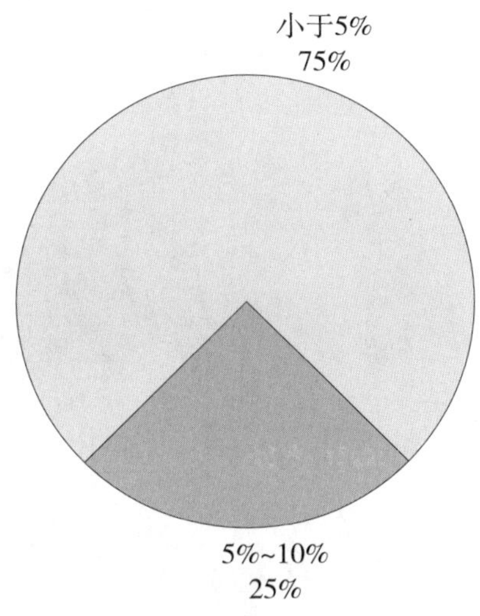

图5－8　售后备件物流企业装卸搬运成本占总成本的比重情况

注：没有企业选择其他数据区间。

5. 流通加工业务成本

调查的样本企业其流通加工成本占总成本均小于10%。

6. 配送业务成本

配送成本方面，在售后备件物流企业其配送成本占总成本的比重在小于10%、10%～20%、大于20%三个区间的比例均为1/3，约33.33%。如图5－9所示。

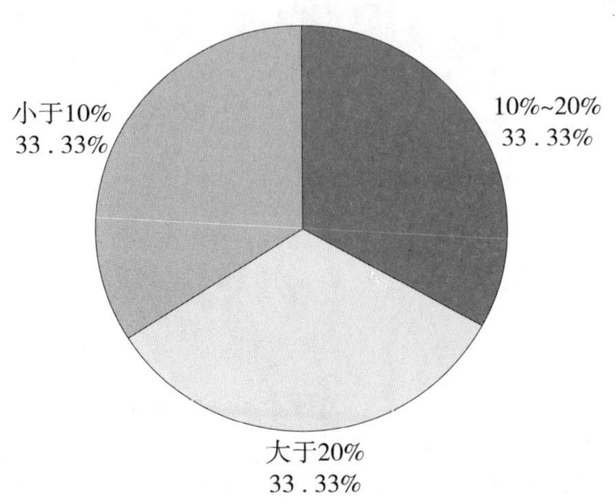

图5－9　售后备件物流企业配送成本占总成本的比重情况

7. 货物损耗成本

货物损耗成本方面，分别约有 25% 的售后备件物流企业其货物损耗成本占总成本的比重大于 1%、在 0.5% ~1% 范围内；有一半的售后备件物流企业其货物损耗成本占总成本的比重小于 0.5%。如图 5 - 10 所示。

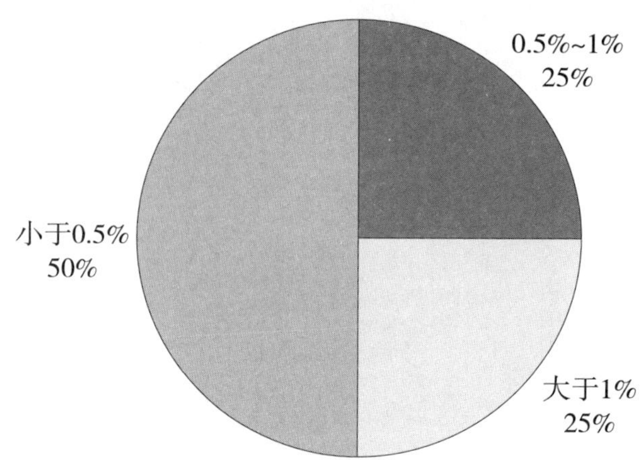

图 5 - 10　售后备件物流企业货物损耗成本占总成本的比重情况

（二）信息及相关业务成本

信息及相关服务成本方面，约有 25% 的售后备件物流企业其信息及相关服务成本占总成本的比重小于 1%；约有 50% 的售后备件物流企业其信息及相关服务成本占总成本的比重在 1% ~5% 范围内。如图 5 - 11 所示。

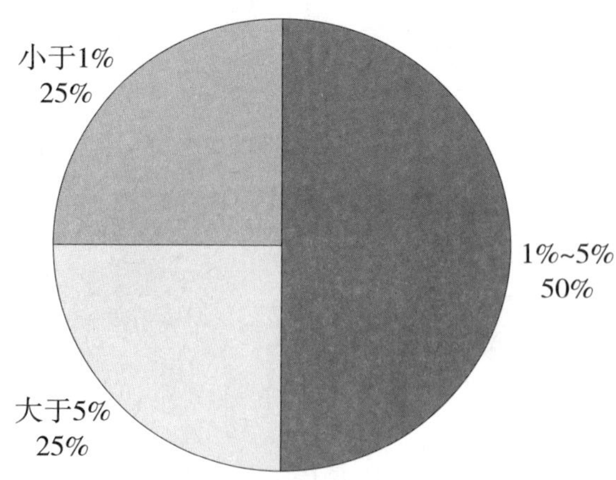

图 5 - 11　售后备件物流企业信息及相关服务成本占总成本的比重情况

（三）管理及其他成本

1. 管理成本

物流管理成本方面，约有40%的售后备件物流企业其物流管理成本占总成本的比重小于0.5%；约有20%的售后备件物流企业其物流管理成本占总成本的比重在0.5%～2%范围内；约有40%的售后备件物流企业其物流管理成本占总成本的比重大于2%。如图5－12所示。

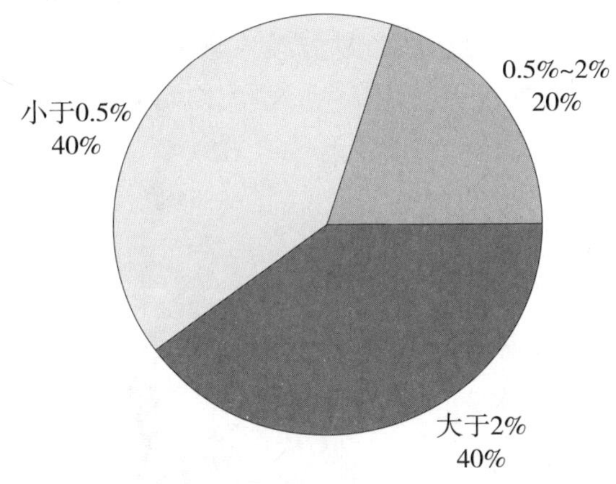

图5－12　售后备件物流企业物流管理成本占总成本的比重情况

2. 保险成本

保险成本方面，约有50%的售后备件物流企业其保险成本占总成本的比重小于0.5%；均有25%的售后备件物流企业其保险成本占总成本的比重在0.5%～1%、1%～2%范围内。如图5－13所示。

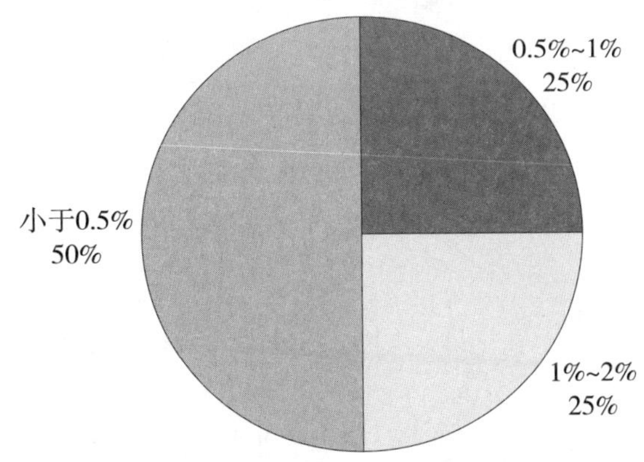

图5－13　售后备件物流企业保险成本占总成本的比重情况

注：没有企业选择其他数据区间。

第三节　售后备件物流业务效率情况

（一）调度及时率

售后备件物流业务调度及时率方面，约有44%的售后备件物流企业其调度及时率在99%以上；约有45%的售后备件物流企业其调度及时率在98%~99%范围内；约有11%的售后备件物流企业其调度及时率在95%~98%范围内。如图5-14所示。

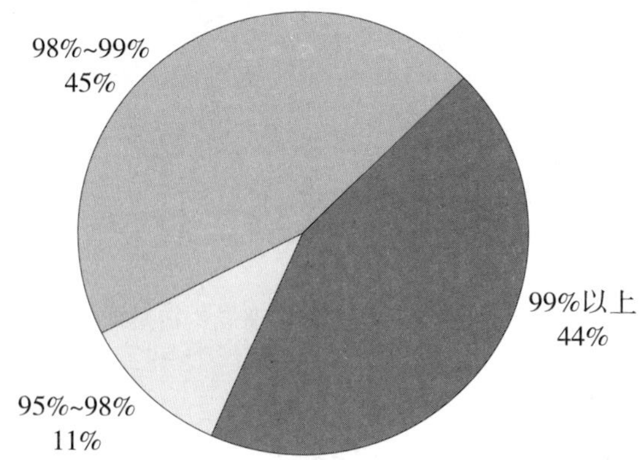

图5-14　售后备件物流企业调度及时率情况

注：没有企业选择其他数据区间。

（二）订单及时率

售后备件物流业务订单及时率方面，约有10%的售后备件物流企业其订单及时率在98%~99%范围内；约有70%的售后备件物流企业其订单及时率在99%以上；约有20%的售后备件物流企业其订单及时率在95%~98%范围内。如图5-15所示。

（三）车船利用率

售后备件物流业务车船利用率方面，约有29%的售后备件物流企业其车船利用率在95%~99%范围内；约有14%的售后备件物流企业其车船利用率在99%以上；约有57%的售后备件物流企业其车船利用率小于95%。如图5-16所示。

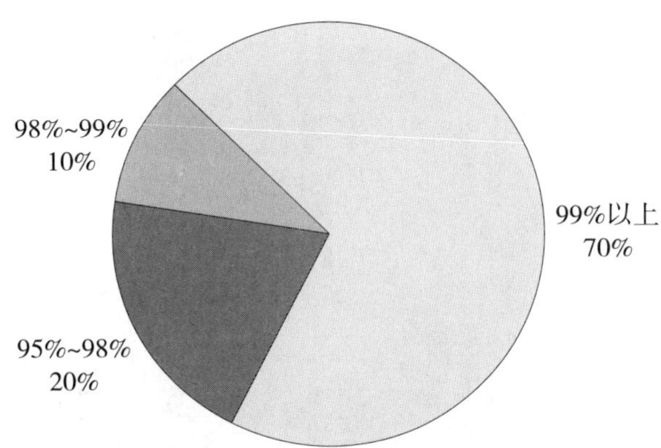

图 5－15　售后备件物流企业订单及时率情况

注：没有企业选择其他数据区间。

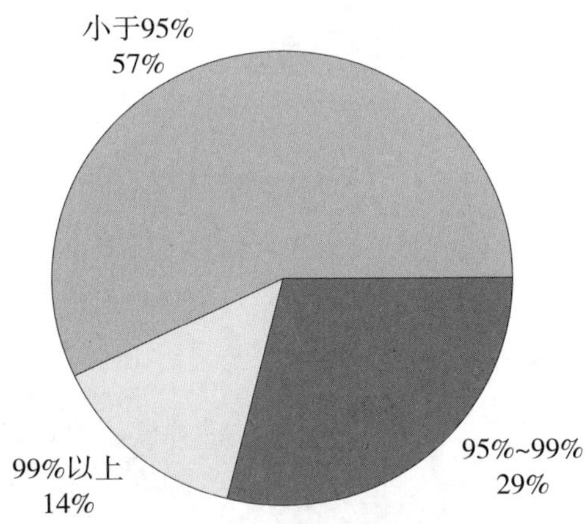

图 5－16　售后备件物流企业车船利用率情况

（四）仓库设备利用率

售后备件物流业务仓库设备利用率方面，约有 14% 的售后备件物流企业其仓库设备利用率在 98% ~99% 范围内；约有 43% 的售后备件物流企业其仓库设备利用率大于 99%；约有 14% 的售后备件物流企业其仓库设备利用率在 95% ~98% 范围内；约有 29% 的售后备件物流企业其仓库设备利用率小于 95%。如图 5－17 所示。

（五）仓容利用率

售后备件物流业务仓容利用率方面，约有 75% 的售后备件物流企业其仓容利用率小于 95%；约有 13% 的售后备件物流企业其仓容利用率在 99% 以上；约有 12% 的售后备件物流企业其仓容利用率在 95% ~99% 范围内。如图 5－18 所示。

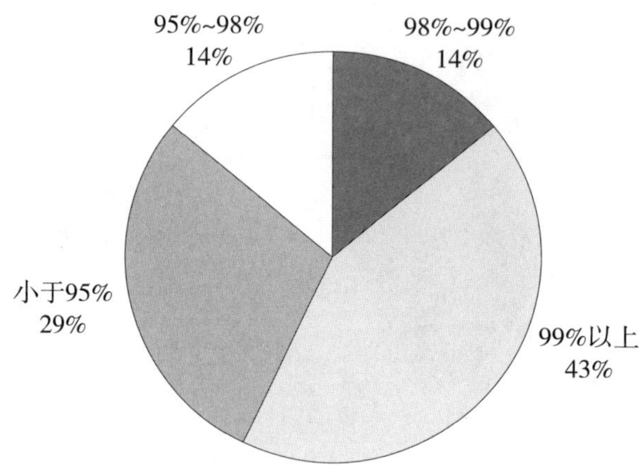

图 5－17　售后备件物流企业仓库设备利用率情况

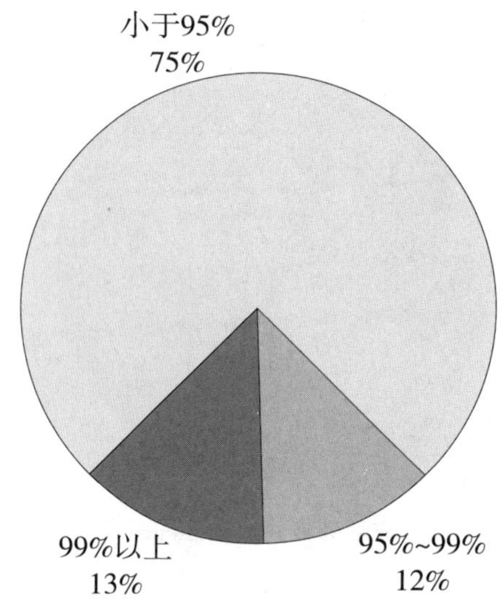

图 5－18　售后备件物流企业仓容利用率情况

（六）运输设备装载率

售后备件物流业务运输设备装载率方面，约有 33% 的售后备件物流企业其运输设备装载率在 98% ~99% 范围内；约有 67% 的售后备件物流企业其运输设备装载率小于 95% 。如图 5－19 所示。

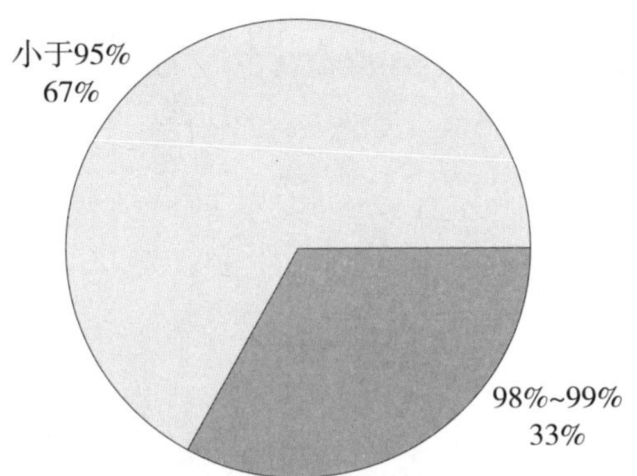

图5－19　售后备件物流企业运输设备装载率情况

注：没有企业选择其他数据区间。

第四节　售后备件物流业务质量情况

（一）订单准时率

售后备件物流业务订单准时率方面，约有67%的售后备件物流企业其订单准时率在95%～99%范围内；约有33%的售后备件物流企业其订单准时率在99%以上。如图5－20所示。

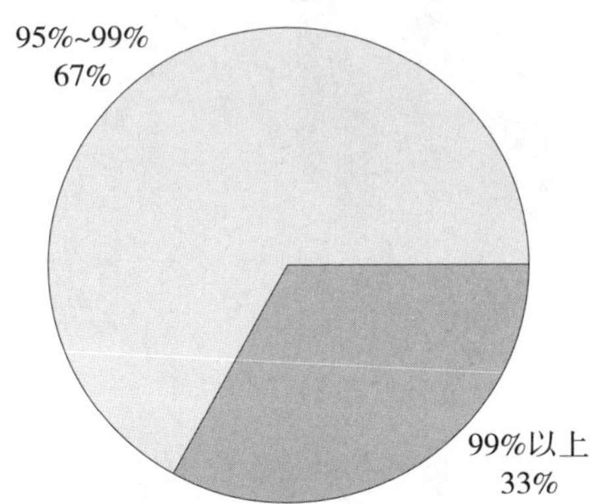

图5－20　售后备件物流企业订单准时率情况

注：没有企业选择其他数据区间。

（二）运输仓储货损货差率

售后备件物流业务运输货损率方面，约有67%的售后备件物流企业其运输货损率小于0.1%；约有11%的售后备件物流企业其运输货损率在0.1%～0.2%范围内；约有11%的售后备件物流企业其运输货损率在0.2%～0.5%范围内；约有11%的售后备件物流企业其运输货损率大于0.5%。如图5－21所示。

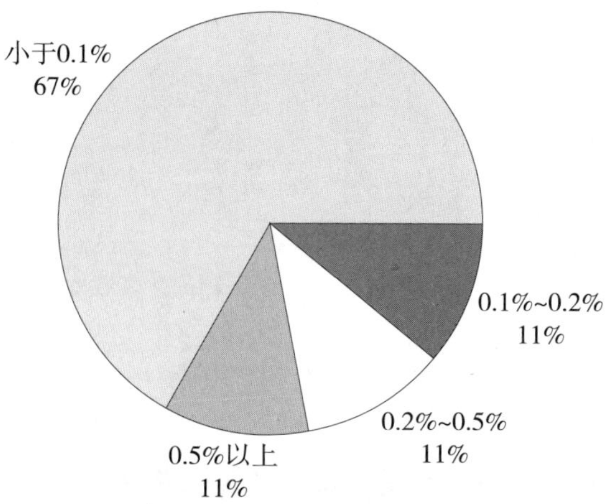

图5－21 售后备件物流企业运输货损率情况

调查的样本售后备件物流企业其运输货差率均小于0.2%。

仓储货损率方面，绝大部分的售后备件物流企业其仓储货损率都小于0.5%，如图5－22所示。

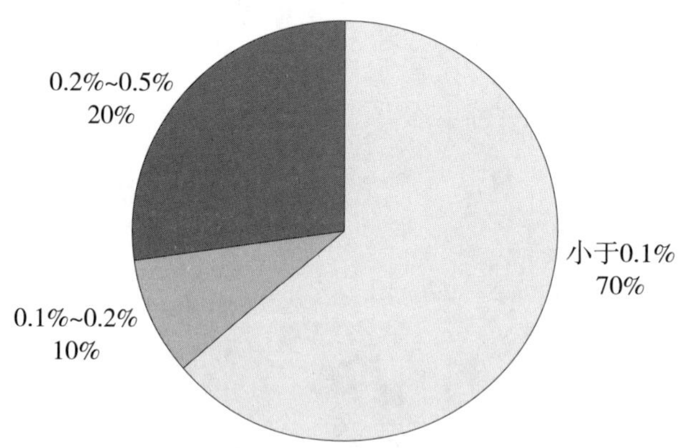

图5－22 售后备件物流企业仓储货损率情况

注：没有企业选择其他数据区间。

售后备件物流业务仓储货差率方面，约有80%的售后备件物流企业其仓储货差率小于0.1%；约有10%的售后备件物流企业其仓储货差率在0.1%～0.5%范围内；约有10%的售后备件物流企业其仓储货差率高于0.5%。如图5－23所示。

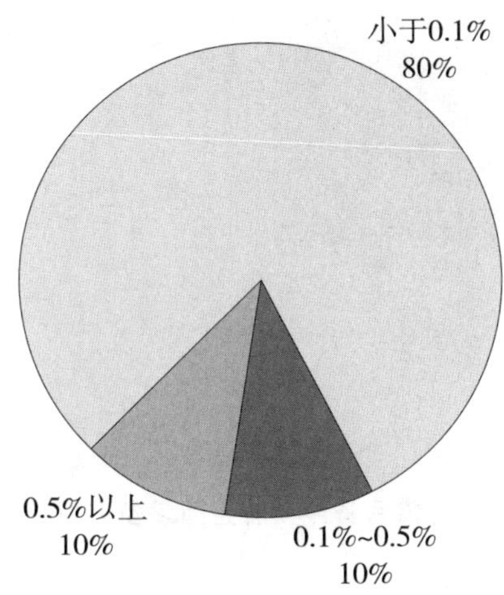

图 5－23　售后备件物流企业仓储货差率情况

（三）包装破损率

售后备件物流业务包装破损率方面，约有 56% 的售后备件物流企业其包装破损率小于 0. 1% ；约有 22% 的售后备件物流企业其包装破损率在 0. 1% ～0. 2% 范围内；约有 22% 的售后备件物流企业其包装破损率在 0. 2% 以上。如图 5－24 所示。

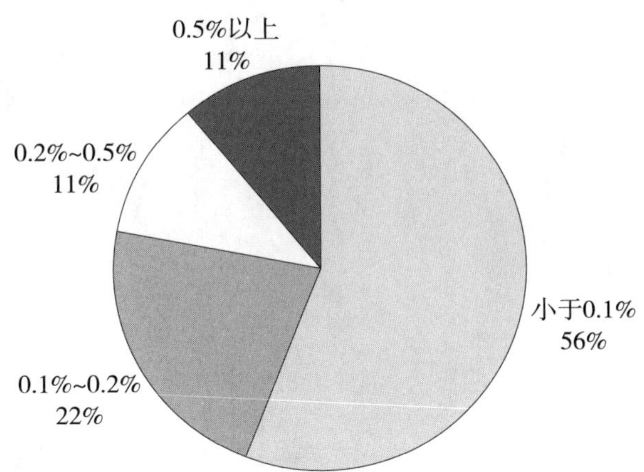

图 5－24　售后备件物流企业包装破损率情况

（四）设备完好率

售后备件物流业务设备完好率方面，约有 63% 的售后备件物流企业其设备完好率在 99% 以上；约有 25% 的售后备件物流企业其设备完好率在 95% ～99% 范围内；约有 12% 的售后备件物流企业其设备完好率小于 95% 。如图 5－25 所示。

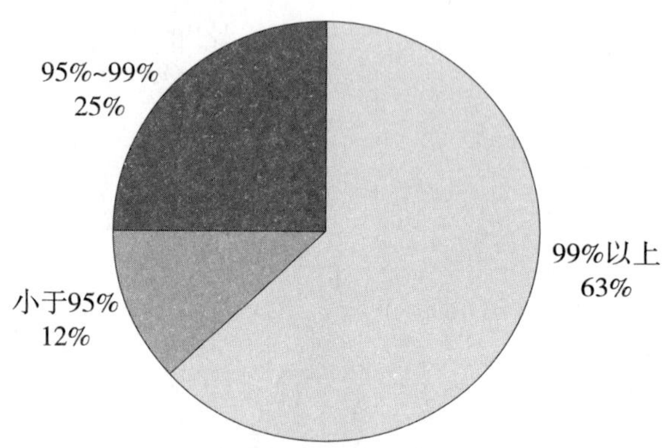

图 5－25　售后备件物流企业设备完好率情况

（五）安全事故次数

2015 年，售后备件物流业务运输安全事故次数方面，绝大部分的售后备件物流企业其运输安全事故次数为 0。

2015 年，售后备件物流业务仓库安全事故次数方面，约有 80% 的售后备件物流企业其仓储安全事故次数为 0；约有 20% 的售后备件物流企业其仓储安全事故次数为 1 ~ 5 次。如图 5－26 所示。

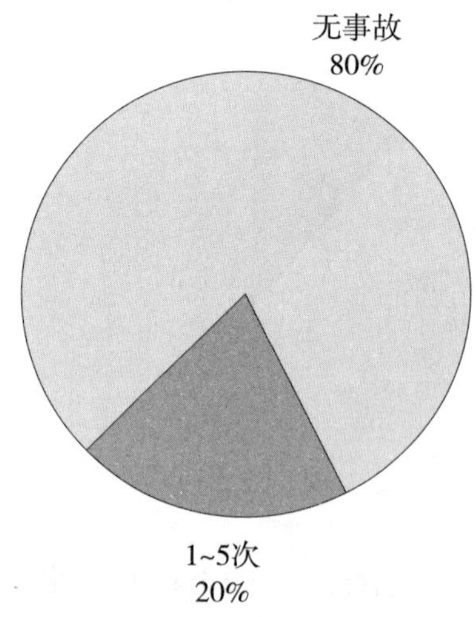

图 5－26　2015 年售后备件物流企业仓储安全事故次数情况

注：没有企业选择其他数据区间。

（六）仓储库位摆放准确率

售后备件物流业务仓储库位摆放准确率方面，约有 50% 的售后备件物流企业其仓储库位摆放准确率在99%以上，如图5－27所示。

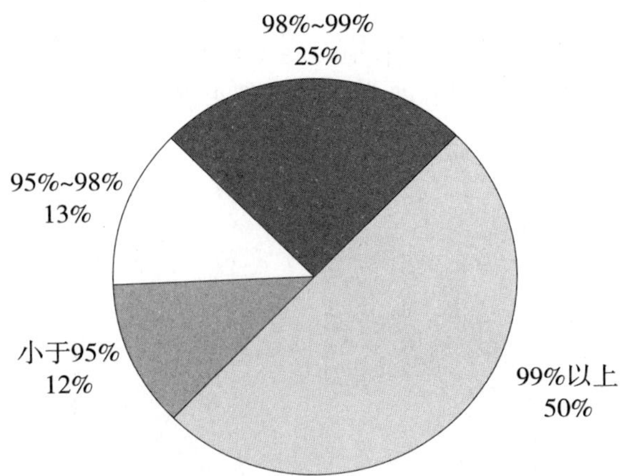

图5－27　售后备件物流企业仓储库位摆放准确率情况

（七）先进先出执行率

售后备件物流业务先进先出执行率方面，约有43%的售后备件物流企业其先进先出执行率在99%以上；约有14%的售后备件物流企业其先进先出执行率在98%～99%范围内；约有29%的售后备件物流企业其先进先出执行率在95%～98%范围内；约有14%的售后备件物流企业其先进先出执行率小于95%。如图5－28所示。

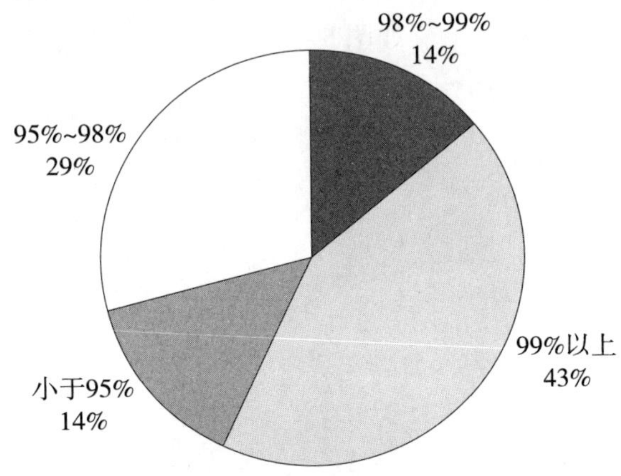

图5－28　售后备件物流企业先进先出执行率情况

（八）账实符合率

售后备件物流业务账实符合率方面，大部分售后备件物流企业其账实符合率在99%以上。

（九）流通加工完好率

售后备件物流业务流通加工完好率方面，约有20%的售后备件物流企业其流通加工完好率在95%～99%范围内；约有60%的售后备件物流企业其流通加工完好率在99%以上；约有20%的售后备件物流企业其流通加工完好率小于95%。如图5－29所示。

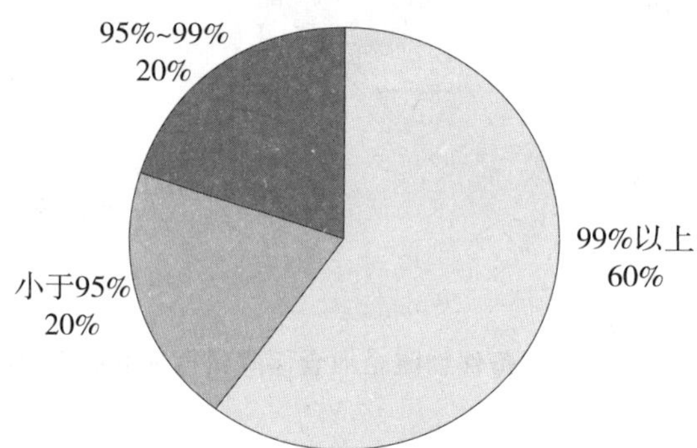

图5－29　售后备件物流企业流通加工完好率情况

（十）投诉与索赔次数

2015年售后备件物流业务投诉与索赔次数方面，约有60%的售后备件物流企业其投诉与索赔次数在2～5次范围内；约有20%的售后备件物流企业其投诉与索赔次数为0；约有10%的售后备件物流企业其投诉与索赔次数为1次；约有10%的售后备件物流企业其投诉与索赔次数为5次以上。如图5－30所示。

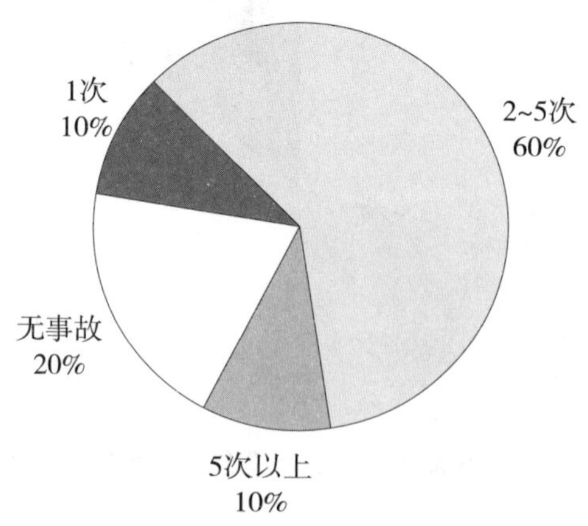

图5－30　2014年售后备件物流企业投诉与索赔次数情况

售后备件物流业务物流停线时间方面，绝大部分的售后备件物流企业其物流停线时间都在2小时以内。

专题报告篇

第六章　我国汽车零部件供应物流发展趋势

第一节　我国汽车零部件供应商总体情况

近十年来我国汽车产业发展迅速，产销量增长近 5 倍，连续几年全球排名第一。随着居民消费能力的提升和国内新城镇化的建设，汽车的需求量会进一步增加，总体上呈现稳步增长的态势。但是我国汽车保有量与销售量之比仅为 6.56∶1，远低于发达国家以及全球平均水平（全球比例约为 14∶1），因此与其他发达国家相比，我国汽车保有量还有很大的上升空间。

一、我国汽车零部件产业发展特点

（一）发展速度快，市场潜力大

随着我国汽车拥有量增长速度不断加快，汽车零部件企业发展也在迅速增长。而我国汽车每千人保有量大致为 113 辆，远低于成熟国家美国（801 辆）、日本（597 辆）和韩国（388 辆），因此我国汽车保有量的增长空间还是很大的。由于在产业基础、劳动力成本、市场规模、制造业整体能力等方面，我国零部件产业有自己特有的优势，跨国公司在“全球化采购”战略下在国内推出本土化战略，这些都增加了我国汽车零配件产业发展的潜力。

（二）产业集群已经形成

中国汽车零部件伴随着整车企业健康发展，目前已经形成了七大专业集群：珠江三角洲、长江三角洲、华中、华北、东北、西南以及京津。这些产业集群都有自己核心企业及配套设施，多数是以整车厂为依托发展起来的。这些产业集群使得分工更加细化、专业化，更容易实现规模化，物流信息更加集中快捷，可以说零部件产业集群式发展对我国汽车零部件产业起到了积极促进的作用。

（三）国际汽车零部件企业正在加快在中国设立工厂和研发中心

国际汽车零部件巨头利用中国巨大的成本以及环境优势，纷纷在中国设立独资或合资企业以及建立研发中心，并逐渐将中国演变成全球式的制造基地，加速了国内汽车零部件产业加速升级。全球排名前 100 的零部件供应商中 80% 都选择在中国开展业务，对中国零部件产业发展是利好的，当然对中国本土企业造成了巨大的压力。

二、我国汽车整车厂与汽车零部件供应商之间的关系

目前，我国汽车整车厂与零部件供应商的关系主要有以下两种形式。

（一）零部件供应商隶属于整车制造企业

这种“主从”关系使得零部件制造企业共同以一个整车制造厂的车型进行配套生产，通常零部件品种单一，产量大。这种“整零关系”通常比较容易管理协调，供货稳定交易成本低。

（二）独立经营零部件供应商

在这种形式下，整车企业与零部件供应商之间是一种订单采购的合作与竞争关系，零部件供应商与整车厂配套关系是不稳定的。由于整车企业与零部件供应商之间存在竞争关系，这些独立经营的供应商很难在技术、资金上得到整车厂的完全支持。

第二节　我国汽车零部件供应物流发展状况

近年来，伴随着经济的增长，汽车工业得到了很大的发展，汽车市场需求急剧增加，国外汽车品牌竞相入驻中国建立合资工厂，国内自主品牌也在不断壮大。汽车行业蓬勃发展致使越来越多的整车企业开始重视汽车零部件的开发与制造，汽车零配件产业呈现集群式发展。这种件集群区域要求汽车零配件企业分工明细，提供专业化的产品，应用集中便捷的物流信息，从而形成了国内整车厂供货配套体系，摆脱了过去“数量多、规模小、质量差”的局面。

在当前的中国市场中，汽车零配件物流成本在汽车物流中占据着主要地位。在我

国汽车行业主要是靠打价格战来竞争，经过几轮降价以及燃油价格上涨，目前整车物流价格已经探底进入微利时代。整车物流费用目前大概维持在产品成本的2%左右，在社会总产值中，汽车零配件物流成本比率约为16%，而在欧美只有8%，日本更低为5%。因此，零配件物流还存在很大的节约空间。

一、我国汽车零部件供应物流运行模式

目前，我国汽车生产大致有两种方式：订单生产模式（Make To Order，MTO）以及库存生产模式（Make To Stock，MTS）。MTO是一种拉动式生产方式，以市场为指导方向，根据客户的订单来拉动生产。MTS是一种推动式生产方式，以自身和前期预测为导向，根据现有库存来推动生产。我国汽车零部件企业大多采用MTO进行生产，即在接到整车厂订单后，必须在24小时内将产成配送到位。基于这种JIT生产模式，我国汽车零部件大都采用如下传统的物流运行模式。

（一）“主机厂中心型”模式

随着国际竞争日益激烈，在学习国外先进物流管理模式上，我国汽车制造企业将“及时供货”和“零库存”的管理理念引入供应物流领域，要求汽车零部件供应商按照整车厂的生产节奏和需求量进行准时准确供货。在这种压力下，“主机厂中心型”的供应物流模式应运而生。

在汽车零部件装上车前零部件库存都是属于供应商的，这样整车厂将库存控制权完全交给了供应商。近距离汽车零部件供应商可以将零部件送至整车生产线，但是这种两点式垂直式运输大多是没有科学的运输方案，迂回运输、重复运输、对流运输经常发生，不能达到整体运输网络优化，造成资源大量浪费。而为了适应整车厂JIT生产方式，远距离供应商不得不在主机厂附近通过自建或租赁仓库的形式构建自己的库存系统，但是由于管理人员素质、仓库条件差距很大，管理难度大，这样反而会增加零部件供应商的负担，成为供应物流系统的薄弱环节。

（二）循环取货模式（Milk－Run）

这种模式是一辆卡车从多个供应商处的零件集中送至整车装配厂，如图6－1所示。循环取货模式试用于近距离小批量的供应商，这样可以更好地利用卡车，大大降低运输成本。但是循环取货的难点在于对多个供应商循环取货路线的规划和设计。

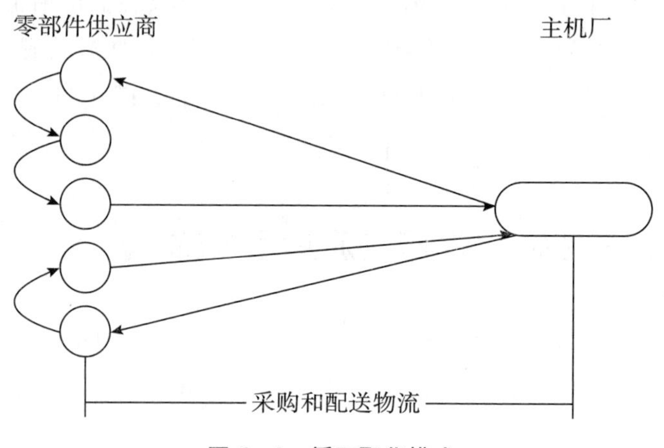

图 6－1　循环取货模式

（三）集货中心模式

这种模式是将供应商大量的零件在集货中心集中起来，在集货中心根据各个汽车组装厂的需求进行组合，然后再统一向主机厂统一配送的模式。这种模式的重要环节是要根据零部件供应商的远近划分区域建立集货中心。当供应商与主机厂的距离较远时，运费占取货成本的大部分，集货中心可以使整个供应链获得规模经济效益。如图 6－2 所示。

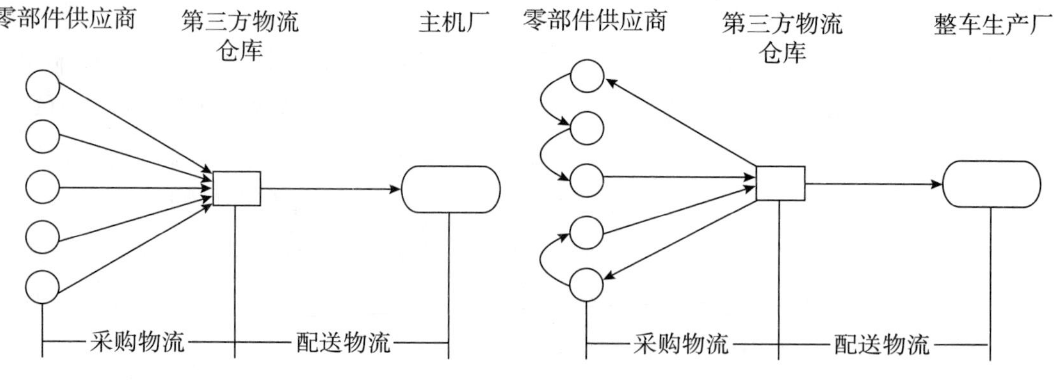

图 6－2　集货中心模式

二、我国汽车零部件供应物流存在的问题

（一）JIT 与表面上的“零库存”现象

整车生产企业为了更好地控制自身的库存，各大汽车制造企业纷纷引入精益生产

方式实现零库存，实际上这只是将零配件的供货与库存转移到了零配件生产企业，众多零部件仓储存在着大量库存，库存压力并没有得到实际的解决。大多汽车制造企业为了零库存追求精益化生产，追求自身的准时化，要求零部件供应商准时、准确地将零部件送到流水装配线旁，这就使得零部件供应商不得不在整车厂旁自建或自用仓库存储足够的库存，满足整车厂的要求。从整个供应链来说，这并没有从供应链整体角度来真正考虑精益化。

（二）供应物流专业化程度低

零部件供应企业一般会根据汽车整车厂精益配送要求，采取自行运输或者外包第三方物流公司负责运输。从经营方面考虑，零部件企业大多采用自营运输，在零部件包装、包装以及运输质量方面不够重视和专业，多次搬运、重复装卸以及运输途中的碰撞使得零部件损失率较高。在运输功能方面，大多数供应物流，服务功能并没有真正考虑在内。物流运输网络设计，运输路线规划，货物跟踪等很少进行科学合理的管理和优化，重复运输、对流运输等资源浪费现象严重。

（三）供应物流信息化水平低

条码技术、空间定位技术和地理信息技术等先进的信息技术是零部件企业科学合理配送的必然要求，也是汽车供应链信息化的标志。而我国物流行业起步较慢，发展时间短，科技信息水平不高，汽车零部件的入库、分拣、备货、出库、装车、卸货、验收等都是人工进行，因此我国汽车供应链物流大多还处在人工阶段。而不同零部件之间差异小，代码长、型号多，致使零部件配送的差错率非常高。信息化水平低，零部件的人工分拣经常会使实际库存与账面库存有差额，这样导致汽车零配件物流配送延误，影响整车厂正常生产工作。

（四）供应物流包装器具参差不齐，缺乏统一管理，增加运输操作烦琐性

目前，大部分汽车企业没有统一的包装设计中心，各汽车零部件企业的包装设计和包装器具采购大多是自行负责提供，这样直接导致包转器具种类繁多、质量参差不一，包装器具遗失纠纷不断、运输操作烦琐等各种问题出现。目前汽车企业采取较多的模式是主机厂对包装器具做统一规划，但是在设计、采购、维修以及管理方面由汽车零部件供应商自行负责，这样各汽车零部件供应商设计标准不同，主机厂标准化又很难推行，严重影响 Milk - Run 等运输模式的运作，大大降低了物流资源使用效率，增加运作成本和烦琐性。

第三节　未来汽车零部件企业供应物流发展趋势

从国外发达国家汽车工业的发展来看，汽车产业对汽车零部件供应效率、利润以及敏感度要求很高。不论是为了降低成本还是提高运输效率，汽车整车厂以及汽车零部件行业都必须加强供应物流以及整个供应链物流的管理。总体来看，汽车零部件企业供应物流呈现以下几个方面的发展趋势。

一、供应物流模式的集成整体化

（一）供应商园区模式、模块化模式

供应商园区模式就是在汽车整车厂附件建立供应商园区，根据总装厂生产计划安排，集中在园区内的供应商按照要求的先后顺序送至总装厂。

模块化模式是对物流对象的改进，所谓模块化就是由一些零部件所组成的一个功能单元。零部件模块化的设计可大大减少汽车制造厂的组装作业量，从而缩短从客户订货到汽车整车厂交货周期，实现对客户需求的快速响应。

（二）供应物流外包模式

外包模式是在供应链管理思想指导下的新型的物流组织管理模式，这种模式是通过供需双方以外的第三方物流（3PL）服务商对整条零部件供应链上的企业物流活动进行统一规划、组织、协调，以实现跨组织的物流管理。

采用第三方物流模式，汽车制造业以及汽车零配件企业不仅可以节省更多人力、物力和财力，更能通过资源调配更好地投入到核心业务中，增强企业自身的核心竞争力。其次，汽车零配件运输业务统一交给第三方物流操作管理，第三方物流通过高效的信息技术平台、专业的物流管理技术准确跟踪车辆，了解货物运输情况。此外，第三方物流运用自有的物流运作经验、物流网络和物流信息系统可以站在全局的立场上最大限度地统筹规划货物流通，降低各方之间的协调难度，最大限度地减少库存和物流成本。

（三）基于3PL的循环取货模式

尽管目前国内大部分汽车制造商会把循环取货外包给3PL，但在实际操作中第三方

物流服务商并没有发挥其专业化运作、资源整合以及统筹优化的优势，仅是执行整车厂的取货计划。汽车零部件供应商、整车厂和物流服务商基本上各自为政，分别使用自己的信息系统，追求自身利益最大化，相互之间的协调性差。基于此，整车厂、零部件供应商和第三方物流商以长期合作方式形成的战略联盟下的循环取货模式是新的趋势。如图6－3所示。

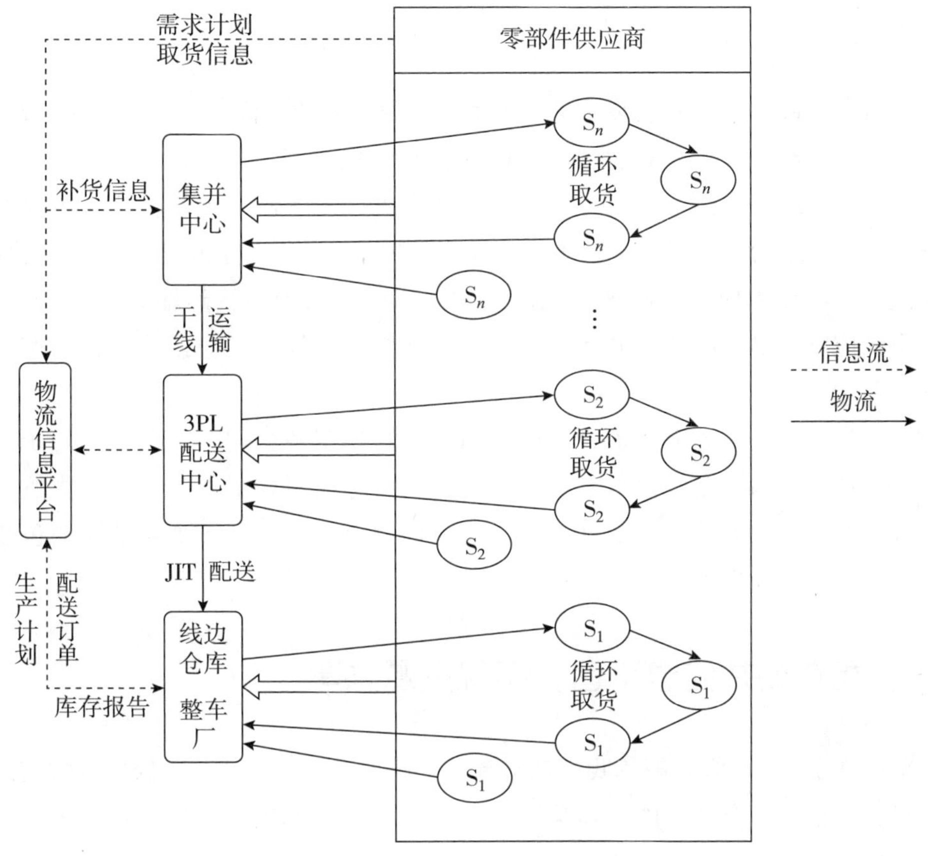

图6－3 基于3PL的循环取货模式

在此优化模式中，汽车整车厂周期性向零部件供应商和3PL发放需求计划，经三方充分协议后，由第三方物流服务商全面运作汽车零部件循环取货供应物流活动，准时向主机厂完成配送。第三方物流服务商会根据零部件具体特征以及供应集群特点等要素将零部件供应商分成不同的循环取货区域，对于较远的供应商会考虑在供应商较集中的地方设立集货中心，车辆从集货中心出发，完成循环取货后再回到集货仓库，最后经干线运输后送往整车厂。

基于3PL的循环取货运作模式是以公共的循环取货信息平台为依托，将所有具备条件的零部件供应商考虑进来，实现整体供应链绩效最优，实施JIT配送。通过信息平台支持，3PL利用自身特点优势可以有效地整合供应链上的各个资源，提升供应链总体价值；与零部件供应商、整车制造商实时分享零件库存和运输状态，从而实现信息共享的同步性和准确性；3PL采用规范的取货作业流程、标准化的容器提高运输装卸率，保证取货系统的高效运作。

二、包装器具一体化，通过信息技术实现从小循环到大循环的整体节约

提升汽车零部件企业的包装质量和效率，实现包装器具标准化、系列化和模块化，汽车零部件企业与主机厂器具包装需要向标准一体化发展，即实现统一规划、统一设计、统一采购、统一维修以及统一管理。另外主机厂与各汽车零部件企业可以通过建立公共信息网络平台，通过信息技术和一体化实现整个供应链包装器具的可视化控制，降低物流器具的投入成本，实现包装器具的共用化，减少物流运输仓储操作复杂性，实现整个供应物流供应链从小循环到大循环的整体节约以及供应模式运作效率的整体提升。

目前，汽车市场上还出现了包装器具租赁和管理服务公司，除了主机厂统一规划外，其他工作基本上都会外包给专业的租赁公司。这种模式不仅可以避免主机厂以及汽车零部件企业包装器具的一次性投入，还能提供更加专业，更加系统化的包装器具管理，减少遗失率和报废率。

三、建立公共信息平台，实现资源共享

目前，在JIT生产方式下，我国汽车制造企业与汽车零部件企业的供应物流网络建设的关键在于搭建一个开放的一体化网络信息平台，一个包含主机厂、汽车零部件企业、第三方物流服务商的多方共享、动态、标准化的平台。

构建先进的公共信息分享平台，需要建立先进的电子交换、全球定位系统（GPS）、RFID和云计算、电子标签拣货系统（CAPS）、运输管理系统（TMS）、ERP、仓库管理系统（WMS）和电子自动订货系统（EOS）等信息技术和信息系统，加强对物流信息采集、传输、处理、表达，做到对汽车零配件供应物流的监管和控制，实现物流全过程的可视化管理。通过这些先进的信息技术以及信息系统的应用，增加主机厂与汽车零部件企业信息透明度。主机厂通过实时地将零部件需求信息传递给零部件供应商和第三方物流，零部件企业可以合理地控制库存，合理组织生产，第三方物流服务商也可以实时地掌握配送车辆的良性和流量，合理调配车辆，从而有效地减少由于信息不对称、不充分而造成的低效率和浪费，从而达到整个供应链成本的降低。

汽车零部件企业供应物流成本是汽车物流成本的重要组成部分，是汽车零部件物流的源头，也是关键环节。汽车零部件供应物流对于主机厂的正常生产与下游零部件物流环节都有着决定和牵制的作用，在整个供应链物流中有着十分重要的作用。

基于此，本文首先分析了我国汽车零部件供应物流发展状况，目前供应物流传统运作模式："主机厂中心型模式"、循环取货模式以及集货中心模式。然后通过分析这三种传统运作模式的特点，提出了目前我国汽车零部件供应物流存在的主机厂间接转移库存压力、供应物流专业化、信息化低、包装器具参差不齐等问题。最后提出未来汽车零部件企业供应物流的发展趋势，重点提出了通过供应物流外包模式、建立基于3PL的循环取货模式，实现专业化的物流运作，统筹优化各供应链资源，提升供应链的整体价值；通过包装器具一体化以及信息技术应用，实现包装器具标准化、系列化、模块化、共用化以及可控化，达到整个供应链在大循环下实现整体节约；通过建立公共信息平台，建立先进的信息技术和信息系统，增加供应链各个节点信息透明度，做到对供应物流可视化的监管和控制，实现资源共享，提升整个供应链运作效率。

参考文献

［1］李睿，陆薇．汽车工业集成化供应链管理［M］．机械工业出版社，2008.

［2］中国汽车技术研究中心．中国汽车工业协会：2011 年版中国汽车工业发展年度报告［R］．中国汽车工业年鉴期刊社，2011.

［3］潘祥，孟利清．汽车零部件入厂物流模式的分析［J］．物流工程与管理，2014（3）．

［4］王晶，赵然．基于分类视角的汽车零部件入厂模式研究——以安吉汽车物流公司为例［J］．物流技术，2015（5）．

［5］郭城．汽车物流中 MILK－RUN 模式的运作及成本分析［D］．长春：吉林财经大学，2014.

［6］施朝春．基于供应链的汽车零部件库存与运输整合优化研究［D］．重庆：重庆大学，2010.

［7］CHARLES V TRAPPEY，AMY J C TRAPPEY，AI－CHE CHANG，et al. Clustering Analysis Prioritization of Automobile Logistics Services［J］．Industrial Management & Data Systems，2010（5）．

［8］PARIKSHIT CHARAN. Supply Chain Performance Issues in an Automobile Company：a SAP－LAP Analysis［J］．Measuring Business Excellence，2012（1）．

（李尔中国　朱岩松）

第七章　我国汽车零部件入厂物流发展趋势

第一节　我国汽车零部件物流市场分析

一、市场概况

（一）汽车零部件物流简介

汽车零部件物流是指为迎合汽车制造企业的需求将零部件及相关信息从供应商运送到汽车生产厂家，为了高效率、低成本流动和储存而进行的规划、实施和控制的过程，是集现代运输、存储、分拣排序、包装、产品流通及相关信息流、资金流于一体的综合管理。由于汽车制造企业所采取的是外协零部件、装配生产的模式，即一个整车或一个总成是由几个或几千个零部件组成，这些零部件大部分来自于国内零部件生产企业供应的国产件和国外进口的散装件（CKD），因此汽车零部件物流体系是一个以汽车生产企业为主导，原材料厂商、零部件生产企业为供应商的供应链系统。

（二）汽车行业与汽车物流行业的发展概况

党的十八大以来，我国经济发展的条件和环境已发生诸多转变，经济增速有所放缓，增长结构由中低端制造业转向中高端制造业和信息服务业，增长动力由投资驱动转向创新驱动，我国经济发展进入了一个不同以往、相对稳定的“新常态”，2016 年我国 GDP 将在新常态下平稳运行，增长目标预计为 7% 左右。

汽车产销方面，2015 年我国累计生产汽车 2450. 33 万辆，同比增长 3. 3%，销售汽车 2459. 76 万辆，同比增长 4. 7%，产销量保持世界第一，但汽车销量增幅比上年下降 3 个百分点，增速明显下滑，汽车产销量转入了中速增长的稳定时期。汽车物流是物流领域的重要组成部分，包括汽车供应链上原材料、零部件、整车以及售后配件在各个环节之间的实体流动过程。随着世界经济的快速发展和现代科学技术的进步，各大汽车制造企业在技术上的优势已经越来越不明显。对于企业而言，物流已成为企业的“第三利润源”。汽车物流已经成为现代物流业的一个重要组成部分，汽车物流占我国GDP 比重 1% 以上，其市场规模也在继续扩大。

（三）零部件物流在汽车行业的地位与市场前景

零部件物流对应“投入”过程，包括零部件、原材料等生产物资的采购、进货运输、仓储、库存管理和供应商管理几个环节，是沟通零部件供应商与整车制造企业的桥梁。汽车零部件物流可以说是国际上公认的最复杂、最具专业性的物流门类，也是汽车物流系统良性运作及持续优化的关键环节。

随着汽车市场的竞争日趋激烈，汽车制造企业为适应最终用户的个性化需求，必须不断地提高产品质量并降低价格，持续地降低物流成本、缩短供货提前期，在实践中提高汽车零部件物流的效率和效益。这给零部件物流带来了挑战，同时也带来了机遇和发展前景。在未来供应链一体化服务的带动下，将以物流系统为核心，实现由生产企业、物流企业、销售企业、消费者构成的供应链的整体化、系统化，增强汽车制造企业的生产弹性，提高对市场的反应速度，并简化物流作业环节，规范物流作业标准，进一步降低物流成本。那么，零部件物流势必可以顺应潮流，在供应链一体化的浪潮中发挥重要作用，进一步拓展自身的发展前景。

二、国家政策及热点

（一）《物流业发展中长期规划》指明方向

国务院正式印发的物流行业政策纲领性文件，不仅为中国物流业提供了一个政策性的利好环境，更让物流业的地位提升到一个新的战略地位。面对中国经济新的发展态势和环境，《物流业发展中长期规划》（以下简称《规划》）中总结了中国物流业发展现状与面临的形势，要求及指导思想，发展任务及重点工程，推动了物流业的改革升级和发展，积极应对经济新常态下的挑战，对汽车物流体系的指导体现在两方面。

首先，虚拟平台和实体平台相辅相成。物流园区等实体平台迅速扩张，车货匹配、物流金融服务监管等虚拟平台相继涌现。具有竞争优势的平台型物流细分领域将占据主导优势，如汽车物流。一些具有车辆匹配平台的物流企业也受到风险投资基金的青睐，新的经营模式受到资金的追捧。

其次，汽车物流装备的现代化研发。《规划》中鼓励物流企业采用先进适用的技术和装备，提升物流装备的专业化水平，积极发展标准化、厢式化、专业化的公路货运车辆，逐步淘汰栏板式货车。同时，推广铁路重载运输技术装备，积极发展铁路特种、专用货车以及高铁快件等运输技术装备。

（二）“一带一路”推动汽车物流发展国际化

“一带一路”是“丝绸之路经济带”和“21 世纪海上丝绸之路”的简称，在 2013 年提出后得到重视，经过一年多的酝酿，正从构想走向现实。在“一带一路”大背景之下，物流体系的完善速度可能会增快，细化的态势将出现。首先，伴随着“一带一路”战略的推进，我国的基础设施建设投资大增，将带来铁路、公路、港口基建投资项目。伴随着项目的陆续开工，将会给沿线各国带来庞大的商用车需求。对于目前正处在销量增速有所下滑的汽车行业来说，的确将会是一个重大的利好。其次，现代化交通体系有利于提高运输效率，降低运输成本。最后，“一带一路”加快了对海外市场的拓展，提高沿线各国间的车辆进出口额，铁路运输通道的开通更为汽车物流的国际化发展创造了良好的环境。

第二节　2015 年我国汽车零部件入厂物流发展概况

一、发展概况分析

（一）最新发展动态分析

随着车市的迅速发展，零部件汽车企业不仅在国内逐步扩大业务规模，而且加深与国外的合作，加快对新兴经济体的投资，同时吸引发达国家到国内投资零部件项目。目前，国内从事零部件物流的大型物流企业中，处于领先地位的有风神物流、安吉天地和长春一汽物流等企业。

目前，我国汽车零部件物流运输市场的企业规模性、集约性都比较低。一方面，由于信息系统不够完善导致管理难度大、物流环节资源配置效率低下、物流成本上升等问题；另一方面，汽车零部件物流在运输过程中的安全性和可靠性也需要关注，不恰当的运输设备，运输装卸不合理等操作都会导致运输汽车零部件的丢失或损坏。

汽车工业的不断发展，促使汽车生产商改进生产模式以适应激烈的市场竞争，一些更先进的生产方式被应用到了生产中，如订单式、JIT 等。汽车零部件物流企业间更关注共同进步。作为不同主机厂的采购和入厂物流服务企业，汽车零部件物流企业希望能够形成经常性信息交互机制，而交互语言的一致性和标准化至关重要。

（二）本土化采购方式

我国的制造业在全球具有明显的优势，中国正在成为世界重要的汽车及零部件生产基地和国际汽车零部件供应中心，全球超过七成汽车业公司都想到中国来采购。近年来，中国主流零部件企业的制造水平已达到国际年代末期水平，基本满足了国内引进车型的配套要求，在部分零部件生产领域具有竞争优势，一部分零部件已被跨国公司所认可。

二、入厂物流运作模式分析

（一）拉动式物流与推动式物流

从物流需求方式的角度看，可以分为推动式和拉动式物流模式。随着我国汽车消费者的需求不断变化以及市场竞争的加剧，汽车制造企业为了提高订单反应速度和效率，降低销售库存的积压，对生产计划安排技术进行了相应的调整，逐步由原来的大规模向柔性化转变，即生产计划推式生产和订单拉式生产。与这种生产模式发展相适应，零部件入厂物流模式也有生产计划推式物流和订单拉式物流。

在推动式物流（Push Logistics）模式下，汽车制造企业的生产计划占有十分重要的地位，而且生产计划的编制更侧重于工厂的生产能力、上级任务指标和以往市场销售情况等。在这种物流模式下，一方面是可能造成成品汽车面临市场滞销后带来的成品库存大量积压的问题，另一方面也可能是供应商零部件的提前采购带来的库存积压问题，特别是采购周期长的远程供应商零部件和进口 KD 件（套件）。因此，这种物流模式可能带来的库存资金积压风险是很大的。

而在拉动式物流（Pull Logistics）模式下，生产计划更侧重于分销网络从客户那里获得的购买订单、市场销售预测等信息的处理和分析，然后结合工厂生产能力，编制物料需求计划和采购订单，这样就基本上形成了一个最终客户需求拉动生产、拉动物料、拉动物流的生产及物流模式。在基于拉式的零部件入厂物流模式下，供应商零部件必须按照汽车制造企业的实际消耗按需及时、准确地送达到汽车工厂，实现生产制造与成品车销售的“零库存”，这样就产生了 JIT 配送的需求，也就产生了专业的汽车物流供应商，为汽车制造企业及其供应商提供专业的拉式物流解决方案，从而大大降低汽车制造企业的库存资金压力。这种以市场拉动生产、生产拉动物流的拉动物流模式，也是一种入厂物流模式的发展趋势，已经成为越来越多汽车制造企业的物流优化方案。

（二）国内常见的入厂物流模式

随着跨国汽车制造企业在我国的投资合作以及现代物流理论、技术的不断深入发展，零部件入厂物流的具体运作方式也在不断创新、发展，并逐步从理论走向实际推广和应用。

1. VMI 仓储配送模式

VMI（Vendor Management Inventory）仓储配送模式是目前汽车制造企业为了降低自身库存压力和市场风险，同时也是零部件供应商为了提高 JIT、JIS 供货能力，由供应商在汽车厂附近租用库房，或使用统一由第三方物流管理的物流配送中心，通过供应商零部件的 JIT 仓储配送为制造企业生产提供物料上线服务，零部件在交达汽车生产车间前的资产所有权仍归属供应商。这种模式下，零部件在送达汽车生产车间之前，供应商对其零部件库存拥有管理权。

2. Milk – Run 调达模式

Milk – Run 调达模式是一种流行于日本汽车制造企业的零部件入厂物流模式，即由汽车制造企业自己或委托第三方物流公司按照生产需求和采购订单，根据事先的时间安排与物流线路规划，到多个供应商工厂上门循环取货，最后回到汽车制造工厂。通过这种模式，降低了工厂库存，也提高了物流资源利用效率，降低了物流成本。

3. Cross Docking 模式

Cross Docking 模式主要是针对进口 KD 件、航空快件和远程小批量零部件的生产供应，零部件运输到物流配送中心后，进行简单的换装处理或不做处理，就马上转运到汽车制造工厂的生产车间。这种零部件入厂物流模式的主要优势在于提高了物流反应速度，提高了物流配送中心的物流处理能力。

4. 直供上线模式

直供上线模式是汽车生产制造企业常用的一种零部件入厂物流模式，主要是针对那些产业集群范围内的零部件，而且零部件有体积大、容易损坏、专用性强等特点，比如玻璃、座椅、保险杠、轮胎等，由供应商直接从自己的生产线装入物流包装内，并直接按照汽车制造企业的生产需求，甚至生产顺序送到汽车制造企业工厂的生产线边。这种模式大大降低了此类物料在物流过程中的损耗，也减少了车间物流面积的需求，受到了广大汽车制造企业及其相关供应商的青睐。

三、入厂物流取得的成果与存在的问题

（一）取得的主要成果

1. 零部件物流自动化、信息化水平进一步提升

现阶段，整体物流行业仍属于劳动密集型产业。2015 年，国内主要物流企业及主机厂纷纷在自动化、信息化上展开尝试。为提高一次物流攻击效率，降低物流成本，

东风日产乘用车公司联合风神物流在一次物流中导入 AGV 实现自动投送零部件，同时，开发新型乘用车轮胎搬运及存储小车，开创轮胎存储、集配、装车新模式。在零部件物流信息系统建设方面，上海安吉通汇物流有限公司开发的“汽车零部件循环取货管理系统移动客户端软件”（简称 MR - App）成功应用，该项目行业内仍属国内首次应用，实现了对在途零部件状态的精准掌控与高效反馈。同时，武汉东本储运在入厂车辆排队优化系统的开发应用，南京长安民生住久物流在汽车零部件物流周转箱管理系统的开发应用都能说明汽车零部件物流在信息化建设的阶段进展。

2. 汽车零部件物流水陆联运模式广泛应用

伴随汽车物流行业发展，水运、铁路运输正逐步扩大运输比例，多式联运在全价值链的物流环节中正一步步壮大。零部件物流领域，风神物流、一汽物流储运均在水陆联运领域大胆尝试，并投入运营。随着东风日产大连工厂的建设准备，海陆联运的配送方式便已同步规划，广州 - 大连海运正式投入运营，对于风神物流来说，这是一次创新发展的一步。几乎与此同时，一汽物流海陆联运项目也于 2015 年实现正式运营。

3. 第四方物流再添成功案例

2015 年，在大部分汽车物流企业还在从 2PL（第二方物流）向 3PL 转变的同时，国内一些优秀的汽车物流企业已经在探索 4PL（第四方物流）的发展模式，积极与主机厂寻求合作模式的变革，通过技术的沉淀和积累，成功地在主机厂物流一体化规划领域取得成果。在诸如同方环球这种集团化物流公司 4PL 能力被行业广泛认同后，风神物流凭借多年的丰富经验与技术积累，在入厂物流规划与集成要素资源中积极探索，并通过在各大汽车主机厂的入厂物流规划咨询项目的成功实践，使其在 4PL 转型过程中实现了成功转变。风神物流成功为东风雷诺武汉工厂、神龙汽车成都工厂、东风股份襄阳工厂等汽车主机厂提供入厂物流的全面规划咨询服务，获得各大主机厂的一致好评与认可。这些规划项目核心在于零部件取货物流模式，包括仓库选址、路线规划、包装规划等调达物流技术及高水平自动化工厂物流技术应用。

（二）存在的问题

2015 年，在汽车零部件物流的持续发展中，虽然取得了不少骄人的成果，但是仍然不可避免地存在一些问题，需要在未来进行改善和解决，主要包括以下三个方面。

（1）要提高汽车零部件物流的效率和效益，有以下问题需要重点解决。

①产销柔性连接：目前整车装配普遍采用大规模定制生产模式，在理论上要求生产与需求同步。因此，零部件物流需要适时做好生产资源准备，保证零部件的准时交付，同时还需要保证足够的柔性及敏捷性，以应对生产计划的调整和波动。

②交付及时性：以乘用车生产厂为例，每种车型的装配零部件约3000种，并采用混线生产。而生产线旁的零部件暂存区面积有限，因此需要连续不断地按照生产指令向生产线准时供货，供货的及时性是生产的先决条件。

③资源调度准确性：我国汽车零部件物流行业起步较晚，大部分零部件生产企业的物流基础设施和管理水平仍处于初级阶段，使得零部件物流的成本居高不下，并为资源的准确调度增加了难度。

④信息化管理：汽车供应链上的所有企业均不同程度地装备了信息化设施，实现了一定水平的信息化管理。然而，各类管理软件相对简单，大部分停留在企业内部事务管理阶段，而企业之间形成了信息孤岛。

⑤贯彻标准化：汽车零部件的品种多，尺寸和物理特性差异大。由于各大整车制造企业之间的标准不统一，使得汽车零部件企业向不同的整车厂供货时需要采用不同标准的容器具，造成了大量的浪费。为优化汽车物流体系，零部件物流行业需要推行汽车运输工具标准化、物流企业管理标准和物流企业服务规范标准化等。

（2）在汽车物流行业中，各大主机厂的“壁垒”问题一直存在，并在短期内难以改变。

在国内各大汽车主机厂中，包括一汽、东风、上汽、广汽等汽车制造企业，其旗下的汽车零部件物流业务在外包过程中，对于物流商的选择基本上是固定在关联的企业，要么是直属子公司，要么是属于同一个派系的企业。各大主机厂在物流商的选择上已经筑起了坚厚的“壁垒”，其他物流企业想要进入这个体系中则是非常的困难。这种格局下，将直接影响汽车零部件物流的发展，难以极大限度地融合和整合应有的资源，对于市场化的竞争机制也无法充分体现。

（3）我国道路运输的政策与法规对汽车零部件物流的限制也在发展过程中体现得较为明显。

由于国家道路交通及运输政策和法规的限制，在物流企业组织主要的零部件运输作业中，不得不充分考虑车辆的投入是否符合标准，货物的配载是否超出法规标准等主要因素，进而在道路运输上受到了较为明显的限制。因此，在实际物流活动中，部分中小型物流企业不得不铤而走险，违反交通法规进行运输业务运作，使得整体物流行业呈现不和谐的局面。要解决这一问题，需要国家在政策的制定上，进行充分的调研和分析，兼顾物流企业的切身利益，从而制定符合中国国情的道路运输法规，以促进汽车零部件物流的健康和有序发展。

第三节　我国汽车零部件入厂物流未来发展趋势

一、平准化生产和标准化包装

平准化生产要求主机厂的生产平稳地、均衡地进行，主要在于保证品种、工时和生产负荷的均衡，这就意味着零部件的需求是均衡的，零部件组成在种类上是稳定的，零部件按订单计划进行生产，按照运输计划进行取货、中转仓库的转运，再到联合配送，保证零部件按照规定的数量和种类，以稳定的频率和批次送达主机装配厂。由于各个物流环节都是持续稳定的，这样有效地减少库存，相应地减少相关的仓库面积和工作人员数量，降低物流运作成本。

标准化包装能有效提高车辆装载效率，在包装材料上减少一次性纸板箱的使用，使得包装材料能够循环使用，降低包装成本；规范化的料箱，低成本的可循环使用的包装材料，已经成为国内外汽车企业降低自身物流成本和社会成本的重要手段之一。

二、物流网络构建和运输线路优化设计

目前，全国的主机厂以汽车市场需求为依据，形成新“3+3”的产业格局，零部件供应商实现向客户近地化、网络化建厂的目标；以东风日产为例，4个主机厂分别分布在华南广州花都、华中郑州/襄阳、东北大连，其主要的零部件供应商主要分布在华南、华东、华中，各个片区零部件取货交付至4个工厂，就形成了全国性的物流网络。零部件物流活动是在线路和节点进行的，其中，在线路上进行的活动主要是运输，包括集货运输、干线运输、配送运输等，物流节点主要为前段集配、末端集配等；合理的设置物流节点并形成高效的物流线路，是物流网络构建的关键。

不论是近距离还是远距离的零部件入厂物流，运输线路设计和在途的实时监控是十分重要的环节，通过对运输线路的优化设计，可以有效降低行驶路程，提高卡车的装载率，在途的实时监控，在出现异常情况时，采取其他调度保证零部件准时供应，不影响生产线的生产。

三、信息化整合和可视化管理

由于零部件入厂物流需要物流执行方即第三方物流服务商提供信息追踪及交流平

台，实现物流过程中三方数据的实时处理。目前，在仓储管理环节使用WMS进行库内物流管理，GPS装置、EDI等技术进行车辆数据和行使数据等信息采集处理，TMS进行运输全过程的信息管控，SCV等技术实现全过程的可视化管理。

中国汽车行业入厂物流规划起点低，起步晚，水平参差不齐，但随着中国汽车行业的发展，中国汽车零部件的入厂物流，乃至整个汽车供应链物流已经得到了长足的发展，尽管与日本、美国等汽车巨头的物流管理水平还有很大的差距，但可以相信，在不久的未来，我国汽车制造业零部件入厂物流模式，一方面将随着我国汽车制造业本身的发展而不断发展，另一方面也将随着我国现代物流管理及技术的发展而不断创新提高。

（风神物流有限公司）

第八章　我国整车物流公路运输发展情况

第一节　我国汽车轿运车公路运输发展情况

近年来，我国汽车工业得到了高速发展，2015 年产销量均超过 2450 万辆。2009 年突破 1000 万辆大关，2013 年突破 2000 万辆，连续七年居世界首位。而乘用车销量占比 80% 以上，并于 2009 年年底突破了 1000 万辆，2015 年年底突破了 2000 万辆，预计到 2019 年年底可以突破 3000 万辆。

随着乘用车销量的增长，主机厂对整车物流服务需求增加的同时，对整车物流服务能力提升的需求也十分迫切，尤其是对物流规划设计、实体网络和信息网络能力的需求也不断提高；同时针对运输行业的 GB 1589—2016 国家标准的发布以及相关治超治限法规的实施，都将对整车物流行业产生重大而深远的影响。

一、我国汽车行业发展趋势分析

（一）乘用车产销量稳步增长

近年来，乘用车汽车市场的销售逐年稳步增长。从 2010 年的 1376 万辆增加到 2015 年的 2115 万辆，同比增长率达到 7%。如图 8 –1 所示。

（二）汽车产业是我国支柱产业

据相关部门数据，2015 年汽车行业主营业务收入为 7. 32 万亿元，利润总额 6275 亿元，利税总额 9930 亿元，汽车消费占社会消费品品零售总额的 12%。已经稳固了汽车工业在国民经济中的支柱产业地位。

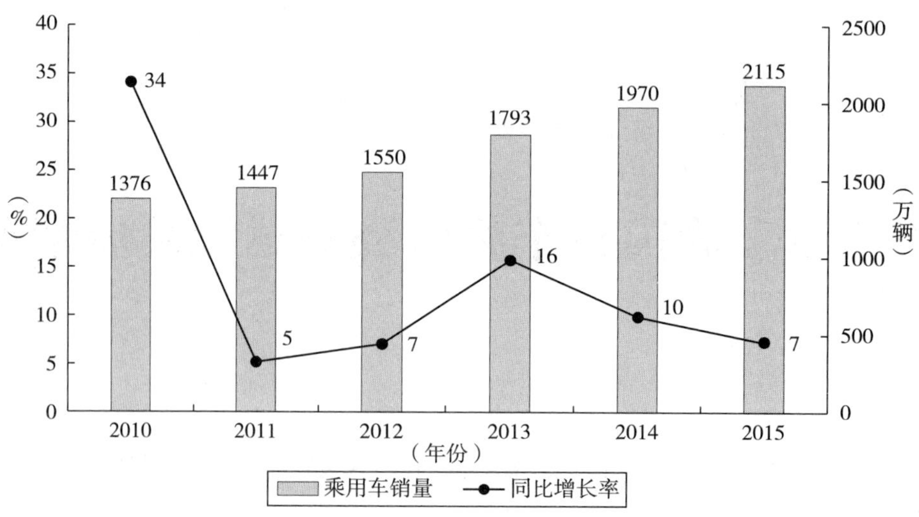

图 8－1　2010—2015 年我国乘用车销量及同比增长率

（三）汽车保有量

根据统计资料显示，人均 GDP 在 1 万美元时，日本和韩国的千人保有量为 200 辆；国家统计局发布，2015 全年 GDP 为 67.67 万亿元，人均 GDP 为 5.2 万元，折合约 0.85 万美元。到 2015 年底，我国汽车保有量 1.72 亿辆，中国千人汽车保有量不到 110 辆，所以乘用车销量还将继续稳定增长。

（四）汽车工业对实体经济作用凸显

汽车工业是实体经济的主要构成部分，在很大程度上支撑着我国经济的发展，尤其是实体经营萎靡的现在，汽车工业的贡献和作用将更加突出。

因此，中国汽车工业还将持续稳步发展。而产销量的持续增加会带来整车物流量的持续放大。据此可断，我国对整车物流服务的需求还将持续增加。

二、影响整车物流因素分析

影响整车物流的因素很多，本文将从政策、经济、社会、技术等因素进行分析。

（一）政策因素

1. GB 1589—2016 发布

于 2016 年 7 月 26 日发布的 GB 1589—2016 对我国整车物流公路运输的现状将产生

根本性影响，其在 GB 1589—2004 的基础之上，在运输车辆的外廓尺寸、轴荷以及轴重上进行了重新确定。主要表现在：①在外廓尺寸方面，车宽由原来的 2.5 米变化为 2.55 米；②半挂车长度限值 13.75 米；③新增了中置轴车型的分类，中置轴挂车长度限值 12 米；④在限重方面，6 轴车限重 49 吨。

GB 1589—2016 的发布，在考虑到我国现有国情，以及欧美整车物流公路运输的优秀经验基础上，势必会导致运输车辆车型上的相应调整，会带动我国整车物流运输车辆的全面变革，其中中置轴车辆，长头车辆的前景可期。

此外，还给后一步的全国范围的治超治限活动提供了坚实可行的法律依据，推动整个行业健康持续发展。

2. 治超治限方案政策发布

伴随 GB 1589—2016 新标准的公布，一系列治理措施也随之出台，从 2016 年 9 月 21 日起到 2018 年 6 月 30 日分三个阶段实现由超宽，超长车辆到全部合规车的平稳过渡。这一全国范围内的治超治限活动，必将改变整车物流市场的经营环境，带动整车物流市场向标准化、规范化发展，同时也进一步引导各整车物流行业的相关方要合法、有序公平竞争，将促进整车物流企业的技术进步和提升。

3. 国有企业整合

随着我国经济实力稳步增强，以及对产业升级需求，国际竞争力提升，资源高效利用的迫切希望，近年来国家出台了一系列鼓励大型国有企业整合的政策，汽车行业也将进入整合期。这一政策在宏观上促进了生产资源的整合，反应到整车物流市场上，就可能会实现上游运输资源的高效整合，同时在下游整车物流链条中，实现物流运输网络的优化，物流资源的协同，从而实现节约社会成本，企业资源，提高运输效率，降低空载率，最终提高物流企业的竞争力，提高管理水平。

4. 销售网络继续下沉

各大中心城市为了解决城市交通拥堵问题，我国已经在北京、上海、广州、深圳、杭州、贵阳、石家庄等地先后实施了汽车限购政策，未来还可能在全国其他城市出台相关政策。这一政策，对整车物流而言，直观的表现是限制了特定城市的运量、运力流入，但反应到具体品牌时，一些市场占有率高的品牌受影响相对较小，而对一些自主品牌，中小品牌而言，会导致销量一定程度下滑，而转向其他二三线城市，而为之服务的整车物流运输供应商的特定方向运量也将面临调整，客观上要求其重新布局物流网络，规划运力配置。

5. 节能减排、低碳环保政策

近年来在全国各地频发的雾霾天气，汽车的尾气排放被证明也是因素之一。同时，我国于 2015 年已经超越美国，成为全球最大的石油进口国。在保护环境、能源安全的角度下，国家大力倡导新能源汽车，因此在新能源研发生产领先的主机厂将会获得市场先机，同时在新能源配套设施上健全的城市也将会是下一个销售发力点，为了顺应这一趋势，整车物流的运输装载技术就要越来越多地考虑新能源车辆，在运输线路、运输流量上，配合服务也可以更有针对性地提前布局。

6. 全面“营改增”政策

于2016年3月开始推行的全面“营改增”政策，也在一定程度上，赋予了进一步降低整车物流企业税负的可能，使得企业有更多的资金能投入到具备核心竞争力的服务产品中去。

（二）经济环境因素

1. 人均收入不断提高

随着国家总体经济持续增长，人均收入的逐年提高，消费者对购买汽车的喜好程度也发生转变，由以前的微型车、小型车、紧凑型车逐步转变到B级车、C级车，同时SUV的市场销量近年持续火爆，这对运输车辆的车型设计，装载模型等，作业人员装卸技能，都提出了新的要求。

2. 低存贷款利率政策

这一政策会对刺激人民消费和投资意愿，对整车物流企业来讲，近年来低存贷款利率刺激人民消费和投资意愿，利好物流运输设备的购买者，可以使其以较低的成本购入新的设备，投入到生产经营活动中。

（三）社会环境因素

（1）主机厂物流需求发生转变。从简单的结果管控（如准时率、质损率）逐步满足销售和客户需求的过程管控转变，同时对敏捷反应、增值服务以及综合物流服务需求要求提高。

（2）物流企业间既竞争又合作态势更加明显。随着一系列行业法规（如GB 1589—2016）、治超治限活动在全国的陆续开展，使得我国整车物流运输的经营环境将得到规范、加之各主机厂对物流企业的要求逐步提高，运输价格的不断优化，使得各物流企业竞争内涵也在随之转变，从以往单一的物流企业依靠违规车辆运营的价格战，到依靠战略合作，物流联盟，共享物流网络，形成资源对流，以期降低成本，实现共赢。

（四）技术环境因素

1. 物流及信息技术落后

目前，全国许多整车物流企业，还是依靠传统方式进行业务来往，结算、管理、经验没有自己成熟完备的信息管理手段，不能利用信息系统和数据整合对自身业进行梳理，更无法从烦琐的人工统计等工作中抽身出来，培养管理思想，钻研企业发展方向，寻求企业发展突破。

2. 从业人员素质有待提高

目前，我国整车物流公路运输从业人员存在着教育程度不高、服务意识差、流动性大等问题。我国整车物流公路运输的发展呈多元化、精细化趋势，从业人员素质问题已成为阻碍物流业发展的主要原因之一。整车物流公路运输行业应通过加大人才供给、加强校企合作、拓宽员工发展通道、加强物流业的正规化管理以及聘用专业人才等措施改善目前这种状况。

轿运车驾驶员老龄化严重，专业化驾驶员供给不足。轿运车驾驶员老龄化严重，职业吸引力弱导致增补不足。轿运车驾驶员缺乏专业技能培训机构，缺少专业化驾驶员来源。另外，由于属于长期户外作业，劳动强度较大，且相应驾驶执照考取的难度加大，学时延长，也给驾驶员的补充带来了一定障碍。

3. 物流资源因素

（1）轿运车辆超宽超限。目前，我国90%以上的整车物流公路运输车辆均属于违规车辆，大量的违规车的长路运营，一方面增加了道路运输的安全隐患，另一方面也严重扭曲了整车物流公路市场的合规经营环境，长期的违规低价竞争使得物流企业没有精力重视物流网络，管理提升，信息化建设，滞后了我国整车物流发展脚步。

（2）铁路资源不足并受场站限制。

（3）水路运输受自然条件限制。

（4）仓库资源不足，成本上升。

在销售渠道下沉、交付及时性的提升、物流成本优化以及资源整合的趋势下，通过区域性VSC来实现覆盖周边省市，集结运输资源，已是未来发展的方向。而随着我国经济持续快速发展，城市建设的迅速扩张，导致合适的仓储用地选址变得困难，仓储用地成本也在逐年攀升，给整车物流的网络布局也带来一定影响。

4. 缺乏顶层设计

（1）服务水平系层析。目前，整车物流企业提供的服务基本处于运输和仓储等最基本的服务，没有能力提供为主机厂创造价值的服务。

（2）缺乏实体物流网络。目前，物流整车物流的多数企业还仅仅依靠业务资源点作为网络布局基础，类型和客户相对单一，且全国的物流网络布局，异地VSC的建设缓慢，简单原始的网路布局，已经不能适应，满足上游客户越来越高的需求（如销售网点逐步下沉，而配送时间越来越短，且物流成本相对越来越低），另外对于瞬息万变的物流市场，也无法做到资源集约，整合业务，敏捷反应。

三、我国整车物流发展趋势分析

随着我国汽车工业的发展，整车物流的规模也得到了不断的增加。但服务能力、技术能力和服务产品都和汽车工业的发展不相匹配，落后太多，在行业政策及环境不断发生变化的时期，整车物流行业也正在逐步发生变化。然而，未来发展趋势判断如下。

（一）物流服务需求升级

物流服务将从针对特定上游客户提供结果导向的服务（准时率、质损率、账实相符率）转变为精细化的过程导向的服务（标准化、透明化、实时化），满足客户物流基本需求的同时提升运营效率、降低成本，另外增值服务需求将不断增加。

（二）物流资源进一步集中

目前，整车物流服务行业基本处于“割据分散”的竞争状态，市场集中度低，行业内整合的空间较大，受企业自身发展的需要、客户需求的变化及政策支持的推动，中国整车物流行业将从积累阶段发展到集中阶段，市场集中度逐渐增加；同时除了汽车物流领域内部不同企业的横向整合，也会出现向其他子行业纵向整合的趋势，那些已经有一定规模的企业会从简单的规模增长转变为价值增长，小规模物流企业特别是单纯的运输商因为利润率减少、生存空间越来越小，较大规模的物流企业将借机整合资源、布局网络。

（三）物流模式将改变

目前，我国的乘用车整车物流基本处于以运输服务为主阶段，并且是以公路运输为主（80%左右）、铁路和水路运输为辅（20%左右），但随着主机厂销量的不断攀升以及销售模式的改变，以及GB 1589—2016发布以后，2016年9月21日将成为整车物流变革的分水岭。预计整车物流运营模式和运输方式选择将会有很大的变化，这对整车物流企业来讲既是机会也是挑战。具体变化如下：

（1）水路和铁路运量将增加，发运占比是增长趋势，但2年内占比变化不大，因为铁水运力资源、场站、码头、仓库等资源增加不会太快，同时汽车销量在增长。

（2）公路运量也持续增长，但平均运距变短、重驶率降低。

（3）前置库需求增加、功能扩展，围绕前置库的增值服务将增加。

（4）“铁路、水路、公路（干线运输）+前置库+末端短驳”的模式成为必然结果。

（四）物流企业将加速两极分化

未来的整车物流行业将会有三类公司存在，第一类是主机厂背景的物流管理公司，第二类是具有运力或仓储资源的操作型公司，第三类是为第一类和第二类公司提供咨询、技术、信息化等服务的公司。至于像美国罗宾逊这样的公司是否能出现、何时能出现，需要用更长的时间来验证。

（五）“互联网＋汽车物流”将成为必然

国家已经将“互联网＋物流”划入重点规划，李克强总理也明确提出：要推动互联网，大数据，云计算等信息技术与物流行业深度融合，推动物流行业乃至中国经济的转型升级，这是物流业的“供给侧改革”。而与之对应的，目前整车物流行业，存在着许多的信息孤岛，尚没有实现统一的信息平台，在“互联网＋”、大数据方面，有着巨大的潜力可以发掘。

（六）物流金融将持续高速发展

物流金融，是物流与金融相结合的产品，不仅能提高第三方物流企业的服务能力，经营利润，而且可以协助企业拓展融资渠道，降低融资成本，提高资本的使用效率。在国内，由于中小型企业存在着信用体系不健全的问题，所以融资渠道贫乏，生产运营的发展资金压力大。金融物流服务的提出，可以有效支持中小型企业的融资活动。另外，金融物流可以盘活企业暂时闲置的原材料和产成品的资金占用，优化企业资源。

未来，随着企业物流生产经营活动范围，经营规模逐步扩大提升，物流金融也将从静态质押监管向动态质押监管，从流通性客户向生产型客户，从现货质押向买方信贷，从自有仓库发展向库外仓库，从单一环节向供应链全过程发展。

综上，在整车物流行业外部经营环境即将发生变革的前提下：对于整车物流企业来讲，一定要做好定位、制定战略、提升服务，依靠信息化和“互联网＋”快速构建敏捷高效的物流体系，同时合理资源配置合，匹配不同运输模式，提供满足主机厂需求的服务产品，才可以在即将到来的重大变革竞争中，占据主动，取得成功。

对于汽车主机厂来讲，一定要高瞻远瞩、顶层设计、科学规划，明确科学地提出物流需求以及增值服务需求，同时选择与具有增值服务能力和物流资源的整车物流企业进行战略合作，给予物流供应商合理的收益，才可以在即将到来的重大变化时刻获得物流资源，达到支撑汽车销售的目的。

（东风车城物流有限公司　刘晓彤　张良浪）

第二节　我国汽车商用车公路运输发展情况

一、商用车物流发展政策环境

商用车物流发展逐步有序，已经出台了一些行业规范和行业标准。GB 1589 标准修订案的实施将一定程度上规范商用车物流运输环境，但会造成运输成本的大幅度上升。

（一）演变

回顾 GB 1589 标准历次修订，第一版 GB 1589 是 1989 年制定的，当时标准的名称是《汽车外廓尺寸限界》，只是笼统限定了长宽高。车长方面，单车 12 米、半挂列车 16.5 米、全挂列车 20 米；车宽方面统一为 2.5 米，车高统一为空载 4 米。由于 GB 1589—1989 没有对载荷和总质量的限值要求，运输行业和载货车行业出现了加长货箱、接大梁、加轴距等现象，掀起了轰轰烈烈的“大跃进”。

第二版 GB 1589 是 2004 年制定的，全名是《道路车辆外廓尺寸、轴荷及质量限值》，增加了对挂车的外廓尺寸限值要求，全挂车、中置轴（旅居）挂车长度限值为 8 米，半挂车长度限值一轴为 8.6 米、二轴为 10 米、三轴为 13 米；增加了汽车、挂车和汽车列车的轴荷及总质量的限值要求。标准刺激了单车多轴化，并带动了牵引车和半挂列车的发展。

2016 年 7 月 26 日，国家标准委发布了第三版 GB 1589—2016，名称为《汽车、挂车及汽车列车外廓尺寸、轴荷及质量限值》，并从当日起开始实施。新的 GB 1589 对车辆外廓尺寸、轴荷和质量限值都有一定的变化，尤其是长度限值。半挂车长度限值由 13 米增加到 13.75 米，平头铰接列车长度限值由 16.5 米增加到 17.1 米，长头铰接列车长度限值为 18.1 米；新增中置轴（车辆运输）挂车车型，其长度限值 12 米，相应的中置轴（车辆运输）列车总长度限值是 22 米，能够装载 8（大中型）～10（中小型）辆乘用车，在标准长度限值允许范围内相比原有的半挂车辆运输车运输效率高。

最大总质量限值也是 GB 1589 重点规定的内容，在标准中对于不同轴数的车辆进行了明确的规定，二轴货车及半挂牵引车总重限值 18 吨，三轴货车及半挂牵引车总重限值 25 吨，双转向轴四轴货车总重限值 31 吨，四轴汽车列车总重限值 36 吨，五轴车限重 43 吨，六轴车限重 49 吨。

（二）影响

GB 1589 是汽车及物流行业重要的法规，该标准决定了我国公路运输的结构和模式，是国家治理超限超载唯一的法规依据。法规的出台将带来一系列影响。新标准统一了治超的依据；新标准的严格执行，将带来整车物流运输成本的大幅度上升；中置轴车辆运输车将成为未来整车公路运输的主流车型。

二、商用车物流运输方式

（一）商用车物流运输特点

商用车作为“物流装备”和“资本品”，对物流服务质量、物流运营成本有着特殊要求。商用车车型繁多，外形和外廓尺寸差异大，通常不可拆卸，其独特的物理属性，决定了商用车物流产生了不同于乘用车物流、普货运输和大件运输的多种配载方式。一是时效性要求高，购车人对于等待时间的容忍度低，准时到货是物流服务质量的首要指标；二是成本控制严，购车人不能接受购车成本的大幅度增加，为此选择合适的汽车配载运输方式显得尤为重要。

（二）商用车物流的配载运输方式

目前，公路运输仍然是整车物流行业的最主要运输方式，铁路和水路由于无法提供门到门服务，对公路运输的替代作用有限。如图 8 –2 所示。

在公路运输中，乘用车物流主要采取零公里运输方式，而商用车物流，基于商品车自身的运输功能、外形尺寸、发运批量、运输距离等属性，广泛采取人工驾送和零公里两类运输方式，其中，人工驾送分化为单开、背车等方式，零公里分化为平装、爬装等方式。在我国，商用车公路物流主要是单开、背车、爬装、平装四种配载方式，能够为汽车制造商、经销商、服务商提供多种物流服务，并推动节能减排，承担汽车物流企业的社会责任。如图 8 –3 所示。

（三）商用车物流运输方式适用车型

商品车公路运输方式中，单开、背车、爬装、平装四种配载方式分别适用于不同车型。中重卡、大中客以人工驾送为主，轻微卡、轻客以零公里运输为主。如表 8 –1 所示。

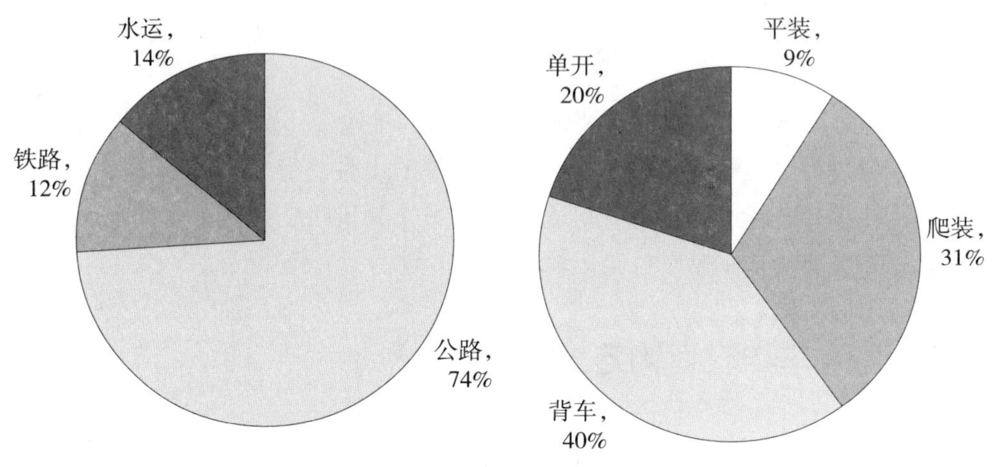

图 8-2　商用车整车物流运输方式　　**图 8-3　商用车物流整车配载方式**

表 8-1　商用车整车公路运输配载方式与适用车型

运输方式	配载方式	适用车型	图片
人工驾送	单开	中重卡、大中客、轻客	
	背车	中重卡、轻卡、微卡	
零公里	爬装	轻卡、微卡	
	平装	轻客、皮卡	

三、商用车物流发展现状和存在问题

（一）现状

1. 商用车物流与车企的联动发展

目前，商用车物流市场规模已经较大，但市场集中度较低。车企与物流公司的关系以外包为主，但大部分车企都成立有自己独资或合资的物流公司，承担各自商品车的发运业务。

这种关系的优势是对于车企的需求响应速度快，质量可靠且车企的信息不易泄露；但弊端是造成行业运输、仓储资源的浪费，回程过程中需求与运输信息难以实时共享，车辆空载率高，导致整体效率较低，运输成本居高不下，也不符合现在国家对环境的发展要求。

2. 供应链流程优化

目前商用车物流车企已形成比较成熟的接单、发运、在途监控、收车、结算等流程管理，根据车企订单到交付（OTD）的要求，制定相应的运输规则和方案设计。通过搭建运输网络，实现客户需求的快速响应。

在装载质量管控方面，物流装载工艺技术标准持续优化改进，减少质量衰减通过对运输流程与节点的识别，加强对物流运输过程中关键节点的控制，实现对运输完好性及运输及时性的管控。以成立呼叫中心的方式，建立面向客户的统一服务窗口，实现客户服务前台与后台业务系统的一体化集成，加强对物流服务质量的管控。对承运商资源业务层级差异化管理，通过有重点的培训，提升资源整体业务运营能力。

3. 商用车物流信息化应用

由于商用车物流涉及的环节较多且链条较长，目前已将 TMS 系统、GPS/GPRS 等信息手段应用到商用车物流过程中，加快信息的传递，减少信息孤岛情况，且通过信息化手段实现过程监控、可视化管理，有助于服务和实物质量的提升。

4. 商用车物流标准的推行与实施

在中物联及各组成机构的努力下，商用车物流在管理、作业、技术方面都已出台一些标准，使商用车物流发展趋于规范化、专业化。目前，商用车整车物流标准除了普遍适用的《汽车物流术语》《汽车物流服务评价指标》《汽车整车物流质损风险监控要求》外，还有等同采用的部分乘用车物流标准如《乘用车仓储服务规范》《乘用车质损判定及处理规范》，以及专用于商用车的《商用车运输服务规范》。上述标准的发布，对于统一物流术语、规范服务流程及指标具有重要作用。

在中物联汽车物流分会的领导下，由北京福田智科物流公司、东风襄阳物流、江汽物流等单位联合制定的《商用车背车装载技术要求》（WB/T 1057—2015）行业标准，经过多次专家论证和征求意见，已经于2015年10月21日由国家发改委正式发布，并于2016年2月1日起正式实施。该标准的实施，改变了之前我国商用车行业背车装载无标准可依的状况，有利于商用车物流的绿色运输，有利于提升卡车运送的安全性和物流质量，将促使商用车物流运行更加规范、效率提升。

（二）存在的问题

目前，商用车物流在协会、物流企业的大力推动下，已取得较快发展，但行业运行和企业运营过程中也存在一定问题。

首先，商用车物流市场整合程度较低，仅实现了物流企业内部的网络化，导致资源和运力利用率较低。汽车集团之间的竞争激烈，多数汽车企业将物流业务外包给自营或合资成立的物流公司，汽车企业之间的对流存在诸多障碍，目前主要是承运商层面的对流，而主机厂和总包商层面尚未普遍建立对流网络，统一的汽车物流网络有待形成。

其次，汽车企业和物流企业的联动有待进一步深化，以优化物流模式，提高终端客户体验。汽车企业为了应对市场竞争，向物流企业传递成本压力，导致运价随运营成本变动机制难以真正建立，油价波动、人工成本上升、单板运能下降时，主机厂定价强势，物流公司议价能力弱，造成物流行业整体利润率下降。如何建立一定物流模式下的物流成本和价格模型，是一个值得深入研究的课题。

最后，标准建设、修订和完善及推动实施方面还需要加强，信息技术应用广度和深度有待提高。标准化方面，与实践中普遍存在的多种装载方式相比，商用车物流标准出台相对较少，难以满足商用车物流快速发展的形势，商用车物流标准化工作还有待进一步推进。信息化方面，主要物流企业已经利用信息系统进行业务管理、承运商管理和运营过程监控，较好地满足了核心客户的业务需求，但是信息系统对于其他客户的兼容性有待提升，由于不同客户的下单方式、配载方式、发运要求等存在差异，造成对流业务管理相对粗放、返程等待时间过长、运营过程实时监控不到位的问题依然存在，对商用车物流对流体系的建立和运行也造成了一定难度。

四、商用车物流发展趋势

受两业联动大环境和电商物流、公路货运的快速发展影响，物流商用车需求将保持稳定增长，商用车物流与普货、特货物流之间的相互影响不断加深；信息化程度不断提高，对市场的响应能力不断增强；市场总体发展趋势是维稳的，但行业资源将不断整合，规模化程度不断提高，企业之间的合作、竞争关系也将更加密切、复杂；平台化建设、资源共享，运营效率得到提升；标准化程度提高，“公、铁、水”多式联运将是新的出路。

（一）加强信息化建设，提高对市场的响应力

互联网经济下，用户体验对公司的发展至关重要。电商物流的发展为商用车物流创新发展提供了思路。电商物流极高的信息化程度使各环节之间的衔接更加迅速，极大地提高了对市场的响应力度。加强汽车物流的信息化建设，使信息在主机厂、汽车物流企业、承运商及终端客户之间传递更加高效，各个环节之间的衔接更加顺畅，从而形成更高的市场响应力，提高服务质量，增强用户体验。

（二）行业资源整合，规模化程度提高

整体来看，虽然行业整体发展趋稳，但随着竞争的加剧，行业内资源必定不断向大企业集中，规模化程度将不断提高。同时，大型汽车物流企业之间的关系也必将更加复杂，在激烈竞争的同时，合作程度也会逐渐加深，在市场的各细分环节形成“竞争—合作”交织的复杂局面。

（三）平台化趋势更加明显

随着国家对“互联网＋”高效物流的推动，国家交通与物流的共享服务平台可能出现，“平台＋”也许会成为汽车物流领域发展的突破点。利用互联网、大数据、云计算等现代信息技术手段，构筑促进资源要素高效流动、开放共享的平台体系；依托国家电子政务外网，由政府推动，企业、行业组织共同参与，整合现有资源，建设国家交通与物流的共享服务平台。“一站式”服务，“一单化”操作将可能实现，物流效率会得到极大提高。

平台化对解决商用车物流资源浪费、信息不对称、效率低下等问题有着巨大作用。更重要的是，平台化可能推动商用车物流行业的变革，商业模式将由单一向多元发展，不断涌现的市场机会将是主要增长点。同时，在效率提升的基础上实现成本的下降。

（四）行业运行更加标准化，多式联运得到快速发展

国家为解决道路治理、环境治理等方面的问题，出台相关政策，也将促使汽车物流行业规范运营、标准化程度不断提高，促进新技术和新运输方式的应用。同时，为提高我国物流效率，降低社会物流总成本，政府也在积极推进各行业的标准化建设，以实现各环节的有效衔接，发展“公铁水”多式联运。

随着商用车标准化的发展，商用车物流的标准化程度将得到进一步提升，“公铁水”各运输方式之间的衔接会更容易实现。由于成本及效率优势，“公铁水”多式联运将会在商用车物流领域得到快速发展。

五、商用车物流面临的挑战

（一）商用车发展趋于成熟，商用车物流要寻求内生增长

商用车发展进入整合增长期，传统产品增长空间不大，将直接影响商用车物流的发展，所以商用车物流企业面临着从传统的运输、仓储作业模式向业务链的专业化、平台化、社会化方向发展，提升物流企业内生增长能力。

（二）商用车物流在运输、过程控制等技术方面亟待提高

受道路和政策等环境约束及行业发展水平的限制，目前甩挂运输、多式联运等先进的运输方式在中国推进缓慢，影响着物流效率提升。法规制度约束难题和技术难题需要同步商讨、同步解决。

（三）资源共享平台搭建困难重重

商用车物流领域还没有建立起行业化的资源、信息共享平台，这使商用车物流领域的各种资源的利用效率较低，制约着商用车物流的进一步发展。虽然大部分企业已认识到建立资源共享平台的重要性，但由于汽车集团之间的激烈竞争，其下属汽车物流企业之间的合作也较难实现。各汽车物流企业之间的深入合作不仅需要行业协会的大力推动，还需要各企业之间、合作伙伴之间加强沟通交流，在竞争中深入合作，共同发展。

（北京福田智科物流有限公司　杨天清　张雁飞）

第九章　我国整车物流铁路运输发展情况

第一节　我国铁路商品车运输基本情况

改革开放以来，随着我国汽车产业的快速发展和人民群众生活水平不断提高，汽车产销规模呈现出了强劲的发展势头，同时也带动了公路、铁路、水运汽车物流业的快速发展。铁路具备安全性高、时效快、全天候、全覆盖、大批量、长距离、节能环保等明显优势，铁路运输必将成为国内商品车物流行业发展的趋势。

一、铁路运输现状及模式

（一）铁路运输量

中铁特货运输有限责任公司（以下简称中铁特货）是全国铁路专业从事汽车物流业务的主体，对全国铁路汽车运输物流业务实行统一管理、统一组织、统一运作。中铁特货是中国铁路总公司（原铁道部）直属专业运输企业，具备小汽车铁路运输唯一承运权，公司注册资本 85 亿元，具备年运输汽车 300 万台的能力，所属分公司拥有从事两端配送物流专业队伍，可实现门到门的汽车全程物流业务运作。

自 2006 年铁路运输进入商品车物流领域以来，从初期年运输乘用车 5 万台，到 2011 年运输 81 万台，2012 年实现历史突破，运输 102 万台，2015 年运输 190 万台，2016 年预计运输商品车 240 万台。如图 9 – 1 所示。

（二）铁路运输网络

截至目前，中铁特货在全国拥有 21 个分公司、子公司，具有完整的、覆盖路网的组织机构、运输线路和信息网络。在全国拥有 110 个商品汽车装卸作业点；42 个物流基地，总面积 219 万平方米。同时，中铁特货公司在铁路总公司的大力支持下，拟计划

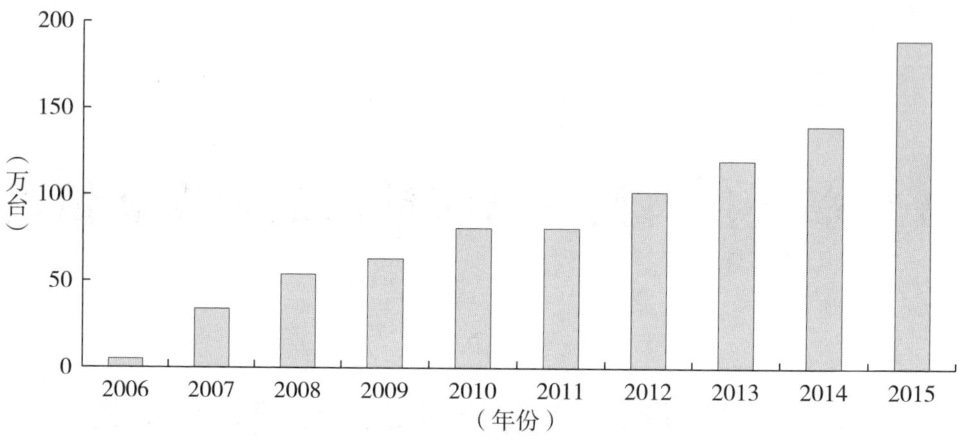

图 9－1　铁路 2006—2015 年商品车运输量情况

在 2017 年年底完成 108 个铁路商品汽车整车物流基地的建设，此举将大大提高中铁特货在商品汽车整车运输能力和市场竞争力，为铁路商品汽车持续发展提供强有力的保障。

（三）铁路运输模式

铁路运输模式多种多样，主要有站到站、站到店、站到库、厂到店可根据客户要求具体选择。目前铁路商品车“库前移”模式可以说是中铁特货公司和各主机厂、物流公司合作中最成功的一种物流运作模式，在整体物流运作上将双方的优势发挥到了极致。如图 9－2 所示。

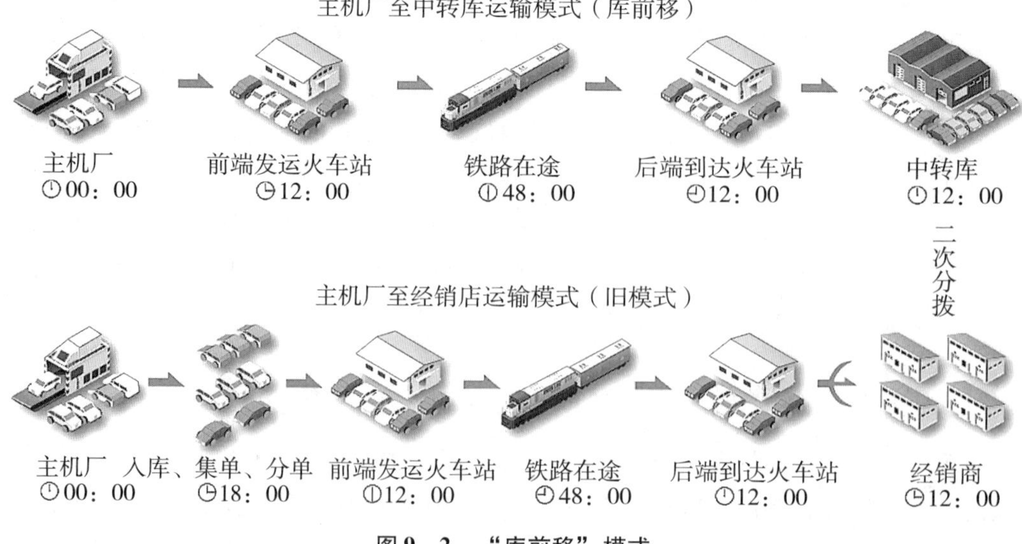

图 9－2　“库前移”模式

“库前移”模式带来了主机厂销售反应速度提高、产品调拨快捷、物流运输灵活、物流成本降低等诸多优势。

二、铁路运输设备

（一）铁路运输设备总体情况

铁路商品汽车运输至今，运输设备经市场检验，已进行全部优化。目前，铁路拥有运输汽车专用车JSQ5型、JSQ6型、JSQ7型车共计8800辆，预计2016年9月底新造JSQ6型车2500辆，并全部投入使用，商品汽车运输设备突破10000辆。板架箱900组，其中板架箱分为25英尺板架箱和50英尺板架箱，板架箱目前主要用于运输农机设备。

铁路总公司非常重视小汽车运输业务，自2012年开始，平均每年投资新造1500辆专用运输车辆，尤其自2015年起，铁路商品汽车运输进入高速发展期，每年投资新造车辆均为3000辆，同比增加1倍，为铁路提高运输能力提供有力保障。同时，正在研发的新型铁路汽车运输车辆——工程机械运输专业车辆NA1型及三联型车JSQ8型也已经进入试验阶段。如图9－3所示。

图9－3 小汽车运输专用车示例

（二）铁路运输装备

1. 乘用车铁路运输装备

中铁特货目前在乘用车运输装备上面主要有JSQ5型、JSQ6型、JSQ7型。其中JSQ5型、JSQ6型两种车型经过多年验证，很好地适应了市场，更充分证明了铁路在汽车物流运输行业中也具备强大的竞争力。如表9－1、表9－2所示。

表 9－1　　JSQ5 型车装车方案介绍

技术参数	第一方案	第二方案	第三方案
外部尺寸（长/宽/高）（毫米）	26030/3066/4723	26030/3066/4723	26030/3066/4723
内部尺寸（长/宽）（毫米）	25100/2860	25100/2860	25100/2860
上下两层高度（上/下）（毫米）	1760/1770	1710/1820	1740/1790
自重（千克）	37000	37000	37000
载重/计费重量（千克）	20000/100000	20000/100000	20000/100000

表 9－2　　JSQ6 型车装车方案介绍

续　表

<table>
<tr><th>技术参数</th><th>第一方案</th><th>第二方案</th><th>第三方案</th></tr>
<tr><td>外部尺寸（长/宽/高）（毫米）</td><td>26066/3086/4723</td><td>26030/3066/4723</td><td>26030/3066/4723</td></tr>
<tr><td>内部尺寸（长/宽）（毫米）</td><td>25100/2880</td><td>25100/2860</td><td>25100/2860</td></tr>
<tr><td rowspan="2">上下两层高度
（上/下）（毫米）</td><td rowspan="2">中部 2070/
端部 1590，中部 2270</td><td>端部 1720/中部 2070</td><td rowspan="2">1740/1790</td></tr>
<tr><td>端部 1720/中部 2070</td></tr>
<tr><td>自重（千克）</td><td>38300</td><td>38300</td><td>37000</td></tr>
<tr><td>载重/计费重量（千克）</td><td>22000/100000</td><td>22000/100000</td><td>20000/100000</td></tr>
</table>

2. 商用车铁路运输装备

中铁特货目前在商用车运输装备上面主要有 J5SQ 型、JSQ7 型等，可运输皮卡、轻型客车、中型客车及轻型货车等。车体主要分为上下两层，在运输商用车时，上层活动地板可收起。如图 9 –4 所示。

项目	J5SQ型	JSQ7型
载重（吨）	13	50
车辆长度（毫米）	17938	26066
车辆宽度（毫米）	3065	3306
车辆高度（毫米）	4772	4760
上层净空高（毫米）	1591	1700
下层净空高（毫米）	1700	1860

图 9 –4　J5SQ 型、JSQ7 型装备

中铁特货现有 D70 型装备，可满足部分重型货车、轻型货车及部分工程机械的运输需求。上半年已成功试运了徐工集团的工程机械。如图 9 –5 所示。

中铁特货为适应市场需求，加大了新装备的研发力度，现正重点研究重卡及其他工程机械的运输设备，目前已有了初步方案，运输车辆暂命名为 NA1 型。NA1 型在国铁线路上可装载商用重型、中型和轻型卡车，重型卡车包括牵引车以及载货车、自卸车和搅拌车的二类底盘，中型和轻型卡车的二类底盘，也可装载自行轮式工程机械，NA1 型采用典型装载方式，如图 9 –6 所示。

项目	D70型
载重（吨）	70
车辆长度（毫米）	20400
车辆宽度（毫米）	3000

图 9－5　D70 型装备

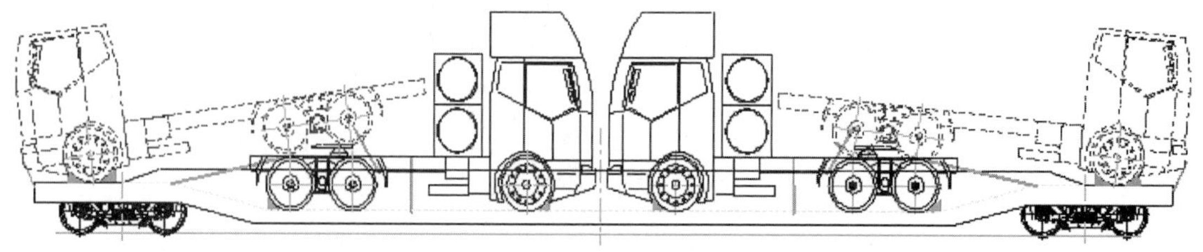

图 9－6　新研发车型

第二节　我国铁路汽车国际运输发展情况

目前，我国汽车国际进出口相对发达国家有很大差距，配套设施的建设仍有待完善，目前受资质及其他相关方面的影响，铁路在汽车国际运输方面主要负责内陆运输。为了更好地发展铁路汽车国际运输业务，提供专业化、组织化管理，中铁特货根据市场需求，已要求中铁特货全资子公司中铁特货汽车物流有限责任公司全权负责铁路汽车进出口业务。2013—2015 年商品汽车月出口台数，如图 9－7 所示。

商品汽车出口近年来受经济下行影响，出口贸易同比降幅较大，为应对市场变化，中铁特货汽车物流有限责任公司与中世运（北京）国际物流有限公司强强联合，成立合资子公司世铁特货（北京）国际有限公司，加强市场开发力度，目前已成功开发多

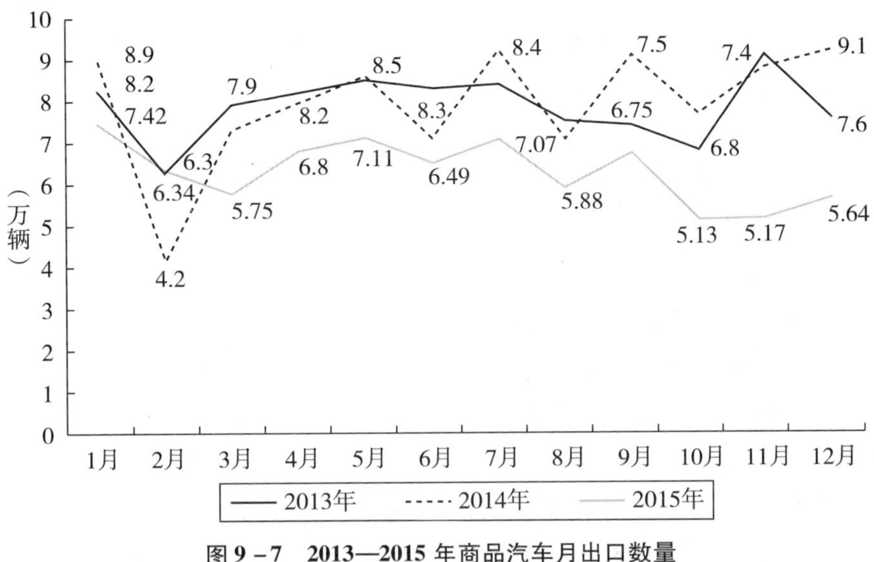

图 9－7　2013—2015 年商品汽车月出口数量

条出口线路。同时，中铁特货通过与铁路内部单位强强联合，计划适时开通一汽发往欧洲的固定班列。

中国铁路通过不断加强自身建设，更好地适应市场，铁路汽车出口项目从无到有、从有到强的过程，同时也见证了中国铁路的发展历程。中铁特货公司将继续全面贯彻国家“一带一路”的战略规划，深入开展汽车国际运输业务，继续为推动国家经济发展贡献力量。

第三节　我国汽车物流铁路运输发展趋势

随着我国汽车生产和消费水平的不断提高，汽车物流业务也将继续保持高速增长，但随着汽车物流业务的增长和各生产企业的整车利润不断下滑，行业内各物流运输企业的竞争也将同时加剧，行业内各运输企业也要面临新一轮的洗牌。

对于铁路，班列运输是最能体现铁路安全性高、时效快、全天候、全覆盖、大批量、长距离、节能环保等优势的运输形式，但相对而言，班列集单时间较长，在市场反应方面相比公路仍有所差距。同时，铁路运输成本相比公路并不具备明显优势也是当前困扰铁路的头等问题。

对于公路，“点对点”的运输方式虽然为企业和经销商提供了较大的便利，但随着汽车生产企业的不断扩能，“点对点”运输已经开始凸现瓶颈，即无法对市场形成快速反应能力。同时，近年来随着板车公路事故频发的影响，安全成为了当下政府迫切需要解决的问题。在后续的政府政策中，“治超”仍然是重中之重，随着公路板车“1589”标准的出台，“治超”力度的不断加强，公路运输成本将不断提高，将同时制约汽车生产企业和公路运输企业。

对于水运，受限于自身条件，水运在未来汽车物流行业中虽仍会保持增长，但不会占据主导地位。

在未来汽车物流发展过程中，单一运输方式已不适合市场的快速发展，由此引发的对于各运输方式在新环境下定位的思考将越来越重要。对于铁路而言，铁公联运、铁水联运将是打破制约铁路、公路以及水运继续发展的重要手段。以中铁特货目前取得的经验来看，铁路“库前移”运输模式是十分适合汽车生产企业需求的一种运输方式，“库前移”也是铁路、公路联手发展的有力证明。在“库前移”全程运输过程中，既解决了汽车生产企业整车仓储问题，又通过铁路、公路的联合运输对汽车销售市场形成了快速反应，适应了市场，满足了消费者需求。

在以后汽车物流运输发展中，多种方式联运必将成为汽车物流运输的一大特色，同时多种方式联运也将继续推动汽车物流运输业务的发展。铁路作为其中一种运输方式也将继续发挥着应有的作用，为推动国家经济发展继续肩负起应有的责任。

（中铁特货运输有限责任公司　左光宇）

第十章　我国整车物流水路运输发展情况

第一节　我国汽车水路运输发展情况

一、2015年我国汽车滚装运输发展情况

（一）国家汽车工业现状及发展趋势继续支持滚装水运的发展

2009—2015年，我国汽车产销量已经连续7年保持全球第一。2009年，我国汽车产量达到了1379.1万辆，同比增长47.57%，首次成为世界第一大汽车生产国，销量达到1362.16万辆，同比增长45.48%，登顶世界年度汽车销量榜。到2015年，全年累计生产汽车2450万辆，同比增长3.29%，销售汽车2460万辆，同比增长4.73%。

目前，全国汽车整车制造企业在130家左右，主要汽车企业的分布聚集程度比较高。经过数年的快速发展，我国汽车产业已形成了坚实的发展基础并呈现出六大汽车产业集群，包括东北地区、环渤海地区、长三角地区、珠三角地区、华中地区、西南地区。

在产业布局选址上，临海、临江成为各主机厂建厂的首选，充分利用海、江开展水运将是大趋势、大方向。

我国主要汽车产业区示意，如图10-1所示。

不难发现，几乎所有已经成熟开展整车滚装水运业务的沿海沿江码头均处在上述六大汽车产业聚集区，包括部分即将大规模开展整车滚装水运业务的港口与码头，也基本上处在上述聚集区内；国家汽车工业现状及发展趋势已经并将继续有力支持整车滚装水运的发展。

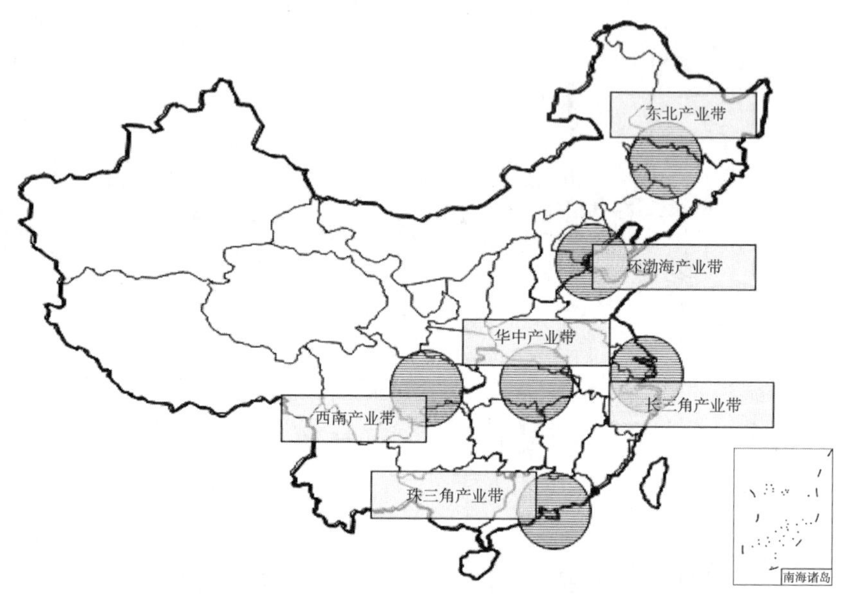

图 10－1　我国主要汽车产业区示意

（二）开展滚装水运业务的港口码头情况

目前，全国沿海沿江已经成熟开展商品车整车滚装水运业务的港口有：大连港、天津港、烟台港、上海港、广州港、海口港、重庆港、武汉港、芜湖港、南京港。

这其中海港码头包括：大连汽车滚装码头、天津寰球汽车滚装码头、烟台港/烟台打捞局港汽车码头、上海海通国际汽车滚装码头、广州南沙汽车滚装码头、东莞国际货柜汽车滚装码头等。

沿长江流域已成熟开展商品车整车滚装水运业务的码头有：重庆唐家沱汽车滚装码头、重庆寸滩汽车滚装码头、重庆长石尾汽车滚装码头；武汉江盛汽车滚装码头、武汉军山汽车滚装码头、武汉汉南港汽车滚装码头；芜湖奇瑞汽车滚装码头、南京江盛汽车滚装码头。

上述滚装码头基本覆盖了国内全年 95% 以上的商品车整车水运业务量。其中 2015 年国内最具代表性的四大滚装码头——上海、天津、大连、南沙共完成了约 110 万辆车的发运任务。

除上述以外，在 2015—2016 年新增投产了以下三个主要的商品车整车水运口岸和滚装码头。

（1）重庆港果园汽车滚装码头于 2015 年 9 月投产，商品车滚装操作年设计能力 100 万台，果园港将成为西南最大的商品车汽车滚装码头。

（2）江苏盐城大丰港于 2015 年 12 月完成滚装码头营运前测试工作，并于 2016 年元旦由中甫（上海）航运有限公司的“世源”轮顺利圆满完成大丰港汽车滚装码头开港首航任务。大丰港汽车滚装码头包括一个7万吨滚装泊位，年商品车吞吐能力40万台。

（3）宁波—舟山港梅西汽车滚装码头于2016年8月正式启用，在这之前韩国EU-KOR海运、中甫航运、安盛船务等均在该码头做过内外贸小批量运输。

上述新增汽车滚装码头的建成和投产，将有利于GB 1589—2016行业新标准逐步实施过程中滚装航运企业在面临更多运输需求时可以更灵活地组织和提供航线差异化服务。

（三）当前国内整车滚装运力情况

2016年之前在中国沿海沿江主要有7家航运公司从事内贸滚装运输的，分别是：

（1）上海安盛汽车船务有限公司；

（2）深圳长航滚装物流有限公司；

（3）中海汽车船运输有限公司；

（4）中远航运汽车船运输有限公司；

（5）中甫（上海）航运有限公司；

（6）武汉长航滚装物流有限公司；

（7）民生物流有限公司。

在上述航运企业中，中甫航运、安盛船务提供沿江及沿海航线滚装运输服务；中远航运、中海汽船和深圳长航仅提供沿海航线滚装运输服务；武汉长航、民生物流仅提供沿江航线滚装运输服务。

2016年的8月，新增一家重庆华阳嘉川船务，提供沿江航线滚装运输服务。

目前，国内内贸滚装航运企业运营中的滚装海船共有28艘，总计约44000标准车位，国内南北线年综合运能约160万台。其中安盛船务有11艘实际综合载能在250车到1500车之间的沿海滚装船；深圳长航有12艘实际综合载能在600车到1300车之间的沿海滚装船；中远航运和中海汽车船各有一艘实际综合载能在2000车左右的沿海滚装船；中甫航运有1艘实际载能800车的沿海滚装船与1艘实际载能1500车的江海联运滚装船。

目前，国内内贸滚装航运企业运营中的滚装江船共有34艘，总计车位数约22500车位（基于给定标准4.8米×1.8米）；其中民生物流运营17艘江船，单船载车能力350车到1300车之间；武汉长航运营9艘江船，单船载车能力450车到800车之间；安盛船务运营7艘江船，单船载车能力250车到800车之间；另外2016年8月刚刚加入长江航线运营的华阳嘉川船务运营1艘800车江船。

（四）目前国内主要滚装服务航线

经过10多年的发展，国内沿海及沿江专业滚装运输已经形成覆盖整个沿海沿江经济发达省市主要港口的“T”字形航线布局。航线基本固定，包括南北航线和长江航线，主要挂靠港口包括天津、大连、烟台、大丰、上海、宁波、广州、海口、芜湖、武汉、重庆。目前，海运和江运在上海港海通码头可以做江海中转联运，存在一次装卸和换船操作。

大多数航线业已形成每周2~3班甚至更高频次的滚装班轮服务，但是有别于集箱班轮运输，滚装航线班期尚不能做到完全定班化营运；在目前的航线运营实践中，资源的不平衡性非常严重，特殊时期这往往会带来在同一航线上的两端运力短缺与舱位过剩同时发生的现象。

目前所有营运航线中，以“天津—广州—上海—天津”的丰田往返航线为最成熟，管理最完善，运力配置最充足的单一品牌航线。

二、2016年我国汽车滚装运输的发展趋势

（一）可用滚装运力和货源之间的变动关系

由工业和信息化部组织全国汽标委修订的强制性国家标准《汽车、挂车及汽车列车外廓尺寸、轴荷及质量限值》（GB 1589—2016）于2016年7月26日由质检总局、国家标准委正式批准发布。该标准规定了汽车、挂车及汽车列车的外廓尺寸及质量限值，适用于在道路上使用的所有车辆，是汽车行业最基本的技术标准之一。

GB 1589标准贯穿了车辆生产、销售、使用、管理全过程，与汽车制造、交通管理、道路设计、物流运输、工程机械、石油勘探开采等多个行业密切相关，涉及工信、公安、交通、质检等部门职责，同时也是多年来路政、交管等部门公路超载超限治理的基本技术依据。新标准的发布实施，将有力推动物流运输装备供给侧结构性改革，极大地支撑车辆运输车治理、货车非法改装整治和货车超载超限行为整治等专项行动，大大促进符合标准要求的新车型推广、拉动物流业生产消费，有效满足了特种作业车辆的研发生产和上路使用需求，必将在引导汽车和挂车的设计制造升级、加强道路交通安全管理、规范运输市场发展、提高道路运输效率、维护经济秩序等方面发挥重要作用。

客观地分析，目前滚装运力配置情况下，GB 1589—2016在9月21日后的正式实施，以及交通运输部、公安部对联合印发的《整治公路货车违法超限超载行为专项行动方案》落实执行，将不可避免地促使主机厂寻求公路运输部分替代方案，毫无疑问，整车滚装水运是其中之一的优质成熟选择。

以沿海滚装运力为例，目前整体28条营运船的平均船龄约为18年，其中50%以上船龄大于20年，35%及以上船龄30年或更大；其中7条船在未来1～3年将陆续退役，涉及约6000个标准车位；另外3条船将在未来5年内退役，涉及约2800个标准车位；考虑到中远与中海滚装板块的可预见合并，未来一年内主要4家内贸滚装船东：安盛船务、中甫航运、深圳长航、中远海滚装当前在建或合同购进过程中的新增运力数量为6艘海船，标准车位数约21500个。

短期1年左右来看，这部分运力陆续投入营运后，将会造成部分航线的运力过剩。

中期2～3年来看，随着部分船只的报废和退役，以及一些新增水运资源的引入，例如大丰港的东风起亚悦达，宁波港的吉利汽车，大连港的长安福特以及钦州港的上汽通用五菱和柳汽自主品牌等，伴随着新航线的开辟，运力的分散和重新布局会使得新增运力与代运资源之间达成一种基本的动态平衡。

远期3～5年后来看，随着GB 1589新标准的全面执行，陆运成本的显著上涨将会进一步驱动更多的沿海资源选择水路运输，这种情况下考虑到届时约9000标准车位的现有运力的退役，在没有进一步显著新船投入的情况下，新增的21500车位船只运力加上既有运力将不足以应对市场新增水运资源对运力的需求。

（二）市场对多元化滚装运输服务能力的需求

（1）10多年前，国内沿海滚装起步船型多为小型PCC（纯汽车滚装船），也就是除了商品车轿车以外，无法承运其他类型的商品车辆，例如大小类型的客车、卡车、工程机械等；直到5年前国内8条主流2000车沿海滚装船完全投入营运后，其主要服务对象还是商品车轿车，依然没有在多元化适货能力上做太多提升；直到最近，中甫航运与安盛船务新投资建造的2100车位和2000车位PCTC的陆续交付使用，使得国内沿海滚装船的多元化滚装服务能力有了实质性的提升，其中中甫航运的2100车PCTC在兼具高舱和重载的适货能力特性下，还具有海进江能力，可以驶达长江中下游主要滚装港口。

2016年是GB 1589新标准实施的第一年，也是内贸沿海滚装运力新增的大年，中远海引进两艘二手4300车位中型PCTC、深圳长航引入一艘4900车位中型PCTC、安盛船务新建一艘3800车位中型PCTC；这些运力的到位，将进一步提升沿海滚装的多元化运输服务能力，以后不仅仅商品车轿车，包括大型工程机械类特种车和商用车都将可以受益于这些新运力适货能力提升带来的好处；这也将进一步带动内外贸联运的运输量。

（2）长江新型江滚船的投入对长江航线营运效率提升的影响将会是显著的。现有三峡双向船闸的设计通过能力为1亿吨，普通船舶平均待闸时间近40小时，危险品船舶则超过 50 小时，下行船舶最长待闸时间达 340 小时。旅游船难以等候，多在宜昌转运乘客。三峡枢纽通过能力不足与日益增长的长江上下游水运量之间的矛盾愈加突出。基于此缓解这种矛盾为目的通航配套基础设施三峡升船机建成并将于 2016 年开始试通航。升船机通航模式下，商品车滚装船单航次的三峡大坝平均双向过坝耗时将从 3 ~4 天缩短到 3 ~4 个小时；这相当于在重庆—武汉航线间，每 2 ~3 个常规五级船闸过坝航次，通过升船机可以完成 3 ~4 个航次，对船舶营运效率的提升将达到 25% ~30%；2016 年，民生物流、中甫航运、安盛船务将陆续针对升船机船型下出总数超过 10 艘的新江船订单。在 GB 1589 新政下，这是对汽车物流的积极正向贡献。

江进海航线的开通是另一大趋势。需要重点提及长航滚装在舟山开展的兴海汽车滚装码头项目，该项目位于舟山定海本岛北部的马岙港区，岸线 490 米，将建成 7 万总吨滚装泊位及配套仓储，设计年通过能力为 60 万台商品车。长三角地区现有上海海通，上海南港，宁波梅西滚装码头，兴海滚装项目除了在地区进一步带来服务竞争与航线多元化选择之外，也提供了江进海船型和航线的新选择，这将对目前江海联运仅限于上海海通码头的中转模式造成一定程度的冲击。

（三）更好的“竞合”带来更好的服务保障

在当前商品车滚装水运营运大环境正在发生重大变化的特殊时期，在国家积极推进和倡导公铁水多式联运的大背景下，面对短中长期的各种挑战和机遇，尤其是中短期新旧滚装运力替换重叠的过程中，各航线往返资源存在较大不平衡的客观条件下，正确客观地处理好“竞争”与“合作”的动态关系，才能最大化自身的营运效率，也才能更好地满足客户的要求。

我们有理由期待更好的“竞合”带来更好的滚装水运服务保障。

（中甫（上海）航运有限公司　葛晓青）

第二节　我国汽车滚装码头发展情况

2015 年是“十二五”规划的收官年，回顾“十二五”规划期，国内汽车产销告别了前期的高速增长，进入了稳步增长阶段。其中乘用车的销量在 2015 年首次超过 2000 万辆，为 2114.63 万辆，同比增长 7.30%。尤其在新能源汽车的发展上有了突出的表现。2015 年全年新能源车销售 391900 辆，同比增长 139.12%。

“十二五”期间，国内经济进入中高速增长的新常态，长期以投资、出口拉动的经济将逐步转向以消费拉动的经济增长新模式。受此影响，2015 年年初车市的春寒到来之后，汽车业销量并未好转，出现了罕见的持续长达五个月的销量同比下滑。综合 2015 年全年的销量来看，国内汽车销量为 2459.76 万辆，同比累计增长 4.68%；而同期汽车外贸进出口总量为 106.73 万辆与 75 万辆，分别同比下降 24.84% 与 20%。可以预见，中国车市已经结束持续高增长态势，区别于过去的速度快、扩张式、粗放式的发展格局，中国车市将会步入专业化、集约化、细分化发展的新阶段。

在此背景下，中国滚装码头企业在 2015 年也结束了十多年装卸业务量稳步增长的态势，受汽车产业调整的影响，全年装卸作业总量只达到 470 万辆，同比下降 3.39%。同时随着新建口岸的投产，过剩产能问题开始显现，行业发展形势面临新的挑战。

一、滚装码头产业布局

我国汽车滚装码头发展初期，整车进口口岸中沿海进口口岸为大连港、天津港、上海港和广州港，陆路进口口岸有新疆阿拉山口、满洲里和深圳皇岗。其中四大沿海口岸的进口量和码头装卸量都占据行业九成以上的份额。2009 年开始，国家逐步放开对进口口岸的限制，相继批复了钦州港、福州港、青岛港、张家港、宁波港、海口港、北京（空港）等一批整车进口口岸。“十二五”时期，国家加大了对轿运车超长、超高、超宽的公路运输的整治力度，新的公路运输标准 GB 1589 在积极编制和征询意见中。国家政策的调整有力推动沿海滚装业务和滚装码头的发展，同期沿江滚装业务也有了长足的发展。随着滚装市场业务需求的不断增长，多地政府和企业都加大了滚装码头的投入，纷纷投资建设滚装码头，沿海沿江滚装码头的数量也快速增长。目前，国内专业汽车进出口口岸达到 21 个（如图 10－2 所示），其中传统沿海四大口岸仍占据行业主导地位。除进口口岸开展的滚装业务外，沿海以烟台、连云港为代表的非进口口岸，外贸出口滚装业务都有比较好的发展。沿江以武汉、南京、芜湖为代表的非进口口岸，依托腹地整车厂资源，内贸进出口滚装业务发展势头良好。

目前，我国滚装码头布局初步成形，呈现沿海沿江进出口岸滚装码头为主，其他内陆进口口岸为辅的格局。近年来，随着滚装码头资源配置规模扩大，行业竞争形势加剧。但同时行业仍存在着发展不均衡的态势，内陆沿江口岸发展仍较为薄弱。

图 10－2　全国汽车整车进口口岸

二、2015 年我国滚装码头发展情况分析

（一）滚装行业发展规模

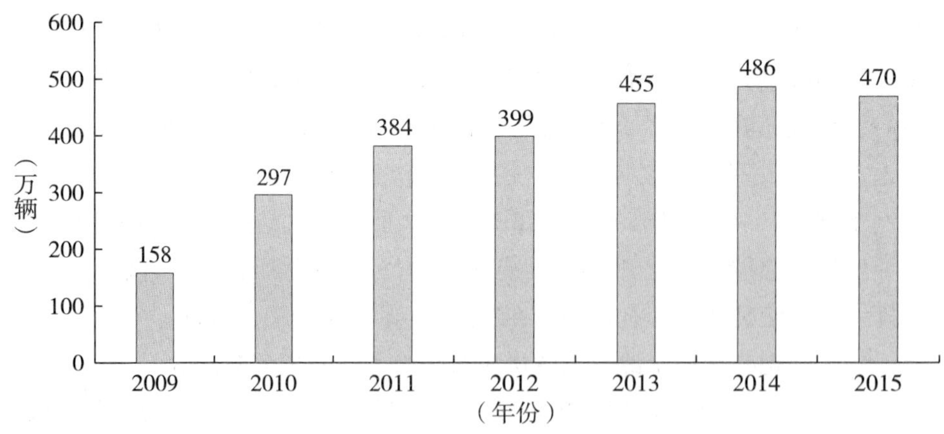

图 10－3　全国滚装码头总吞吐量

据中国港口协会滚装分会不完全统计（如图 10－3 所示），2015 年全国滚装码头总吞吐量完成 470 万辆，是 2009 年的全年吞吐量的近三倍。考虑到 2010 年我国经济和汽车销量双双逆势增长，同年超越美国成为全球第一汽车消费市场并保持至今的情况，2015 年作为“十二五”规划的收官年，全国滚装码头的吞吐量比“十一五”期末增长

了58%，可以说“十二五”期间全国滚装码头总吞吐量有了长足的发展。2015年滚装行业发展规模呈现出如下特点。

（1）重庆、武汉、烟台等新兴口岸的滚装业务量发展良好，而传统四大滚装口岸大连、天津、上海、广州均不同程度的业务下滑，四大口岸吞吐量合计行业同比下降了10%以上。

（2）汽车产业格局有所调整，受益于整车厂商向中西部等内陆地区转移，滚装内贸水运比例逐步提高，增长态势良好，2015年内贸滚装吞吐量增速达到10%。

（3）长江中上游滚装码头业务量发展迅猛，其中重庆口岸内贸业务量增速超过40%；而武汉内贸进出口共完成42万辆，同比增长54.5%，成为2015年内贸口岸吞吐量增长幅度最大的口岸。

（二）进出口市场分析

1. 进出口环境分析

2015年，中国汽车相关产品的进出口合计贸易额同比减少14%降至1609.5亿美元。于2009年全球金融危机爆发导致的出口急剧下滑后，时隔6年再次出现负增长。汽车进口额方面，由于受到我国汽车市场增速放缓以及高端车的国产化影响，进口额同比减少25%降至452.8亿美元。出口额方面，由于主要出口地区——俄罗斯、乌克兰的政局动荡，阿尔及利亚对进口车的限制等，出口额同比减少8.9%降至177.6亿美元。

2015年，中国汽车进出口规模（进口量+出口量）同比减少22%降至186万辆，规模自2012年以来首次跌破200万辆。其中进口量同比减少23%降至110万辆，出口量同比减少20%降至76万辆。进口规模连续7年超过出口。

汽车进口方面，乘用车同比减少22%降至82.6万辆，出现大幅度下滑。其中，不断发展的SUV市场也减少19.9%。究其原因，在于国内汽车市场整体的增速放缓所映射的高端车消费需求低迷，英菲尼迪、奇瑞、捷豹、路虎、通用和凯迪拉克等品牌在华本土生产增加。虽然自2015年以后，上海市、天津市、广州市、福建省的四个自由贸易试验区相继发布平行进口车的法规。可以以比通常进口车售价低一到两成的价格销售进口车辆，但由于面临着销售网不足及售后服务不完善等问题，对进口车市场的促动目前还有限，进口规模难以大幅度增长。

汽车出口方面，商用车同比减少27%降至39.7万辆，下滑比较明显。同期乘用车方面，出口量同比减少10.9%降至36.3万辆。汽车出口数量下降主要有以下几个原因。一是汇率因素，一方面，我国汽车出口主要市场为新兴和资源依赖型国家，受国际油价、大宗商品价格下跌等因素影响，当地经济走弱，货币贬值，需求下降；另一方面，日、韩等汽车出口国货币分别较人民币贬值18%和8%，其产品价格竞争优势明显提高。而由于石油等大宗商品价格下行，导致我国汽车出口主要国家如巴西、俄罗斯等经济下行，这些国家为了保护本国汽车产业，也在利用关税等贸易壁垒阻碍我国整车出口。二是受地缘政局动荡影响，我国对阿尔及利亚和伊拉克2015年全年累计出口整车分别下降63%和5%。三是贸易限制措施频发加大出口难度，厄瓜多尔实行进口配额限制，而尼日利亚则提高整车进口关税，导致我国对其出口分别下降68%和37%。四是汽车企业海外投资建厂步伐加快，实现本地化生产，部分整车出口转变为零部件出口。近年来，我国的整车出口显现出向发达国家出口的趋势，中国产的“沃尔沃”“别克”“雪佛兰”等外销欧美越来越多，对我国汽车出口形势恢复有所助力。将来随着国内市场竞争加剧，产能过剩危机加重，企业对外扩展的意愿会更加迫切，中国汽车出口再超100万辆应该可以看得到。

2. **滚装进出口市场分析**

2011—2015年，全国汽车进出口滚装化率，如图10－4所示。

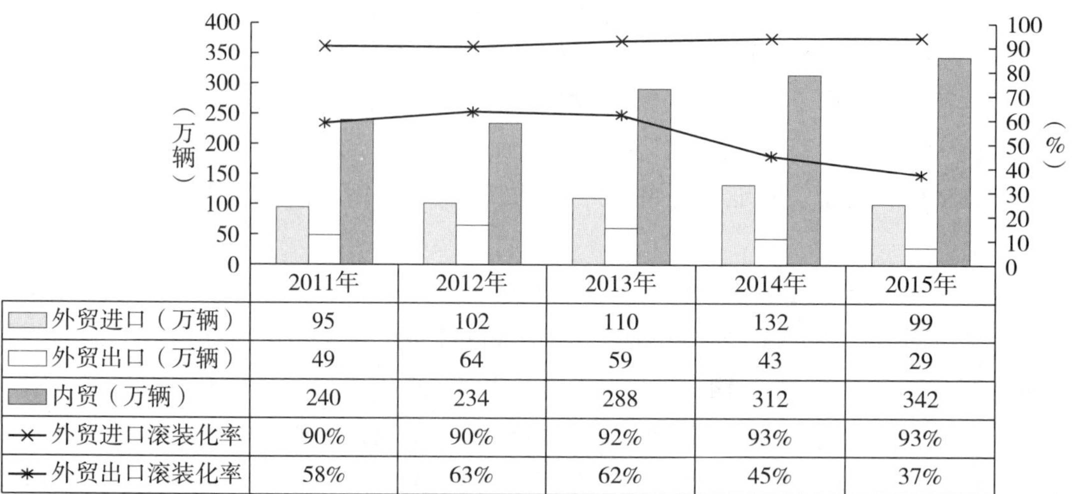

	2011年	2012年	2013年	2014年	2015年
外贸进口（万辆）	95	102	110	132	99
外贸出口（万辆）	49	64	59	43	29
内贸（万辆）	240	234	288	312	342
外贸进口滚装化率	90%	90%	92%	93%	93%
外贸出口滚装化率	58%	63%	62%	45%	37%

图10－4　全国汽车进出口滚装化率

2015年滚装进出口市场在我国汽车进出口规模双降的背景下，体现出如下特点：

（1）全国外贸进口滚装吞吐量急速下滑，同比下降25%，降至99万辆。但外贸进口的滚装化率仍然保持与上年持平，达到93%。体现了我国外贸进口车以乘用车和客车为主的格局，其中这两类货物占比分别达到75%和24%。可以说我国外贸进口滚装化率提升空间不大。提高外贸进口滚装吞吐量基本要从外贸进口总量着手。

（2）全国外贸出口滚装吞吐量也有较明显的下降，全年完成29万辆，同比下降32.6%，幅度超过外贸进口。相对应地，外贸出口滚装化率创五年来新低，为37%。

究其原因，主要是长城、力帆、奇瑞等车企加大了海外投资建厂的力度。2015 年汽车来料加工装配贸易出口形式同比增长 48.27%，导致外贸出口滚装化率大幅下降。

（3）内贸进出口市场保持了良好的发展势头，2015 年的增幅接近 10%。有益补充了外贸进出口市场的不足，使全国的滚装吞吐量没有出现急速下滑的局面。可以看到五年间内贸业务年均复合增长率为 7.34%；随着国家长江黄金水道战略的启动，同时各整车厂商的战略中心向内陆转移，未来内贸滚装市场将迎来利好，内贸市场开发潜力极为可观。

3. 滚装行业发展结构性变化

2015 年，随着汽车销量增速的进一步放缓，滚装码头业务结构有明显的变化，从增速方面看，如表 10－1 所示。

表 10－1　　我国进出口增速情况

类别	2014 年	2015 年
外贸进口（%）	20.66	－25.18
外贸出口（%）	－20.60	－34.09
内贸进口（%）	11.07	19.05
内贸出口（%）	19.78	1.95

可见受全球经济增速放缓与国内汽车消费低迷影响，我国汽车外贸进口出现由增转跌局面，下跌幅度超预期；而全球经济的低迷、地区政局的动荡与贸易国的政策保护，使我国汽车外贸出口连续两年出现大幅下滑；同时随着整车厂商制造重心与销售重心向内陆地区转移，沿江水运配套条件逐步改善，内贸成为行业发展新热点。其中内贸进口连续两年保持较好的增长，2015 年内贸进口增幅不明显。

从业务结构占比来看，2015 年的调整更趋显著。与 2014 年外贸进口、外贸出口和内贸进出口占比分别为 27%、9% 和 64% 相比，2015 年外贸进口的占比下降为 21%，下降了 6 个百分点；同期外贸出口的占比下降了 3 个百分点，为 6%。相应的内贸进出口占比上升到了 73%，成长为行业业务发展的主要支撑力量。

4. 行业发展面临的问题

2015 年，滚装码头行业的发展与前几年相比，面临较多的问题。需要全行业共同努力，攻坚克难，以保持住行业较好的发展势头。政策方面，平行进口政策落地对现有汽车进口渠道造成冲击，可能因为批量小的关系，平行进口汽车商更多地采用非滚装运输的方式进口汽车；市场环境方面，由于国内汽车消费市场进入“高基数、低增长”的新常态，外贸进口市场发展阻力加大，增长势头回落。外贸出口继续在低位徘徊，近几年难有起色。行业内部则出现同质化竞争严重，价格竞争进一步加剧，有产业空心化的趋势；同时受国内汽车保有增量与出口市场持续低迷的因素影响，传统汽车物流业务增速受阻，业务形态单一问题凸显；行业标准化、技术创新与管理效率等问题突出，制约行业发展；新能源汽车市场发展，对行业服务能力提出新要求。

三、2016 年我国滚装码头行业发展趋势分析

1. 行业发展环境分析

2016 年上半年我国汽车销量 1282 万辆，同比增长 8.14%；进入下半年，车企纷纷为全年销量冲刺，大量新车型将密集投放市场。经统计，今年下半年主流车企预计将有 20 款轿车、19 款 SUV 以及 3 款 MPV 产品投放市场。此外，受政策影响，部分打算明年年初购置小排量车的消费者将提前实施购车计划，故由此推断，下半年的销量增速将大于上半年，全年预计能够达到 10% 左右的增长。

2016 年上半年，全国外贸进口汽车 47.4 万辆，同比下降 10.87%，全国外贸出口汽车 34.6 万辆（未包括带驾驶室的车身），同比下降 13.13%。继续呈现“双降”的局面。

2. GB 1589 新标准的实施对行业的影响

可以肯定新标准的实施对滚装行业中长期发展有积极正面的影响，会加速整车企业采用水运模式的进程。2016 年以来，一汽大众、一汽长春、东风日产、北汽、悦达起亚和吉利等车企都纷纷涉足水运或增加水运的运量。虽然短时间内因为终端消费点的布局，公路方式仍具有不可替代性。此外，滚装船队的运输规模、滚装码头泊位及库场能力和公路集疏运能力等因素，造成 2016 年内对水运增长的预期可能不如想象的乐观。加之近几年我国整车铁路运输方式有长足的发展，继 2015 年全年完成 140 万台商品车运输量，2016 年预计增加到 190 万台的铁路运输量。有效缓解因公路运输治超给整车企业带来的压力。同时，滚装船公司积极安排新增运力和新开航线，以及增加码头挂靠来扩大市场空间。据了解 2016 年年底前沿海将新增 5 艘滚装船，新增运能 40 万辆。目前，新船陆续下水并投入部分新航线的运营。长江运力有新的水路运输商华阳嘉川的加入，将在未来增加滚装船 6 条，已在建造 2 条，预计 2017 年 10 月竣工，11 月投入使用，其余船只将在 2019 年年底前陆续投入运营。与此相适应，滚装码头行业更加要积极做好准备，迎接整车水运方式增长的机会和挑战。

3. 行业规模扩大，业务结构持续调整

2016 年，滚装码头总吞吐量预计将突破 500 万辆，增量主要来自内贸吞吐量。受外贸进出口总体不振的影响，预计其中滚装外贸进口吞吐量 2016 年将略低于去年，降幅在 7% ~9% 的水平，比 2015 年降幅收窄；滚装外贸出口吞吐量的降幅较前两年有所

收敛，将下降15%～18%；同期内贸进出口吞吐量继续增长，全年增长率可达到9%～10%的水平。

2016年，滚装业务结构持续调整，因滚装外贸进出口业务持续低迷，内贸进出口业务的占比可能要超过75%的水平，成为滚装码头业务的主要货种，同时对传统外贸进口口岸的生产和经营造成一定的压力。

4. 行业发展特征

2016年，滚装码头行业的发展在汽车物流这个大背景下呈现出新的特征：

（1）随着行业发展的专业化、综合化水平的提高、物流基础设施网络建设的推进，公路、水运与铁路共享物流资源，有利于物流企业优化组织模式，更好地服务于整车企业。

（2）水运物流市场逐步受到重视，对管道物流概念接受度进一步提高，低物流成本优势将受市场青睐，有利于扩大市场空间。

（3）行业服务范围逐步扩大，从乘用车、商用车范围向工程机械、专用车、重大件货类范围拓展。

（4）汽车物流行业专业化趋势明显，逐步向产业链上下游延伸，业务范围覆盖面进一步拓宽。

滚装码头作为汽车物流供应链的重要环节，只有不断适应大行业变化的情况，做好应对的策略，才能保持行业良性发展。

（上海海通国际汽车码头/物流有限公司）

第十一章　我国汽车后市场物流发展情况

第一节　我国整车后市场物流发展趋势及应对

一、整车后市场物流主要客户群体分析

以当前的整车后市场物流业务领域而言，客户群体主要涵盖了私人客户、二手车经销商、二手车电商平台、新车电商平台以及部分定制化汽车客户等。以下着重分类分析一下几类最为主要的客户群体特点。

（一）互联网电商平台新车交易所产生的车辆运输需求

随着“互联网+”的时代潮流越发明朗化，不仅大型电商的触角延伸到了汽车销售领域，而且各大汽车集团纷纷尝鲜线上销售模式。

京东卖汽车或者天猫卖汽车，这些在汽车电商模式里属于“平台化汽车电商”，这一类的其他代表有国美电器、苏宁易购、易迅网等，此类属于已经构建了电商平台的公司。其余两类分别为“垂直类汽车电商”和“自建类汽车电商”。垂直类汽车电商是指要买车、汽车之家、易车网、搜狐汽车等大型汽车垂直网站利用影响力组建的汽车电商平台。自建类汽车电商目前比较出名的为上海汽车全力打造的“车享网”。

2015年3月，由上汽集团打造的O2O（线上线下）电子商务平台——“车享网”正式上线。它将依托上汽集团旗下各大品牌及数千家经销商，为客户提供一站式解决方案，提供车辆销售及售后服务。这也意味着汽车电商大战已进入一个新的时代。至此，大部分车企如吉利、江淮、上汽、奔驰、奥迪等都已“触电”，还没有来得及触电的车企也积极在电商渠道上布局。

汽车电商要想获得真正的长足发展，一定程度上可以借鉴国产手机厂商的模式。近年来国产手机厂商崛起十分迅速，电商平台打造得也比较成功，国内汽车电商可以

一边模仿一边创新，直到未来保时捷也会授权使用其平台，宝马授权使用其发动机，奥迪授权使用 MMI（奥迪多媒体交互系统），相信那时候汽车电商才会真正地配上这个名字。

（二）二手车经销商的车辆运输需求

近年来，新车市场由高速增长转为低速、微速增长；二手车市场规模持续扩大，市场活跃度逐渐增强；汽车销售市场由一线、二线城市向三线、四线城市及农村地区扩张；汽车后市场及新型服务方式成为了汽车市场新的增长点。汽车市场环境将更倾斜于二手车，新车市场供过于求的基本态势将延续，大力发展二手车业务将成为汽车领域的普遍共识，包括国内外资本、服务等在内的二手车生态链的构筑将进一步强化。

二手车市场将保持较快增长，增幅领跑新车的格局将会延续，以满足消费者需求为核心的“TOC”模式将成为 2016 年行业追逐的核心热点，二手车交易规模将站稳 1000 万辆整数关口，保守估计全年交易规模达到 1100 万～1200 万辆，增长幅度有望接近 2 位数。

2015 年 1—9 月全国二手车交易情况区域分布：华东区占比最大，为 32.11%，其次为中南区 20.29%，华北区 19.40%，西南地区 15.60%，东北地区 7.60%，西北区 5.00%；东部经济发达地区的华东、华北区共占总交易量的 51.51%。

2015 年 1—9 月全国二手车车型分析：基本型乘用车仍为主要流通车型，占比为 59.66%，其次为客车 13.05%，货车 11.62%，SUV4.81%，MPV3.70%；其中，相比 2014 年，基本型乘用车、SUV、交叉型乘用车、挂车占全部交易的比例均有所增加，客车、货车、MPV、摩托车、其他车、低速载货车比例均有所下降。

二手车流通电商化为二手车商打通内部车源流转渠道，提高二手车流转效率；为二手车消费者解决了信息不对称、二手车价格不透明、二手车无售后等问题。经销商集团与电商集团跨界合作、资本市场对二手车行业的持续关注共同开启了二手车行业的第三次浪潮。这次浪潮会使二手车经营继续向规模化、高端化发展，并将造成二手车行业格局的调整和转变。

（三）车辆租赁运营企业的车辆运输需求

政府的一系列相关政策刺激了汽车产业链的重构，无论是汽车销售厂商还是二手车销售商，都开始向汽车租赁聚焦。到 2020 年，我国租车行业的市场规模将达到 3800 亿元，租赁车辆将达到 40 万辆。汽车租赁行业是社会发展的需要，缓解了交通出行的压力，给人们带来更多的选乘出行工具，汽车租赁的前景非常广阔。在一些西方发达国家，经销商并不局限于新车销售业务，汽车租赁也是经销商汽车营销中非常重要的一部分。据中汽协统计数据显示2015年中国汽车市场销量超过2400万台，同时汽车租赁市场对于汽车的需求超过50万辆，汽车市场前景被普遍看好。尤其是汽车租赁行业近几年呈现出爆发式增长。

前瞻产业研究院发布的《2014—2018年中国汽车租赁行业发展与企业竞争力提升策略分析报告》研究显示：2005—2012年，我国汽车租赁市场年复合增长率为25.13%。2012年，汽车租赁市场规模约240亿元，同比增长率为9.09%。2013年，我国汽车租赁市场规模约为285亿元。

在市场需求方面，我国汽车租赁行业的潜在需求已经从2005年的7000万人扩大到2013年的1.55亿人。目前，我国的汽车租赁行业仍处于起步阶段，培育良好的消费环境非常重要。近几年，在风险投资的热捧下，国内大型租赁公司加快了跑马圈地的速度。预计到2015年，我国汽车租赁行业的收入将接近400亿元。

（四）社会零散个人客户的车辆运输需求

随着近几年旅游业的发展，国内旅游市场一年比一年火热，相比传统的旅游参团方式，自驾游个性化、自由化和私有化，以及其舒适灵活、选择程度高的特点，使参与和体验的自驾游爱好者们更青睐和喜欢上这样的旅游方式。特别是异地远程自驾游方面，随着西藏游、新疆游、云南游、内蒙游、川西游、海南游的兴起，以及私家车的大量普及，自驾游的强目的地特征正不断提高自驾游爱好者们出游的兴致。异地远程自驾游除前几年兴起的飞机加当地租车的方式以外，传统的驾乘自己的车辆远行旅游的方式，但其路途遥远、会耗费大量时间精力的特点影响了自驾游爱好人士的旅游的热情，而且路上还有遇上堵车、路况不佳、恶劣的天气影响驾驶等各种不测情况。自从铁路部门始发自驾游托运专列以后，驾乘自己车辆去远行出游的可能性和选择性大大提高。

与此相关的是汽车俱乐部、驴友俱乐部、旅游网站、旅行社等平台对车辆运输的强大需求，这类需求相较前几类而言，要零散得多，但是从发展趋势而言却是势头强劲，不容忽视。此外，还有部分因异地搬迁产生车辆运输需求的车主，也可划归到这一大类之下。

综上所述，我国汽车后市场整车物流需求的整体趋势是随着人们的多样化用车需求而不断增强，且势头强劲。而发展方向则是与互联网生态相互促进，同时与旧车交易、车辆租赁等新兴产业同步发展。

二、长安民生物流“e运车”项目应对措施

长安民生物流公司作为全国领先的专业汽车物流公司，为进一步开拓创新业务，

公司开始面向社会市场，针对二手车、自驾车、租车、展车等社会运输需求，打造一个公共的汽车运输交易服务平台，依托公司强大的物流网络和资源整合能力，为社会客户提供个性化的、便捷的汽车门到门物流服务。客户能够通过该平台实现在线下单、支付、在途信息查询、评价等功能。

（一）“e 运车”项目主要经营情况

平台 PC 端于 2015 年 8 月上线，App Ver 1.0 于 2016 年 7 月 25 日上线。对散单及批量订单均满足发布需求、报价、付款、托运跟踪、订单完成评价等功能，并持续迭代优化。

与多家知名 B 端大客户稳定合作，获得其大量货源；另有 C 端业务逐渐铺开，项目成长性良好。除长安民生分布全国的体系运力外，对干线及“最前/后一公里”建立社会运力池，发挥内外良性协同作用。

（二）“e 运车”的主要目标客户群体

1. 自驾游车辆的运输业务

此类客户主要分为个人自驾车辆和自驾游俱乐部。个人自驾车辆：个人长途自驾，不想走回头路或者时间不够，或者临时需求；自驾俱乐部：在个人自驾车辆的基础上，俱乐部可以针对我们的服务提供特色自驾活动，如包整板往返、单面运输等。

“e 运车”项目通过与西南地区俱乐部建立渠道，开通西藏、云南、西北等方向产品，并在华北、东北、华东、东南、华南等区域寻找当地自驾客源、增加回货。

2. 二手车公司的全国运输业务

二手车运输业务的定位是“e 运车”的主力业务类型，主要分为：长期合作伙伴（大型二手车交易主体）、个人委托业务、集体（单位）委托业务；已承接优信拍等全国性 B 端平台稳定业务。

3. 大中型租车公司的全国运输业务

租赁车辆运输业务的定位是辅助业务，适当补充配板、提高项目体量。结合我们自身的特点和需求，与全国性租车公司在租赁车辆跨区域调配等汽车后市场开展合作，主要线路覆盖国内一线、二线城市及省会城市。

2016 年，长安民生将以“e 运车”整车电商平台为切入口，积极尝试运力社会化、业务社会化进程，下半年对市场营销推广、平台个性化功能完善，及底层服务能力方面重点攻破，并调动、引入分支机构力量，全国一盘棋、树立行业品牌形象。

（重庆长安民生物流股份有限公司　梅篮予）

第二节　我国售后服务备件物流发展现状及趋势

一、我国售后服务备件物流市场潜力巨大

汽车后市场是从汽车销售以后，围绕汽车使用过程中的各种服务，汽车售后服务备件是后市场服务中的重要环节之一，也是汽车物流服务的重点环节。从全球情况看，汽车制造和维修用零部件所占比例大体上为80%和20%。截至2015年年底，我国机动车保有量达2.79亿辆，其中汽车1.72亿辆，创历年新高。如此庞大的汽车量，需要的售后备件数量是巨大的，若每辆汽车一年中需要替换一个备件，那全年的售后备件量就可达到上亿件，甚至更多，这对汽车售后备件物流的发展来说是机遇也是挑战，并且每年汽车销量不断增加，保有量也随之不断增长，汽车售后备件物流具有更广阔的发展潜力。

相对于国外发达国家相比，我国汽车后市场的利润还处于快速增长区，而欧美国家已经处于稳定期了，未来当汽车市场保有量达到稳定饱和后，后市场的竞争将会是汽车领域大家关注的重点，也是未来汽车及相关领域的重要赢利点。如图11－1所示。

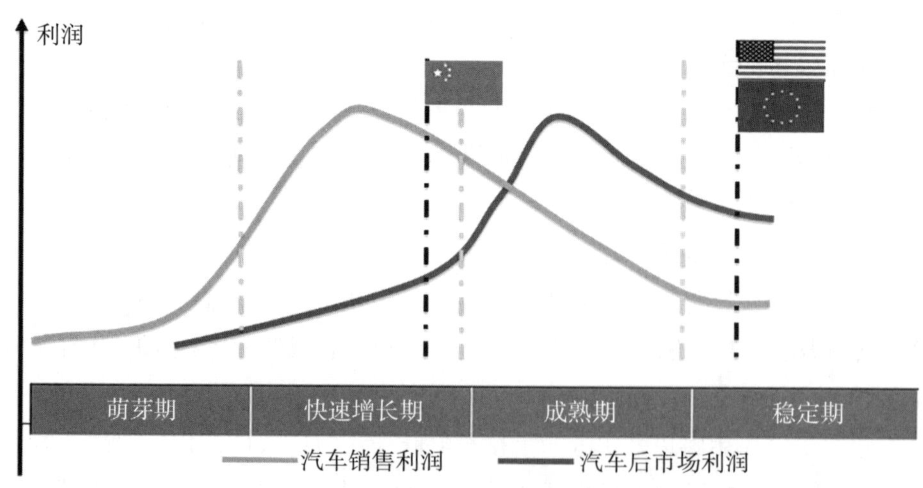

图11－1　中外汽车市场发展阶段的对比

图片来源：中国汽车工业协会。

二、汽车备件利好政策推动售后服务备件物流发展

2014 年，交通运输部、国家发改委等十个部委联合发布了《关于促进汽车维修业转型升级 提升服务质量的指导意见》，明确指出："鼓励原厂配件生产企业向汽车售后市场提供原厂配件和具有自主商标的独立售后配件；允许授权配件经销企业、授权维修企业向非授权维修企业或终端用户转售原厂配件，保障所有维修企业、车主享有使用同质配件维修汽车的权利。"商务部修订了《汽车销售管理办法》并面向社会征求意见，提到："供应商不得限制配件生产商的销售对象，有关知识产权法律法规另有规定的除外；不得限制经销商、售后服务商转售配件。供应商应当及时向社会公布停产或者停止销售的车型，并保证其后至少 10 年的配件供应以及相应的售后服务。经销商、售后服务商销售或者提供配件应当如实标明原厂配件、非原厂配件、再制造件、修复件等，明示生产商（进口产品为进口商）、生产日期、适配车型等信息。向消费者销售或者提供原厂配件以外的其他配件时，应当予以提醒和说明。"

三、新型汽车售后服务备件模式多样化发展

1. 德国的货运村（Freight Village）

德国的货运村具有组织化、集约化的特点，主要体现在一个城市或经济区域只设立一家综合性的物流园区，集聚效应明显；园区内部和园区之间的物流作业呈现出高度的组织化和协同化，使物流集聚的优势直接转化为物流成本的降低和碳排放的减少；园区内多企业实现协同配送。

2. 美国的备件超市（AutoZone）

美国的备件超市是以品牌为纽带的连锁经营体系，以 AutoZone 为代表的 3 家企业占美国汽配销售市场的 70%，成为后市场主流；多个汽车品牌备件在 AutoZone 协同仓储、销售与配送，真正实现备件超市模式，使仓储成本与配送成本得到优化。

国外货运与物流的发展快速，有很多经验值得我国借鉴。近年来，我国汽车售后服务备件的发展迅速，在"互联网+"、信息技术、电子商务蓬勃发展的大环境下，我国汽车售后服务备件也通过与其他领域的融合，走出了新的模式，建立云仓，通过全国网络布局，打造快递模式的配送，优化售后服务体系。

第十二章　我国汽车物流国际市场发展情况

第一节　我国汽车出口物流发展情况分析

一、我国汽车出口发展情况

（一）我国汽车出口量

汽车工业是产业关联度强、全球化程度高的产业；具有较高比例的国外市场份额是汽车强国的重要标志之一。2014 年，美国出口汽车 223 万辆，德国出口 467 万辆，英国出口 125 万辆，意大利出口 44 万辆，日本出口 447 万辆，韩国出口 306 万辆，中国出口 91 万辆，印度出口 71 万辆，巴西出口 36 万辆，从出口规模来看，发达国家远远超过新兴国家。

随着我国汽车销量增速的放缓，国内汽车市场竞争日趋激烈。国内自主品牌汽车厂商纷纷把目光投向海外市场，开始积极扩大出口规模。2012 年，中国汽车出口创历史新高，达到 105.6 万辆，但之后受外需不振、价格竞争优势减弱等因素影响，汽车出口连续三年下滑。2015 年，出口量滑落至 72.8 万辆，下滑幅度达到 20%（如图 12－1 所示）。

（二）我国汽车出口特点

1. 出口量占全国产销量比重较小

2015 年，中国汽车出口 72.8 万辆，仅占当年全国汽车销量的 3% 左右；出口量最高的 2012 年，也仅占当年全国汽车销量的 5.4% 左右。与德国、美国、日本、韩国等汽车产业强国具有较高比例的汽车出口规模相比，中国汽车产业在海外市场的发展仍然任重而道远。

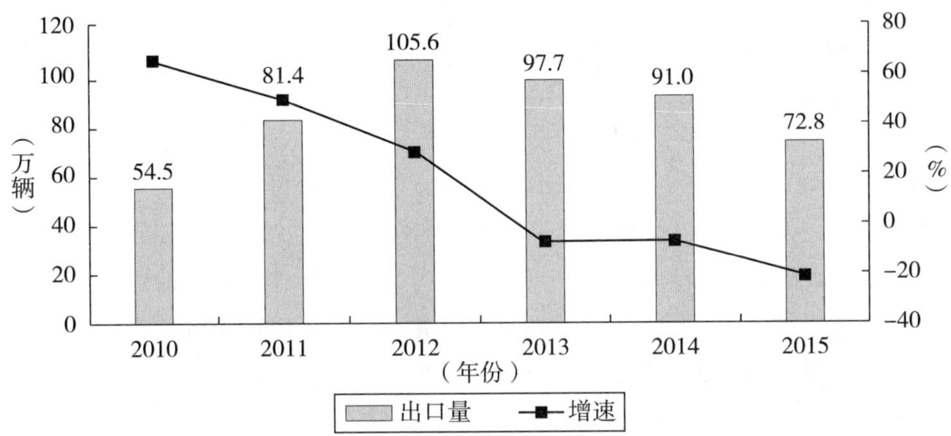

图 12－1　2010—2015 年我国汽车出口数量情况

数据来源：中国汽车工业协会。

2. 乘用车出口所占比重逐步扩大

中国汽车踏入海外市场的初期，无论从数量上还是销售额上，商用车都是出口的主力，但随着中国汽车工业的快速发展，乘用车在汽车出口数量中所占的比重逐步扩大，目前已达到60%左右（如图 12－2 所示）。

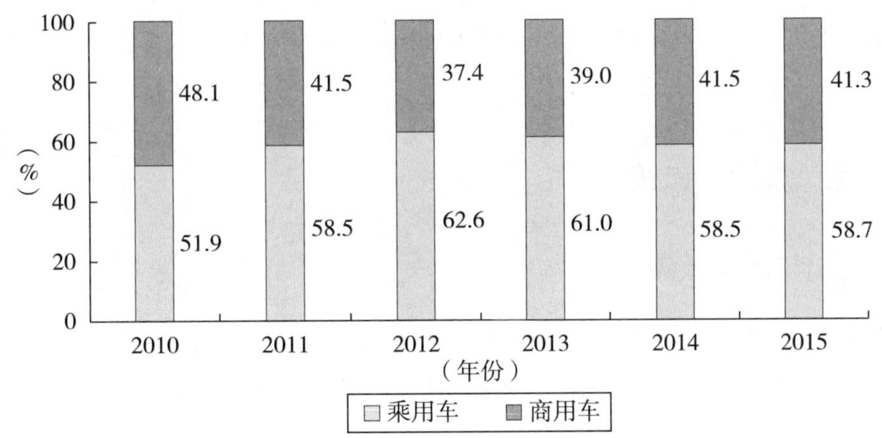

图 12－2　2010—2015 年我国汽车出口的乘商比例

数据来源：中国汽车工业协会。

2015 年，乘用车出口中，轿车 23.7 万辆，SUV12.6 万辆，交叉乘用车 5.6 万辆，MPV 0.8 万辆；商用车出口中，货车 19.2 万辆，客车 6.9 万辆，半挂牵引车 2.2 万辆，其他非完整车辆 1.8 万辆。

3. 出口市场以新兴国家为主

受市场准入门槛、产品品质、营销服务水平等因素限制，我国目前汽车出口的主要市场仍然是新兴国家。2015 年，我国汽车出口市场的前十位国家分别是伊朗、越南、委内瑞拉、智利、埃及、阿尔及利亚、哥伦比亚、秘鲁、沙特、孟加拉，占到了中国汽车出口总量的 58.3%。

4. 出口方式正处于转型升级阶段

我国汽车出口正在由整车出口向 KD 组装、投资建厂等方式转变，由简单的产品贸易向技术、管理、资本和文化综合输出转变。由于越来越多的国家出台相关税费限制政策，要求汽车制造商在当地建立 KD 组装工厂，且要逐步达到规定的地产化比例。中国品牌汽车企业海外 KD 工厂的数量迅速增加，并在部分战略市场开始投资建厂，逐步建立了自主掌控的营销服务网络。

5. 出口企业数量多，平均出口量低

2015 年，出口量排名前十位的企业依次为：奇瑞、华晨、上汽、北汽、力帆、江淮、东风、吉利、重汽、长安，分别出口 8.7 万辆、8.2 万辆、8 万辆、7.9 万辆、6.1 万辆、6 万辆、4.9 万辆、2.8 万辆、2.8 万辆、2.5 万辆，占到了中国汽车出口的 79.5%。

同时，2015 年，经营汽车出口的汽车生产厂家、改装厂、进出口贸易公司数量超过 1200 家，其中出口量 100 台以下的超过 1000 家，而汽车出口不是简单的“一卖了之”，还需要提供售后服务保障，而完善的备件供应及售后服务，是一些小型进出口贸易公司无法提供的，未来中国汽车出口质的突破、品牌形象的打造，仍然需要依靠国内产销排名靠前的大型自主汽车生产厂商。

二、我国出口政策

（一）出口支持政策

国家对于汽车出口持鼓励支持态度，同时也注重适当调控，希望推动中国车企在海外实现健康良性发展，加快走出去步伐，从而提升整体品牌形象。

为了规范汽车、摩托车出口秩序，2012 年 9 月 17 日，商务部等五个部门发布了《关于进一步规范汽车和摩托车产品出口秩序的通知》，通知要求对生产企业实行出口资质管理，对出口经营企业实行生产企业授权经营管理，并对生产企业授权实行分类管理。目前，每年下半年，商务部都会开展下一年度汽车、摩托车出口资质的申报工作。

2015 年 5 月 16 日，国务院印发《关于推进国际产能和装备制造合作的指导意见》，对汽车行业等“走出去”提出了具体指导。于汽车行业而言，主要任务要求是：通过境外设厂等方式，加快自主品牌汽车走向国际市场。积极开拓发展中国家汽车市场，推动国产大型客车、载重汽车、小型客车、轻型客车出口。在市场潜力大、产业配套强的国家设立汽车生产厂和组装厂，建立当地分销网络和维修维护中心，带动自主品牌汽车整车及零部件出口，提升品牌影响力。鼓励汽车企业在欧美发达国家设立汽车技术和工程研发中心，同国外技术实力强的企业开展合作，提高自主品牌汽车的研发和制造技术水平。意见的出台，说明了国家鼓励汽车产业走出去，要求加强对外合作，提升技术、质量和服务水平，增强产业核心竞争力的明确要求。

同时，国家还在出口通关、信保、税收、外汇管理等多个方面和环节，出台外贸促进和支持政策，减少汽车出口环节手续及收费，鼓励汽车企业扩大出口规模。

（二）出口物流政策

为贯彻落实《物流业发展中长期规划（2014—2020 年）》（国发〔2014〕42 号），国家会同多个单位编制了《物流标准化中长期发展规划（2015—2020 年）》。

物流业是融合运输、仓储、货代、信息等产业的复合型服务业，是支撑国民经济发展的基础性、战略性产业。标准化是保障物流运作安全便利、高效畅通的重要手段，对于提高物流服务水平、降低物流成本、促进我国物流业健康发展、增强国际竞争力具有重要作用。

主要任务是积极推动国际物流发展。目前物流领域国际标准化工作顺利开展。随着国际产业转移进程加速和我国“走出去”战略的实施，我国物流企业参与国际竞争的程度不断加深，迫切需要从服务质量、设施设备、术语标识等方面与国际标准对接，积极参与国际标准化工作及物流标准国际化培育工程。支撑构建国际物流服务网络，打造具有国际竞争力的跨国物流企业。

为深入贯彻《深化国税、地税征管体制改革方案》，进一步加强出口退（免）税事中事后管理，持续优化退税服务，根据各地反映的问题及提出的建议。国家税务总局 2016 年 1 月 27 日，发布了《关于进一步加强出口退（免）税事中事后管理有关问题的公告》。

三、我国出口物流发展情况

（一）组织模式

目前，中国大部分出口厂商，以汽车行业为代表，主要可以分为以下三类。

第一，以货主为核心，组织铁路、海运运输，即生产企业在供应物流方面占主导。

第二，以海运或铁路承运人为核心，组织货源，安排运输，即生产企业将干线运输外包给承运单位。

第三，以第三方货运代理为核心，组织货源并安排全程运输，实行全程“一条龙”门到门服务。

目前，江淮汽车主要以第一种组织模式为主，江淮作为此种组织模式的核心，海运及铁路等干线运输价格均由江淮汽车直接与船公司或铁路谈好价格，然后交由第三方货运代理进行地面操作。

（二）铁路运输

合肥—中亚五国，每月三列，达到40个40尺集装箱即可专列运输，运输时间在8天左右。

合肥—欧洲，2015年6月底开始运行，目前尚未形成固定班列，运输时间在15天左右。

由于出口区域开发程度不同，江淮汽车在中亚及欧洲的开发尚处于起步阶段，所以目前江淮汽车通过铁路运输的订单较少，2015年在250个40尺箱左右，预计2016年在300个40尺集装箱左右。

（三）水路运输

1. 总体概况

目前，通过水路即海运的订单，占据江淮出口量的98%以上。2015年，全年江淮通过水路集装箱船运输的订单有4.5万台，约2.6万标箱，通过滚装船运输的订单在1.4万台；预计2016年通过集装箱船运输的订单在3.5万台左右，约2万标箱；通过滚装船运输的订单在1.2万台左右。运输量下降主要是受出口量下滑影响。

2. 水路运输

水路运输目前主要通过集装箱船及滚装船两种运输工具，运输线路主要涉及有南美东、南美西、中美、中东、北非、西非、东南亚七条线路。

通过集装箱运输的订单，江淮汽车合作的船公司均为世界前二十大船公司，如图12－3所示。

船期方面，集装箱船公司基本上每周至少一班，滚装船公司每月1～2班，如果货量大，船公司也可以根据货主的需求再增加班次。船公司的班次及装载能力可以满足货主的发货需求。

（四）亟待解决的问题

（1）通过水运集装箱船运输的订单，内陆段从合肥港到上海港需要一周的时间，时间较长，原因在于合肥港内河航道为二级航道，集装箱船较小，需要通过芜湖或南

排名	公司
1	马士基航运 APM-Maersk
2	地中海航运 Mediterranean Shg Co
3	达飞集团 CMA CGM Group
4	中远海集运（筹）COSCO Container Lines
5	赫伯罗特 Hapag-Lloyd
6	长荣海运 Evergreen Line
7	汉堡南美 Hamburg Sd Group
8	韩进海运 Hanjin Shipping
9	东方海外 OOCL
10	商船三井 MOL
11	阿拉伯航运 UASC
12	美国总统 APL
13	阳明海运 Yang Ming Marine Transport Corp.
14	日本邮船 NYK Line
15	现代商船 Hyundai M.M.
16	川崎汽船 K Line
17	太平船务 PIL (Pacific Int. Line)
18	以星航运 Zim
19	万海航运 Wan Hai Lines
20	新加坡X-Press Feeders Group
21	高丽海运 KMTC
22	伊朗国航 HDS Lines
23	海丰国际 SITC

图 12－3 世界船公司排名

京中转再到上海；如果航道升级可以运行直接从合肥到上海的驳船，则内陆运输时间可以大大缩短，进而缩短交货期，但此问题需要一个较长的时间来解决。

（2）通过铁路运输的订单，价格仍然较高，与公路运输不相上下，江淮汽车地处中部，对于出口到中亚地区的订单，无论是通过公路运输还是铁路运输，物流成本太高，导致整车终端售价较高，竞争力减弱。

（安徽江汽物流有限公司 赵许东 刘向红 朱爱平）

第二节 中国汽车国际运输及海外市场拓展情况分析

21 世纪以来，随着汽车消费市场的迅速膨胀，汽车物流行业作为汽车产业链的桥梁和纽带，也开始蓬勃发展，成为实现汽车产业价值流顺畅流动的根本保障。巨大的汽车市场潜力吸引着无数物流企业，无论是随着汽车行业成长起来的物流新锐，还是国内外物流巨头都纷纷登场，欲在中国汽车物流大舞台上进行角逐。国内对汽车物流供应商，尤其是第三方物流供应商的需求急剧上升。

北京长久物流有限公司成立于2003 年9 月10 日，作为中国最大的第三方整车物流企业，成立二十余年来致力于为中国汽车行业提供全方位、全产业链物流服务，努力帮助客户创造价值。长久物流于2016年8月10日正式上市，此后长久物流将会进入公司全面升级和发展的新的历史阶段。公司目前主要从事整车运输物流服务，专注于搭建物流网络、整合物流资源及物流规划。公司自成立以来，以其高质高效的服务，在业内享有良好的品牌声誉，曾多次获得“年度全国先进物流企业”等荣誉称号。

本文对中国汽车物流，尤其是国际运输在此大环境下的发展现状及发展前景进行了分析，并且结合长久物流自身的特点对未来国际市场开发进行了规划。

一、全球汽车行业发展现状及前景分析

汽车产业是世界上规模最大的产业之一，已经成为美国、日本、德国、法国等发达国家国民经济的支柱产业，具有产业关联度高、涉及面广、技术要求高、综合性强、零部件数量多、附加值大等特点，对工业结构升级和相关产业发展有很强的带动作用。

欧洲、美洲等发达国家和地区一直是全球汽车消费的主要市场。而近年来亚洲、大洋洲及中东地区汽车消费增长势头明显，2008年已经超越欧洲、美洲成为全球最大的汽车消费市场。从发展趋势看，未来全球汽车产量稳中有升，发达国家的汽车市场已经接近饱和，亚洲、南美等发展中国家集中的地区将会是需求增长的主要来源。

二、中国汽车物流行业市场现状及发展趋势分析

（一）汽车物流市场发展政策环境

汽车产业的高速发展为汽车物流行业提供了巨大的增长空间。国际汽车物流巨头纷纷抢滩中国汽车物流市场。同时一批国有大型企业也纷纷将业务扩展到汽车物流领域。中国现代汽车物流的发展已进入以整车物流为主、向零部件入厂物流、零部件售后物流以及进出口物流方向延伸的竞争新格局。

（二）汽车物流市场发展现状

1. 国内汽车物流行业现状

汽车产业的快速发展需要高效、合理和现代化的物流系统。但由于历史的原因和体制上的问题，中国汽车物流则处于刚刚起步阶段，整体水平还相当落后。从目前中国汽车物流所提供的服务功能看，运输、仓储等传统性业务占有相当大的比重，物流服务收益的85%来自于这些基础性服务。

2. 长久物流发展现状

目前，国内对汽车物流供应商，尤其是第三方物流供应商的需求急剧上升。第三

方汽车物流具有专业化、规模化和社会化特点，是物流资源整合的主要承担者。长久物流作为国内最大的第三方物流企业，主要为主机厂客户和零部件厂商提供六大板块的服务支持：面向主机厂的整车物流服务，面向主机厂和 Tier1 供应商的整合生产物流/运输及器具等相关物流服务，面向零部件生产集群的综合物流服务、其他物流服务，基于二手车服务平台的二手车业务，面向城市汽车消费的物流业务、新能源车相关全程服务及个人车辆迁移业务，为零部件经销商和保险公司提供逆向物流服务等。

三、国际物流模式分析

对外贸易的繁荣决定了对国际物流运输的需求。国际物流运输技术主要包括运输设施和运输作业两大类，前者属于运输硬技术，后者属于运输软技术。运输硬技术主要包括运输基础设施，如公路、铁路、海运、运输车等基础设施的完善，运输软技术则包括管理方法、物流技术、物流人员素养等。国际物流运输方式中，有海洋运输、铁路运输、公路运输、航空运输和多式联运等运输方式，以下就汽车物流行业中的国际运输模式进行了分析。

（一）国际海洋运输

1. 国际现状

海洋运输是国际物流中最主要的运输方式，它是指使用船舶通过海上航道在不同国家和地区的港口之间运送货物的一种方式。国际贸易总运量中的 2/3 以上，中国进出口货运总量的约 90% 都是利用海上运输。随着中国经济的快速发展，中国已经成为世界上最重要的海运大国之一。进入 21 世纪，中国海运事业保持快速增长势头，港口吞吐量和集装箱吞吐量分别以年均 16. 5% 和 30% 以上的速度发展。在危机面前，对每个人来说，既有危险，也有机遇。金融危机为中国海运业的升级发展提供了机遇，海运业从高利润区间回落，直接加快海运企业优胜劣汰、资源整合的步伐，加速海运船舶向大型化、专业化方向发展。金融动荡也给海运业转变发展方式创造了条件，海运企业通过积极扩大与资本、金融、保险等行业的合作领域和范围，提高自身科学发展能力。经济危机使得目前的船舶、钢材的价格都大幅下降，为海运企业实现低成本扩张创造了条件。中国海运业“国货国运”战略近年来加速推进，船企与客户的合作越来越紧密。航运企业除了与大客户签订进口铁矿石、原油等大宗货物长期包运合同外，船企与客户组建合资运输公司的合作方式也开始出现。

2. 长久物流海运优劣势分析

中世国际物流有限公司成立于 2011 年 1 月 26 日，总投资额 10 亿元，由长久物流股份有限公司、大连港集团和奇瑞汽车三方股东合资成立，一期到位资金3亿元，是国有控股的混合所有制企业。中世国际物流有限公司是一家具有民企的经营活力，外企的国际视野，国企的规范稳健的现代化专业汽车物流企业，专注于全球供应链创新，致力于给客户提供更好的物流服务。各业务板块建立核心能力，其中器具和包装业务实现国内乃至国际领先，海外贸易平台及滚装资源平台在行业内占据主导地位。

长久物流作为中世国际的股东方之一，可综合利用其有利的水运资源。其中，滚装航运以芜湖汽车码头为中心，建立形成了30万～50万台商品车运作能力，成为华东地区最大的汽车物流集散中心之一。其国内网络以上海为中心，能够为客户在中国八大口岸，上海、大连、天津、青岛、宁波、厦门、广州、深圳，并延伸至长江内河沿线，提供货运代理、订舱、海运、外贸代理、报关、报检报验、保险、卡车运输、仓储、分拣、包装、配送综合一体化物流服务。国外网络通过分布在亚洲、澳洲、欧洲和美洲等世界各大主要港口及地区的代理，形成全球服务网络提供订舱、清关、运输等一站式门到门服务。

但长久物流国际海运仍存在自己的不足之处，总结起来有：不具备海运成本优势，相对较少的海运操作经验及较少的海运现有客户资源。

针对上述优劣势分析，未来长久物流国际业务重点将基于中世水运资源，吸纳整合国内主要主机厂资源和社会滚装运力，并利用世界各大主要港口及地区的代理优势，形成全球服务网络，提供一站式门到门服务。

（二）国际铁路运输

1. 国际铁路发展现状

为服务国家“一带一路”战略，中国铁路总公司结合深化货运组织改革，进一步优化中欧班列运输组织，提高铁路国际联运服务质量，加快构建中欧铁路大通道。据统计，2014年共开行中欧班列308列，发送集装箱26070标准箱，较上年同期多开228列，增长285%，促进了中欧沿线各国间经贸交流发展。

据了解，为提升中欧班列服务品质，中国铁路部门按照统一品牌标志、统一运输组织、统一全程价格、统一服务标准、统一经营团队、统一协调平台的“六统一”原则，推进“快捷准时、安全稳定、绿色环保”的中欧班列国际物流品牌建设；加强运行组织，确保按图正点运行，全面提升中欧班列运行品质；组建中欧班列专属服务团队，优化完善服务流程，为客户提供信息查询、订制服务，及时受理客户投诉，提升服务质量；简化受理程序，安排专人为客户办理货物国际联运有关单证预审、制单、打单等手续，提供全程物流服务。

2016年，中国铁路总公司将进一步完善中欧班列境外经营网络，提高服务组织能力；强化境外集装箱分拨和转运能力，延伸服务链条，提供国际“门到门”服务；以进口汽车、机械设备、化工品、农副产品等为重点，开发回程货源，降低全程物流成本。

2. 长久物流国际铁路优劣势分析

哈欧国际物流股份有限公司由北京长久物流股份有限公司、哈尔滨铁路局、DSV国际物流（中国）有限公司、中国大连港集团有限公司四家共同合资组建。

哈欧国际物流致力于运营一条跨欧亚国际货运班列，运营连接东北亚和欧洲两大区域产业集群的国际铁路运输通道，成为跨欧亚国际货物运输的“高速路”；建设一个东北亚物流枢纽，覆盖东北亚三省、渤海湾、日本和俄罗斯跨远东的综合物流服务核心枢纽和内陆港服务中心的中欧产业互动；打造一个东北亚物流龙头企业，组建东北亚最大的物流平台企业，提供公、铁、海运和一体化物流服务体系平台。

2015 年 6 月 13 日上午 10 时，由哈欧国际物流股份有限公司经营的首列满载 46 个集装箱货物的货运列车从哈尔滨香坊站始发，穿越欧亚腹地，直达德国汉堡，这标志着一条新的连接欧亚大陆之间的铁路通道“哈欧”国际货运班列正式开通。2015 年 6 月 27 日凌晨 2 时，哈欧班列从德国汉堡首列发出。自此哈欧班列实现双向开通，标志着中蒙俄经济走廊黑龙江陆海丝绸之路经济带建设实现突破，将真正成为欧亚经贸合作的金桥。2016 年 2 月 27 日，哈欧国际组织了哈俄班列的试运行，首班试运从哈尔滨发出，搭载 36 个 40 英尺集装箱，到达俄罗斯新西伯利亚、彼尔姆、终点抵达叶卡捷琳堡，全程运输时长 12 天，试运取得圆满成功。

哈欧国际物流主要从事国际货物运输、集货、分拨、仓储、贸易、保税等业务。目前哈欧班列已实现周周班列常态化运行，具备“距离最近、速度最快、成本最低”的强大优势，成为最具商业价值的线路。哈欧班列运送时间控制精度高，运输节拍以小时计算，对货物安全做到全程监控和数据化管理，为国内外企业的产品出口、货物进口，开辟一条全新快捷的物流通道。

但同时哈欧目前未能集结整列，时效有优化空间；且境外、华南分拨资源不足，需要进一步完善；长久与哈欧之间的沟通和协作需加强。针对上述情况，长久物流未来会开发多种产品，包括中欧多线路铁路集装箱运输门到门产品、基于中欧铁路的成品车门到门产品、基于中欧铁路的展会产品以及基于中欧铁路的行邮产品。

（三）国际航空运输

2015 年，中国航空货运累计实现营业额 7813.4 亿元，2015—2020 年，每年将以 12% 增速增长。2015 年中国航空货运量，达到 616 万吨，预计到 2020 年航空货运量将达到 680 万吨，亚太地区航空货运量占全球货运量的 40%，欧洲地区占全球货运量的 22%，北美地区占全球货运量的 21%，全球航空货运量占全球货物贸易量的 0.5%，但是全球货运货值占全球贸易值的36%。

1. 航空货运行业投资机遇分析

（1）行业生命周期长。航空货运代理企业的生命周期较长，国际性航空货运代理企业通常是“百年老店”，例如，日本通运是1872年成立的，德国Schenker是1949年成立的。目前，中国市场中存在的货运代理企业，基本都是在20年前成立的公司，主要是因为货运代理企业轻资产运营，从事专业性较高的行业，国际、国内市场发展较为稳定，企业的生命周期较长。

（2）行业投资的吸引力。随着中国经济的增长，航空货运市场属于“增长的蓝海”，航空货运是国际物流中的“服务终端”，从中会衍生出很多增值服务，还可以参与更多的供应链物流管理。航空货运的专业性无形中提高了准入门槛，避免行业处于过度和无序的竞争中。

2. 航空货运行业投资模式分析

航空货运代理投资模式通常分为两种：“自筹模式”和“借壳模式”。

（1）“自筹模式”，顾名思义就是从注册开始筹办公司，阶段包括：①企业工商注册（航空运输代理注册资金300万元）；②取得中国航空运输协会资质，俗称“航空货运铜牌”（货运铜牌取得，可以直接向航空公司申领主单，并获取价格折扣）；③到中国海关总署备案登记，申请海关申报资质；④到中国进出境检验检疫局申请报检资质；⑤招聘和培训相关人员。

以上工作筹备，至少3～6个月。

（2）“借壳模式”：即收购资质齐全，和拥有业务支撑的企业。其优势主要表现在三方面：①缩短了公司筹办期，可以尽快展开业务；②有固定业务支撑，可以快速得到客户信任（客户不易与新公司建立合作关系）；③拥有操作熟练的专业人才，省去培训和时间成本。但同时也有劣势，如一次性收购资金占用较大，且具有潜在的经营风险。

为避免并购风险，国际上的航空货运行业会严格遵守收购三原则：①收购资质齐全的企业；②被收购企业的自有业务，可以支撑现有人员的成本；③被收购企业没有法律和社会负面问题。

（四）国际海铁联运

海铁联运是指进出口货物由铁路运输经由沿海海港与船舶运输相连、只需“一次申报、一次查验、一次放行”就可以完成整个运输过程的一种运输方式，也是铁水联运的一种特殊形式。

海铁联运已经有超过50年的历史，成熟国际港口中海铁联运的比例往往占20%～

40%，如荷兰鹿特丹港港内就有直接通入码头的铁路集装箱编组中心（RSC），便利的铁水联运衔接使得海铁联运在吞吐总量的比例超过了20%。

企业从传统的生产环节和销售环节获取利润的空间越来越小，流通环节开始成为利润的主要源泉，多式联运尤其是集装箱多式联运因其在时间、成本和效率等标准方面的突出优势，成为最先进、最高效、最系统也是最重要的运输组织方式，而海铁联运是其中的主要环节。长久物流集国际海洋运输、国际多式联运、航空货运、铁路货代、内贸运输、中转运输等多项功能于一体，并拥有自己的场站、仓库、专业报关行、车队和健全的国内、国外网络等资源，可为客户提供门到门、一站式、全程物流服务。

（五）运输软技术

虽然中国汽车物流市场目前已具有一定的规模，各个层次的物流配送企业已得到不同程度的发展，但中国汽车行业物流配送模式同其他行业的物流模式一样，也存在着不少缺陷。

汽车物流基础设施建设缺乏统一规划，出现盲目投资、重复建设和物流成本较高等问题。近年来，中国汽车生产和销售出现快速增长，但与之配套的各项基础设施的建设没有跟上汽车业的发展。国内各大汽车企业各自建运输网络，企业间缺乏有效合作，汽车物流配送更是各自为政、重复建设，使运力资源大大浪费。特别是在运送整车的过程中，仍然普遍存在着单向载货运输，双向核算运输成本，返回运力资源利用率低、运输成本高等问题。

目前，中国汽车物流企业普遍信息化程度低，没有完善的信息，平台，信息服务业的整体水平不高，服务功能不完善，影响了物流业的发展。汽车物流业目前信息统计分散、凌乱、不系统，好多统计信息尚处于空白状态，这就造成了差错率高、信息传递慢和管理效率低下。物流的信息化，包括商品代码和数据库的建立，运输网络合理化、销售网络合理化、物流中心管理电子化等。汽车物流企业要充分利用信息网络技术来发展现代物流，改变过去“有点无网、有网无流”的状况，为用户提供快速、准确、高效的服务。

各大物流企业各自为战，信息保密，未能进行有效的合作，而一些社会闲置资源拥有者则抛出单程运价甚至更低的报价来获取业务，对正规价格体系形成了很大的冲击，一定程度上导致了行业内部的恶性竞争。而整体物流服务水平不高，又在客观上造成了汽车物流的有效需求不足，各汽车物流商的运输价格相差较大，设备使用率较低的现实。

四、汽车物流行业海外市场开拓规划

随着物流内涵的不断扩展，物流管理手段、技术均在不断地改善和提高，缩短物流时间、节省物流费用、提高物流效率、促进物流组织合理化是经济发达国家物流发展的共同特征。总结起来，国际汽车物流领域服务拓展方向如下。

（一）服务范围加大

（1）物流服务过程继续延伸。物流服务过程经历了“港口—港口”“门—门”和“货架—货架”等阶段后，由于生产企业“即时供货”和“零库存”的需要，国际物流将生产以前的计划、供应也包括在自己的服务范围之内，使服务过程向前延伸，以及消费后的废弃物处理和回收利用，从而使物流服务过程向消费后延伸。

（2）国际物流企业开始充分利用全球市场中心，引入全球化人才，实现国际产业布局，使得专业化物流服务不断壮大。

（3）物流规模不断扩大。一是在港口、机场、车站等物流枢纽节点上建设规模巨大、设施齐全、功能完善的物流园区；二是物流企业通过兼并重组来扩大规模。

（4）不断采用先进的科学技术，形成以系统技术为核心，以信息技术、运输技术、配送技术、自动化仓储技术、库存控制技术、包装技术等专业技术为支撑的现代物流技术格局，今后的发展方向将包括无线互联网技术、卫星定位技术、智能运输系统及集成化技术等。

（二）基础设施建设

物流业是一个基础性行业，国家应加快物流基础设施的建设，而且在国家和地方决策规划中都应考虑到物流基础设施和物流园区的规划，为汽车产业第三方物流网络设计谋篇布局。要对返程的动力资源进行充分利用，避免部分动力资源的浪费，对各汽车物流企业的资源进行有效整合，以优化资源配置，降低汽车物流成本，提高运输服务绩效，实现互利双赢。可能的话，可以由行业协会牵头推动现有资源的整合与利用。

（三）培育物流人才

一个优秀的物流企业，要求管理者必须具备较高的经济学和物流学专业知识和技能，精通物流供应链中的每一门学科，因此要尽快确立物流专业的核心课程，发挥院校、行业的作用，组织高校教师和有关专家编写核心课程的教材，加强人才培养的实践教学环节，尽快培养出适合中国汽车物流业发展的人才队伍。

（四）信息网络技术

汽车物流企业要充分利用信息网络技术来发展现代物流，保证物流活动一系列环节的准确对接，为用户提供快速、准确、高效的服务。其核心目标就是：最大限度地提高物流速度，整合物流资源，降低物流成本，形成国际竞争力。

汽车物流业是一个蓬勃发展的行业，巨大的国内市场潜力和全球汽车市场格局都给汽车物流业带来了机遇和挑战。中国汽车物流企业已经到了大变革的关键时刻，应该在中外合资中努力掌握国际先进的汽车物流管理经验，全面提升汽车物流的全球服务水平。可以预见，汽车物流在市场导向的引领下，必将为汽车产业的发展起到更大的促进作用，中国汽车物流也必将向海外市场拓展出一片新的天地。

面对全球经济一体化和网络经济时代的到来，长久物流始终恪守“至诚、志专、致远”的核心价值观，锐意创新、不断进取；在巩固其核心汽车物流业务的同时，正积极拓展其他业务领域，致力于发展成为国内一流的、具有竞争力的、能提供综合物流解决方案的优秀第三方物流供应商。

（北京长久物流股份有限公司国际部　万红伟）

创新成果篇

第十三章　汽车零部件物流创新成果

第一节　干线运输取货配车管理

一、项目背景

武汉东本储运有限公司（以下简称东本储运）自成立以来，一直推行入厂物流的上门取货模式，从最初东风本田年产量3万增加至30多万辆，实施取货入厂物流的10多家供应商逐步推广应用到300多家供应商。指导承运商取货和供应商出货的关键——取货计划和配车计划，是由东本储运零部件运输科计划员根据东风本田采购订单，采用人工制作Excel电子表格方式来完成。随着东风本田产量不断攀升，采购订单量呈几何形式递增，计划人工制作方式不断暴露出各种问题：第一，人工制作取货计划的工作量越来越大，订单处理效率低，存在一定的错误率；第二，东风本田订单不定时的追加或变更，需重新制作取货计划，人工响应滞后；第三，配车计划依据经验估算，运输趟次虚高，有较大压缩空间；第四，运输实绩监控力度不够，运输费用无法有效核实。对此，东本储运一直在思考如何改善现有运输取货配车管理模式，有效控制干线运输成本。

二、项目主要内容

本项目以取货计划和配车计划算法为核心，总结已有的取货方式，建成具有自身特色的取货配车管理模式，并以信息技术为手段，实现了自动化、智能化管理，大大提高了计划制作时效和准确度，有效控制了干线运输成本。

通过对不同区域、不同出货点、不同取货频次、不同运输路线的取货计划计算规则进行汇总分析，确定取货计划计算的基础变量和约束条件，并经过多次讨论修改确定取货计划和配车计划的计算规则，算法描述如图 13－1 所示。

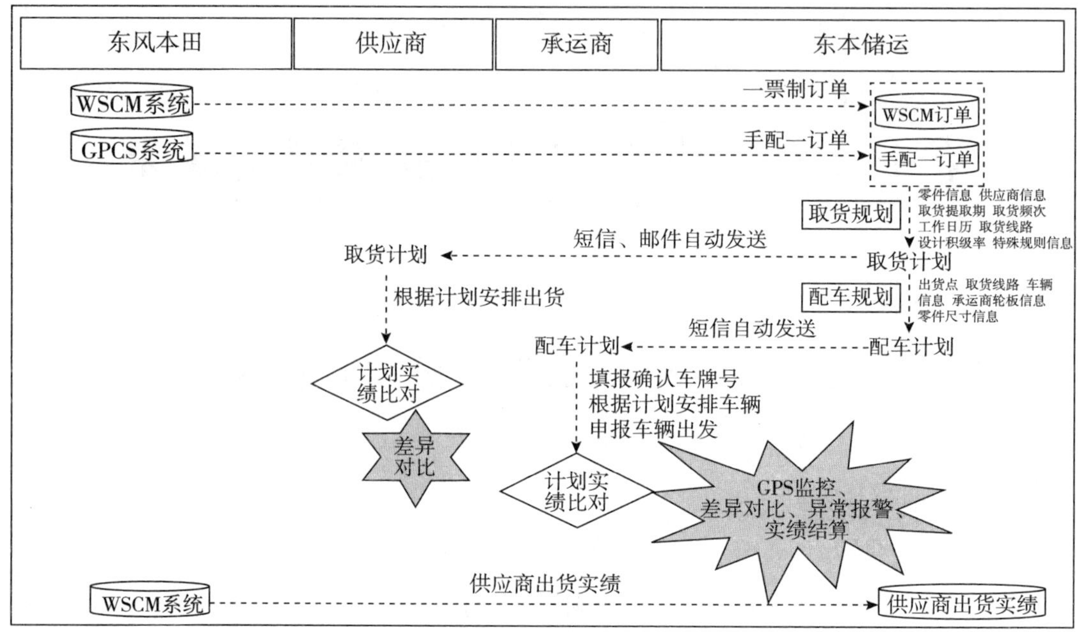

图 13－1　取货计划和配车计划

在确定取货配车计划算法后，进行了系统功能开发和功能试运行。该功能作为 ILMS 系统中的子系统，自 2014 年 10 月上线试运行至今，已逐步完成对广州供应商、上海供应商、武汉供应商和其他地区供应商的功能配置与实施。通过系统自动计算取货计划和配车计划，取货计划和配车计划的准确性和时效性都得到保证；通过对系统生成的运输任务单进行扫描，加强了运输实绩监管，为运费结算提供依据；通过开发承运商和供应商管理模块，承运商和供应商可直接登录系统下载运输计划和取货计划，节省了邮件发送和联络工时，达成增效减员目标的同时，从根本上解决了前述四个问题。

三、项目创新点

（1）本项目在总结归纳不同取货管理方式的基础上，提出了干线运输取货配车计划制定的新模式，具有创新性。

（2）本项目以信息技术和仿真技术为手段，实现了取货计划和配车计划的自动化、智能化管理，提高了计划变动的响应速度和计划制作效率，降低了管理成本。

（3）本项目开发了承运商管理模块和供应商管理模块，使得 ILMS 系统成为真正专业的第三方物流管理平台，为上下游提供实时的信息查询和反馈渠道。

四、项目社会及经济效益

项目实施后，在东风本田产量从2013年31.5万辆增加到2014年32.2万台，东本储运零部件运输科计划制作、审核、下发工作每日节省工时约12小时，计划员减少2名，每年单是人工成本就节省约10万元。此外，取货计划和配车计划能自动生成，能快速响应东风本田采购订单调整，并将发生调整的取货计划和配车计划第一时间自动以邮件通知，系统用户体验得到供应商、承运商和客户东风本田的一致好评，客户满意度大大提升，东本储运树立了良好企业形象。

本项目设计的取货配车管理模式，对各种不同的取货模式进行了统一，不仅具有东本储运特色，也同时适用于同行业内专业第三方物流公司，具有推广价值和借鉴意义。

（武汉东本储运有限公司）

第二节　车身车间焊接大总成流转管理系统应用

一、项目背景

上汽通用五菱汽车股份有限公司（以下简称SGMW）焊装车间车身工艺特点在于各总成经过流转焊接成为白车身。期间，生产过程中需要根据生产计划批次控制车型总成切换以进行备料，但各分总成未能做到有效统计及监控（主要依靠人工计数），并且生产车型复杂，分总成配置多，导致出现了因人工操作产生信息失误、物料配送困难，甚至生产停止等问题。

经过分析研究，SGMW重新开发了车身自制分总成管理监控系统。该系统在各分总成生产线运行后，实时监控总成生产信息，有效减少了生产信息传递的错漏，避免了错装总成而停线返修，且减少物料因生产车型配置异常切换导致的紧急拉动。经过自动打码控制总成生产并输出报表，生产车间按照生产计划批次有序切换，从而促进了厂外零件尤其是包装少于5件/框等关键大件的准时配送，进一步降低了SGMW的厂内库存。

二、项目主要内容

该系统主要运行技术特点为：

（1）与生产计划接口或是人工输入造车批次及信息，显示相应分总成工段均有生产信息的扫描和记录。

（2）各生产总成工段能够相互传递、查看的生产信息，统一控制切换步骤，确保零件正确使用，传递正确的零件需求。主要为根据不同的生产工艺，各工段设合理的生产信息显示屏。

①前车体处有一个看板显示屏，左、右侧围上线点分别设一个显示屏。

②地板焊接后部下车体的工位处有一个显示屏，便于查看实际上车数。

（3）后台数据记录。

①有实际造总成的信息记录。

②可人工增删上线信息，但可随时查看数据调整操作日志。

③每班次生产总台量及车型配置数据汇总。

推广：目前已经在 SGMW 柳州西部工厂实施，节约场地效果显著，提高零件供应链管理水平。

系统运行模式，如图 13－2 所示。

扫描系统设备点分布如图 13－3 所示。

三、项目发现、发明及创新点

（1）管理的精细化：本系统基于 MIS（管理信息系统）的上线车辆条码扫描，同时自动生成生产线各生产工段的总成条码，流转过程中通过扫描系统来监控，能够及时知晓各总成供给情况，自动化程度高，物料总成信息传递效率准确性提高。物料上线和下线数据一目了然，提高了料账准确性。

（2）信息专递可靠性高：相对传统各分总成生产工段传递信息，扫码可有效地记录并显示生产信息，利于组织各分总成按照车型配置进行生产，提示车型切换，并经过反馈后执行，可靠性高，缩短工序间信息确认时间；同时，输出给厂家物料配送信息，供应商能够更为准确地组织和配送物料。

（3）可视化管理提升：能够通过电子屏来显示生产信息，发现异常立即得到反馈。有效提高管理水平和降低员工人为记忆复杂车型配置，促进了物料响应的标准化操作。

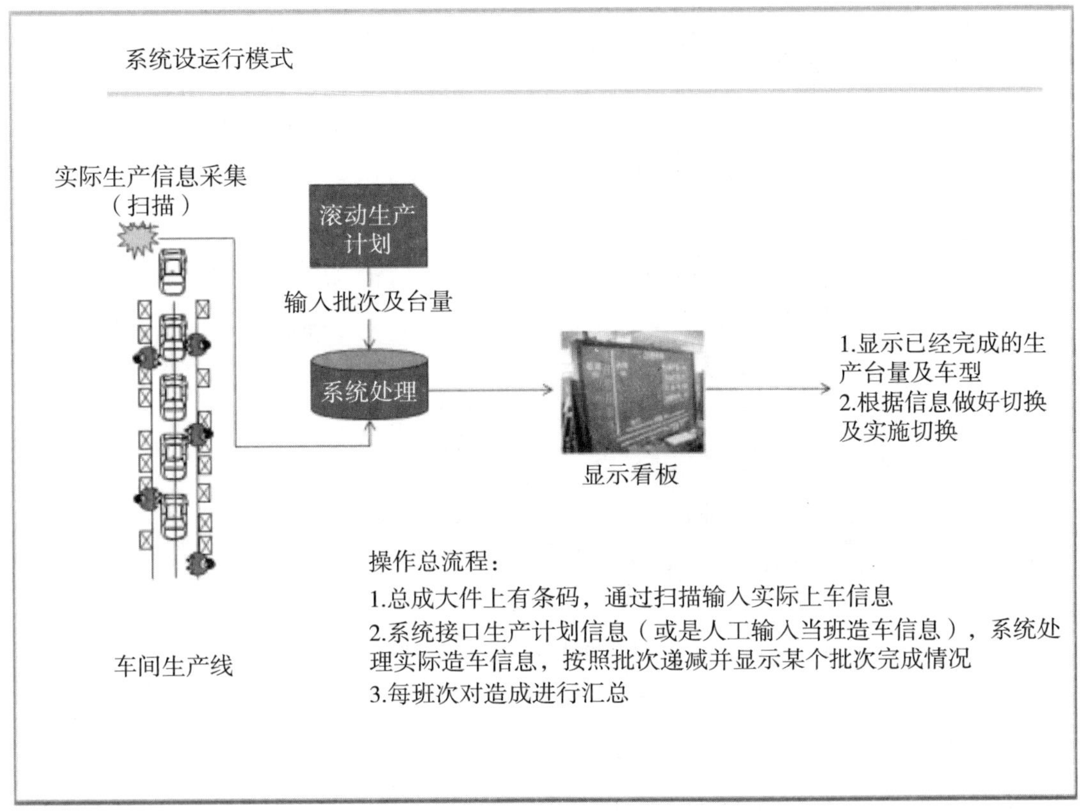

图 13－2　系统运行模式

四、项目对行业的贡献

（1）物料流转管理的精细化：本系统基于 MIS 系统的上线车辆条码扫描，同时自动生成生产线各工位的总成条码，与全程人工操作的计数相比，自动化程度高，物料总成信息传递效率准确性提高。

（2）提高料账结算的准确性：通过打码、扫码控制，有效监控各生产物料消耗流转，提高财务结算的正确性及时效性。

（3）提升物料配送响应水平：根据生产计划来打码、扫码，控制生产车型，掌控实时生产信息，增强了零部件供应商和主机厂生产信息的沟通性，利于更好组织关键大件按需配送，避免配送错误失效。

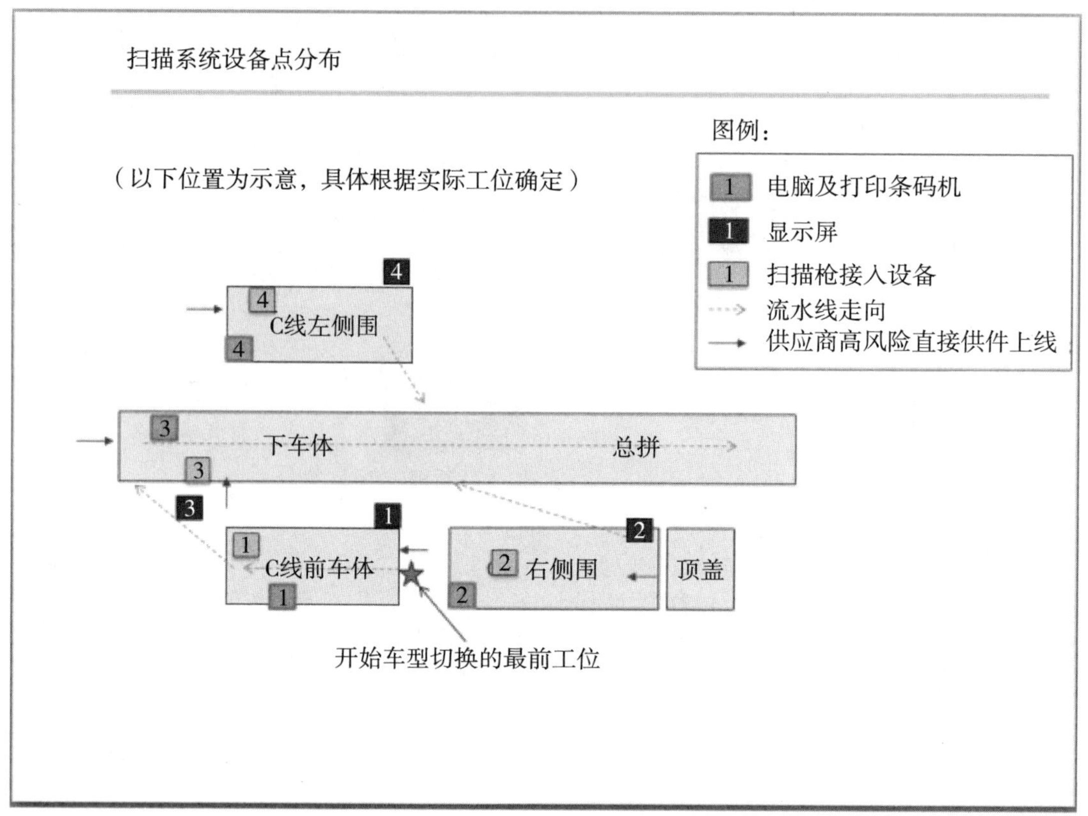

图13-3　扫描系统设备点分布

（上汽通用五菱汽车股份有限公司）

第三节　智能App整合与提升传统取货管理技术解决方案项目

随着我国移动互联网的蓬勃发展以及智能手机终端的迅速普及，通过智能App进行运输信息获取、订单的取货状态实时更新等方式，来实现在途监控、数据统计及分析等功能。深圳民生捷富凯物流有限公司（以下简称SMGL）取货App应用以其轻资产、高效率、移动化、易于操作等特点，为零部件入厂物流取货业务的信息跟踪和数据采集提供了新的途径。智能App已经成为移动互联网时代的重要工具。

本文阐述了零部件入厂物流取货App的研发背景，重点分析了取货智能App的主要功能及其与TMS、GIS综合应用及系统功能整合，讲述了智能App的创新点，最后总结了智能 App 为企业带来的经济效益。

一、项目背景

当前我国正在进行着传统行业的互联网化大潮，随着 4G 网络的逐步成熟，我国逐渐进入到移动互联网时代，大多数用户的手机终端已经从功能手机转变为智能手机。移动互联网时代给人们带来便利生活的同时，也逐渐地改变各行各业的发展，借助移动互联网开展物流业务工作已经成为不可阻挡的趋势和方向。对于物流行业来说，物流企业需要通过利用移动互联网技术来提高其物流运输效率，降低物流运输成本，增强企业自身的物流竞争力。

首先，运输是物流中的重要环节。在各个环节中，运输时间及成本占有相当大的比重。零部件入厂物流取货环节又是运输业务中操作难度极大、综合性极强、技术要求相对较高的板块之一。其次，由于主机厂精益化的生产管理要求，以及 JOT 交付模式的实行，使得入厂物流运输业务不得不寻求变革以满足主机厂更高的时效及质量要求。最后，行业的竞争压力也迫使各方积极探索新的出路。现代运输管理是对运输网络的管理，在这个网络中传递着不同区域的运输任务、资源控制、状态跟踪、信息反馈等信息。通过人工跟踪的方式，运输网络信息效率低、准确性差、反应迟缓，无法满足客户需求。特别是汽车行业，要求以最快的速度、最低的成本完成运输作业，并能够及时掌握货物状态。SMGL 不断探索关于智能 App 的构想、开发及应用，积极寻求先进的物流技术手段来降低运营成本，提高整体运输质量及响应时效，提高客户满意度，最终形成有效的系统操作及管理工具，为物流运输管理提供技术解决方案。

综上所述，智能手机的快速普及和智能 App 的出现为物流企业在车辆信息跟踪方式和数据采集、数据分析方面提供了一种新的选择。SMGL 在移动智能手机应用的基础上，根据业务需要通过整合 TMS、GIS 功能自主构想研发出手机 App 终端模块并使用。利用取货驾驶员智能 App，对在途车辆进行多样化数据获取及数据采集。通过手机端的移动通信网络传输数据，彻底改变了传统人工打电话对取货在途车辆跟踪的模式，在物流信息化和自动化的历程上翻开了新的一页。

二、智能 App 的功能及综合应用

移动 App 整合型零部件物流运输管理方案为行业内较为领先的综合式零部件入厂物流运输跟踪技术解决方案，包含有 TMS、GPS、手机 App 终端查询系统等多项自主研发并具有行业领先的物流运输管理技术。实现了从客户订单发放开始，直到交付完成

整个物流环节全程可视化跟踪。

（一）手机 App（移动应用）终端功能设计

运输管理 App 是一款移动互联软件，分为驾驶员模块和管理模块。驾驶员模块主要功能为查询运输任务、获取驾驶员指定的派车计划、记录取货时间节点（离开主机厂，到达供应商，离开供应商，到达主机厂）、取货扫描、异常信息反馈（驾驶员取货后在 App 上进行取货量确认，系统自动显示该数据与 TMS 派车计划的取货量是否一致。若不一致，则 App 上显示取货异常）；管理模块主要功能为各项 KPI 数据（取货交付准时率、装载率、取货交付进度、装卸货时间）统计及生成报表。SMGL 管理层及客户（主机厂）可以通过 App 查询取货 KPI 数据，方便了公司内部及外部对取货业务的考核。

该 App 由我司自主开发，完全适用普遍版 Android 手机，界面简洁清爽，由货运司机独立操作，简单易行。通过智能 App，可以查询取货车辆的地点和订单的交付状态，更可以自行导出特定时间段的交付分析报表，可以随时随地了解运输节奏，并及时进行微调和校准。如图 13－4 所示。

管理模块界面

管理模块界面

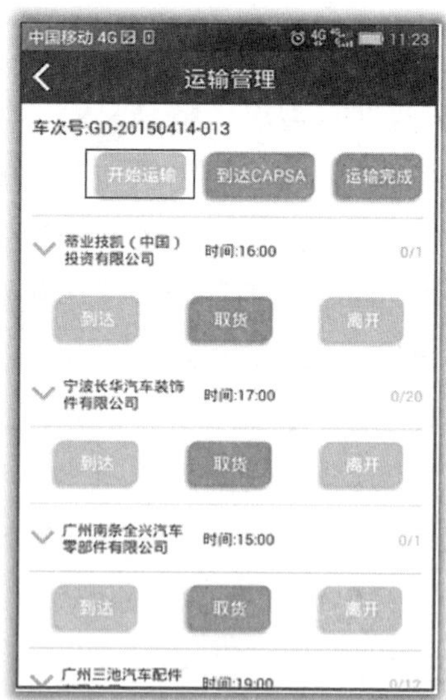

驾驶员模块界

图 13－4　App 操作界面

App 与 TMS、GPS 系统功能的整合，实现了数据共享互通，TMS 端口进行数据上传和发放，App 端口可以查询和使用，App 终端触发后数据再次回传到 TMS 和 GPS 并自动记录，管理人员可以登录管理模块实时掌控取货和交付进度、查询运输指标情况、异常记录情况。App 的运用使得数据的收集、分析变得及时准确，对运输管理效率的提升、运输环节的改善起到了非常大的推动作用。

（二）智能 App 整合与提升

1. TMS（物流运输管理系统）（如图 13－5 所示）

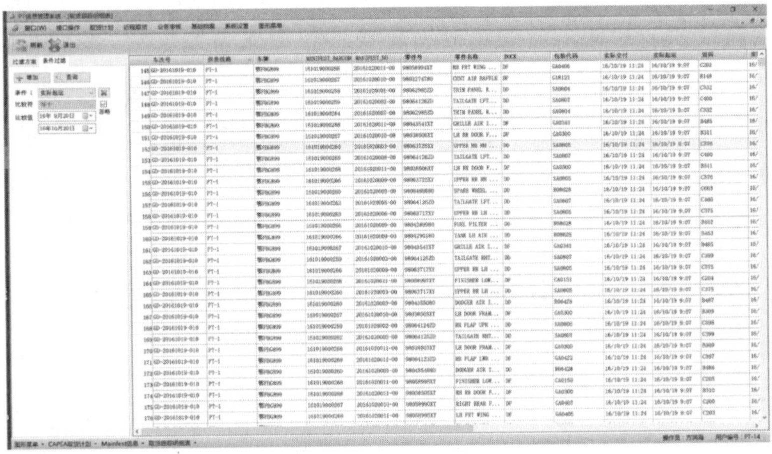

图 13－5　TMS 界面

TMS 是基于网络环境开发的支持多网点、多机构、多功能作业的立体网络运输管理软件，结合 GIS 系统，实现干线运输的运力配载、车辆调度和线路优化。

TMS 采用先进的软件技术实现计算机优化辅助作业，特别是对于网络机构庞大的运输体系，TMS 作为整个物流运输的中枢处理系统，包括零部件、供应商、车辆、驾驶员等基础数据信息，具备 EDI 传输、运输计划发放、交付配送跟踪、业务量统计、操作 KPI 绩效查询等多种功能。

TMS 的使用对于企业资源的合理分配、成本的控制以及效率的提升非常明显。目前 SMGL 运行中的 TMS 系统为第一阶段，已经实现了订单和计划的线上共享。TMS 系统通过指定的端口，可以与供应商、运输商、主机厂等各系统进行数据交换，SMGL 计划员可以将每日的取货及运输计划导入系统，通过平台共享到各方，各方收到相关计划后可以提前进行备货、派车等工作，避免了因电话或邮件沟通不及时导致的运输异常。TMS 系统作为运输管理的综合型系统，依据互联网平台，将物流商与供应商、车辆调度、主机厂连接起来形成了一个透明的网络，所有的信息和异常得以及时反馈和共享，时间成本的节约带来的效益提升非常明显。

以取货运输为例，我们的物流专员通常需要经历取货计划、取货车辆安排、取货时间点及异常反馈、运输跟踪、到货确认等多个环节的步骤，现在，以 TMS 系统平台为依托，运输计划的共享带来了一系列的收益：供应商可以提前确认并在窗口时间前置备货物，运输过程通过 GPS 全程跟踪，数据的节点和异常通过 App 可以及时反馈，业务量的统计的分析也由 TMS 直接导出；电子信息系统带来的便利和高效是传统的物流运输所无法比拟的。

2. GPS/GIS（**全球卫星定位系统/地理信息系统**）

运输车辆跟踪一直是 JOT 生产模式下比较重要的一个环节，传统的跟踪模式是通过驾驶员电话反馈才能知道当前的车辆运行状态（如在途地点），为了能精确地实时跟踪确认车辆状态，TMS 系统整合了 GPS 卫星定位模块，主要有三个部分：车载终端、无线数据链路和 TMS 监控中心，实现对车辆进行统一集中管理和实时监控调度指挥。如图 13 –6 所示。

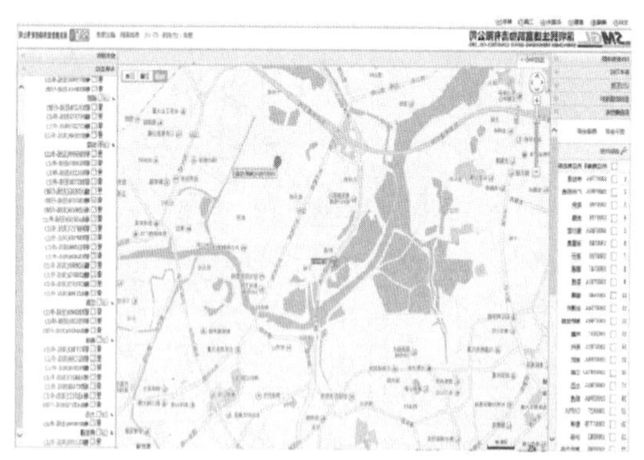

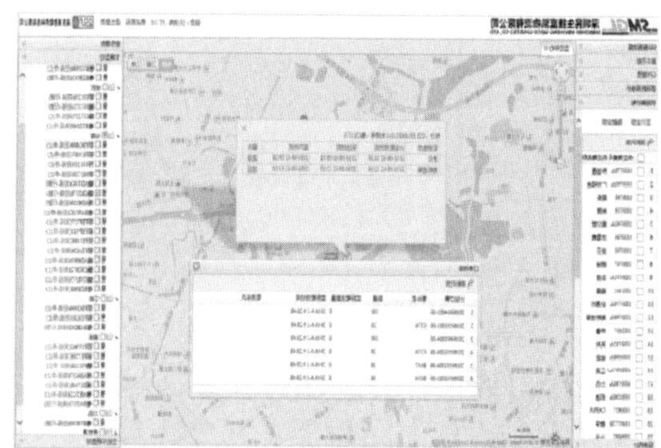

图 13 –6　GPS/GIS 界面

通过 GPS 定位查询系统，司机和货物的安全有了更高程度的保证，通过 TMS 系统端口的共享，供应商、车队、工厂调度等人员都可以主动、随时了解到车辆和货物的在途信息，增强了企业和物流运输方之间的信任。同时，结合对运输计划和车辆运行信息的了解，调度人员可以合理调整运输计划，提高车辆周转效率。

3. **系统整合与综合应用**

在 TMS 与 GPS 系统的基础上，SMGL 更是创新性地提出了采用手机 App 方式跟踪管理取货、运输、交付等环节操作的理念并付诸实施。

主机厂 ERP 发布的订单通过接口传输到 TMS 系统，SMGL 计划员根据订单制作取货计划并将取货计划和车辆安排发布到 TMS 系统平台中，共享给车队和供应商。供应商根据取货计划提前备料，车队则提前准备车辆在系统中进行派车，司机通过手机 App 查询当天运输任务，然后在 App 上触发出车、取货、到达目的选项，信息传导至 TMS 系统共享给计划员进行跟踪。管理人员通过手机 App 和 TMS 系统均可以实时查询运输的绩效指标数据，为指标衡量提供依据。如图 13 –7 所示。

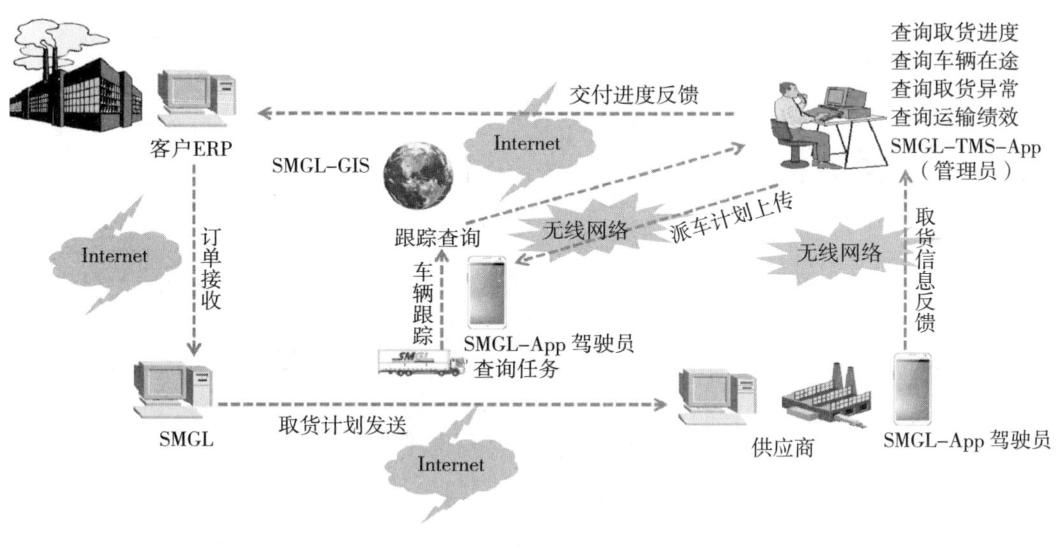

图 13－7　取货系统架构

三、项目创新点

（一）将手机智能 App 应用作为物流管理的手段之一进行推广和实施

目前，绝大多数第三方物流企业是通过 GPS 系统或人工跟踪的形式追踪订单信息，SMGL 开创性地在移动智能手机应用的基础上，根据业务需要通过整合 TMS、GIS 功能，自主构想研发出手机 App 终端模块并使用。通过手机 App 终端，驾驶员得以实时反馈取货异常，针对取货过程中的重要时间节点（离开主机厂，到达供应商，离开供应商，到达主机厂）等均有准确而详细的记录，也更加方便管理人员实时跟踪订单交付信息。如图 13－8 所示。

在开发手机 App 之前，SMGL 一直采取人工跟踪车辆的方式，一般通过驾驶员－调度员之间的电话联系反馈信息，GPS 系统虽然能准确反映车辆在途状态，却也无法实现订单交付跟踪/车辆抵达时间点等功能，手机 App 使得这些问题得到了解决。目前，手机 App 跟踪系统已经成为 SMGL 最具代表新的新型取货物流管理技术手段之一。手机 App 终端的出现彻底改变了传统人工打电话对取货在途车辆跟踪的模式，在物流信息化和自动化的历程上翻开了新的一页。

（二）将手机智能 App 与传统的 TMS/GPS 系统相结合，实现了资源的整合与提升

手机智能 App 并非作为一个单独的技术手段存在。它的优势和意义在于物流信息

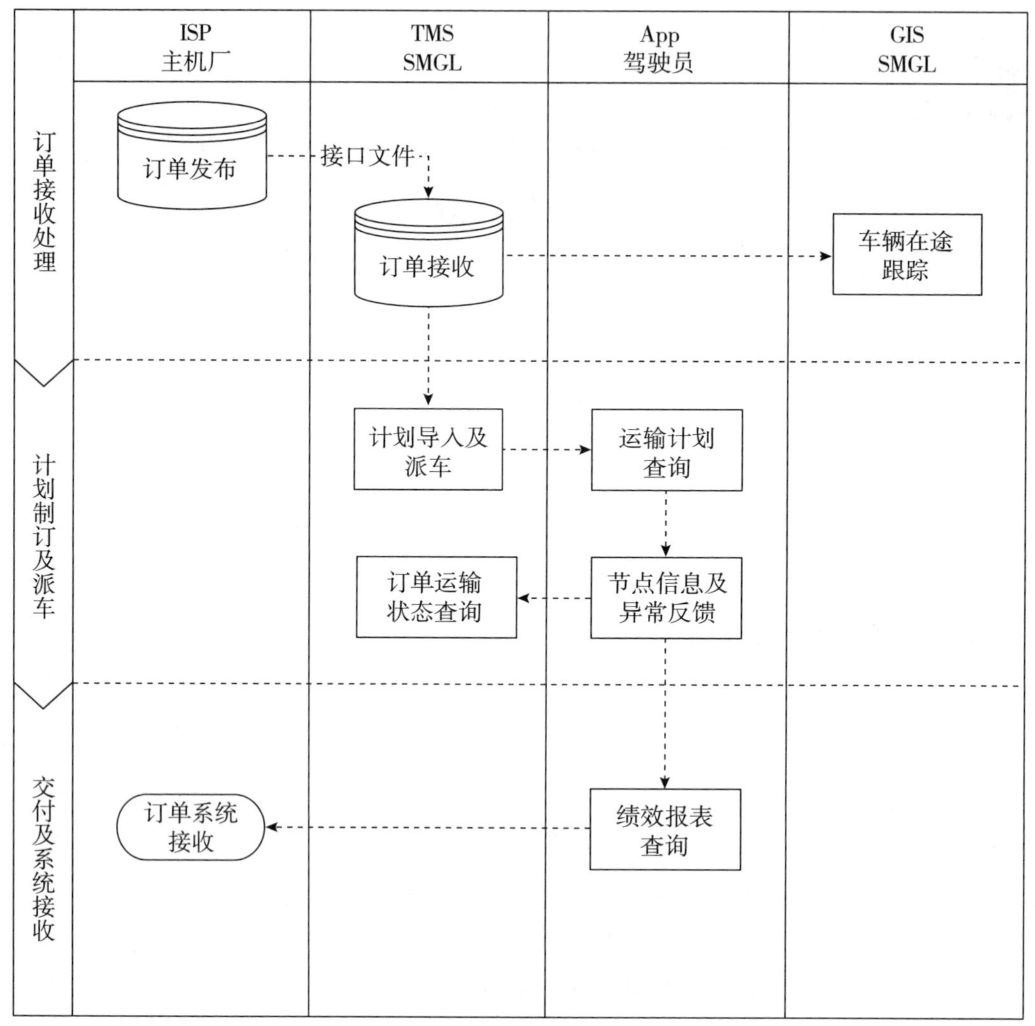

图 13－8　系统操作流程

传递的及时性和准确性。为了提高物流系统的管理精度，SMGL 创新性的将手机 App 系统与传统的 TMS/GPS 系统结合，实现了数据共享互通；TMS 端口进行数据上传和发放，App 端口可以查询和使用，App 终端触发后数据再次回传到 TMS 和 GPS 并自动记录，管理人员可以登录管理模块实时掌控取货和交付进度、查询运输指标情况、异常记录情况。App 的运用使得数据的收集、分析变得及时准确，对运输管理效率的提升、运输环节的改善起到了非常大的推动作用。

（三）提供了传统物流模式在互联网影响下的技术提升思路

物流行业的发展日新月异，在物流行业的竞争和成本的压力下我们也在不断寻求新的技术手段和科技革新以提高企业的市场竞争力。手机 App 整合型的取货管理技术方案让我们看到了互联网模式下便携式终端的巨大潜力。众所周知，互联网有其无可比拟的便携性和即时性，通过手机 App 手段，我们将取货管理的精度再次提高了一个档次，不仅对于汽车物流行业有着巨大的学习和借鉴意义，对于其他物流领域也有极大的参考意义。

四、智能 App 应用的经济效益

（一）成本的节约

传统的信息跟踪模式是通过电话或是发短信的方式来完成节点信息的反馈，而通过智能 App 则改变了这一状态。驾驶员在手机 App 终端中触发按钮后 TMS 自动记录相关时间，通过 GPS 定位我们对车辆的运行状况一目了然。以前的模式中平均每日每车次我们需要至少 4 通电话进行沟通，订单和交付异常另算，现在每个司机逐个电话的时代已经一去不复返，为公司节省了电话通信费用和信息跟踪人员成本。

（二）效率的提升

现代化物流运输要求安全、准时、高效。当前取货模式下，线边库存 1 ~ 2 小时，JOT 要求非常高，所以对于交付准时率的控制尤为重要。通过卡节点，调度人员实时掌握交付进度；另外，交付准时率的考核标准是在 ±30 分钟，所以驾驶员操作时间紧，传统的电话信息反馈比较麻烦。

而智能 App 的应用从数据收集到生成报表可以实时完成，节省了时间。从客户订单发放开始直到交付完成整个物流环节全程可视化跟踪，通过随时了解车辆在途信息，合理调整运输计划，提升了车辆使用效率。

该平台系统不仅能满足以前对于物流运输的沟通和信息传递等需求，更是增加了 KPI 与关键绩效指标数据收集功能，可以自动导出运输统计报表，通过与财务等相关部门的端口统一，实现了真正无差异化的信息交换网络，实现了机器取代人力，科技解决问题的理念，相比较物流管理技术已经有了质的提升。解决了企业物流跟踪难和时效性差的问题，对企业开源节流，降低物流成本，以及促进物流行业发展具有积极的意义。

（三）促进物流的精益管理

驾驶员可以通过 App 获取系统指定的派车计划，系统操作的方式取代了手工计划的传递方式，取货的流程更加精细、操作更加精准；同时，手机 App 终端具有订单扫描功能，通过“扫一扫”，取货驾驶员可以在确认货物状态后及时扫描订单二维码，

TMS 自动更新订单的运输状态，对订单交付情况的跟踪更加一目了然。通过综合型的系统管控，我们对于物流配送的精度已经从以前的每一趟车到现在的每一笔订单，任何配送异常都会在第一时间锁定和通知到承运商、供应商和工厂。为精益化生产提供了强有力的优质物流服务，为汽车零部件入厂物流提供了一种高效而精益化的管理思路。

（四）提高了客户满意度

该项目的运用提高了取货、交付准时率，满足客户要求的同时实现了窗口时间模式，使物流趋于平准化，优化了卸货现场的秩序。另外，客户（主机厂）可以通过 App 查询取货 KPI 数据，方便了客户随时随地掌握取货作业情况，为客户创建了更加快捷、及时的信息获取渠道。交付准时率和取货取时率绩效对比，如图 13 –9 所示。

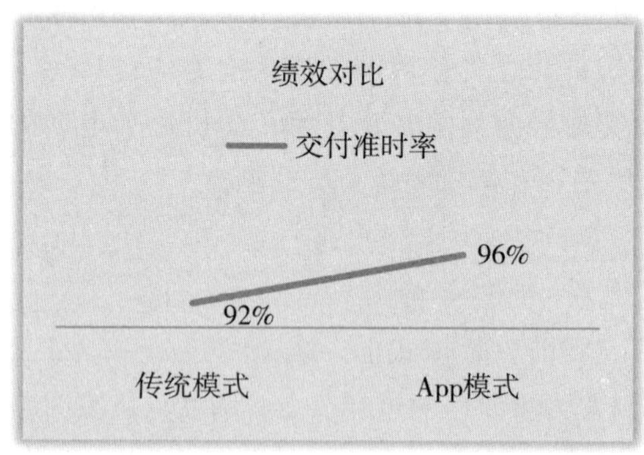

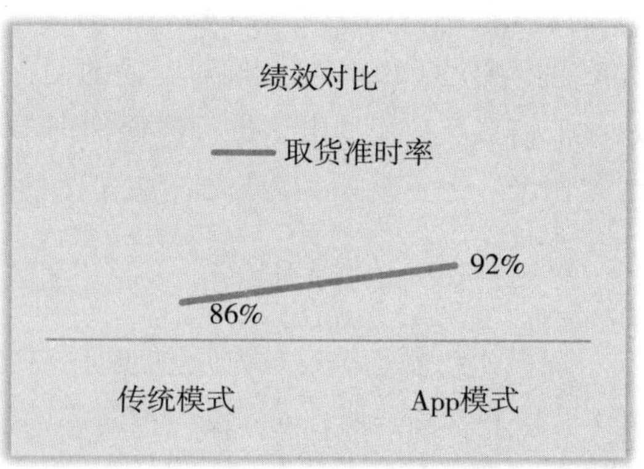

图 13 –9　绩效对比

参考文献

［1］吴吉义，李文娟，等．移动互联网研究综述［J］．中国科学，2015，45（1）：34 –35.

［2］沈绪明．可视化技术在物流监控系统中的应用［J］．物流技术（装备版），2011（2）：49 –53.

［3］张明丽，李方．中小企业物流管理模式创新研究［J］．中国市场，2010（29）．

（深圳民生捷富凯物流有限公司）

第四节　TESD 爆胎应急安全装置

一、项目背景

1886 年，戈特利布·戴姆勒（Gottlieb Daimler）和卡尔·奔驰（Carl Benz）发明了世界第一辆汽车，自此人类世界开始了崭新的出行方式，进而也带动了人们生产和生活方式的变革。

2008 年，在创新驱动中前行，最令人激情澎湃的事情无过于在汽车安全领域发明了中国唯一拥有自主知识产权的技术——Tyre Emergency Safety Device（TESD）“爆胎应急安全装置”，该技术主要应用于车辆发生爆胎或严重失压时，能让驾驶员安全地控制车辆方向和制动，从而避免事故发生。

2014 年，随着泰斯福德（北京）科技发展有限公司的成立，完成了 TESD（爆胎应急安全装置）“发明专利”和“实用新型专利”到“TESD™”商标注册的市场与渠道统一的第一步，历时 6 年，在产品结构设计、材料应用、制造工艺等方面获得 28 项科技创新成果，实现了 TESD 产品技术创新化、产品国产化、品质国际化，解决了该领域产品严重依赖进口的难题。

泰斯福德认为，在享受汽车带来生活便利的同时，更应该重视汽车的安全。对泰斯福德而言，产品责任意味着最高等级的安全标准，以及最小的环境影响。现在，TESD 产品在产品可靠性、通用性、使用便捷、轻量化、散热等方面均获得突破性进展，达到行业领先水平，并在国家汽车质量监督检验中心（襄阳）、公安部产品质量监督检验中心、定远试验场（军方）针对相关车型的爆胎道路试验和检测中鉴证了产品的可靠性和适用性，有力地证明了 TESD 产品的精益工程设计和对产品质量的严格控制。

公司希望汽车用户能享受到更安全的驾驶体验和乐趣，同时道路的其他使用者和车辆所处的环境都能得到悉心照顾。为此，公司不断加强与合作伙伴及经销商的合作与交流，从产品设计研发、生产、仓储、物流、安装和服务等环节建立了完整的质量监督体系，提升我们的服务效率和服务标准，在整个产品生命周期满足用户对汽车安全出行的需求。目前，“TESD”产品广泛适用于军队后勤保障车辆、特种运输车辆、营运车辆和私家车辆等，为车辆提供安全行驶保障，避免车辆爆胎后失去控制造成财产损失和人员伤亡。同时，TESD 产品通过了国内知名汽车生产企业“宇通客车股份有限公司”“南京依维柯汽车制造厂”“安徽安凯汽车股份有限公司”等汽车厂家对“TESD”产品生产的审核，并成为其正式供应商。中国汽车行业飞速发展将助推“中国梦”的实现，公司力求成为中国汽车产业发展过程中不可或缺的一部分，不断提升创新能力，推动中国汽车安全产业的发展，充当汽车美好生活的守护者，实现“TESD”产品研发的初衷——保护车主和乘客生命安全，构筑汽车安全行驶地平线。

二、项目主要内容

（一）主要技术

TESD 汽车爆胎应急安全装置：是一款全新的汽车被动安全产品，能有效在车辆发生爆胎瞬间，避免轮毂与地面接触，使车辆转向力及制动力仍然可控，第一时间保证人员及车辆安全。是继安全带、ABS、安全气囊后第四代汽车被动安全保护装置系统，能够保证车辆在轮胎严重甚至完全失压后仍然能够安全、可控地行驶一段距离的技术。

2010 年，交通部正式颁布 JT/T 782—2010《营运客车爆胎应急安全装置技术要求》细则，对轮胎安全做了明确的技术要求。

功用：在车辆发生爆胎或严重失压时，TESD“汽车爆胎应急安全装置”能让驾驶员安全地控制车辆方向和制动，有效保障驾乘人员和物资、装备安全。

支撑：TESD“汽车爆胎应急安全装置”安装于车轮轮槽部位，有效填补轮辋内径差，避免了轮胎失压后卷入槽底或脱离轮辋的可能；并利用失压轮胎有效支撑形成橡胶垫，避免金属轮毂直接触地打滑。

咬合：装置上的凸起机构使轮辋内部形成可靠的齿轮结构，与失压轮胎紧紧咬合，“履带传动模式”的车轮在爆胎后也能正常地向地面传递驱动力、转向力和制动力。

项目介绍，如图 13－10 所示。

（二）具体实施方案

具体实施方案如图 13－11 所示。

（三）应用推广情况

泰斯福德作为一家汽车零配件厂商，保证每一套产品都“质量过硬”“功能有效”是企业的责任，也是对消费者的郑重承诺。公司从产品设计研发、生产、仓储、交付、安装和服务等环节建立了完整的质量监督体系。

公司合作伙伴企业除了严格贯彻 GB/T 9001—2008/ISO 9001：2008 质量体系外，更率先实施了更为严苛的 ISO/TS 16949：2009 汽车生产质量管理体系，并通过德国的

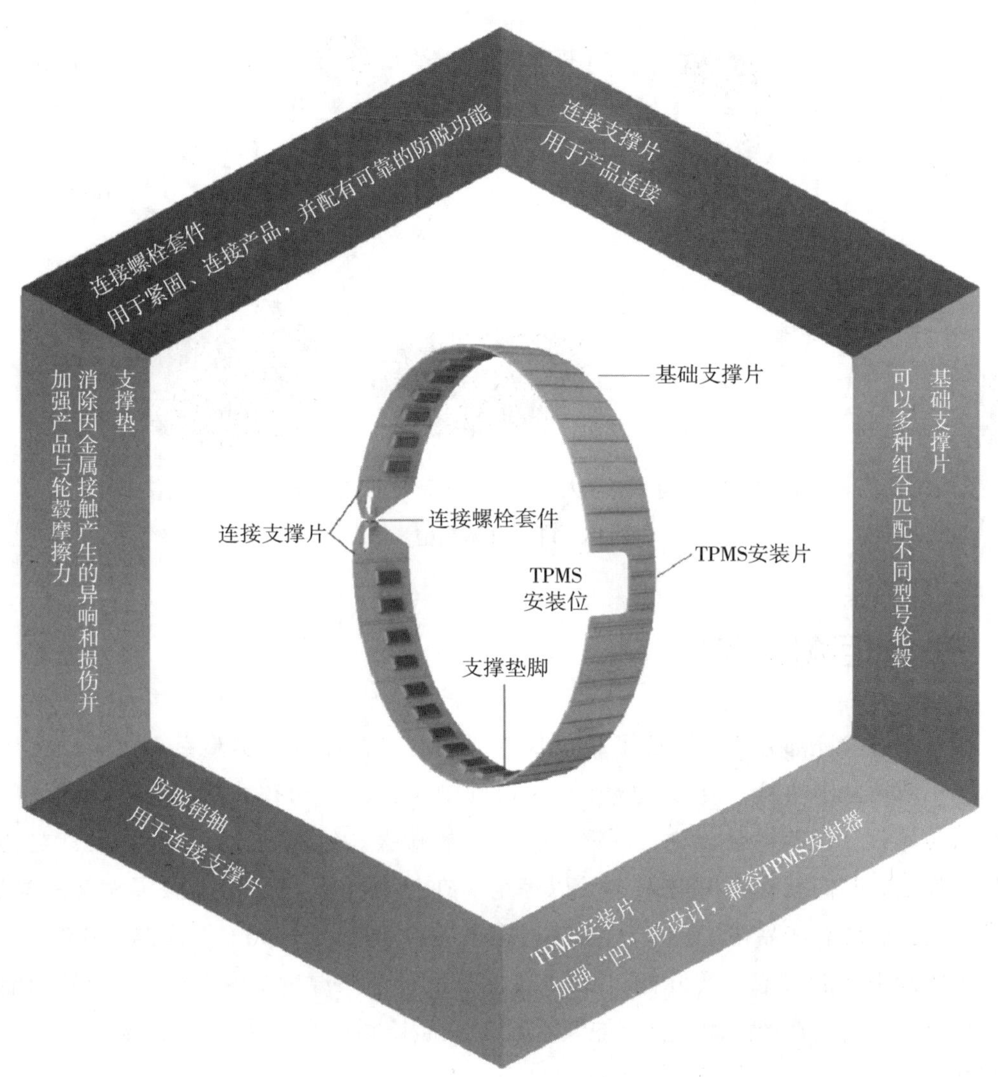

图 13－10 项目介绍

TüVSüD 权威机构认证。通过生产件批准程序（PPAP），产品质量先期策划和控制计划（APQP），潜在失效模式和后果分析（FMEA），统计过程控制（SPC）和测量系统分析（MSA）五大体系的建立，重点防范在汽车零部件供应链中容易产生的质量波动和缺陷。

公司先后通过了“宇通客车股份有限公司”“南京依维柯汽车制造厂”“安徽安凯汽车股份有限公司”等知名汽车生产企业的严格审核，并成为其正式供应商，更与中国车辆进出口总公司结为战略合作伙伴。公司致力于打造覆盖全国的立体行销网络及销售服务中心，为客户提供及时、专业贴心的售后服务体验。目标是打造 10000 个品牌终端网点，配套 4000 家售后服务中心，占领汽车轮胎安全领域，终端用户覆盖全国 85%。

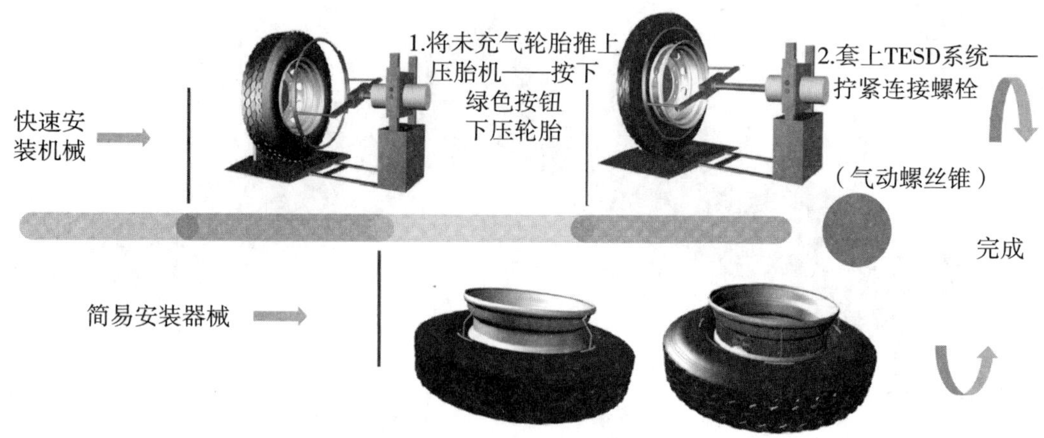

图 13－11　具体实施步骤

三、项目创新点

质量测试验证部分——设置了高于日常使用的严苛标准。实验室正弦震动台架实验和半正弦波冲击实验，模拟车辆在日常行驶中受到的震动和冲击。对于产品各部件组装后与轮毂（包括铝合金轮毂、钢制轮毂）的膨胀系数影响等问题，在设计之初的材料选择上，我们就作为关键因素予以考虑。在材料和配装结构上做了大量的尝试、改进和实验。现有产品在实验室台架实验部分能够达到低温－40℃、高温120℃及高低温冲击实验中性能可靠。实际路试试验中，爆胎后摩擦温度达＋136℃，产品功能有效、可靠。公司还在产品耐腐蚀（盐雾实验），抗拉性能（拉力实验），承载性能（压力实验）等方面，也定期进行了大量的验证工作。

2014 年 12 月底，由中国安全防范产品行业协会专家委员会主办的“泰斯福德 TESD 爆胎应急安全装置专家评审会”对“TESD”产品所获得的相关机构出具的试验、检测、检验报告给予了充分的认可和肯定，并做出了“该产品为国内首创，具有适用性、可靠性和先进性，主要性能指标达到国际同类产品技术水平”的高度评价；同时，也对“TESD”产品的研发以及进一步完善环境适应性试验提出了积极的建议。经过意见汇总，所有专家一致同意泰斯福德“TESD”产品通过产品成果评审，并集体签字建议推广应用。

（泰斯福德（北京）科技发展有限公司）

第五节　汽车物流岗位定额工时测算研究

一、项目背景

在汽车物流领域内，随着第三方物流的逐步深入，物流岗位分工不明确，人员投入方法标准不统一等问题已经成为行业内亟待解决的重点课题。大多数汽车物流企业往往以保证其服务的汽车制造企业正常生产为第一任务，而忽略了最基础的定额工时；定额工时管理作为生产管理工作的基础数据支撑，在很大程度上对企业的各种生产系统能否高效运行起着决定性的作用；汽车制造企业内部，通常会发生新车型上线、流程变更等各种变化点，对于为其提供物流服务的供应商而言，意味着会产生各种新增业务，同时，会产生相应的人员投入变化；因此，研究制定一种能准确、全面地进行汽车物流企业各种物流岗位人员测算方法，进一步建立定额工时标准显得尤为重要。

二、项目主要内容

（一）定额工时基本概念

1. 物流岗位定额工时

在汽车物流领域内，汽车零部件存储和配送过程中，具有平均熟练程度的操作者，在标准作业环境和作业条件下，以正常的作业速度和标准的操作方法，完成一项工作所需要的总时间。

2. 物流岗位定额工时测算

为得到物流岗位定额工时而使用的特定计算方法，包括汽车零部件存储和配送过程中各种物流量的计算、岗位操作步骤的确定以及 MTM 代码的使用标准等。

3. 物流岗位定额工时数据库

在各物流岗位定额工时测算完成的基础上，按照相同区域、相邻环节等关系进行组合，得到某一区域、某一环节内各物流岗位工时数据库；用于该区域、该环节内发生的产量变化、流程变更、新增业务等原因造成的人员变化定额工时测算工作。

（二）基础理论

1. MTM 定义

MTM（Methods－Time Measurement），即“方法—时间—测量”，是当今世界应用最为广泛的预定时间方法；MTM 是一种描述操作过程的方法，以编码的组合反映工作方法，并可以得出唯一的时间值，以此作为某项工作的操作标准。MTM 是一种借助定义好的过程模块来描述、设计和规划工作系统的工具；凡是必须规划、组织和执行强调人力操作的工作均可广泛应用 MTM。

MTM 将动作流程分解成基本动作。每个基本动作都配有标准时值，时值的大小是通过所考虑到的影响因素来（预先）确定的。在 MTM 基本方法中，包含 5 个基本动作、3 个基本动作之外的手部动作、15 个身体动作及两个眼部动作。其中，80%～85%的操作由 5 个基本动作组成，分别为伸手（R）、抓握（G）、递送（M）、连接（P）、松开（RL）。MTM 通过代码对动作进行描述，一个代码表明了该动作的种类与操作方法，例如，伸手到 40 厘米处够取物体，等级为简单，代码为 R40A。MTM 为每一个动作代码赋予了不同的时值，时值采用的单位是 TMU，通过为整个操作流程编写代码，并累计各代码的时值，工程师可以确定整个操作的用时。

1/100000 小时＝1TMU；1TMU＝0.036 秒

2. MTM－UAS 基本工序（如图 13－12 所示）

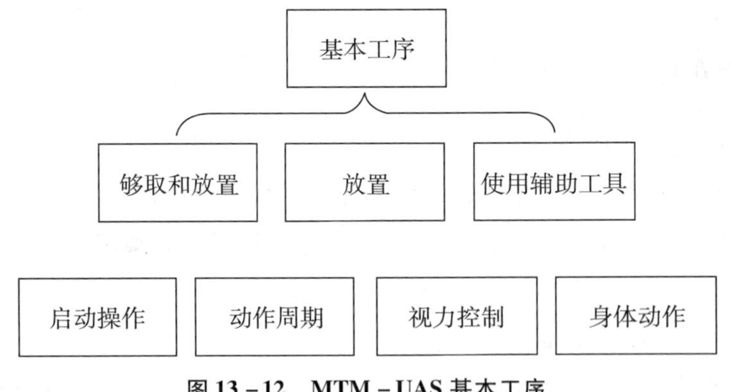

图 13－12　MTM－UAS 基本工序

3. 距离范围

在基本工序够取和放置、放置、使用辅助工具、启动控制和动作周期中，编码的第三位是距离范围。

对于 UAS 基本工序，动作长度具有明显的影响作用。动作长度被分为三个距离范围，如表 13－1 所示。

表 13－1　动作长度距离范围

动作长度（x）（厘米）	距离范围（编码）
$x \leqslant 20$	1
$50 \geqslant x > 20$	2
$80 \geqslant x > 50$	3

继身体运动之后发生的手和手臂的动作，在通常情况下应以距离范围 1（剩余距离）来进行分析。

4. 基础工序分解

（1）够取和放置：够取和放置是指，用手指或手移向一个或几个物体，拿住它（们），并接着把它（们）送到一个带有一定精度的地点去。

过程模块：伸手—抓握—递送—松开。

够取和放置的状况及距离范围，如表 13－2 所示。

表 13－2　够取和放置的状况及距离范围

够取和放置					编码	1	2	3
						TMU		
		G1A	大约	M－A、M－B、M－C	AA	20	35	50
	容易	G1B	松弛	P1	AB	30	45	60
		G5	紧密	P2、P3	AC	40	55	70
≤1daN		G4	大约	M－A、M－B、M－C	AD	20	45	60
	困难	G1C	松弛	P1	AE	30	55	70
			紧密	P2、P3	AF	40	65	80
	满手	—	大约		AG	40	65	80
8daN≥x＞1daN		—	大约	M－A、M－B、M－C	AH	25	45	55
			松弛	P1	AJ	40	65	75
			紧密	P2、P3	AK	50	75	85
22daN≥x＞8daN		—	大约	M－A、M－B、M－C	AL	80	105	115
			松弛	P1	AM	95	120	130
			紧密	P2、P3	AN	120	145	160

（2）放置：放置是指在规定的精度内把一个或几个已被手或手指控制住的物体，放置到下一个确定的地点去，或者是把已被手或手指控制住的辅助工具放到一个额外的使用位置上去。

放置的状况及距离范围，如表 13－3 所示。

表 13－3　　放置的状况及距离范围

放置		编码	1	2	3
			TMU		
大约	M－A、M－B、M－C	PA	10	20	25
松弛	P1	PB	20	30	35
紧密	P2、P3	PC	30	40	45

（3）身体动作：当身体轴线转动，移动或倾斜对确定时间有影响时，就应考虑身体动作。

身体动作的状况及距离范围，如表 13－4 所示。

表 13－4　　身体动作的状况及距离范围

身体动作	编码	1	2	3
		TMU		
行走、转身、侧步（米）	KA	25		
弯腰、蹲下、跪下（包括直起）	KB	60		
坐下和站起	KC	110		

（4）视力控制：视力控制是指用眼睛来进行的检查过程，以便做出某一判断。

视力控制的状况，如表 13－5 所示。

表 13－5　　视力控制状况表

视力控制	VA	15

（5）使用辅助工具：使用辅助工具是指用手或手指拿起一个或几个辅助工具，把它（它们）放到使用的位置上，用完之后放下。

使用辅助工具的状况及距离范围，如表 13－6 所示。

表 13－6　　使用辅助工具的状况及距离范围

借用辅助工具		编码	1	2	3
			TMU		
大约	间隙＞12 毫米	HA	10	20	25
松弛	12 毫米≥间隙＞3 毫米	HB	20	30	35
紧密	间隙≤3 毫米	HC	30	40	45

（6）启动操作：启动操作是指用手或脚达到对调节部件的控制，并完成单一的或复合的调节过程。

启动操作的状况及距离范围，如表 13－7 所示。

表 13－7　　启动操作的状况及距离范围

启动操作		编码	1	2	3
			TMU		
单一	单一启动	BA	10	25	40
组合	附加动作（啮上、脱开、压力、高精度）	BB	30	45	60

（7）动作周期：动作周期是指用手、手指或者脚进行的周期性重复的动作流程。在此，该动作流程是否用工具进行，是无关紧要的。

动作周期的状况及距离范围，如表 13－8 所示。

表 13－8　　动作周期的状况及距离范围

动作周期	编码	1	2	3
		TMU		
一个动作	ZA	5	15	20
动作次序	ZB	10	30	40
移回和一个动作	ZC	30	45	55
固定或松开	ZD	20		

5. MTM 基本工序时值卡（如图 13－13 所示）

动作长度（厘米）	≤20	>20 且 ≤50	>50 且 ≤80
距离范围	1	2	3

够取和放置			编码	1	2	3
				TMU		
≤1 千克	容易	大约	AA	20	35	50
		松弛	AB	30	45	60
		紧密	AC	40	55	70
	困难	大约	AD	20	45	60
		松弛	AE	30	55	70
		紧密	AF	40	65	80
	满手	大约	AG	40	65	80
>1 千克且≤8 千克		大约	AH	25	45	55
		松弛	AJ	40	65	75
		紧密	AK	50	75	85
>8 千克且≤22 千克		大约	AL	80	105	115
		松弛	AM	95	120	130
		紧密	AN	120	145	160

放置	编码	1	2	3
		TMU		
大约	PA	10	20	25
松弛	PB	20	30	35
紧密	PC	30	40	45

时间单位			
TMU	秒	分钟	小时
1	0.036	0.0006	0.00001

动作长度（厘米）	≤20	>20 且 ≤50	>50 且 ≤80
距离范围	1	2	3

使用辅助工具	编码	1	2	3
		TMU		
大约	HA	25	45	65
松弛	PB	40	60	75
紧密	PC	50	70	85

启动操作	编码	1	2	3
		TMU		
单一	BA	10	25	40
组合	BB	30	45	60

动作周期	编码	1	2	3
		TMU		
一个动作	ZA	5	15	20
动作次序	ZB	10	30	40
移回和一个动作	ZC	30	45	55
固定或松开	ZD	20		

身体动作	编码	TMU
行走/米	KA	25
弯腰、蹲下、跪下（包括站起）	KB	60
坐下和站起	KC	110

视力控制	VA	15

图 13－13 MTM 基本工序时值卡

100000TMU＝1 小时。

1TMU＝0.036 秒＝0.0006 分钟＝0.00001 小时。

（三）工时测算方法

进行工时测算需要三方面必要条件，员工操作步骤、操作频次以及作业距离；在物流岗位操作现场实际工时测算过程中，这三个条件需要根据不同的前提输入进行确定。

（1）员工操作步骤。根据物流现场工作流程、各个岗位的标准作业卡确定员工的详细操作步骤；如遇到实际操作与标准操作不符的情况，考虑以下两种情况：①实际操作违反相关要求，则不应考虑实际操作；②实际操作符合相关要求，是在标准操作基础上的改善，则应根据实际操作确定岗位步骤，同时修改标准作业卡。

（2）操作频次。根据汽车制造企业生产线产量、生产节拍、物流现场存储零件清单、到货出库车次等各种信息进行确定；其中产量、节拍、车次等信息可以通过汽车制造企业生产计划、现场实际统计进行确定，而物流现场零件清单信息需要通过总装车间生产线要货情况以及到现场进行零件核查进行确定。

（3）作业距离。在获得物流现场详细 CAD 布局图后，可根据作业流程和布局图对作业距离进行测量；在没有布局图的情况下，需要到物流现场进行实际测量。

工时测算详细流程如图 13－14 所示。

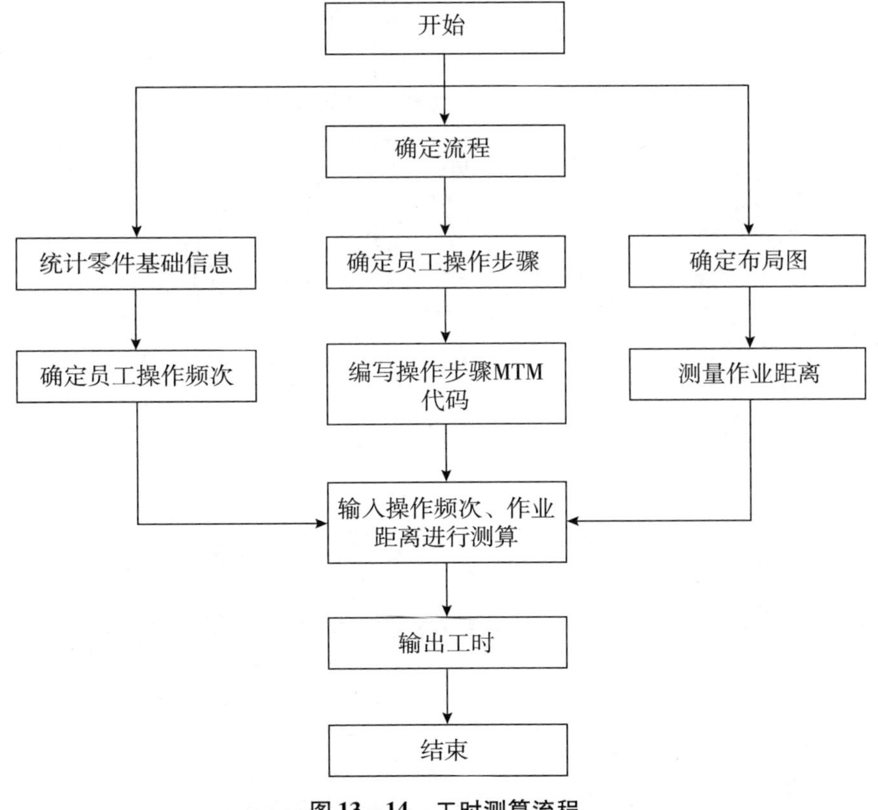

图 13－14　工时测算流程

（四）实例分析

本文以 G 公司 D 库房为研究对象，进行实例分析。D 库房为 G 公司产前汽车零部件存储库房，主要为汽车制造企业 Y 公司提供进口零件的集装箱拆箱、存储、转换包装以及配送业务。

本文将计算集装箱拆箱叉车司机岗位的工时，以对上文提出汽车物流岗位工时测算方法进行实例分析。

1. 岗位操作步骤及对应 MTM 代码确定

G 公司 D 库房集装箱拆箱流程如下所示，流程图如图 13－15 所示。

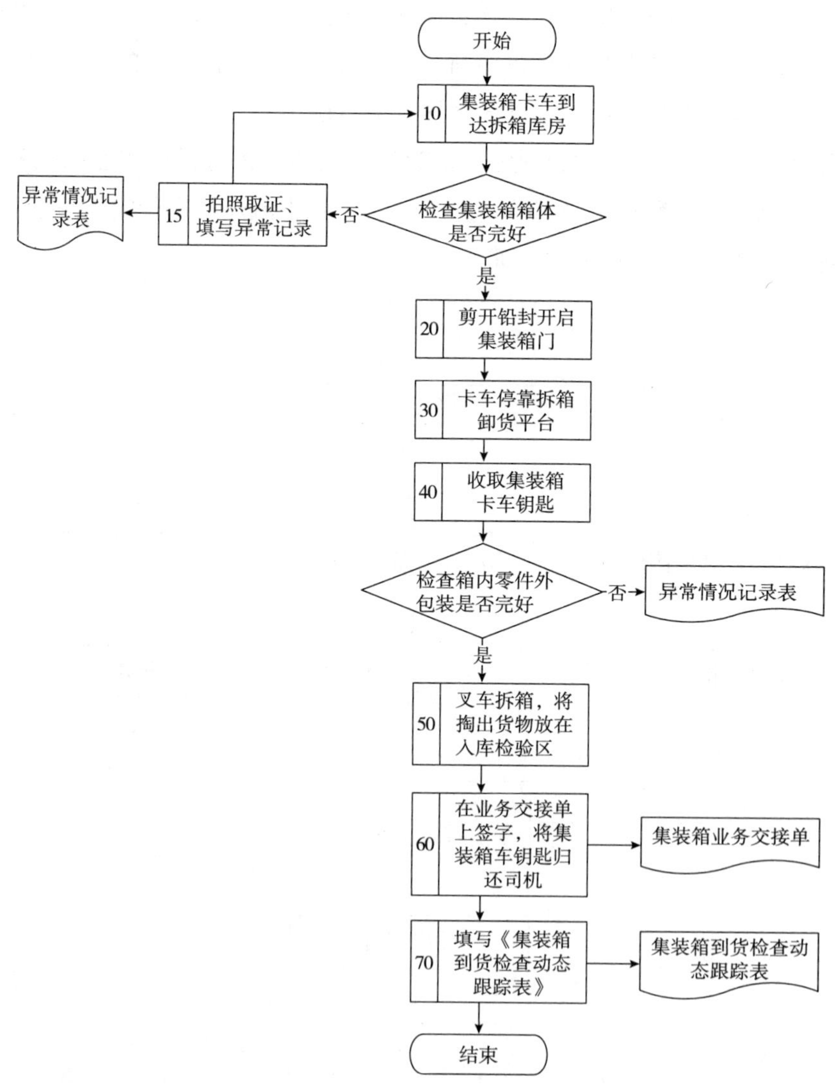

图 13－15　G 公司 D 库房集装箱拆箱流程

（1）到拆箱暂存区，检查零件包装，核对箱单与实物小箱号、零件号、零件数量，标记去向，在核对单上签字确认，打印返托标识并粘贴，在目视板上标记。

（2）领取 R3 条码（指 D 库房存储进口零件标识），返回拆箱暂存区，对条码进行分类，与对应的箱单一同放入条码暂存箱，查找条码，粘贴条码袋，放入条码，到目视板标记，处理垃圾。

（3）拿手持终端到暂存区，核对集装箱号，扫描确认完成扒箱，核对德标与 R3 条码上零件号、小箱号、批次、数量等信息，扫描条码入库，确认画“√”，到目视板标记。

（4）叉车到暂存区叉取货物，将 SLT/GLT 货物运送至入货检查员处等待查收货物，将 SLT 零件直接送至地面存储位置，存储区位置不足，放置超储区，GLT、KLT、返协、越库零件分别放入相应暂存区，S 箱零件放置 S 箱分箱区。

注：SLT 指地面堆垛存储零件，GLT 指高位货架存储零件，KLT 至阁楼/斜面料架存储零件；GLT 和 SLT 一般指大包装零件，KLT 指小包装零件。

根据集装箱拆箱作业流程确定集装箱拆箱叉车司机操作步骤，并编写对应 MTM 代码，如表 13－9 所示。

表 13－9　　集装箱拆箱叉车司机操作步骤及 MTM 代码

操作步骤		MTM 代码	TMU 值
准备工作			
1	从班组园地步行至叉车停放处	KA	25
2	上车及后续下车	4LTAZM + AZA + AZF + AZS	605
3	从叉车停放处行驶至拆箱口	PT	23
拆箱			
4	下车及后续上车	3KA	75
5	步行到集装箱前（不含返回）	KA	25
6	检查车体与铅封	3VA	45
7	交接单据确认	HB2 + 2ZB1 × 3	120
8	收卡车司机钥匙	AA2	35
9	收钥匙行走（从班组园地至 6 号门）	KA	25
10	检查箱内包装状态及熏蒸标志	3VA	45
11	拿取电钻或撬棍行走及返回	KA	25
12	拿取电钻或撬棍	AA2	35
13	用电钻或撬棍去除箱尾固定木板	PT	380

续 表

操作步骤		MTM 代码	TMU 值
14	将木板扔到垃圾箱内	AH2	45
15	扔垃圾及行走至叉车	KA	25
16	叉取零件及后续放置	5LTSAAAFO	603
17	开叉车前往暂存区及返回	PT	23
18	第一排拆后下车及后续上车	4LTAZM + AZA + AZF + AZS	605
19	第一排拆后升起连接桥	BA2	25
20	下车及后续上车	3KA	75
21	升起连接桥	BA2	25
22	关门	BA1	10
23	在目视板上进行拆箱记录挪放标志	HB2 + ZB1 ×9 ×2 + AA2	275
分箱			
24	查看零件类别	2VA	30
25	叉取 KLT/GLT/越库零件及后续放置	5LTSAAAFO	603
26	叉取 SLT 零件及后续放置	5LTSAAAFM	833
27	开叉车前往越库出库检验区及返回	PT	23
28	开叉车前往 KLT 入库暂存区及返回	PT	23
29	开叉车前往 GLT 入库暂存区及返回	PT	23
30	开叉车前往 SLT 货位及返回	PT	23
31	叉车停靠在零件旁查看 SLT 零件货位	6VA	90
32	下车及后续上车	3KA	75
33	行走至目视板	KA	25
34	在目视板上进行拆箱记录挪放标志	HB2 + ZB1 ×9 + AA2	185
越库			
35	叉取越库器具及后续放置	5LT SABA FO	854
36	从出库检验至卡车旁及返回	PT	23

注：PT 指秒表测定时间。

2. 操作频次及作业距离确定

根据 G 公司 D 库房 2015 年 1 月平均每天集装箱拆箱量确定操作频次，并根据库房平面布局图确定集装箱拆箱叉车司机作业距离分别如表 13 – 10 和表 13 – 11 所示。

表 13－10　　D 库房集装箱拆箱物流量统计

序号	物流量	数量（箱）
1	到货集装箱数	11.0
2	小箱数	445.6
3	S 箱数	12.2
4	S 箱小包装数	139.8
5	SV 到货箱数	16.4
6	越库到货箱数	325.4
7	到货总箱数	787.5

表 13－11　　D 库房集装箱拆箱作业距离统计表

序号	内容	距离（米）
1	从班组园地到叉车停放处	10
2	从叉车停放处行驶至拆箱口	38
3	到达拆箱口下车至集装箱前	8
4	收钥匙行走（从班组园地至 6 号门）	60
5	拿取电钻或撬棍行走	7
6	扔垃圾及行走至叉车	12
7	开叉车前往暂存区	15
8	开叉车前往越库出库检验区	60
9	开叉车前往 KLT 入库暂存区	62
10	开叉车前往 GLT 入库暂存区	146
11	开叉车前往 SLT 货位	157
12	行走至目视板	22
13	从出库检验至卡车	26

3. 工时测算

根据已经确定的集装箱拆箱岗位操作步骤、操作频次及作业距离，对其岗位工时进行测算结果如表 13－12 所示。

表 13－12　　D 库房集装箱拆箱叉车司机工时测算结果汇总

序号	工作内容	操作对象	作业距离	MTM 代码	TMU	动作时间（秒）	频次	工时时间（秒）
准备工作								
1	从班组园地步行至叉车停放处	每天	10	KA	25	0.9	2	18.00
2	上车及后续下车	每天		4LTAZM＋AZA＋AZF＋AZS	605	21.78	2	43.56
3	从叉车停放处行驶至拆箱口	每天	38	PT	23	0.828	2	62.93
拆箱								
4	下车及后续上车	一个集装箱		3KA	75	2.7	11	29.70
5	步行到集装箱前（不含返回）	一个集装箱	8	KA	25	0.9	11	79.20
6	检查车体与铅封	一个集装箱		3VA	45	1.62	11	17.82
7	交接单据确认	一个集装箱		HB2＋2ZB1×3	120	4.32	11	47.52
8	收卡车司机钥匙	一个集装箱		AA2	35	1.26	11	13.86
9	收钥匙行走（从班组园地至 6 号门）	一个集装箱	60	KA	25	0.9	11	594.00
10	检查箱内包装状态及熏蒸标志	一个集装箱		3VA	45	1.62	11	17.82
11	拿取电钻或撬棍行走及返回	一个集装箱	14	KA	25	0.9	11	138.60
12	拿取电钻或撬棍	一个集装箱		AA2	35	1.26	11	13.86
13	用电钻或撬棍去除箱尾固定木板	一个集装箱		PT	380	13.68	11	150.48
14	将木板扔到垃圾箱内	一个集装箱		AH2	45	1.62	11	17.82
15	扔垃圾及行走至叉车	一个集装箱	12	KA	25	0.9	11	118.80
16	叉取零件及后续放置	两个小箱		5LTSAAAFO	603	21.708	223	4836.97
17	开叉车前往暂存区及返回	两个小箱	30	PT	23	0.828	223	5534.84
18	第一排拆后下车及后续上车	一个集装箱		4LTAZM＋AZA＋AZF＋AZS	605	21.78	11	239.58

续　表

序号	工作内容	操作对象	作业距离	MTM 代码	TMU	动作时间（秒）	频次	工时时间（秒）
19	第一排拆后升起连接桥	一个集装箱		BA2	25	0.9	11	9.90
20	下车及后续上车	一个集装箱		3KA	75	2.7	11	29.70
21	升起连接桥	一个集装箱		BA2	25	0.9	11	9.90
22	关门	一个集装箱		BA1	10	0.36	11	3.96
23	在目视板上进行拆箱记录（起止时间）挪放标志	一个集装箱		HB2 + ZB ×9 × 2 + AA2	275	9.9	11	108.90
分箱								
24	查看零件类别	一个集装箱		2VA	30	1.08	788	850.50
25	叉取 KLT/GLT/越库零件及后续放置	一个集装箱		5LTSAAAFO	603	21.708	573	12433.11
26	叉取 SLT 零件及后续放置	一个集装箱		5LTSAAAFM	833	29.988	215	6440.18
27	开叉车前往越库出库检验区及返回	两个小箱	120	PT	23	0.828	181	17958.46
28	开叉车前往 KLT 入库暂存区及返回	两个小箱	124	PT	23	0.828	16	1615.40
29	开叉车前往 GLT 入库暂存区及返回	两个小箱	292	PT	23	0.828	90	21734.83
30	开叉车前往 SLT 货位及返回	两个小箱	314	PT	23	0.828	107	27917.76
31	叉车停靠在零件旁查看 SLT 零件货位	一个小箱		6VA	90	3.24	215	695.82
32	下车及后续上车	一个集装箱		3KA	75	2.7	11	29.70
33	行走至目视板	一个集装箱	22	KA	25	0.9	11	217.80
34	在目视板上进行拆箱记录（完成时间）挪放标志	一个集装箱		HB2 + ZB1 × 9 + AA2	185	6.66	11	73.26
越库								
35	叉取越库器具及后续放置（至地面 1.2 米）	一个集装箱		5LT SABA FO	854	30.744	342	10510.21

续 表

序号	工作内容	操作对象	作业距离	MTM 代码	TMU	动作时间（秒）	频次	工时时间（秒）
36	从出库检验至卡车旁及返回	两个小箱	52	PT	23	0.828	171	7359.61
						合计（小时）		33.33

根据测算结果，集装箱拆箱岗位每天完成相应工作量需要的工时为 33.33 小时。

本文提出了汽车物流领域内物流岗位定额工时测算的一般方法，包括汽车零部件存储和配送过程中各种物流量的计算、各个物流岗位操作步骤的确定以及 MTM 代码的使用标准等；主要应用 MTM 相关理论方法，结合 G 公司 D 库房集装箱拆箱叉车的作业流程和相关基础物流量，对集装箱拆箱叉车进行了工时测算。

进一步来讲，本文提出的工时测算方法也可以应用于不同企业的工作内容确定、重复率高、作业量固定的各种操作岗位，可以为企业管理人员提供操作岗位基础工时数据，可以为企业进行工时普查、劳动负荷测算、产能提升提供借鉴。

三、项目创新点

本文对物流岗位定额工时计算方法进行了研究，包括汽车零部件存储和配送过程中各种物流量的计算、各个物流岗位操作步骤的确定以及 MTM 代码的使用标准等。在 MTM 理论应用方面，将 MTM 代码模块化，使 MTM 应用趋于简化；MTM 理论更广泛地应用于汽车装配、机械制造等领域，本文将其应用于物流领域，一定程度上拓展了 MTM 使用维度；填补了物流岗位定额定员标准的空白，保证在发生产量变化、流程变更或新增业务时，企业管理者能够及时、有效地预测人员变化需求量，以确保企业生产平稳、高效运行。

参考文献

［1］皇甫建平，纪国莲．谈劳动定额管理与企业经济发展的关系［J］．机械工业标准化与质量，2007.

［2］高帆．基于 MTM 的物料员劳动定额制定和实施［D］．广东：广东工业大学，2014.

（长春一汽国际物流有限公司）

第六节　基于 JIT 配送物流排序拣选过程优化创新

长春一汽国际物流有限公司是隶属于一汽进出口有限公司的国有物流企业，作为一汽 - 大众公司指明第三方物流服务供应商，拥有集装箱场站，国产化及 CKD 仓库，可对零件进行仓储，转换包装及配送作业；同时，负责对产中物流进行卸货，备货，排序拣选，上线及返空作业。其中，产中业务需根据生产线节拍进行均衡作业，节奏过快会导致生产积压，占用总装车间原本就紧张的空间，工人劳动负荷过高；节奏过慢会导致物流作业跟不上生产线节拍，从而导致生产停台，同时，物流人员劳动负荷过低，生产效率较低，生产成本提高。因此，在生产中排序拣选业务进行优化创新研究，有助于通过合理布局、均衡生产，实现信息系统优化创新。这些方面的创新可以为一汽 - 大众其他物流区域甚至其他具有排序拣选业务的制造业物流领域进行推广并应用。

一、项目背景

长春一汽国际物流有限公司成立于 1997 年 7 月，是中国第一汽车集团进出口公司的全资子公司，是中国第一汽车集团进出口货物的物流集散地，同时也是中国东北地区最大的零部件拆散中心和筐式配送中心。公司主要承载着：集装箱业务、产前配送业务、出口包装业务、保税业务、代理报关报检等业务。主要客户为一汽 - 大众，年度完成 97 万辆整车的产前及产中物流配送任务。

一汽 - 大众一厂 CA1 车间有 VW 及 Audi C7 两条生产线，物流区域占地面积 35000 平方米，2015 年 9 月将 New Bora NF 并入 CA1 VW 线生产，2015 年 8 月将 Audi C7 PA 并入 Audi C7 线生产。

New Bora FL 备货库原有 38 个排序拣选操作，由于新车型的并入，部分准时化或直送零件转为排序操作，同时部分排序件选零件转为准时化上线。最终，New Bora NF 备货增加至 39 个排序拣选操作。New Bora NF 较 New Bora FL 差异件达 600 多种，其中 GLT 差异件近 200 种，两种车型并行生产期间，物流库区紧张，新增 2000 ~ 3000 平方米面积缺口。Audi 备货库原有零件 648 种，新增 PA 零件 243 种；生产线分装现有零件 78 种，新增 PA 零件 36 种。由于零件种类的增加，导致物流库区有较大的面积缺口。同时，由于新车型并入之前，原本存储面积已经不足的生产线旁要定置存储两种车型零件导致物流布线难度更大。

二、创新成果主要内容

长春一汽国际物流有限公司在现有物流前提基础上，研究整体 JIT 配送物流排序拣选过程，从以下几个方面规划设计系统管理方案。

（一）排序流程优化

通过对现有零件现有布局、流程进行分析，员工在操作过程中存在备货差错率较高及行走浪费的问题。为提高工作效率、降低备货差错率，经过与一汽－大众规划部门研讨，制定流程及布局优化的方案，并已在现场实际操作中得到应用，也取得了显著效果。

从流程角度：原有系统 FIS 单打印形式不能满足按零件拣选要求，只能根据 FIS 单打印顺序进行零件拣选作业，故造成操作人员行走浪费以及拣选错误零件发生。如表 13－13 所示。

表 13－13　　原 FIS 排序单

生产线车序	零件号
第 1 台	A1
第 2 台	A2
第 3 台	A1
第 4 台	A2
第 5 台	A1
第 6 台	A2
…	…

根据 BSS 备货单实现功能，对操作流程、平面布局进行调整。如表 13－14 所示。

表 13－14　　现 BSS 排序单

零件号	拣货位置	名称	生产线车序
A1	1	×××	第 1 台
		×××	第 3 台
		×××	第 5 台

续　表

零件号	拣货位置	名称	生产线车序
A2	1	×××	第2台
		×××	第4台
		×××	第6台
…	…	…	…

1. 原有操作流程

操作人员将承载器具放置在备货区域中的固定位置，根据FIS排序单中生产线车序顺序件进行无规律零件拣选，行走路线存在严重浪费，同时拣选作业时需操作人员仔细核对零件信息，易发生错备、漏备现象。

2. 优化后操作流程

根据BSS备货单中拣货位置（系统按照升序排列）提示，操作人员手推承载器具按照提示位置呈U形路线行走，完成全部拣货工作。如图13－16、图13－17所示。

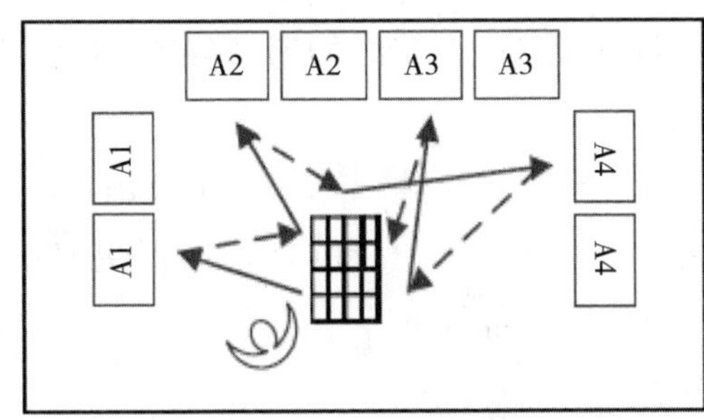

图13－16　原有操作流程

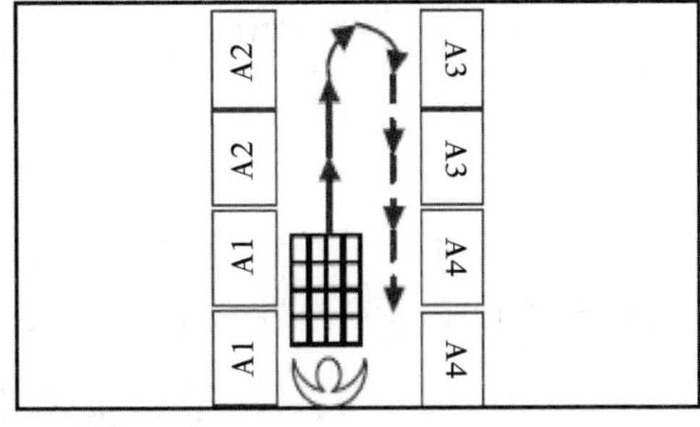

图13－17　优化后操作流程

（二）整体布局优化

在操作流程优化的同时，整体布局也随之调整。以货筐排序为例，整体布局优化主要从两个方面入手。（如图13－18所示）

（1）考虑零件在货筐中的具体位置，同时考虑生产线拿取零件的顺序，零件拣选前的位置要与该顺序保持逆序（生产线先装配零件后放入货筐内）。

（2）原有操作流程货筐排序使用较大操作台存放货筐，流程优化后，货筐零件使用体积较小的转运器具，可承载4～6个货筐，可节约备货区物流面积，每个货筐可节约备货通道宽度约2米。

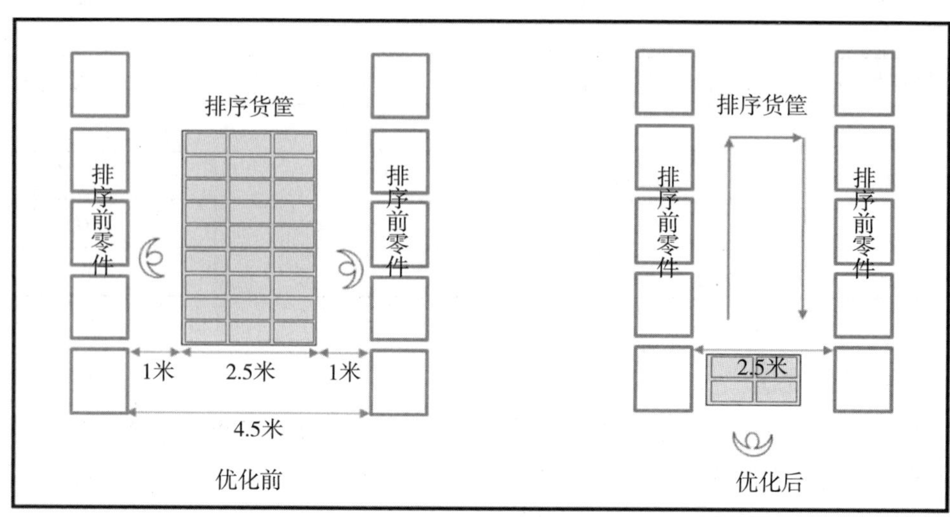

图 13－18　货筐排序平面图优化对比

（三）信息流程优化

BSS（Basket & Sequencing System），即货筐/内部排序备货系统。该系统应用在总装超市及物流库房，利用 FIS 系统的数据源，针对零部件备货时的不同备货排序需求实现相应的备货单打印效果。

BSS 系统，采用 Web 页面的形式，大大降低了现场的维护工作；对比 FIS－IE，更有利于个性化定制备货单的打印样式，方便现场根据拣货位置的货位标识快速拣货，而且根据日期打印所有经过 CP5a 的在线及历史车序的备货单。

WK02(烟灰盒货筐)备货清单

单货筐

流水号 001673　底盘号 407632　KNR 0658056-8
产品代码 82805H 4U4UIE　产品中文
上线工位 102　CP5A时间 2015/02/13 19:14:02

序号	零件号	别名	拣货位置	筐车位置	数量
1	8K0 857 042	猫儿	9	BA407	1
2	8K0 863 903	海绵垫	6	BA406	1
3	8K0 864 376 IXT	排球网	4	BA409	1
4	8K0 919 343 4PK	鞋带	7	BA405	1
5	8K1 820 043 AP XZF	条	1	BA412	1
6	8KD 713 139 B AOE	索尼	5	BA410	1
7	8KD 819 203 B WVF	电风扇	4	BA408	1
8	8KD 857 506 DK1	陶瓷盖	2	BA411	1
9	8KD 857 951 V10	玉溪	8	BA401	1
10	8KD 857 961 V10	香烟	2	BA404	1
11	8KD 919 565 6PS	路由器	10	BA402	1
12	8R1 713 463 3Q7	瓶搂	11	BA403	1
13	8T0 857 593 AB EP5	钢盖	11	BA413	1

打印时间2/15/2015 10:25:35 AM

图 13－19　BSS 系统单货筐备货单

BSS 系统功能详细介绍：

（1）界面风格。界面风格与 AWMS 和 PLP 统一，较旧版本改进基础数据结构、服务解析逻辑，整合系统权限批处理、用户管理、备货组号配置、零件信息配置等功能；取消本地打印程序，一律在 WEB 开发实施。

（2）丰富的打印方式。含有单货筐/多人多货筐备货、车序备货、零件排序备货、多面器具备货以及混模式备货等备货打印方式。

（3）方便查看 CP5a ~ CP7 间在线车序及以月计的全部车序，并对全部打印过的历史记录进行查看及补打。

（4）纸张打印控制。通过打印位置调整及间距调整实现纸张打印的控制，大大降低纸张的浪费。

（5）增加控制点出入库过程监控。系统提供备货单的条码，扫描条码出入库，即可记录下备货单下所有零件及车辆的出入库信息。

（6）提供信息查询，查看车序、工位、底盘号、器具、CP5a 时间、CP6 时间、零件入库出库时间等信息。

（四）上线时刻表优化

该项目针对上线节拍同样进行了研讨与规划，通过更改原有器具承载数量，通常为 6、12、24……，实现承载器具模数化，从而有利于实现上线时间节拍化。通过对排序零件上线器具承载数量、路线长度、单次运输数量进行统筹分析计算，对 AUDI 线及 VW 线排序零件上线时刻重新规划。如表 13 – 15 所示。

表 13 – 15　　路线循环时间表

路线编号	路线循环时间（分钟）	路线长度（米）	运输数量	停靠点数量	生产线	运输方式
RS01	17	560	3	2	F12	牵引车
RS02	34	871	4	4	BA4	牵引车
RS03	34	841	1	1	F12	牵引车
RS04	34	456	2	2	BA3	牵引车
RS05	34	278	4	4	BA1	牵引车
RS06	34	990	4	4	BA1	牵引车

续 表

路线编号	路线循环时间（分钟）	路线长度（米）	运输数量	停靠点数量	生产线	运输方式
RS07	34	120	3	3	BA2	牵引车
RS08	8.5	370	6	1	F10	牵引车

以 RS01 路线为例，确认每次上线牵引数量、路线以及上线发车时刻表，详如表 13－16、表 13－17 所示。

表 13－16　　　　路线计算表

序号	路线	流程	零件名称	排序代码	容量	线旁箱数	牵引箱数	路线长度（米）	工位	时间轨道（节拍）/总装车辆							
										0	12	24	48	60	72	84	94
1	RS01	SUMA	排序—脚踏板	VK64	12	2	1	560	F12		1	1	1	1	1	1	1
2			排序—空调	VK63	6	3	2	560	F12		2	2	2	2	2	2	2
			合计牵引数量								3	3	3	3	3	3	3

表 13－17　　　　上线路线时刻表

规划时间：17 分钟　　　　班车司机：________　　　　记录日期：

白班				二班				三班			
车次	规划发车时间	实际发车时间	返回时间	车次	规划发车时间	实际发车时间	返回时间	车次	规划发车时间	实际发车时间	返回时间
1	8：00	0：17		1	16：26			1	0：52		
2	8：17			2	16：43			2	1：09		
3	8：34			3	17：00			3	1：26		
4	8：51			4	17：17			4	1：43		
5	9：08			5	17：34			5	2：00		
6	9：25			6	17：51			6	2：17		
7	9：42			7	18：08			7	2：34		
8	9：59			8	18：25			8	2：51		
9	10：16			9	18：42			9	3：08		
10	10：33			10	18：59			10	3：25		

续　表

车次	规划发车时间	实际发车时间	返回时间	车次	规划发车时间	实际发车时间	返回时间	车次	规划发车时间	实际发车时间	返回时间
11	10：50			11	19：16			11	3：42		
12	11：07			12	19：33			12	3：59		
13	11：54			13	20：20			13	4：16		
14	12：11			14	20：37			14	4：33		
15	12：28			15	20：54			15	4：50		
16	12：45			16	21：11			16	5：07		
17	13：02			17	21：28			17	5：24		
18	13：19			18	21：45			18	5：41		
19	13：36			19	22：02			19	5：58		
20	13：53			20	22：19			20	6：15		
21	14：10			21	22：36			21	6：32		
22	14：27			22	22：53			22	6：49		
23	14：44			23	23：10			23	7：06		
24	15：01			24	23：27			24	7：23		
25	15：18			25	23：44			25	7：40		
26	15：35			26	0：01			26			
27	15：52			27	0：18			27			
28	16：09			28	0：35			28			

三、创新成果的实施及应用效果

（一）整体计划

该项目经历 4 个重要项目里程碑：

（1）零件清单输出；

（2）WORK SHOP 会议模拟测算结果输出；

（3）布局及备货方式切换；

（4）项目 SOP 实施。

项目具体实施计划，如表 13－18 所示。

表 13-18　　　　项目计划明细表

序号	工作内容	主导部门	配合部门	工作输出	开始时间	完成时间
1	零件清单准备	大众筹措/物流规划	计划/工艺	规划清单/筹措清单	2015. 2. 5	2015. 3. 7
2	WS 研讨会	物流规划/工业工程	规划部/工艺/现场	人员需求数量/器具工艺车辆数量	2015. 3. 20	2015. 7. 15
3	平面布局规划	物流规划	规划部/工艺/现场	平面布局图	2015. 2. 25	2015. 7. 28
4	资源准备（工艺车辆/人员/器具）	物流规划/国际物流	工艺/器具	资源投入表	2015. 7. 20	2015. 8. 30
5	人员操作培训	工艺/IT	现场	培训记录表格	2015. 7. 25	2015. 8. 20
6	布局调整	现场/工艺	规划部/物流规划	会签版平面布局图	2015. 7. 20	2015. 9. 5
7	备货方式切换	现场/工艺	规划部/物流规划	切换报告	2015. 7. 20	2015. 9. 15
8	零件布库布线	计划/现场	物流规划/工艺	布库清单/布线交接单	2015. 9. 10	2015. 9. 18
9	项目 SOP	现场	物流规划/规划部/工艺/计划	SOP 运行报告	2015. 9. 21	—

（二）测试问题及改进

1. BSS 系统问题

问题描述：使用 BSS 系统进行备货，系统代入信息无法区分新车型和老车型零件，员工根据备货单无法识别，易发生错备、漏备情况。

改进：人工维护新老车型信息至系统，与零件号绑定（如 BORA 老车型代码 FL，新车型代码 NF），便于员工进行区分，防止零件错备、漏备。

2. 备货单变更

问题描述：BSS 单不适用于部分零件，比如功能单元，需打印多张备货单备一个器具。

改进：针对此类型零件继续沿用 FIS 系统排序单进行打印排序。

3. 备货布局问题

问题描述：部分布局设计增加牵引车投货距离及员工行走距离。

改进：通过布局局部调整，减少员工行走距离和牵引车上线牵引距离。

（三）经济效益及 KPI

（1）通过备货方式变更，节约备货操作人员，合计减少 27 人，年人工成本减少 108 万元。

（2）通过备货方式变更，规避员工不按照标准操作行为，提升供货零件质量，自损率降低 3%，年节约成本 5 万元。

（3）规范员工操作，根据固定方式少辆份多批次地进行备货，有助于提升标准作业执行率、账实相符率等 KPI 考核指标，提高客户满意度，为公司带来无形收益。

New Bora FL 及 Audi C7 将分别于 2016 年上半年及 2015 年年底 EOP，New Bora NF 及 Audi C7 PA 车型产能将逐步提升。

通过对比 ALK 传统方式与 NLK 方案（BSS）（如表 13－19 所示），总结出 NLK 方案具有以下优点：

（1）节省备货行走距离，提高备货效率；

（2）排序器具轻量化，更符合人机工程的要求；

（3）人员负荷降低，利于提高备货质量。

表 13－19　　方案对比

<table>
<tr><th>对比内容</th><th>ALK 传统方式</th><th>NLK 方案（BSS）</th></tr>
<tr><td>备货清单</td><td>SEQ：
备货单<table><tr><th>位置</th><th>零件号</th></tr><tr><td>1</td><td>A1</td></tr><tr><td>2</td><td>A2</td></tr><tr><td>3</td><td>A1</td></tr><tr><td>4</td><td>A2</td></tr><tr><td>5</td><td>A1</td></tr><tr><td>6</td><td>A2</td></tr><tr><td>…</td><td>…</td></tr></table></td><td><table><tr><th>零件号</th><th>名称</th><th>位置</th></tr><tr><td>A1</td><td>××××</td><td>1
3
5</td></tr><tr><td>A2</td><td>××××</td><td>2
4
6</td></tr><tr><td>…</td><td>…</td><td>…</td></tr></table></td></tr>
</table>

续表

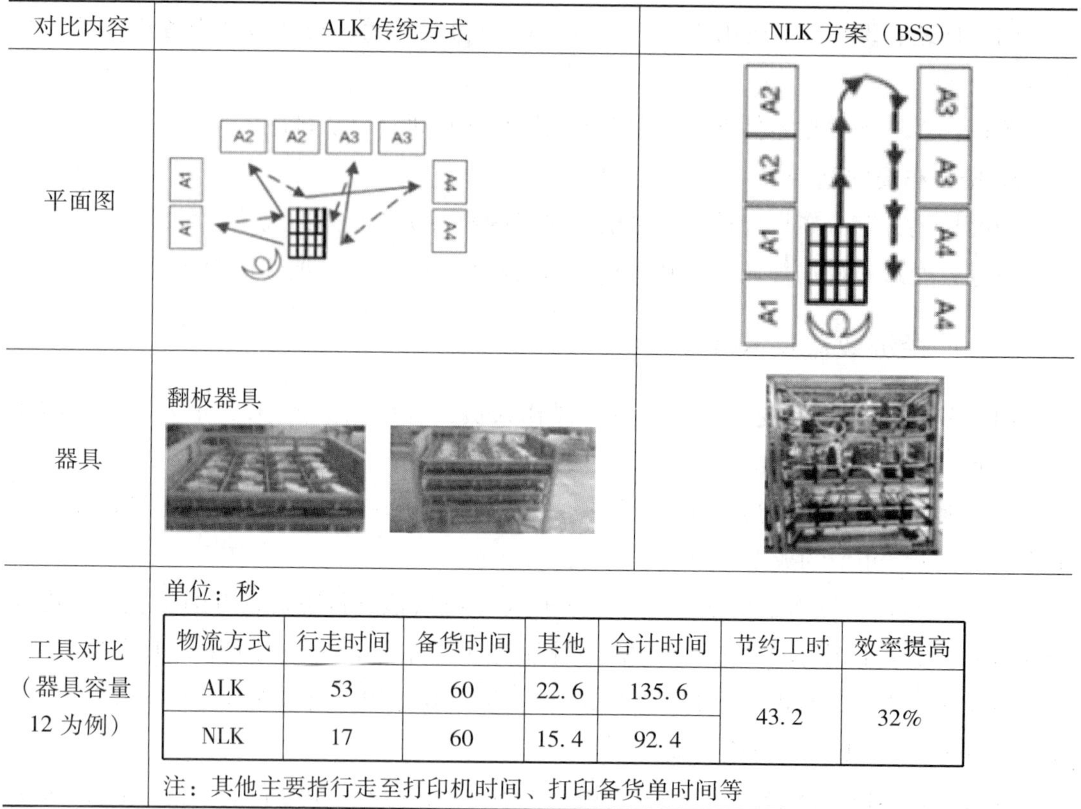

对比内容	ALK 传统方式	NLK 方案（BSS）
平面图		
器具	翻板器具	
工具对比（器具容量12为例）	单位：秒（见下表）	

物流方式	行走时间	备货时间	其他	合计时间	节约工时	效率提高
ALK	53	60	22.6	135.6	43.2	32%
NLK	17	60	15.4	92.4		

注：其他主要指行走至打印机时间、打印备货单时间等

四、创新成果的推广价值

长春一汽国际物流有限公司配送物流排序拣选过程优化创新方案具有较好的推广价值：

（1）将不产生价值、却占用企业资源的实物流程环节（无效的行走，资源的浪费）消除，提高空间利用率，提高作业效率，实现精益物流生产模式，其他物流区域甚至是其他制造业物流公司均可参考借鉴。

（2）信息流的优化，可以进一步加强对生产和物流区域的各个过程的控制，从而保证生产全过程信息的一致性以及生产信息跟踪的及时性，保证生产过程准确、高效运行。

（3）排序拣选方式的优化不但提高了作业效率，也通过充分利用人机工程学原理降低了人员劳动负荷，这一方面值得在所有采用精益生产方式的制造行业中进行推广。

（长春一汽国际物流有限公司）

第七节　去伪存真——降低东风皮卡紧急追加订单比例

郑州日产入厂物流采用调达物流的模式，而调达订单下发由 CATS 系统下发与手工下发两种情况。其中，东风皮卡国产零部件订单是手工计算、下发。在手工订单对应的情况下，每周产生紧急追加订单的供应商比例高达 44%，追加订单的紧急性真假难辨，供应链的牛鞭效应被放大的现象日益显现，供应商和物流公司难以有效地对应，对生产有一定的隐患。为了去除非真实的紧急追加订单，降低追加订单比例，郑州日产 SCM 部与物流公司共同开展 V - fast 活动，分析要因，提出方案，利用 Pay - off 图对方策进行评价，并对各方策展开实施，最终使追加订单供应商比例由 44% 降低至 4%，年度节约物流公司紧急应对追加订单费用 51.8 万元，并大大降低了生产缺件的风险。

一、背景介绍

（一）郑州日产取货模式介绍

郑州日产国产零部件来自全国三百多家供应商，为实现规模效益，公司不再采用各个供应商各自运输配送的模式，改由第三方物流公司将各个供应商的物资联合起来，构建运输网络，形成集配运输和 Milk - Run 运输两种运输模式，根据构建的运输网络，并按照郑州日产指定的时间（郑州日产称为订单纳期），将物资配送到公司，这种零部件的入厂物流模式在郑州日产叫作调达物流。整体运输模型如图 13 - 20 所示。

（二）郑州日产调达物流取货提前期和取货频次介绍

根据已经构建的物流网络，结合供应商分布、货量信息，郑州日产会针对各供应商做一周取货次数的约束，即取货频次。

取货频次设定的基本原则，如表 13 - 20 所示。

表 13 - 20　　取货频次设定

货量	≤35 立方米/周	≤70 立方米/周	>70 立方米/周
取货频次	1 次/周	2 次/周	2 次/周以上

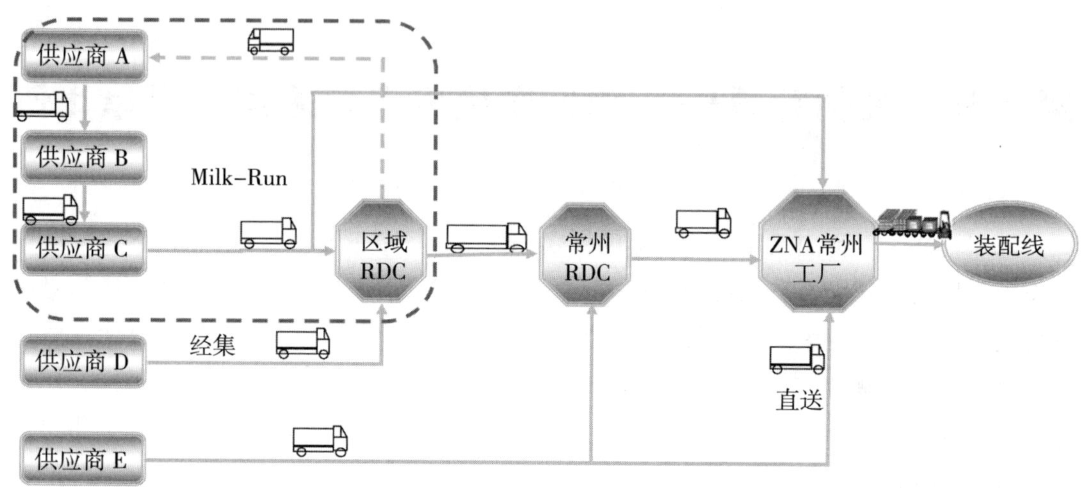

图 13－20　郑州日产调达物流运输模型

实际设定时，为了减少供应商的库存压力，对分布较为集中区域的供应商，考虑合并货量以增加取货频次。

另外根据距离的远近会对供应商做运输周期的规定，即取货提前期，供应商需要根据订单纳期，按照取货提前期的天数提前出货。

各个区域的取货提前期设定如表 13－21 所示。

表 13－21　各区域取货提前期设定

区域	取货提前期	区域	取货提前期
东北	$N-5$	华南	$N-4$
东南	$N-5$	华东	$N-4$
华北（除天津）	$N-4$	华中（安徽/湖南）	$N-4$
华北（天津）	$N-3$	华中（湖北）	$N-2$
西南	$N-4$	近地化	$N-0.5$

（三）郑州日产调达物流模式下的东风皮卡订单模式介绍

在 ZNA 导入调达取货以后，东风皮卡车型采用手工计算的形式，N 周周五处理 $N+2$

周的周度订单，并发给供应商，订单的计算模型如图 13 －21 所示。

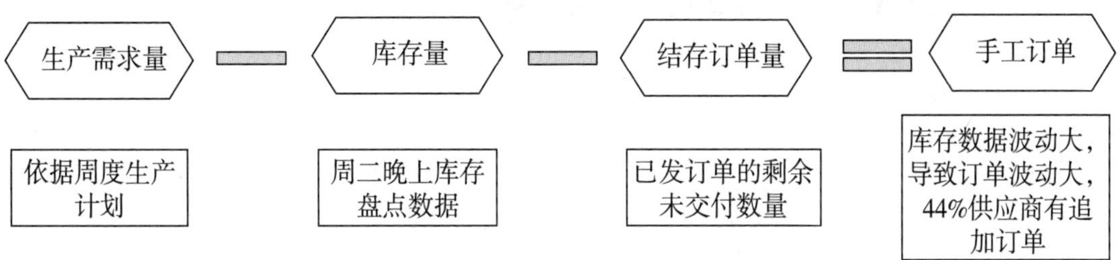

图 13 －21　订单的计算模型

注：每周周二夜班结束，厂内物流会对在厂内的物资进行实物盘点并提报库存。
调达物流每周三提报已发订单在周二下班之前还没有交货的订单数量。

二、东风皮卡国产零部件订单现状

（一）追加订单紧急且量大

根据实际情况，厂内物流每周盘点数据波动大、调达物流结存订单量统计有问题，导致订单波动大，44% 供应商有追加订单，追加订单真假难辨，部品科无法核实大量追加订单是否真的紧急，调达担当全部紧急对应代价大，甚至紧急运输都无法满足交期，如果调达担当正常对应，虽节约成本，但是生产存在停线风险；供应商为应对多变的订单需要多备很多库存，供应链牛鞭效应被无形放大；因此降低追加订单成为亟须解决的课题。

（二）订单的不准确使得供应链牛鞭效应放大

按照郑州日产对供应商供货的管理规定，为了确保郑州日产生产的需要，供应商需要按照郑州的需求的 1.5 倍提前备货，并按照郑州日产的取货频次和取货提前期的规定进行提前合并出货，为应对郑州日产波动较大的订单，供应商进行供应决策时，需求信息的不真实性会沿着供应链逆流而上，产生逐级放大的现象，人为地增大了供应链中的上游供应商的生产、供应、库存管理和市场营销风险，甚至导致生产、供应、营销的混乱。

供应链牛鞭效应的放大影响了供应商供货的积极性，最终供应商的原料挤压等成本，无形中成为供应链中的整体浪费。

三、去伪存真——降低东风皮卡追加订单比例的方策

（一）课题计划

经过查阅资料学习，发现 V－fast 活动作为一种快速解决跨部门、跨职能的问题的工作方式，很适用于该课题的解决，随即 SCM 部立即按照 V－fast 形式课题做了相关准备。

（二）V－fast 团队的构建

为了快速解决该课题，郑州日产 SCM 部决定召集该课题的所有相关方共同组成 V－fast团队，以求所有环节信息的共享、彼此的认知和理解，借助所有环节的集体力量共同完成课题的目标。

通过对课题的问题分解，找到影响问题的所有环节与单位，最终由生产计划人员、物流管理人员、调达物流管理人员、厂内物流班组人员、调达物流班组人员共同组成了 V－fast 团队。

（三）头脑风暴寻找要因和方策

团队构建以后，郑州日产 SCM 部组织团队成员进行了集中讨论。团队领导对讨论会以及课题的后续推进提出了自己的要求。V－fast 团队是跨职能、跨部门的团队，要求全体成员为了共同的（课题）目标，发散思维，献言献策；并要求建立周例会推进体制，对集中讨论会输出的课题及对策进行跟踪落实，并最终落实考核机制进行跟踪。

之后热闹的团队头脑风暴模式开启了，头脑风暴分为三个阶段。

第一阶段是现状把握，提出实际运作中的问题点，问题点主要分为两大类：库存提报错误和结存订单量统计错误，根据两大类问题提出细分问题点，库存提报错误的细分问题点主要有：零件种类盘点错误、零件数量盘点错误、统计员数据录入错误或者汇总错误等；结存订单统计错误的细分问题主要有：上周累计差异未处理、“未按时纳入部品”或者“提前纳入”未统计提报、未纳模板错误等。

第二阶段是要因分析，由参会的每个人员对细分问题提出影响因素，并根据影响因素的重要度进行 1～10 分的评分，最后由团队成员对所有因素进行整理并合计分数，按照分数从高到低进行排序，将排在前十位的因素作为要因，要因主要有：供应商不按照要求出货、库存定置不达标、厂内收货量统计错误、盘点后无人复查、盘点频率高导致人员懈怠等。

第三阶段是对策制定，针对第二阶段得出的十条要因分别制定对策，制定的对策

主要有对异常供应商进行培训、整改、考核，EOP 物资制定处理对策，冷僻车型物资制定处理对策，重新确认库位定置（位置与面积），5S3 定的巡视与考核等。

（四）方策的 Pay - off 评价

随着一个个对策浮出水面，在团队的共同见证下，对各项对策按照效果从高到低和对实施时间从长到短进行了 Pay - off 评价，最终盘点流程制定及完善、制定追加订单责任方考核方法、对供应商考核培训等方策是效果较高且立马可以实行的项目；并对其他所有方策制订实施时间和具体实施计划追踪表。

（五）方策的实施

根据已经制定的方策实施计划追踪表，分别对方策展开了具体的实施。

针对供应商出货问题改善课题，分类征集供应商跨纳场打托/做单、单据错误/不规范、不按订单出货、打包异常四类问题，共计 31 个问题点。调达担当对所有问题供应商发出整改通知，并逐一电话落实。经持续跟踪确认，5 月 22 日全部问题点整改完毕，从原始单据环节，杜绝了未纳分析错误的情况。

针对库存定置改善课题，先将呆滞物资移出各仓库以减少对库位面积的浪费，然后对库位进行了重新的定置确认，并通过 5S3 定巡视，厂内物流班组加强自查、物流管理课不定时抽查，共同确保了库存定置问题的良好推进和持续性保持。

针对厂内收货量统计问题，根据调查情况统计错误的原因主要是调达物流公司统计的未交货的时间标准和厂内物流统计未收货的时间标准不一致，调达物流担当和厂内物流以及调达物流公司明确标准，厂内物流与物流公司统计货量的唯一依据为厂内物流签字后的回单，回单日期为收货量统计日期。

为了促进厂内物流盘点的准确性，调达、部品管理、FSL 共同就调达部品盘点流程进行梳理，对盘点清单、时间、方式、范围、异常处理等环节进行明确，完善了盘点流程。

为了提高所有操作人员的责任心，调达物流人员重新制定了追加订单产生责任方的管理考核细则，从过程与结果两个方面进行考核：①过程方面包括盘点与未纳分析的时间节点、提交及时性、数据准确性等；②结果方面包括因库存原因与未纳分析原因造成的追加订单、报缺的次数等。

（六）课题反省

通过 V - fast 活动，该课题取得了良好的改善成果，但是由于厂内物流班组人员的积极性不高，在团队集中讨论头脑风暴阶段一些团队成员没能参加，导致要因分析阶段可能会有略微的偏差，后续要反思如何在头脑风暴阶段提高所有相关人员的参与积极性。

该课题是调达物流第一次使用 V－fast 活动的形式解决的课题，后续可以继续使用这种活动解决需要快速解决的跨部门课题。

四、创新点及取得的成果

（一）创新点说明

（1）利用 V－fast 的方式，头脑风暴，找到问题的要因、方策，主要从完善流程、制定标准、加强仓库与供应商的基础管理方面开展工作，最终实现比较好的经济效果。

（2）该项目的来源是调达物流日常工作中亟须解决的课题，把日常工作中大家的困扰显现出来，利用科学的工具完美地完成课题的改善。

（3）作为主机厂，切实从物流公司和供应商的角度出发，从供应链角度思考问题的思路也是各个主机厂或者其他甲方客户应有的思维。

（二）成果说明

通过课题的推进，追加订单比例得到明显的降低，对成本的削减、各环节工作量的降低、供应商满意度的提升都带来良好的影响。

1. 直接成果

供应商的追加订单比例由 44% 降低至 4%，零件的追加订单比例由 10.8% 降低到 0.3%，平均每周产生追加订单的供应商数量降低了 36 家。

根据经验，10% 供应商的追加订单需要采取紧急运输方式，平均费用为 3000 元，则年度紧急运输费降低＝周度追加订单供应商数量 36 家 × 需紧急对应比例 10% × 紧急运输平均费用 3000 元 ×48 周≈51.8 万元/年。

2. 间接成果

（1）部品课、物流技术课、物流公司、厂内物流等相关单位核实、对应追加订单的工作量大大降低。

（2）停线的风险大大降低。

（3）订单的准确平稳促进供应链牛鞭效应放大现象的好转，促进供应链的健康、平稳的发展。

（4）作为 V－fast 课题首次在调达物流的使用，本次取得的良好成果为后续课题的推进提供一种更好的解决方法。

五、对行业的贡献

（1）对于未完全实现信息化的厂家，可以借鉴项目中的纳期分析表，用以管控订单的交付情况。

（2）以 V－fast 活动的形式推进课题的手段可以作为各公司快速处理跨部门工作的借鉴方法。

（3）项目中制定的流程、标准，以及在仓库定置与供应商管理方面的经验也有助于同行梳理工作流程与加强基础管理工作。

（郑州日产汽车有限公司）

第八节 发动机库信息化优化项目

安徽江汽物流有限公司新发动机外购件配送中心于 2013 年 12 月开始建设，预期 2015 年 1 月投入使用，主要服务于江淮汽车发动机公司，为其提供及时高效的厂内物流服务，发动机库由此前分散的三个仓库转变为一个独立的专用仓库。本项目以实施 WMS 系统为契机，对发动机新仓库进行全面布局规划，优化配送模式，优化与调整仓库组织结构及人员、岗位设置，努力提升仓库管理水平，降低业务运作成本。

一、项目主要内容

（一）物流规划技术

（1）仓库建设为“L”形，符合标准的物流规划设计路线，考虑到北雨棚离主机厂距离较近，所以设定北雨棚为发货口，东雨棚为收货口，整体设计严格按照先进先出标准。

（2）以高位货架为线，将仓储区与备料区分离，仓储区多为叉车作业，人工作业较少，备料区多为人工作业，叉车、牵引车作业较少，做到最大化人车分流。

（3）细分作业区域及作业性质，设计成类似流水线作业，细分岗位职责，缩小岗位作业范围，降低岗位难度，最大化规避各岗位作业风险，有利于后期作业标准化。

（二）信息化技术（如图 13－22 所示）

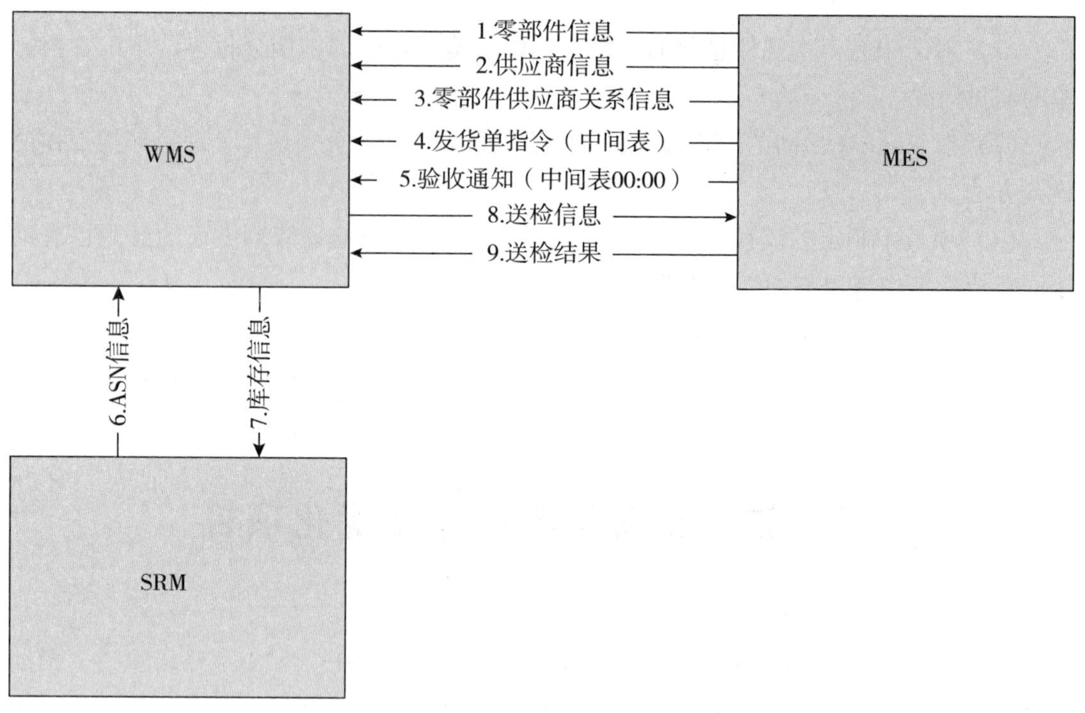

图 13－22　信息交换

（1）与生产系统 MES、采购系统 SRM 采用中间表形式充分连接在一起，在时效满足需求的前提下，尽可能地降低系统与系统之间的直接联系，将相互影响风险降低到最低，逐步形成同一平台管理，上下游信息共享为 VMI 作准备。

（2）细化控制节点：ASN 信息录入、收货、上架、补货、备货、发运、签收七大流程关键环节管控。

（3）物料管控：质检流程、工费、料废、退货四大环节管控账务。

（4）库存管理：日常抽盘、循环盘点、定期全盘三块功能相结合，及时精准了解库存信息，为管理决策提供依据。

（三）PFEP、价值流研究

（1）对每一种零部件的物理属性进行统计，如长、宽、高、重量、包装尺寸等。

（2）对每一种零部件的生产属性进行统计，如单台用量、上线方式、安全库存等。

（3）通过 PFEP 的研究结合生产节拍，制定出每一种物料的供给模式、数量、包装要求、时效要求等。如图 13－23 所示。

BOM物料图号	物料名称	单台用量	供应商名称	包装类型	最小包装数量	长	宽	高	重量	层高	托盘包装数	标准托盘单层包装数	标准托盘可放层数（按物料850高）	折算标准托盘包装数	标准托盘净重	标准托盘容量
1002016GA	曲轴后油封	1	成都盛帮	T	180	103	65	60	2.50			137	10	1370	3425	246600
1023605GA	平衡轴齿形轮	1	宁波东睦	M	60	270	265	60	4.98	11	100	16	14	224	1115.52	13440
1023200GA	曲轴配气正时齿形轮部件	1	宁波东睦	M	28	260	170	140	12.60			27	6	162	2041.2	4536
1015080GD014	动力转向泵皮带张紧轮	1	上海贝尼	T	36	280	280	160	26.50			15	5	75	1987.5	2700
1002120GC	喷油嘴	4	上海喷达	T	1000	200	170	80	3.00			35	10	350	1050	350000
1003033GA	凸轮轴挡块	1	上海万泰	T	1400	340	240	165	18.00			14	5	70	1260	98000
1014300GD052	PCV阀	1	台州杰曼	T	1000	385	310	170	25.00			10	5	50	1250	50000
1014310GD052	缸盖护罩排气侧出口钢管	1	台州杰曼	T	1000	385	310	170	25.00			10	5	50	1250	50000
1005013GD030	曲轴（锻压）	1	成都飞亚	M	1	490	190	130	16.00	8		12	6	72	1152	72
1023608GA	惰轮	1	宁波丰茂	M	40	340	270	110	16.00	5	55	13	7	91	1456	3640
1004012GC	活塞销	4	#N/A	M	120	360	180	125	13.00	6	72	18	6	108	1404	12960
1023300GA	二级张紧轮组件	1	#N/A	M	60	335	270	110	15.00	5	55	13	7	91	1365	5460
1022011GD050	右平衡轴	1	#N/A	M	10	350	250	115	15.00	6	48	13	7	91	1365	910
1022013GD050	左平衡轴	1	#N/A	M	10	350	250	115	15.00	6	48	13	7	91	1365	910
1002300GD052	机油尺组件	1	台州杰曼	T	10	385	310	170	25.00			10	5	50	1250	500
1003044GD052	暖风出水管	1	台州杰曼	T	150	385	310	170	25.00			10	5	50	1250	7500
1004101GC	连杆组件	4	#N/A	T	16	230	215	140	10.00	6	180	24	6	144	1440	2304
1014670GD052	连软管钢管组件	1	台州杰曼	T	15	385	310	170	25.00			10	5	50	1250	750
1027141GD052	进水连接管	1	台州杰曼	T	15	385	310	170	25.00			10	5	50	1250	750
1027683GD052	油冷器进出水钢管组件	1	台州杰曼	T	50	385	310	170	25.00			10	5	50	1250	2500
1002012GA	飞轮挡板	1	#N/A	M	50	370	240	80	20.00	6	54	13	10	130	2600	6500
1008019GD050	EGR盖板	1	#N/A	M	300	300	250	100	20.00			16	8	128	2560	38400
1015086GA	垫片	1	#N/A	M	2000	270	230	70	5.00			19	12	228	1140	456000
1023090GA	复合支架垫板组件	1	#N/A	M	200	360	205	160	15.00	5	60	16	5	80	1200	16000

图 13－23　信息处理表

（四）SOP 部署

（1）根据信息系统的流程，标准化主题流程，此项目重点更改备料区与仓储区之间的拉动补料流程，将过去按需补料更改成按照安全库存系统拉动补料，大大降低生产风险，提高效率。

（2）对于不同的业务环境、环节，如有特殊需求对业务流程进行小的改动，并在系统中开发定制功能模块。

（3）针对公司其他零部件产前物流业务，此标准流程主题框架及信息化系统一推广，对其特殊需求进行识别并开发，信息化部署周期大大缩短。如图 13－24 所示。

详细流程如图 13－25 至图 13－28 所示。

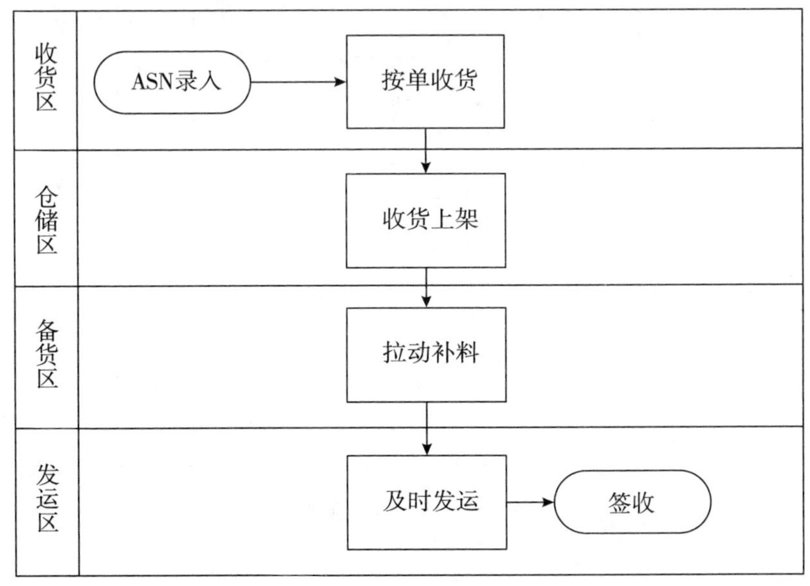

图 13－24　零部件产前物流业务流程

保管员
供应商
开始
每个ASN明细需要
输入所需托盘个数
手工
创建ASN
否
打印物料条码
（ASN条码+图号+
托盘序列号）
激活
能否
自动生效
RF作业
打印收货单
收货录入
是
码托
上架流程
质检流程
结束

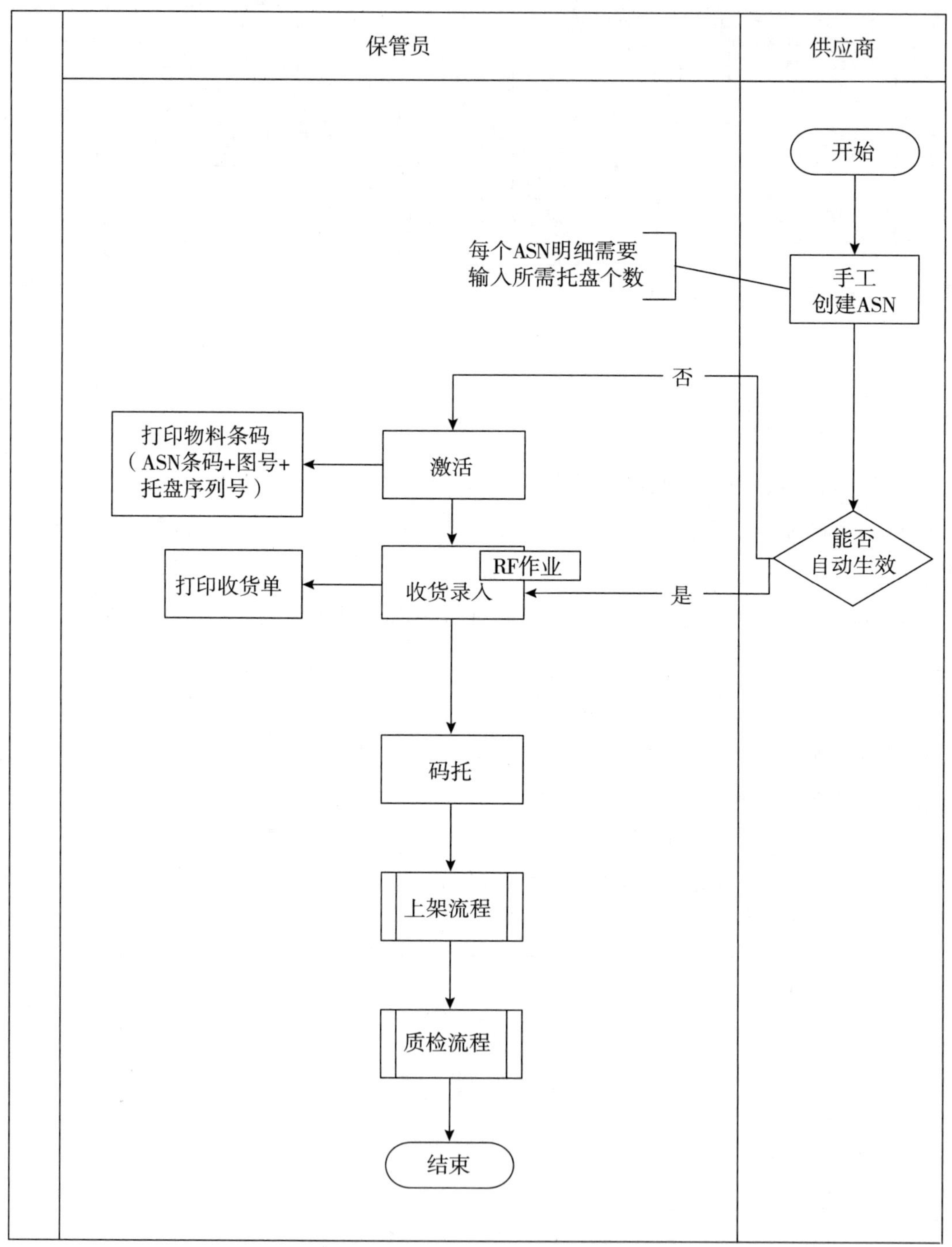

图 13－25　收货流程

保管员
叉车工
开始
收货流程
生成上架单
分配上架库位
激活
生成上架作业单
上架作业，
记录上架异常
扫描物料条码
签指导上架
作业确认
结束

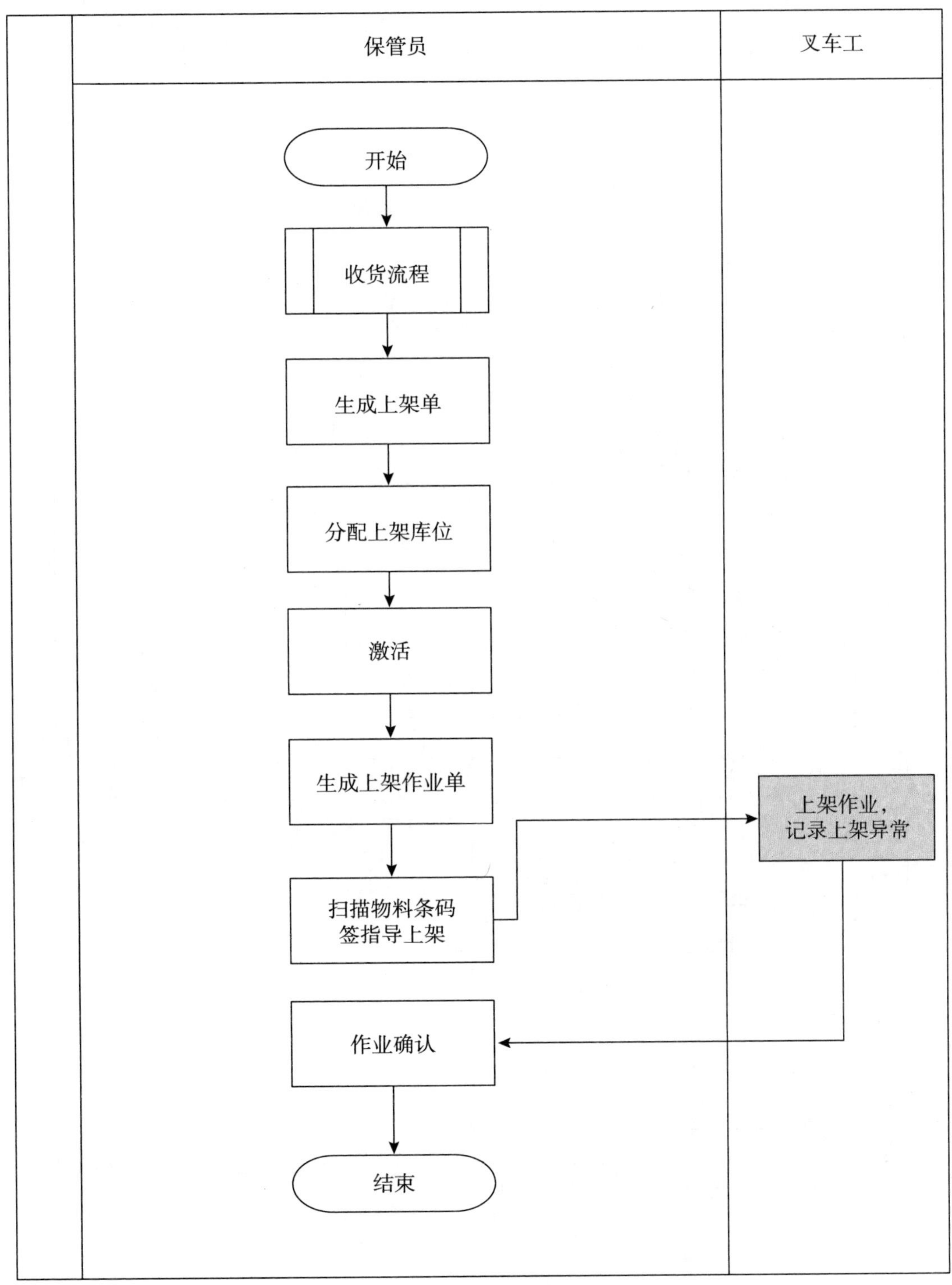

图 13－26　上架流程

保管员
备料工
开始
创建移位计划
分配移位库位
激活移位单
作业单
打印移位作业单
作业单
移位作业，
记录移位异常
作业单
作业确认
RF作业
结束

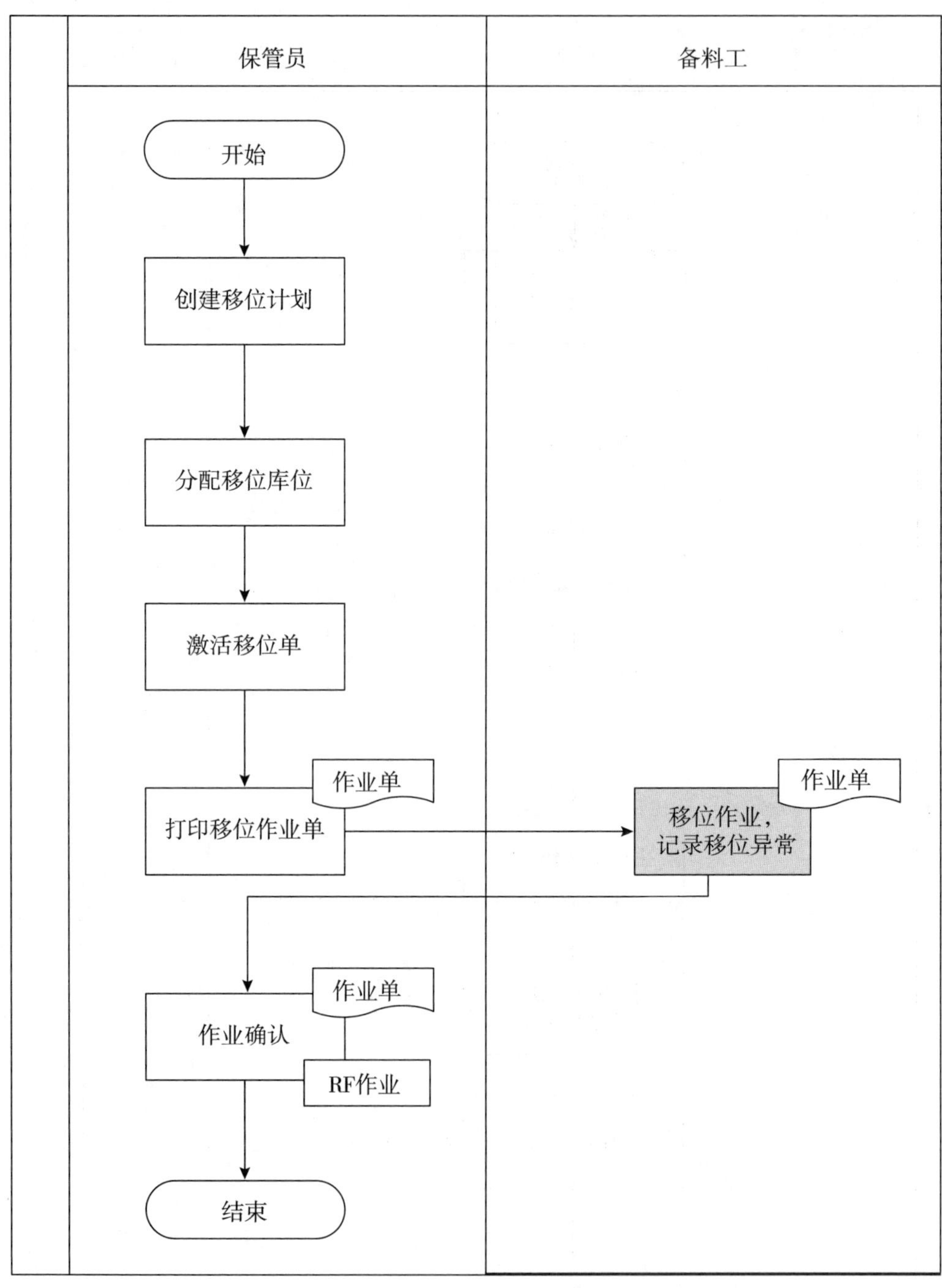

图 13－27　移位流程

上游系统
保管员
拣货
发货
开始
产生发货单
回执
生成发货单
只找流利式货架区，若不满足，促发补料移位，分单后数量不满足不发货
分配拣货库位
零件装车
生成拣货作业单
发货单是否已取消
作业单
打印拣货作业单
按需求日期、按单拣货，将零件移至发货区
否
自动生成装车单
RF作业
拣货确认
RF作业
备料完成
回执
回写发货单验收信息
发货单签收
退拣流程
已验收
结束
对异常验收情况，单证员需要逐条核对

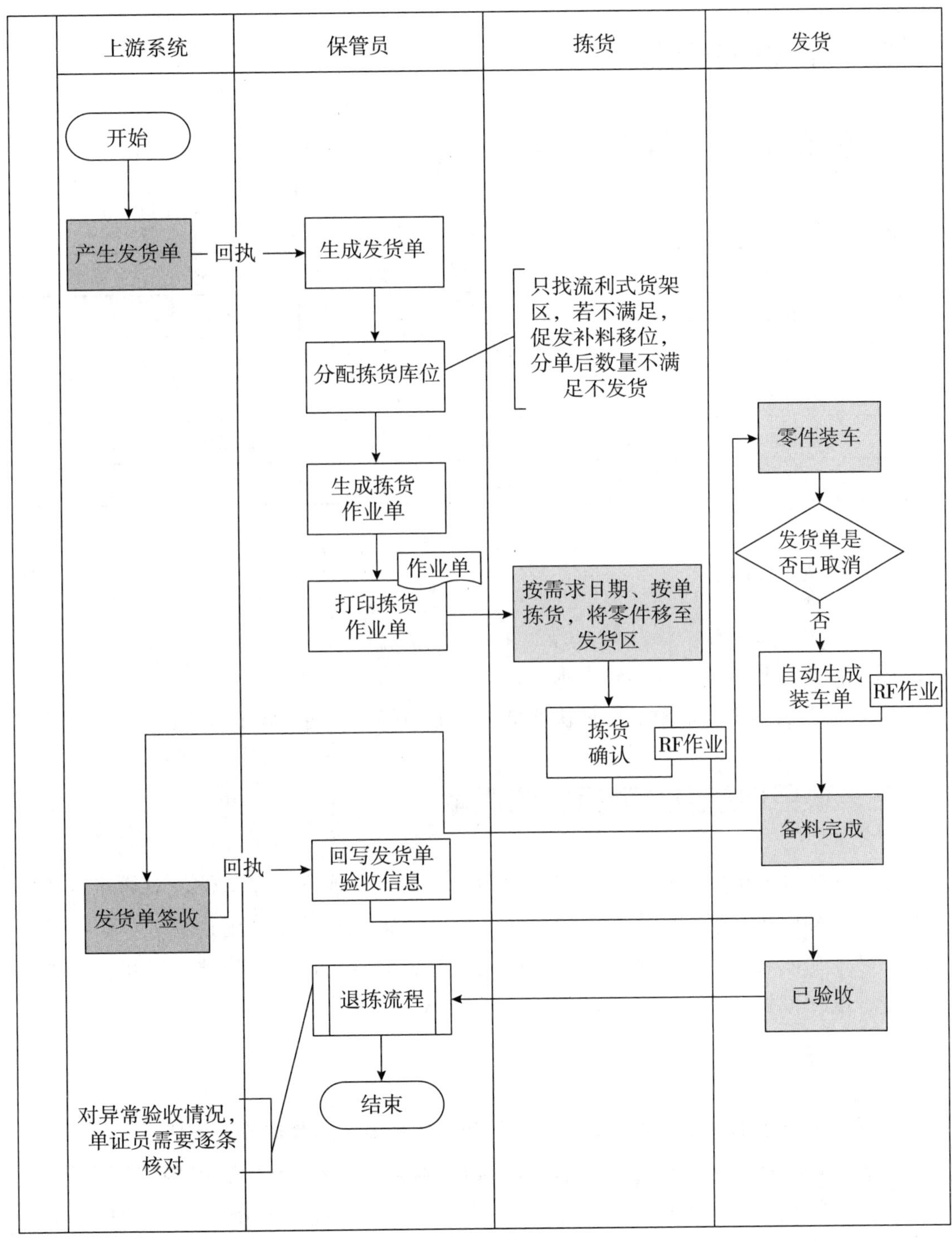

图 13－28　发货流程

二、主要经济指标

（一）有形效益（如表 13－22 所示）

表 13－22　　　　项目效益

序号	指标名称	计量单位	调整前数据	调整后数据	增减比例	备注
1	组织架构人数	人	54	51	－5.6%	
2	运输成本	元	818180	38000	－53.6%	
3	装卸叉车	台	2	0	－100%	
4	仓库面积	平方米	10060	8800	－12.5%	
5	有效面积利用率	百分比	50.37	63.57	13.2%	

（二）无形效益

（1）提高作业效率，提升员工满意度；

（2）降低管理难度，提高管理水平；

（3）提高公司整体形象，实现快速部署，缩短部署周期，降低成本。

三、项目创新点及对行业的贡献

对行业中其他企事业单位的调研、学习、走访，发现汽车零部件产前物流行业中一般存在三种模式，第一种是完全的中转库模式，第二种是生产配送模式，第三种是既有中转库功能又有生产配送。然而行业大部分企业均为第三种模式，未将产前物流精细化，工作模式老旧，运行不规范，运营成本较高，经常影响主业。

（一）项目创新点

1. 仓库设计为物流规划中标准的“L”形，实现流水线物流作业模式

首先，将收货功能区域与发货功能区域物理隔离开来；其次，库内划分仓储区、备料区，将物流仓库物理上划分成流水线的形式，并以专业的 WMS（仓储管理系统），实现拉动补料，实现拉动式作业；最后，实行供给环节推行拖车甩挂供给，对物流价值流中最影响效率的配送等待环节进行优化，使整个价值流更加平顺，效率更高，最终实现物流流水线作业。

2. 供给模式变革

（1）发动机仓库与生产线仓库往返距离 1.42 千米，使用牵引车拖挂台车代替原有货车运输，消除叉车装卸货物的举升工作，大大提高工作效率。

（2）一台牵引车拖挂六节台车，采用甩挂模式，将货物运至目的地连着拖车一起丢下，并将空台车、空器具带回，消除了卸货、备料等待时间，提升流转效率。

（3）使用电动牵引车，降低使用成本，节能环保，工作环境得到极大的改善。

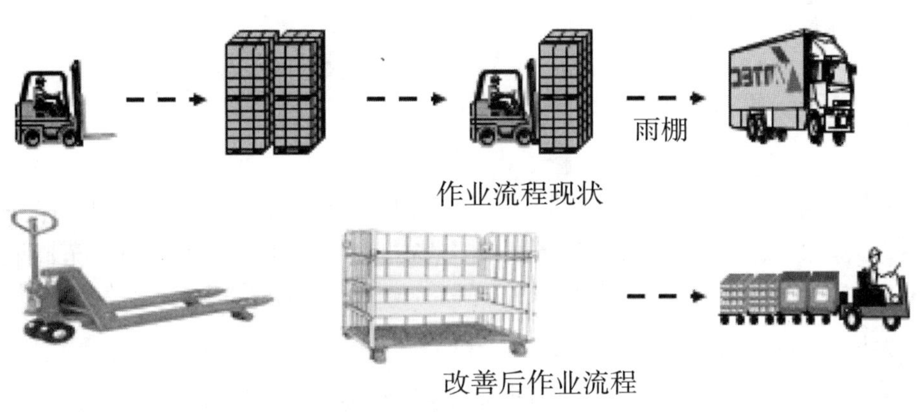

图 13－29　流程改善示意

（二）对行业的贡献

规划及系统部署。针对国内汽车物流行业产前物流模块中，大部分企业仍处于中转库与生产配送两种功能共存的模式中，其中新仓库建设方案、仓库布局规划、组织架构调整、信息化系统部署、供给模式变革都极具参考价值，详细介绍了汽车零部件产前物流的仓库如何从老旧模式下转变成符合行业趋势的运营模式，从而提升工作效率，降低大量成本。此方案是典型的精益物流思想，将物流工作细分化、模块化、精细化并做到物流价值流无短板效应，给行业中其他兄弟企业提供借鉴。

供给模式。行业内及大部分的产前物流（厂内）的运输距离都不长，相比于原始的货车转运模式，牵引车与拖车的组合更能极高地提升流转效率，这点与物流的时间与空间转移的本质不谋而合，极具行业借鉴作用。

（安徽江汽物流有限公司）

第九节　基于互联网的社区型运输协同平台汽车行业运输中的应用

一、项目背景

通过对近年来汽车行业的观察可以发现，我国对汽车的消费需求呈现一个迅猛增长的趋势，大量的汽车制造商集中涌入中国市场。这一需求直接对我国汽车产业起到一个积极的促进作用，跟汽车产业相关的整车及零部件运输规模也会因此扩大。这种迅速地扩大模式对汽车物流业来说既是一个机遇同时又伴随着不同程度的挑战。

就目前的形式看，由于主机厂的需求日益趋向个性化，物流类型多样，车型配置显得更加复杂，并且订单式生产对汽车零部件入厂物流的要求越来越高，对零部件配送的准时性和准确性有较高的要求，还需要配合车辆生产的顺序进行，更加增加了难度，也影响了 KPI 的正常考核。另外，因为传统的系统无法及时地记录并管理运输业务，当运输过程中出现紧急状况时，无法实施在途监控，难以及时准确地反馈节点。

除了汽车物流行业遇到的全局的问题外，针对汽车物流企业的具体情况，不同的物流类型都会面临一些独特的挑战。一般物流企业的物流类型分为备件物流、采购物流和逆向物流等流程。虽然这些物流类型运输流程模式多样，但是都存在一个共同的问题，也就是由于物流类型众多，模式多样，要对运输车辆在途情况等的监测是相当复杂的。同时，因为情况的复杂性，使得汽车的货物损坏无法准确地追溯到责任源，甚至是货物在途的缺失都无法及时地反馈给系统。以上一系列就是具体一些环节会面临的问题。

所有订单的追踪录入，主要电话、手工记账的方式，难以保证 100% 的正确率。在生产管理系统方面，大部分的企业只有 ERP 一个系统支持，除此之外没有任何系统来辅助运输业务，导致全程依靠 Excel 来记录信息。而且在工作交接时，基本通过纸质化，那么这样会存在事后找不到凭证难以控制管理到下游的承运商的问题。在最后的对账环节，由于账单多，使得审批要耗费大量时长。由此可见，现阶段的汽车物流行业需要有一套全新的系统支持。

二、项目主要内容

（一）oTMS 公司介绍

oTMS 创始于 2011 年，注册资金为 1000 万美元，发展至今已有员工 240 多人，业务范围涉足面向货主的各个领域，包括汽车零部件、服装、快消品、工业、医药，同时向第三方物流、承运商提供全链条运输协同解决方案。

作为中国领先的一站式运输服务平台，oTMS 打造国内第一家成功商业化的社区型运输协同平台，公司致力于用互联网和移动互联网技术连接运输全链条，以采用“SaaS 平台 + 移动 App”的模式向用户提供服务，帮助企业连接运输中的合作伙伴，实现更好的协同合作以及运输全程的透明管理，带给客户全新管理体验，并创造更多商业机会。

（二）oTMS 合作客户介绍

基于汽车物流行业面临的挑战，oTMS 作为一个一站式物流管理平台专门为汽车物流提供全新的解决方案，累积到今天，oTMS 服务的汽车行业企业已有多家，如长久物流、汇众萨克斯（ZF）、山东佳怡物流公司和延锋汽车饰件系统有限公司等。

延锋汽车饰件系统有限公司，为上汽集团下属零部件企业华域汽车全资子公司。作为中国汽车工业最早的参与者，历经了中国汽车工业发展的全过程，现已成为国内最大的汽车零部件企业之一。公司总部位于中国上海，在全球拥有 140 多个生产研发基地，为国内外 30 多家著名整车制造商提供零距离即时化供货，产品出口至北美、欧洲、澳洲、东南亚等 20 多个国家和地区。2014 年，公司销售额超过 600 亿元，出口超过 8 亿美元。

山东佳怡国际汽车物流有限公司（以下简称佳怡汽车物流），隶属于拥有国家 AAAAA 级物流企业、中国物流百强企业、中国甩挂运输示范企业等 200 多项省级以上荣誉。佳怡物流企业集团目前为一汽 - 大众、上汽通用五菱、吉利汽车、一汽轿车、广汽本田、比亚迪、中国重汽、福田汽车等知名汽车行业客户提供优质的物流服务以及供应链一体化解决方案。积累了在采购物流、生产物流、售后备件物流、逆向物流等领域的丰富经验，形成了覆盖终端服务网点 2000 多个，区域运作中心 11 个，运输线路 1500 多条的网络。

1. 独立账户体系集团全局管理

由于汽车物流企业和汽车零部件制造商名下服务品牌众多、运输业务遍布全国；这部分业务同时由区域子公司执行，但又按照品牌结算。以往，子公司花大量的人力物力针对不同品牌进行运输状态的追踪、结算，又要将信息用人工表格的形式从各个子公司汇总，再传给品牌项目部。需要大量的人工操作，不仅费时费力，而且免不了各种误差。

oTMS之所以能够帮助佳怡、延锋等企业更高效地传递信息，得益于其SaaS云服务模式，所有数据可以做到实时上传实时读取；云平台在不改变现有运输情况下，达到端对端的运输流程管控的目标。同时，伴随运输流程产生的大量真实有效数据，形成企业内部的数据中心，为企业大数据管理与分析提供宝贵的基础。另外，oTMS提供一套独立的账户体系，地区子公司拥有独立账户可以统一管理运输订单情况，同时，品牌项目部拥有的独立账户可以直接汇总该品牌旗下全国所有运输订单。改变了原来人工统计形式，通过云这个载体分享数据，这种开放式的系统可以使订单等数据形成一张互相通联的网络，为订单的执行和追踪做更好的分类和支持。

在地区结构设计方面，由于一个项目部可能会牵涉到多个客户，所以oTMS结合自定义字段的功能，将不同客户和不同客户的生产基地管理起来，达到多层次组织结构，多维度的数据统计报表，方便进行不同客户不同基地的成本分析和业务优化。

2. 支持各类型物流模式在途追踪全程可视透明

传统的汽车物流管理系统没办法很好地捕捉到运输的在途信息。oTMS为客户提供端到端的运输全程可视，同时将信息完美地推送给终端客户，并有效地管理运输过程中产生的异常与费用，实现信息流、数据流与资金流的有效统一。不仅如此，智能大数据报表帮助客户洞悉物流运行现状和改善方向。

通过和oTMS合作，货主、第三方采用“SaaS平台+移动App”，可以满足汽车物流所有类型的运输业务，分配订单后，通过SaaS平台货主企业仍可在协同平台上追踪货物在途运输实况，进行运输过程的反馈、异常管理和定位与轨迹等在途跟踪活动，解决货物一交出就无法在途追踪的运输痛点。这些环节都离不开oTMS提供给卡车司机和收货人的App，卡车司机使用“卡卡App”对接云平台，可随时接收承运商发送的订单，及时了解运输需求，并按需进行提送货确认。手机App可直接调用摄像头及LBS应用，报告运输位置。提供交接货物的电子回单，随时可进行异常情况汇报，让运输流程真正达到透明化、实时化。收货人则可以通过“到哪了App”对接云平台，可随时查看订单，反馈异常，批量收货，完成收货后，可对司机服务进行真实评价，改变中国运输市场中长久以来的人情问题，让B2C行业中的评价体系进入B2B运输市场。这样一来，就帮助汽车物流做到管理更加高效和准时，最终实现了全程的可视化，流程变得清晰且透明。如图13－30所示。

3. 精细化管理提升客户满意度

在汽车零部件物流比较重视的物流规范和考核KPI方面，oTMS系统能沉淀真实业

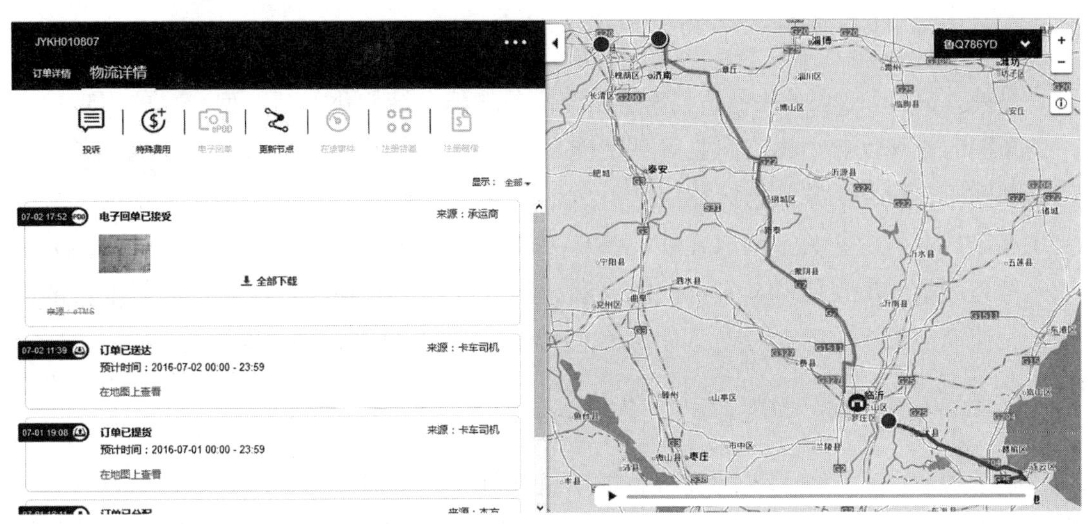

图 13－30　可视化管理系统

务数据，让运输货损率、交付及时率、运输货差率等数据报表可查。帮助货主或三方汽车物流管理承运商，提升服务质量。

货主或三方在最终对账时只需要一键导入，避免了像之前那样一些冗长的对账手续，一定程度上减少了大量人工对账的损耗。待货物交接之后可立即对运输账单进行审核及确认，加快运输流程运营效率。另外，而 oTMS 收货时“电子回单”功能，不论是货主、三方还是承运商都能即时了解到货物签收情况，让货主企业放心的同时，也在一定程度上帮助承运商加快回款流程。

三、项目创新点

（一）率先构建社区型平台

通过上面的合作项目案例可以发现，oTMS 是一个具备许多创新点和亮点的企业，它的创新之处在于率先在国内构建社区型的在线运输管理平台，可以低成本、便捷地实现跨越多层的业务连接，实现运输业务链上的企业实时在线，信息可以全链条共享，但同时也很好地保护链条上各个企业的商业隐私，实现从货主、到运输公司、司机、收货人的运输全程的最大化的透明管理。oTMS 与传统的 TMS 最大的区别在于 oTMS 是一个多用户模式的社区型平台 TMS，使用云计算，用户除了得到 TMS 基本功能，同时也是加入一个“社区”，有成百上千个和你一样的“邻居”，大家共享基础数据。不像传统的 TMS，软件仅供自己内部使用，基础数据独享。

（二）实现运输全链条的信息结构化

另外，oTMS 还能协助企业实现运输全链条的信息结构化，社区型平台的出现使整个链条同时在线，整个物流商业关系就能从原有的单个系统只能线状连接变成了整个网络都同时在线，大家信息标准完全一致，是完全一致的，是基于业务驱动的，最终实现整个行业的商业关系同时在线。举例来说，虽然在目前沟通中，电话已经很方便了，但是微信的出现使得大家都同时在线，而且都是一直在线。这种社区型平台的出现，也使商业关系中的点对点即时互通，实现了运输全链条的信息结构化。

（三）引入 App 实现移动操作的互动

基于现状——大家都普遍拥有智能手机并且开始习惯于用手机处理各类业务和问题。所以 oTMS 顺应了这一趋势，引入了 App 实现移动操作的互动。oTMS 提供的是做互联的一套协同产品，为贯穿这个链条提供协同平台。使用这样一套平台，最终产生的效果可能是这样的：货主、物流公司、承运商、司机都在该平台上建立一个唯一的 ID，有自己唯一的账户，把原先每个货主自有的运输链条整合，然后就能够建立运输的商业网络，这个商业网络的协同会为整个运输产业带来变化。

（四）独创的握手交接模式

还有独创的握手交接模式，在现有运输环节上，收货人签收完之后，司机要带着单证返回，所以单证是非常重要的一环。oTMS 独创性的“握手交接”功能可通过“卡卡”和“到哪儿”App 扫描订单二维码的方式轻松进行收货确认的操作，解决了传统纸质回单传递周期长、丢失损坏甚至信息错误的问题。

四、创新成果应用效果

oTMS 根据中国物流管理现状以及对信息化需求的分析为开发的平台，在汇众萨克斯（ZF）、延锋集团、佳怡物流等重大项目上成功地完成了实施，取得了显著的经济效益、管理效益和社会效益。

（一）经济效益

通过与 ERP 系统等的有效对接，实现了真实的市场信息的采集、分析和处理，为准确、及时、有效地提供汽车物流服务提供了保障。杜绝运输过程中的人为因素，让真实数据说话，据此评价承运商的真实运输能力、服务能力及管理能力。各项 KPI 指标均大幅度提升、终端客户的满意度提高 25% 以上。

通过项目的成功实施，减少了和各方沟通的时间，减少了人工错误，减少 50% 负责沟通的员工。提升了整体物流运行效率，提高了整体仓储各环节之间的衔接速度和有效性。

仅就管理成本和现金流管控上，oTMS 预计将给货主及其承运商带来至少 8.8% 的年度运输费用成本节省。如果全部实施，投资回报期在 3 ~6 个月。该成本计算还不包括直接的成本节约，如提高账单精确性、通过在线询价所降低的成本。

（二）管理效益

1. 全局视图

通过一个开放的运输管理平台来连接运输链条中的每一个合作伙伴，各方都在系统中拥有自己的账户以及对应的应用功能，同时各方之间可以在平台上共享数据，而平台方可以为每一个用户提供其平台上业务的全局视角。免费连接和容易操作：操作流程像微信添加好友一样容易；唯一可以实现多层连接的 TMS；独特设计的信息传递机制，跨级信息保密制度。下游承运商和司机：不限链接数量和层级。

2. 全程管理 + 异常管理

通过运输管理系统紧密结合业务流程，管理订单全过程，实现企业协同，提升整个运输链条的管理水平及效率。

（1）所有通过 App 回传的第一手信息，平台用户可零时差在 PC 端查看，彻底改变对突发异常情况只能事后处理的被动处境，这样一来，像汽车物流这么零散的汽车零部件运输就可以在一定程度上避免在途货损和交接时间不及时。

（2）系统会根据 App 内设置的定位频率，主动抓取位置信息，并显示在百度地图内，各定位的连线可组成路径回放。

3. 数据分析

系统沉淀真实业务数据，账单/KPI 报表实时可查，为运营管理提供基础：

（1）系统会根据我们的计费周期，定时生成 KPI 和账单。快捷精确，并且透明，灵活，还可以随时导出做备份用。

（2）定期主动推送至管理层邮箱的 KPI 报表和多维度分析报告也可以帮助管理者更好地了解业务状况。

（三）社会效益

“互联网 +”改变传统行业的热潮当中，获得资本方，融资方的认可；获得客户，解决他们的问题；月订单量超过百万，体现了 oTMS 平台技术架构的领先。

oTMS 率先引入社区型平台，将货主、物流公司、多层转包承运商、司机、收货人无缝连接起来，一方面对国内层层外包的运输链条带来了透明化的解决方案，通过解决客户痛点，提升客户对于自身运输网络的管理能力，降低管理成本，提升运输效率，促进行业提升。

基于 TMS 系统功能设计的高度可配置可移植特性，oTMS 进行快速配置以适应各行业企业的不同作业流程及管理要求。该方案还取得了其他相关企业的一致认可，为其他工业公司的物流管理协同平台的建设提供宝贵的经验。

（上海先烁信息科技有限公司）

第十节　汽车生产领域集配防差错管理创新

一、项目背景

目前，汽车制造业普遍推进精益生产方式，该方式的主要特点是：多品种小批次随机混流生产。随着品种的增加，批次的减少，汽车零件按车型种类供给的不断增多与线边零件存放面积不足的矛盾日益凸显。以往采用的解决方案是通过增大线边零件存放面积来缓和该矛盾，但目前可增加的空间已趋于饱和而且此种方案还会带来库存增加，作业取料损失加剧，内部物流复杂混乱等一系列负面影响。

随着全球汽车行业的激烈竞争，以及神龙公司的快速发展，神龙公司百万辆份多品牌的建设规划的实现，必须采用精益的生产方式“多品种小批次随机混流生产”来应对市场的变幻莫测。神龙公司武汉二厂在最初设计时，定位是紧凑型生产线，共生产三种车型，产能节拍为44 辆/小时。随着公司的发展，未来五年规划中，将要生产六种车型。为解决未来六种车型线边面积不足的瓶颈问题，神龙公司武汉二厂从车门线开始试行集配，配送过程通过实现小批量、多品种、频繁配送，达到多品种、小批量均衡生产，以实现减少在制品和原材料库存和缩短交货期的目标，解决线边面积不足的问题。

神龙公司在试行集配的过程中，通过对集配区的布置、标识和操作以减少错配、漏配导致生产线错装、漏装，但由于缺乏集配防差错管理系统指导拾取零件，每辆车的零件信息靠人工记忆、判断来进行集配，员工劳动强度和压力很大，容易疲劳，在疲劳时导致零件错配、漏配，从而对生产线正常生产及装配质量造成极大影响。随着品种的增加，错配、漏配的频次越来越大，根据互检和装车发现涉及错配的车辆每天达25~30台（每天产量267台），按每天每种零件错配一台计算，则返修工时为八小时，影响了生产效率和装配质量。错配、漏配导致的停线时有发生，由错配、漏配导致的停线时间为0.33分钟/千辆份。为防止由于错配、漏配导致生产线停线，在生产线边建立一定量的库存，而线边建库存不符合先进先出的原则，不利于追溯及质量控制。员工花大量的时间在自检、互检及返修上，影响了生产效率。

集配试行时为3个车型，且车型间的零件外观相对差异较大，随着车型数量的增加引起零件品种的增加，错配和漏配的概率会以几何级数增加。集配造成的错漏配将直接加剧生产线错装和漏装的概率，错装和漏装的车辆流到用户手中，将造成恶劣影响的风险。

由于集配产生的错配、漏配导致生产线的错装和漏装，集配区零件品种无法根据需求增加，对集配区扩展形成了制约，为新车型导入形成了瓶颈，对推进精益生产方式带来了极大的挑战。

二、项目主要内容

集配区采用集配防差错系统指导实物被正确拣取，集配区由集配防差错系统统一调度指挥，可配置、可恢复、可追溯，并能及时处理拣取过程中的异常情况。系统的技术架构示意如图13-31所示。

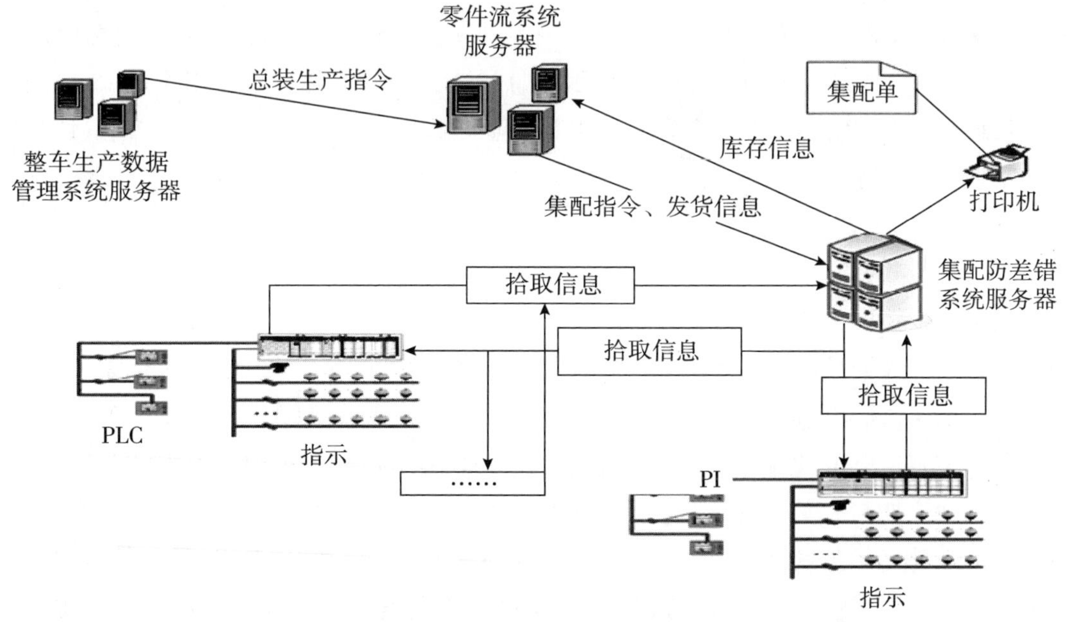

图13-31　系统的技术架构示意

系统的主要内容能够接收集配需求，将集配需求转化成拣取指示信号，操作工人可以根据拣取指示信号拣取零件，完成集配料车的配载，在拣配过程中，系统能够对拣配过程中的异常进行防差错相关的声音和灯光报警。可以实现零件批次号追溯，能够管理集配区零件存量及拣取以前的历史记录信息。

系统的功能模块有配置功能、集配指令功能、拣取指示功能、生产线车辆异动、特殊断点管理、零件批次号追溯、零件账存管理、查询与报表、系统管理。

（一）配置功能

配置功能指基本配置和零件配置。基本配置包括定义集配区、工位设置、库位地址配置、操作指示灯地址配置、响应时间配置、首工位启动配置、拾取超时配置、运行模式配置。零件配置包括零件清单配置、零件指示快速切换、零件布置查询及报表、零件归集清理。

集配区零件需要与上位系统保持一致，集配防差错系统零件初始化时，需要下载零件流 ATHENA 系统中集配消耗点的零件全集，如果发生工程变更产生集配区零件有变化时，还需要重新下载，新下载的零件清单需要与集配防差错系统零件进行比对，如果有新增零件则需要增加到集配防差错零件清单中，并适时配置零件的库位地址和指示灯地址，集配区零件布置详情可查询并生成报表，为上货和补货操作人员备查。

工程变更产生的零件变化，在切换时刻，原则上要求新旧零件共存，且不为同一货位地址。但对于特殊情况，如集配货位数量受限，新旧零件必须共用同一货位地址时，指示灯地址对应的零件时，增加了备用零件，集配防差错系统找不到零件地址就会找备用零件地址，完成新旧零件的指示信息快速转换。零件一旦停用，货位地址和指示灯地址立即清空，状态转变为“停用”，但不删除，必须经过特定授权，通过零件归集清理功能处理。

（二）集配指令功能

集配防差错系统通过接口，分时从 ATHENA 系统批次批量下载集配单信息，出现异常时，系统报警且提示异常类型，下载的集配单包含集配单号、集配区标识、需求时间（上线）、备货时间、车身流水号、零件号、零件数量、配载料车地址。但是没有零件的库位和拾取工位的信息，不能直接生成 PTL 指示信号数据包，集配防差错系统在源单据中增加零件库位地址、零件指示灯地址、零件的拾取工位。将集配单零件信息转换 PTL 指示信号数据包，对于分工位拾取的集配区，需要分解所有工位的数据包，即使工位无拣取零件，也需要生成计数为零的特殊数据包。工位数据包按顺序排列，依次点亮拣取指示灯。通过分解工位数据包，将集配单待拣队列转换成各工位相对独立的工位待拣队列。

为了减少网络或服务器故障对拣取作业的影响，集配防差错系统在 PLC 中缓存一定数量的车辆信息，暂定为保证正常拣取作业 1.5 小时，当缓存中车辆信息少于设定值时，报警提示；集配防差错缓存没有最高限制。

集配防差错系统可查询待拣取的集配单队列，并可打印出指定的集配单或固定批量的集配单，已经打印过的集配单通过授权可以补打。也可查询完成拣取的集配单队列，输出统计汇总表。

（三）拣取指示功能

系统在各集配区安装红黄蓝三色指示灯塔，指示报警、求援、断点警告等状态，同时每工位安装工位完成确认按钮以及工位报警指示灯。

1. 首工位 HMI

集配防差错系统在集配区首工位布置 HMI，HMI 配置功能如下：启动指示灯和按钮自检功能，要求能分别进行集配区全检、工位全检、单指示灯指定检测；查询集配单的零件信息；查询待处理 PTL 信号分组队列；查询批组追溯零件当前批次号；对集配区的物料指示灯和按钮做同样的模拟操作画面；如果物料拣取工位上的指示灯或按钮发生故障，可以在系统操作界面上进行相应的紧急操作；特别授权下，可对待处理分组队列的 PTL 信号进行 Bypass 操作；对正在配载的集配单，如果由于物料短缺等异常原因造成的非正常作业，特别授权下，在 HMI 上可使用强制放行功能；不能通过正常手段解除的报警，在特别授权下，在 HMI 上使用强制解除报警功能。

2. 首工位信号启动

根据配置功能中指示信号的启动设置，集配区首工位指示启动功能如下：

（1）扫描集配单。拣取工人在首工位扫描集配单的条码，条码信息与待处理的队列中首位的集配单号（非冻结状态）进行比对，如果不匹配，系统报警，提示更换集配单重新扫描；如果匹配，导入相应的 PTL 指示信号数据包，点亮首工位零件指示灯。在扫描枪出现故障或扫描识别异常时，可通过 HMI 手工输入条码信息。在扫描集配单启动有效时，首工位启动按钮键入无效。

（2）启动按钮。集配区首工位配置带灯启动按钮，如果首工位有未完成的拣取作业时，启动按钮为红色状态；当启动按钮灯为绿灯状态时，键入按钮，导入首工位待处理队列首位的零件拣取指示数据包，点亮首工位零件指示灯。

3. 工位零件拣取

拣取工人对指示灯被点亮的物料拾取单元进行物料拣取，并按下该拾取单元的按钮，使其熄灭，表示该单元物料拾取完成；完成该物料拾取工位的捡料后，操作人员按下该工位完成确认按钮，系统自动检查是否所有亮起的灯都熄灭，如未熄灭表示该工位的物料没有拾取完成，工位完成指示灯（考虑使用塔灯，工位指示灯柱的一部分）闪烁报警。如果目视所有指示灯都熄灭了，键入确认按钮后工位指示灯仍然报警，则表明可能存在故障指示灯，拣取工人可开启工位自检功能检测故障，同时呼叫维修人员排除故障。如果拣取工人在没有亮灯的情况下捡料且按了完成确认按钮，工位指示灯将闪烁报警。

4. 工位转移和传递

工位间没有关联触发，后工位由独立的工位启动按钮触发亮灯指示，该启动按钮在本工位上还有未完成的拣取作业时，键入无效。为防止零件拾取后放错配载料车的现象出现，原则上不允许在一个拾取工位配载两个以上的料车，现场作业中如果后续工位有料车正在拣取，其他料车不允许进入该工位，这项规定必须形成制度，约束和规范现场作业。

目前，为了节约 AGV 小车的数量，在部分集配区有多个配载料车同时进入拣取工位的方式进行作业，集配工很容易混淆正在配送的料车。因此为防止零件拣取后放错配载料车的现象出现，在系统中设计了成组技术，如 AVG 小车一次牵引两个料车进入集配区，在首工位同时扫描两台车的整车流水号，当料车进入第一个工位后，第一个料车的零件指示灯全部亮起，拣取完后，所有的指示灯都灭了，按工位结束按钮。同时再按工位开始按钮，第二个料车的零件指示灯全部亮起，集配工从原路返回时根据指示灯拣取第二个料车的零件，集配工回到首工位时，第二个料车的零件再次拣取完后料车进入下一个工位。

如果某工位没有拣取零件时，物料指示灯没有指示，此时键入工位完成确认按钮，完成工位传递；工位传递顺序执行，在前一工位未完成拣取之前，该集配单的后续拣取工位不能启动拣取指示信号。

工位开始按钮和结束按钮为匹配六种车型逐步上线，采用柔性工位设置的技术应用。当生产节拍发生变化时，为调整集配工的工作量及工位以满足节拍要求时，只需在防差错系统中对零件及工位物理点进行设置即可满足生产需求，不需要对集配区的物理工位调整进行软件及硬件施工，避免施工周期长且对主线造成停线的影响问题。同时在集配区的每个看板料架上或桥架的按钮支架上都安装开始及结束按钮，减少集配工的移动距离。

（四）生产线车辆异动

原则上，集配防差错系统严格顺序执行上位系统下发的集配指令，对于生产线车辆异动同样要求按顺序拣取完成配载作业，这类料车由专人管理跟踪。对于特殊情况，集配防差错系统需要满足以下需求，且需要记录所有的变更日志。

车身离线时，料车已经配载完成，则在集配缓冲区域由专人管控，如果已经在上线点，可根据车身上线的预测情况决定是否回集配区缓存；车身离线时，料车正在拣取，则需要完成所有工位的拣取操作后，配载料车在集配区缓存。车身离线时，料车还未开始拣取，第一种方式，按顺序完成拣取后在集配区缓存，第二种方式，在集配防差错系统中做 Bypass 操作，不执行拣取指示信号，此时集配单必须及时打印，以备指导延期的手工拣取操作。

车身重新上线时，由专人在集配缓存区查找拣取的配载料车，如果没有，则需提前安排人工拣取，此类型料车在上线点与车身匹配时，需要由专人跟踪。

车身离线后如果确认报废，已配载完成的料车，需要参照集配单，将配载零件返还回集配区料架。

生产线排空或部分排空，集配防差错系统不做处理。部分排空在特殊集配区需要对料车做人工处理，如车门线，断点处的集配单，在拣取作业正常完成后，由专人负责分拣料车上的零件，重新配载成为排空前的清线料车和重新开线后的铺线料车。

（五）特殊断点管理

集配作业交班时，拾取工位上不允许存有未完成的集配单；接班时使用密码激活集配待拣队列。

集配区断电，集配防差错系统记录当前各工位上正在拾取的集配单的状态，断电恢复时系统核对拾取状态，再激活后续的指示信号，激活操作有授权密钥等类型工具。

（六）零件批次号追溯

集配区批组追溯零件和部分关键、重要零件需要追溯零件批次号，拣货工人在新开一个零件包装，扫描包装上的批次号条码，批次号条码信息记录到集配防差错系统数据库中，当需要更换新包装，集配防差错系统提示需要扫描批次号，如果没有扫描操作或扫描不成功，系统在当前工位将通过声光报警提示，更换包装后所扫描的批次号信息存储并替代原记录的零件批次号；扫描持续不成功时可以在 HMI 对应输入窗口手工输入。

配载完成的集配单记录从数据库读取当前零件批次号，填写到集配单形成完整的历史记录，该记录保存 6 年。

（七）零件的账存管理

集配防差错系统管理集配区各种零件的地址和零件存量，收货数据来源于零件流系统的送货信息消耗数据来源于零件拾取记录；系统能查询单个零件的收货和消耗历史，能提供当前各种零件的存量快照；能在授权下调整修正零件存量。

（八）查询与报表

系统提供数据查询及报表打印及 Excel 导出功能，包括：报警查询及报表系统日志查询及报表、物料拾取需求查询及报表、物料拾取记录查询及报表、拾取区域产能查询及报表、拾取时间查询及报表。

（九）系统管理

系统将监控重要的系统状态，如网络、数据库、系统内存、CPU 负载等信息及时显示在监视屏上以便实时了解系统的运行状况。同时，根据事先设定的报警指标，当被监控值达到和超过监控限额时系统将产生报警，集配防差错系统根据不同情况做出相应的处理提示。生成系统审计日志，即记录用户或是管理员的操作日志。对用户进行管理。

三、项目创新点

本项目旨在建立集配防差错管理系统，从根本上解决集配中错配、漏配对生产线正常生产及装配质量造成的影响，从而解决精益生产方式“多品种小批量随机混流生产”带来的线边零件存放面积不足的问题。采用物联网技术在两化融合中的应用，在集配区实施集配防差错系统对拣取过程中进行防差错指导，并创新地在集配防差错系统中对零件批次号的追溯管理、对集配区零件的账存进行管理，实现了工业系统与信息系统的无缝衔接。同时创新地通过系统设计和业务流程对集配防差错系统运行中的风险进行管控。

创新地通过系统设计对集配防差错系统运行中的风险进行管控，在系统中设计了成组技术，打破了一台 AGV 小车只能牵引一台配载料车，进入拣取工位拣取零件的作业模式。

在系统中设计了柔性工位，打破了因生产节拍的变化，导致集配区工位的变化，需要停产对集配区进行改造的作业模式。

在系统设计时，采用了多元化构架设计，增强系统的可扩展性和健壮性，适配不同料架互换和柔性工位。解决了当车型发生变化时，车型对应的零件会发生变化，从而导致零件包装发生变化带来的集配区零件存放位置变化的问题。集配区零件存放的类型有两类，一类是固定料架存放，最大可布置 9 种集配零件，零件指示灯适合装在料架本体上；另一类是非固定周转料箱存放，只能布置一种集配零件，零件指示灯必须安装在附件的桥架设施上。当固定料架与非固定周转料箱存放位置互换时，需要在原固定料架存放位置的桥架附近进行布线和安装指示灯，同时也需要在原非固定周转料箱存放位置处布线以增加零件传输点。为此，采用多元化构架设计，增强系统的可扩展性和健壮性，适配不同料架互换和柔性工位。在布线方式上一次预置了 15 个 IO 传输点，采用标准接插件方式，通过软件控制有效信息点，以较小的成本代价减少停产施工带来的影响；同时 15 个预设 IO 除满足 9 +1 零件设计外，还提供了两个柔性工位的按钮灯传输路径，可匹配因生产节拍变化而引发的拣货工位变化。实现了集配区固定看板料架和非固定料箱存放位置的可互换性，打破了因车型零件包装的变化，导致集配区工位的变化，需要停产对集配区进行改造的作业模式。

系统在设计指示灯地址对应的零件时，增加了备用零件，打破了零件变更切换时的手工管理的模式。

在系统中设计了系统监控，在集配区首工位布置 HMI，通过 HMI 的硬件检测、模拟操作、信息查询、强制放行和强制解除报警等功能，有效防止了网络和硬件问题对集配防差错系统运行的影响。

系统设计时将点捕捉的通信方式改为长字符串的通信方式，减少网络的不稳定对数据传输带来的影响，使数据准确性更安全、更稳定。数据下发方式上，以往设计上位系统下发需要依赖 PLC 给信号，一旦无法收到下发信号，下发就存在异常可能。为此，系统设计时，使用上位主动监测是否下发状态点，状态点符合条件即可下发，网络有异常只要能恢复下发仍然可以继续，连续性非常强。

创新地通过业务流程对集配防差错系统运行中的风险进行管控，打破了因总装装配车辆顺序变动及特殊情况导致的集配顺序错误的风险。确保了集配的准确性，从而提高生产效率和整车装配质量，保障精益生产方式的持续、有效运行，提升企业的整体竞争力。

四、项目社会及经济效益

零件通过集配上线，装配工从集配车上拿取零件装配，可以减少装配工人取料走动时间，可以提高装配作业效率。与大线车身随行的集配小车可以解决由于多车型混线生产及产能提升造成的线边物流面积不足问题。可以不受线上不同车型零件逻辑顺序影响，不受线边零件放置约束，可以容纳更多的装配工在同一工位装配，可以提高工位利用率。集配上线使零部件挑拣工作与装配作业分离，使得装配线工人更专注于装配作业，提高了装配质量。

建立集配防差错管理系统后，线边操作工取件无行走及无选择，节省辅助工时OC，工厂总装全部的集配节省线上OC工时约19min/V，相对减少集配工时3.5min/V，集配工作由生产线装配熟练工操作转化为外委物流商操作，大大提高了劳动生产率，降低了人力成本。有效地控制了生产线的错误装配和漏装，大大提高了整车一次下线合格率。

建立集配防差错管理系统后，神龙公司武汉二厂集配零件品种由最初试运行时三种车型的208种，到2013年增加到五种车型的1581种，节约1858.5万元，解决了新增车型导入的瓶颈问题。同时，2014年神龙公司将武汉二厂集配运行模式的经验推广到了武汉一厂和武汉三厂，推广后两个工厂同样收到了显著效益。

（神龙汽车有限公司　李晓丹）

第十一节　基于RFID的周转器具管理应用

一、项目背景

随着国内汽车产业不断发展，产能扩大，新车型不断推陈出新，各主机厂对周转器具的需求量日益加大，对周转器具的管理要求也在不断提升。

当前国内主机厂对于周转器具的管理相对粗放，在运营过程中会存在诸多问题，如：

（1）周转器具库存不平衡、短缺与高库存并存，周转器具的投入成本加大；

（2）周转器具非正常损坏、遗失现象频发，周转器具损耗高，周转器具的损坏维护成本加大；

（3）难以满足主机厂灵活多变的柔性化生产需要；

（4）难以实现供应商、DC（区域物流中心）、工厂和CMC（周转器具管理业务中心）之间的返空计划执行以及业务中心间的周转器具调度；

（5）难以准确、及时跟踪周转器具在整个供应链的流向；

（6）难以统计周转器具的周转率，无法提高利用率；

（7）难以统计周转器具损坏，遗失的原因，无法提出有效的防护措施；

（8）海外进口件，无论采用铁路或海运方式，内部周转器具目前大多采用一次性周转器具材料，零部件防护不到位，无法实现周转器具循环利用，海外运输与国内物流信息脱节，零部件溯源难度大。

为了加强对周转器具的管理，采用精益的管理原则和先进的技术手段，实现对周转器具全生命周期的管理，包括周转器具采购、验收、入库、储存、出库、清洁/清洗、维修、保养，直至报废的整个过程的管理。进而扩展到零部件从出厂、运输、装配，直至整车交付给客户的全过程信息精确记录。

二、管理目标及原则

实现以芜湖港为中转基地，南京、常熟、上海、重庆、大连联动发展的标准周转器具循环，减少重复投资，实现绿色环保，共享联动。

周转器具集中管理，平衡周转器具在各流转节点的波动，实现周转器具使用率最大化；节省周转器具投入在整个供应链中所占的成本。

周转器具统一计划，缩短配送周期，降低运输成本；准确跟踪周转器具信息和状态。

实现基于周转器具的循环拉动物流模式，提供汽车生产物流配送效率，降低供应链库存占用。

统一规则和编码，通过整车车身、周转器具和关键零部件的 RFID 标签记录物料生产、配送、安装、运输的全过程信息，实现质量溯源管控。

三、业务原型

中久物流有限公司作为中世国际物流有限公司的全资子公司，专注汽车行业周转器具设计、制造、管理及租赁业务。本项目以中久物流 CMC 中心为业务原型，结合主流汽车零部件厂商周转器具管理的业务需求，以 RFID 技术实现终端数据实时采集，集成开发周转器具管理系统，推进精益生产管理模式，提高供应链生产效率，降低成本。

整车 BOM 清单中，对于每种零件的物流包装及上线方式（MP（线边超市）存储/上线周转器具、DC 存储周转器具、运输周转器具）都做了明确的规定，包括周转器具类型、包装定额、尺寸，以及单次配送批量等信息。

非标料架与零件的关系是一一对应的，通用周转器具（KLT 塑料箱、GLT 卡板箱、铁箱、围板箱）与零件的关系是一对多的关系，即每种周转器具可用于装载多种零件，但每种零件只能指定使用一种周转器具；一个周转器具单次只能装载一种零件，不允许多种零件混装。

对于集装箱到货件，主机厂根据生产计划下达翻包指令，DC 根据指令进行换包装作业，DC 根据配送补货指令向 MP 送货，MP 根据线边库存和生产消耗配送至线边，实现三级拉动。

四、RFID 原理及系统架构

RFID（Radio Frequency Identification）技术，是一种通过无线电信号识别特定目标并读写相关数据的射频技术。如图 13 - 32 所示。

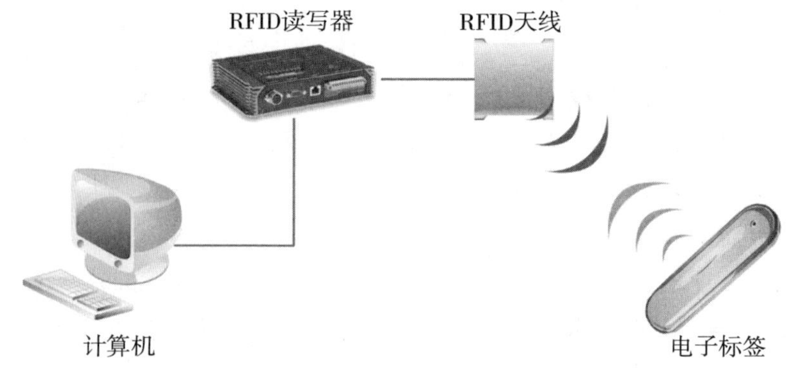

图 13 - 32　RFID 工作原理

系统为三层架构，其中核心为依托 RFID 等技术的基础信息采集；依托这些可靠的基础数据，实现复杂而有效的管理功能。如图 13 - 33 所示。

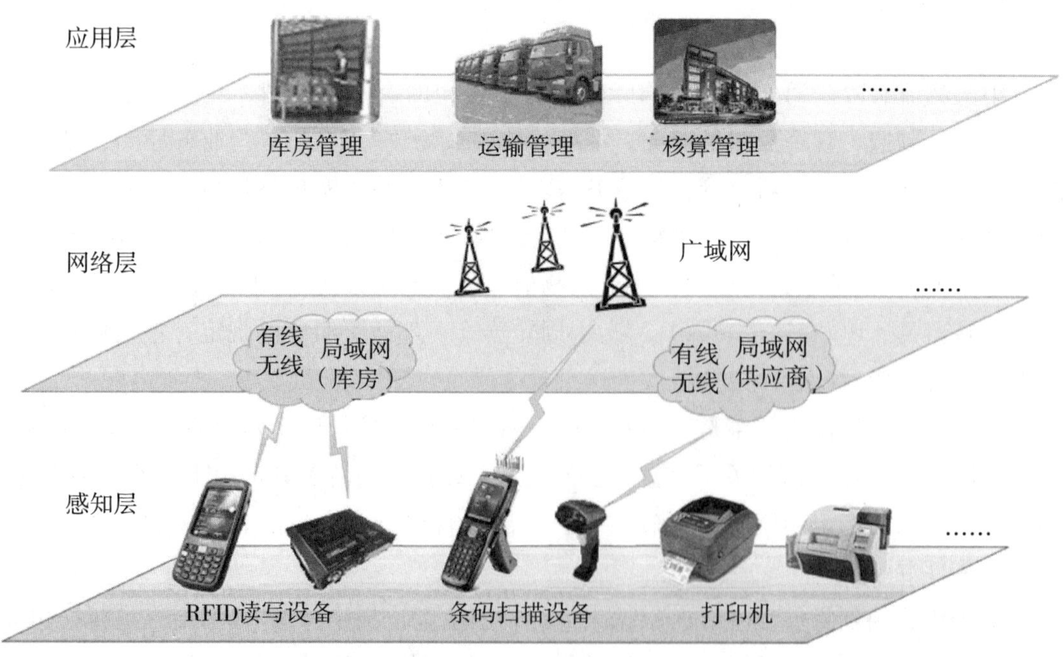

图 13 - 33　三层架构系统

五、RFID 标签应用

唯一身份识别码方式。每个周转器具 RFID 标签中写入一个唯一的 ID 编码，周转过程中各环节通过读识该 ID 将业务数据写入软件系统中，后续所有操作均通过读取该标签的 ID 号来查询所关联的信息，直至该 ID 退出当前作业循环，开始新的循环。

唯一身份识别码 + 数据擦写方式。每个周转器具的 RFID 标签中除了写入一个唯一的 ID 编码以外，预留两个数据读写区，周转过程中各环节通过 RFID 读写器将业务数据同时写入 RFID 标签和软件系统中，后续所有操作通过读取该标签的 ID 和数据信息与通过 ID 查询到的关联信息进行匹配，也可应用于无网络环境下的 RFID 标签信息读取，当该周转器具退出当前作业循环时，采用固定式读写器或手持设备擦出该标签内的数据信息，开始新的循环。

六、标签的选型与安装

根据不同型号的周转器具，根据其设计、尺寸和用途不同，选择不同的 RFID 标签芯片和不同的封装方式，如在金属周转器具或装载金属零件的周转器具上安装抗金属标签，封装形状根据周转器具形状设计，原则是不易被外力碰撞，容易被识别。

通常，对于每个托盘、周转器具箱安装 2～4 个 RFID 电子标签，固定在箱体一侧或各个侧面，每个周转器具上的 RFID 标签信息完全一致，以保证标签被 100% 识读。如图 13－34、图 13－35 和图 13－36 所示。

托盘两对角安装标签

塑料箱两对角安装标签

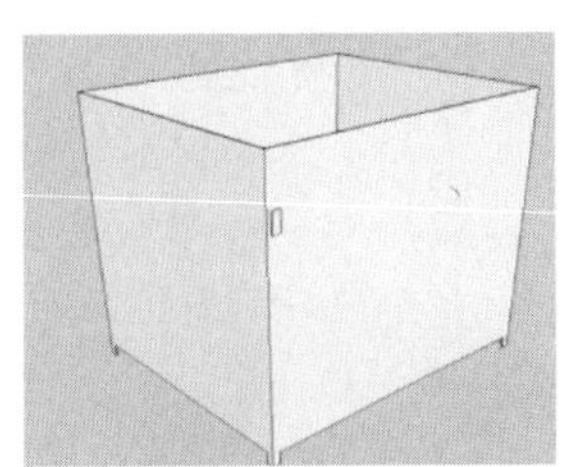

铁箱四角安装标签

图 13－34　托盘、周转器具箱安装标签位置

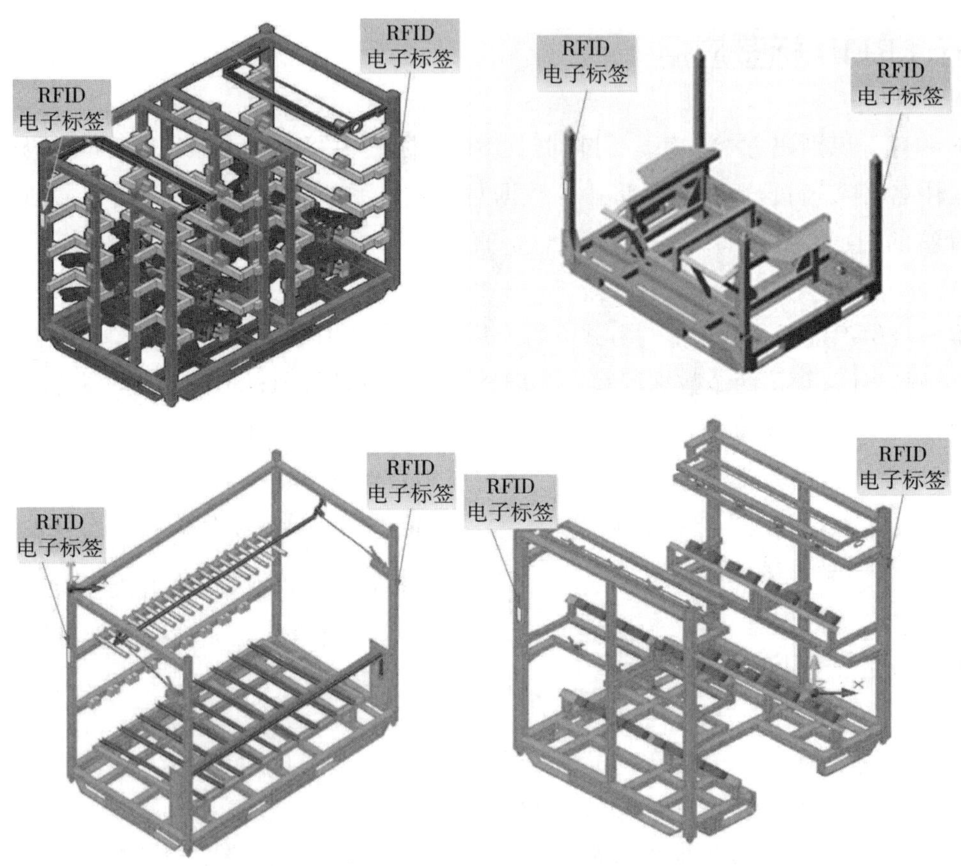

图 13－35 非标料架均采用两对角各安装一个标签

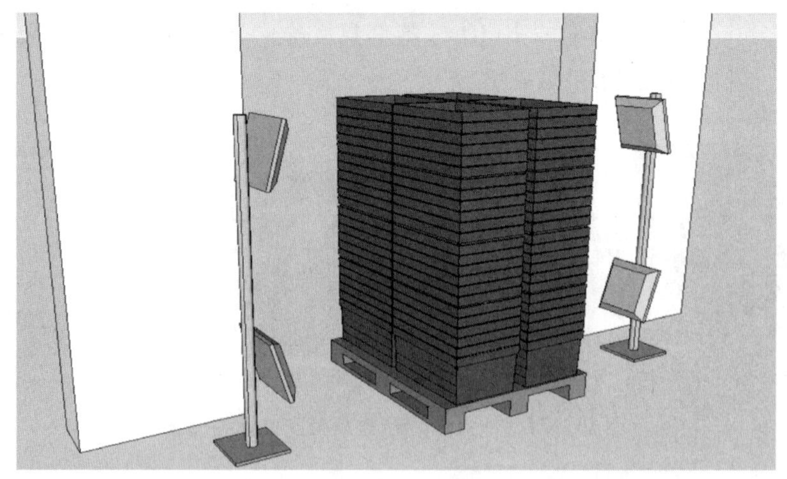

图 13－36 物流门出入库识别 **RFID** 场景示意

七、业务场景描述

（一）CMC 返空计划

通过生成计划匹配整车 BOM，MRP 计算出零部件需求计划对应零件与周转器具关系，获得周转器具需求计划，结合 CMC、各供应商、DC 和主机厂的周转器具库存量，由系统给出周转器具返空计划，明确应当从哪些库存地点运出的周转器具类型和数量，以及往哪些库存地点运送何种周转器具类型和数量，用来满足主机厂的生产计划。

（二）CMC 管理

（1）供应商备货时，使用手持设备扫描周转器具的 RFID 标签，选择装载的物料号，输入批次和数量，即绑定该周转器具与零件的关系，同时更新系统内该供应商处的物料和周转器具状态。

（2）供应商发出物料时，扫描周转器具的 RFID 标签，系统将物料和周转器具库存转移到在途库存。

（3）DC 接收物料和周转器具，更新 DC 物料和周转器具库存。DC 如需要翻包，则将物料与原周转器具的绑定关系解绑，并与新周转器具的编号进行绑定。

（4）周转器具在周转使用过程中通过扫描 RFID 标签，根据各仓库的补货策略和各地实时更新的库存信息，由系统自动生成补货指令，实现物料循环拉动。

（5）通过在每一个整车车身上安装 RFID 标签，写入车架号和发动机号，以生产线过点扫描信息计算物料消耗和生产过程控制，进而管理零件的溯源和质量管控。

（6）物料消耗完毕，空周转器具回到 CMC 时，周转器具状态恢复为空箱，该周转器具进入下一次使用循环。

（7）供应链各方可以以周转器具 RFID 标签唯一识别号为基础，开发接口系统，实现整个供应链的零部件生产流转管理，进而可以延伸至产品防伪和质量追溯。

（三）周转器具循环调拨

（1）CMC 投入的周转器具中，托盘（含托盘盖）、KLT 塑料箱、GLT 卡板箱、围板箱和铁箱均为通用标准周转器具，可以满足不同客户的需求。

（2）不同 CMC 之间因服务客户的计划波动和车型变动，对周转器具的需求会出现变化，通过周转器具管理系统可以监控平台内所有业务中心的空周转器具需求数量和实际库存数量；制订合理的调拨调运计划，用来平衡各业务中心的周转器具需求。

（3）执行周转调拨指令时，通过仓库物流门的固定式扫描读写器自动扫描装车的周转器具，装车完成后，生成的装车发运单即包含所有出库的周转器具 RFID 信息，明确周转器具所属关系和权责划分。

（四）国际运输至国内翻包

（1）以芜湖业务为基础，以多式联运方式，辐射全国，实现芜湖港“一带一路”的发展模式，发展国际循环器具运输。

（2）对国际循环运输的器具安装有源 RFID + GPS 标签（适时开发基于北斗系统的集成标签），在途过程通过 GPS 卫星定位跟踪运动轨迹，还可利用 RFID 标签的状态判断集装箱是否被非法打开过。

（3）采用 RFID + GPS 标签，可以实现一定区域内的 RFID 标签感知通信，再由少数标签与卫星通信，杜绝批次货物部分丢失风险，降低企业定位通信费用。

（4）国际运输到达国内港口后，通过扫描周转器具的 RFID 标签获取物料信息，进入翻包或转运环节，实现国际国内运输的无缝连接，真正将进口件从生产，发运地装运，目的地翻包，再到主机厂装配的全控过程管控。

（五）周转器具流转示意

如图 13 - 37 所示。

八、项目推广

目前，项目已成功试点应用，实现 CMC 中心周转器具的仓储管理、资产管理、租赁计费管理、维修和保养管理；通过开发与上游 ERP 系统接口，实现周转器具计划拉动；以 RFID 标签为数据载体，实现零部件按包装级别的循环拉动。

下一步将在其他 CMC 中心推广部署，实现多业务中心的信息与资源共享。

项目二期将周转器具的 RFID 应用扩展至供应链上下游，管理自零部件生产完工，物流配送，线边拉动，到整车生产制造执行控制的全过程，包括：

（1）周转器具的全生命周期管理；

（2）零部件质量追溯；

（3）零部件入厂配送循环拉动；

（4）零部件排序、分装和防差错管理；

（5）进口件全过程跟踪及追溯管理；

（6）整车生产制造执行控制；

（7）整车库存管理；

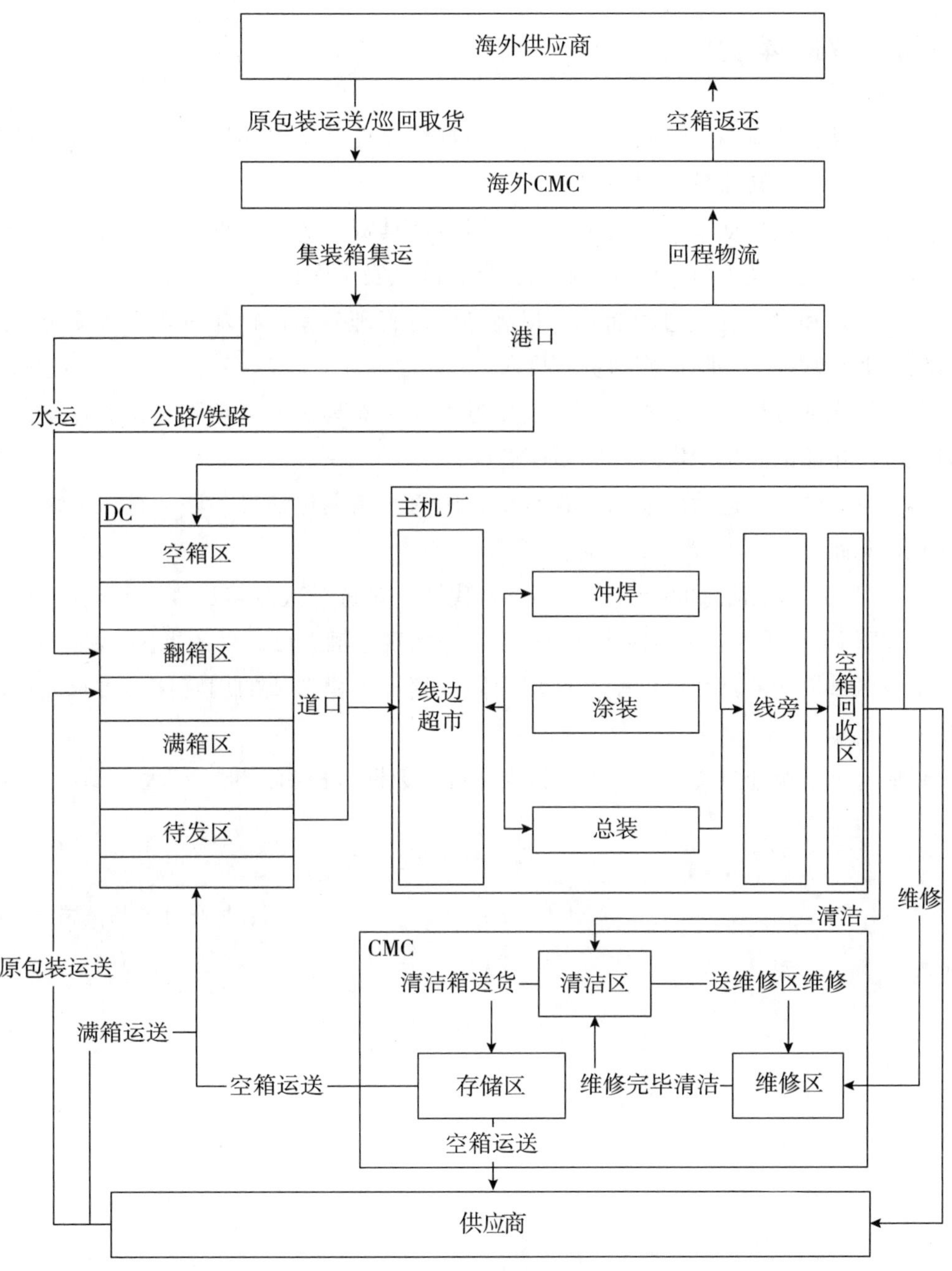

图 13－37　周转器具流转示意

（8）整车运输和交接管理。

九、效益体现

通过该项目的应用，将周转器具的管理颗粒度提升至单品级别，实现库存可视化管控，大幅提高周转器具使用率。

流转过程数据自动采集，实现物料和周转器具资产的可见性，物流过程准确性提高，减少停线风险及为防止停线的临时措施，降低安全库存。

有效识别和锁定物流过程瓶颈，提高供应链管理效率；物流过程全程受控，减少周转器具非正常损失，降低新增资产投入。

消除了大部分清点、寻找环节，改变过去周转器具仅能管理到类型和数量，无法管理到唯一单品的状况，实现动态循环盘点。

实现进口件国际运输的实时在途跟踪，国内开箱翻包信息关联，直至上线装配的全过程信息跟踪。

基于 RFID 标签信息的唯一性和不可替代性，对每一次流转过程赋予批次流水号，与整车 VIN 码/整车 RFID 标签建立对应关系，实现车辆关键部件的批次追溯。

形成区域周转器具共享，平衡区域内因计划不平稳造成的周转器具需求波动，降低供应链成本。

供应链上下游通过统一接口平台接入，统一数据口径和标准，扩大 RFID 技术应用效益。

（中世国际物流有限公司）

第十四章　汽车整车物流创新成果

第一节　一汽轿车整车物流智能仓储管理系统

一、项目背景

随着“互联网+”时代的到来，智能物流理念也随之提出，公司原有的整车物流仓储管理环节（下线接车倒运、移库倒运、入库倒运及备车倒运）依靠纸质物流票（一式十联，各环节分别留存），人车匹配依靠纸质签名、人工记录，作业节拍长，劳动强度大，且不易识别统计，车辆移动信息可追溯性差（翻看留存签名才可识别，工作量大且不准确，纸质不易留存，容易丢失）；车辆备车道需要人工识别，运输车到场及离场时间，完全依靠人工记录，备车作业及运输车不易监管。面对公司未来产能增加的压力，原有的传统仓储物流管理模式已经不能适应公司的发展需求。鉴于 RFID 技术已经广泛应用（高速 ETC、停车场等），现一汽轿车借助 RFID 技术并结合工业 4.0 概念，率先采用先进的物联网技术，建设出一套行业内领先的智能物流仓储管理系统。

二、项目内容

（一）主要技术应用

1. RFID

RFID（Radio Frequency Identification，无线射频）技术，是远程无线射频技术，是一种非接触式的自动识别技术，通过射频信号自动识别目标对象并获取相关数据，识别工作无须人工干预，并且可识别高速运动物体并可同时识别多个电子标签，操作快捷方便；具体现象：车辆悬挂和司机佩戴的两个 RFID 电子标签，同时行驶过专用通道

（RFID 识别设备及地感区域），系统做出判断，LED 灯会相应做出指示（绿灯代表正确信息、红灯代表错误信息）。

2. Microsoft Silverlight

Microsoft Silverlight 中文名为“微软银光”，是一种新的 Web 呈现技术，能在各种平台上运行。借助该技术，系统界面将拥有内容丰富、视觉效果绚丽的交互式体验，尤其是在浏览器内；界面视觉效果明显，操作简单。

（二）主要设备组成

特制 RFID 车载电子标签和司机标签：由无线远程芯片和耦合元件组成，标签内置有天线，用于与阅读器之间的数据传递，车辆从生产线下线后，制作 RFID 电子标签，RFID 标签写入车辆基础信息，此标签在整个物流环节和车辆形成一一对应关系，此信息在物流环中一直保留，直到出库后回收。（此 RFID 标签可循环回收利用）

地感及地感转换装置：主要原理为切割磁感线圈，产生电流，通过地感转换装置，发送节目，触发 RFID 控制箱启用，控制天线及其他设备开启工作。

远程读写天线：数据读取终端由控制系统和射频接口组成，它是对 RFID 电子标签进行读取的设备，用于发送和接收射频信号，射频接口用于产生发射无线信号，为标签提供能量并对发射信号进行调制。控制系统用于与软件的通信、信号的编码及解码。数据读取终端，同时具有通信、控制和计算功能。

LED 调屏：由若干 LED 模块组成，它的原理是一种通过控制半导体发光来显示，由镓与砷、磷、氮的化合物组成，通过控制器发送节目，在 LED 调屏幕上显示文字信息，在本系统中应用来显示库区库位，并且通过显示红色和绿色用来明显区分操作正确与错误，很直观地指导作业。

桌面读写器：主要用途为制作 RFID 电子标签，可以手工录入和自动读写，内设置可以有效判断录入信息正确性，避免错误信息的录入。

自动打票箱体：由 LED 调屏、电路板、传动装置、碳带和条码纸支架、碳带、条码纸、机械切刀、自动打印机、加热模块（低温至 -20℃，自动启用加热）。

组合箱体组成：车辆入库时，触发入库地感后，天线读取 RFID 和司机胸卡信息，系统做出判断，核实正确后，控制箱发出正确指令，根据既定的入库规则，打出相应库区库位条码，司机按照库区库位条码指示入库。

语音播报器：电动式扬声器，由振动膜、音圈、永久磁铁、支架构成，语音播报，主要在缓存区、入库、出库和备车物流环节过程中起到辅助语音指示作用，主要提示音包括正确和错误两种，响亮而警醒，另外出库提示音为“有无移库计划”，入库提示“底盘号后五位”。

经济指标：入库效率、入库及时率、出库效率、出库及时率、备车及时率、库位利用率、库存完好率、库存预测、装车管控率、运输车到场及时率、运输车出场及时率、车辆时时可追溯性、自动化程度、减少作业人员、实现管理过程可视化、提升整个物流环节效率、完善物流数据统计查询、信息数据准确率。

（三）应用范围及方案实施

1. 入库环节

（1）传统作业模式：车辆下线—打印纸质物流票—入库—人工寻找库位停车—人工记录库区库位号—手工录入系统—入库完成。

（2）新作业模式：车辆下线—制作 RFID 电子标签—行驶过指定通道（入库地感）—系统自动分配库位并自动完成打票—按照库区库位停车—入库完成。

变化点及优势：新模式与传统模式是截然相反的物流过程，新模式根据既定的入库规则，行驶过地感区域，系统自动识别并指派库区库位，司机入库过程中直接取库区库位号，按照指示信息，完成入库，并且保证入库司机和驾驶车辆一一绑定，实现车辆时时可追溯性。减少入库操作人员，大大提高入库效率，车辆和库位实际位置高度匹配，可以更好地管控库区。

2. 备车环节

（1）传统作业模式：根据销售计划—人工选择出库车辆—人工匹配仓库—人工指派备车道—车辆驶入备车道—人工释放库区库位—人工确认备车道使用情况—备车道人工释放—备车完成。

（2）新作业模式：根据销售计划—系统根据既定规则选择出库车辆—系统自动匹配仓库—系统自动指派备车道—车辆行驶过地感区域—电子指示系统指示备车道（正确驶入为绿灯，错误驶入为红灯警示）—系统自动释放库位库位—备车完成。

变化点及优势：增加备车道电子指示系统，实现备车作业可视化管理；系统完成自动备车。提升备车准确率及备车道利用率，及时释放库位，提高库区利用率；系统实现自动备车，减少工作人员并且大大降低工作强度，自动化程度高。

3. 出库环节

（1）传统作业模式：备车车辆、出库单—装载商品车运输车—人工开具出门凭证—人工扫码（VIN）做系统出库—出库完成。

（2）新作业模式：系统指示备车、出库单—装载商品车运输车—根据商品车出库信息自动打印电子出库凭证—系统自动出库—出库完成。

变化点及优势：系统自动打印电子出门凭证，提高开具出门证效率，节省操作人员；系统自动扫描出库，提高出库及时率和库区利用率，系统校验出库信息，提升出库效率和准确率。

4. 商品车运输车管理

（1）传统作业模式：运输车到场—人工记录到场时间—商品车装载进度—人工记录出场时间—运输车完成出场。

（2）新作业模式：运输车到场—制作 RFID 卡，系统自动记录入场时间—商品车装载进度—刷 RFID 卡，系统自动记录出场时间且计算装车时间—运输车出场。

变化点及优势：商品车运输车进出场时间由人工记录输入系统变更为 RFID 电子标签管理，装载进度由只能现场管理变更为可系统时时跟踪管理，并且增加系统自动提示功能，管理时效性明显增强；操作效率，数据准确性得到质的提升，操作过程系统管理，易于提取数据统计分析结果，提升管理水平。

数据统计分析：主要取决于系统的独特性，与传统的信息系统单纯的软件构成相比，一汽轿车整车物流智能仓储管理系统是软、硬件相结合；硬件设备分布构成主要包括下线、入库、出库、缓存区、备车 RFID 设备，采集所有物流过程信息准确而及时，对大数据管理分析做有力支撑；主要大数据分析指标包括下线接车及时率、入库及时率、入库完成率、出库及时率、出库完成率、备车及时率、运输车到场及时率、库存完好率、库存预测、装车管控率等。

应用及推广情况：目前，一汽轿车整车物流科所有仓储作业点，已经全部应用智能仓储管理系统，主要包括长春一汽轿车本部仓储基地，长春长久物流轿车公司外委 C 库；目前河北唐山长久物流基地已经投入使用；未来规划，全国范围内一汽轿车仓储分拨中心均推广使用，建立统一、全覆盖、先进的智能物流信息系统网络。

三、项目创新点

（1）自动化、智能化：借助先进的 RFID 技术和“互联网 +”的全新理念，对传统的物流管理模式进行了深化改革，实现物流系统由手工操作向系统半自动化质的飞跃，并为全自动化夯实基础、做充分铺垫，进而摸索出物流管理新理念，逐步细化、深化改革物流管理方式，提升管理质量，消除人为失误所带来的管理漏洞，最终达到管理新高度，实现真正意义上的“智能物流”。

（2）先进设施设备利用：车辆 RFID 电子标签和司机胸卡的使用，加之 RFID 各环节设备良好的配备，使得整个物流作业环节（下线倒运、移库倒运、入库倒运及备车倒运）完成人车一一绑定，实现车辆时时移动的可追溯性，进而大大地提高物流过程的安全管控，提高信息采集及时率、准确率。

（3）入库自动化：车辆入库实现自动化，系统按照既定入库规则自动分配库区库位，提升车辆的调运调配率，提升库区形象和管理，规避人为操作误差，提高作业效率，解决整车物流入库作业能力瓶颈，有效地节约人力、物力、财力，进而降低成本，最终达到制定整车入库标准的目的。

（4）备车电子指示系统：利用 RFID 指示设备和备车道之间设定的关系，启用备车道电子指示系统，实现实物备车可视化，实现系统监控备车情况及备车道使用情况，提高备车效率和准确率，提升备车管理水平；备车完毕后，释放所在仓库库区库位，提高库区利用率。

（5）系统监管运输车情况：运输车出、入厂实现系统自动记录，大大提升运输车的监管准确率，进而保证现场装车以及出库及时率，系统自动记录统计分析，提升对物流商的有效管理，提升物流商的管理、服务水平。

（6）数据支撑服务：系统保证各作业信息及时准确地采集，实现整车物流各作业点现场信息实时准确跟踪，进而有能力为用户提供更加优质的整车物流服务，实现过程作业实时掌控，提高信息化水平，能够为整车物流各环节深层次效率提升、人员优化奠定坚实基础。

四、项目取得的效益

（一）项目经济效益

效率：优化倒运环节，包括（下线接车倒运、移库倒运、备车倒运、出库倒运），作业时间节省 2.97 分/辆，提高作业效率，按照目前日产量 1200 辆计算，每日节约 3564 分钟，每年节约工时成本约 40 万元；入库倒运时间由 1.35 分/辆，降低至 0.99 分/辆，提升入库效率 65%，按照日产量 1200 辆计算，每天节省入库时间 432 分钟，如果按照每天工作 8 小时计算，单个仓库入口入库能力为 480 辆，目前公司运营匹配情况（双班、双仓库入库）来计算的话，每日入库可以完成 1980 辆，全年入库支撑可完成 50 万辆，随着班次和仓库入库的调整提升，仓储入库能力呈正比例提升。系统自动备车作业，实现备车 2000 辆，20 分钟内完成质的突破，比较手工备车，1000 辆需要 3 个人操作 3 小时方可完成，而且值得一提的是，随着备车数量的增加，系统备车时间基本上不发生改变。在出库和备车完成后，系统自动释放车辆之前所在库区库位，并且入库系统无时间差识别，把库区利用时间提前 2 ~4 个小时。

人员：整车物流减少作业人员，减少加班时间［减少 4 个自有作业人员，减少 4 个三方服务人员，减少 8 个保安人员，每年节省 $4 \times 7.6 + 12 \times 4.2 \approx 80$（万元）］每年降低人员成本约 80 万元；每年综合降低成本 40 万元 +80 万元 =120 万元。

（二）项目社会效益

（1）一汽轿车整车物流智能仓储管理系统具有很强应用性，覆盖面广泛，几乎囊括所有整车物流作业环节，此外此系统具有灵活多变、可复制性的性能，很容易推广使用。

（2）系统通过软件和硬件相结合，实现物流环节自动化，因此各整车物流作业环节节拍准确而确定，通过论证整合，最终合意，可以输出适合于行业内标准化作业节拍。

（3）此智能系统首次应用于北方地区长春，长春地区冬季寒冷，对各设备低温可靠运行是严峻的考验，经过 2014 年一个寒冬的验证，整个寒冬，设备未受到温度影响而失效，证明 RFID 硬件设施设备的低温运行可靠性，为它在行业内的推广开辟蹊径。

（4）整车智能仓储物联网技术的应用，通过各个环节信息的循环对接，构成智能信息平台，优化和提升汽车产业链整体的发展水平。

（5）物联网信息的无缝相接，拉近了汽车生产厂家和三方物流公司的沟通与互动，为汽车仓储物流的管理方式带来了全新改变，增强服务意识，提升市场竞争力。

（6）智能仓储管理系统的应用，向整车物流智能化迈向了坚实的一步，为早日实现中国制造 2025“智能物流”的宏伟目标奠定基础。

（一汽轿车股份有限公司）

第二节　整车公水联运中转发运模式探索

一、中国汽车物流市场的变化

进入 2015 年以来，各地政府对违规轿运车整治的力度明显加大，从年初的四川限行到年中的湖南限行以及今后可能的一些地区的违规轿运车限行，各种针对轿运车的治超治限政策不断出台。不仅如此，从国家政策层面，新修订 GB 1589 新标准即将出台，单台轿运车的平均运能将从目前的 18 ~ 22 台下降至 8 ~ 12 台水平，意味着陆运汽车物流成本将会增加 50%。以往陆运吸引主机厂大量采用公路运输的综合成本优势将不复存在，支撑中国汽车物流行业发展二十余年的现行以陆运为主的物流运输模式将会随之改变，各汽车生产企业为保证现行物流成本稳定，必将会将干线物流的视角转向多式联运。汽车物流未来必然是由传统的公路运输为主向公路、水路和铁路的多式联运模式转型，多式联运模式是汽车物流未来的发展趋势。

（一）中国汽车物流多式联运市场规模预测

中国汽车生产和消费区域分布格局使得中国完全有可能延续诸如美国、日韩等国的汽车物流模式，多式联运将变成未来汽车运输的主力模式。美国运输距离在 400 公里以内的公路运输是主流模式，1200 公里以内普遍采用铁路运输，而超过 1500 公里全部采用多式联运模式。日本和韩国由于地域限制，超过 300 公里全部采用多式联运，多式联运比例高达 45% 以上，欧洲的沿江沿海多式联运比例也在 30% 左右，而目前我国的情况，由于公路违规超长、超宽轿运车的大量使用、国内汽车多式联运运能的不均衡以及专业化汽车港口设施的不足，导致国内汽车多式联运能力难以及时有效地满足主机厂销售和物流需求，使得汽车物流多式联运比例不足 15%。而根据目前国内汽车物流运行数据测算，国内汽车物流 1500 公里以上的干线运输比例约占其整体运输比例的 30%，其中 73% 的运量属于沿海、沿江运输，适用于多式联运。按此目标推算，对比 2015 年产销预测数据，需求绝对量应为 500 万台左右，对比 2020 年产销预测数据，需求绝对量应为 740 万台左右，仅多式联运比例提升所带来的多式联运运量增加值都将达到数百万级规模，中国汽车物流多式联运市场需求潜力巨大。

（二）国内汽车生产企业运输模式的变化

正如前文所述，随着各地对违规轿运车的限行措施不断出台，以及 GB 1589 新标准即将出台的影响，国内汽车生产企业也纷纷开始动作，布局多式联运。一汽大众正式启动多式联运项目；一汽轿车开始启动多式联运试运；奇瑞汽车率先实现大连工厂至华东；至西南地区的江海联运；长安汽车开始规划至华东和华南的多式联运计划；北京现代和东风悦达起亚也在开始进行多式联运规划。这一系列主机厂的举动必将带动其他汽车生产企业转向多式联运，中国多式联运模式需求将会得到实质性提升。

二、项目描述

为奇瑞大连整车物流提供全方位运输保障服务，运营模式为“大连直发”与“烟台设立中转库”并存，在服务时效与运营成本之间寻找到了平衡点，有利于长期可持续发展。

三、项目背景

奇瑞在大连设立工厂，但因大连在地理位置上处于公路核心运输圈之外，所以公路运输存在较大的局限性。

主要原因为：

（1）东北地区整体运力资源流出流入比为2：1，即东北区域流出的运力多，而流入的运力少，受该大环境影响，大连区域缺乏公路运力。

（2）东北是重要汽车生产基地，各地间争夺运力现象严重，沈阳/长春依靠地理和运价优势对大连的影响尤为严重，公路运力争夺日趋白热化。

（3）由于地处公路干线末端，公路流入运力少，而且本地没有整车物流公司。

以上3点原因导致奇瑞设厂初期运输成本居高不下。

解决大连公路困局的根本措施是建立烟台中转库。大连—烟台航线是东北资源进入山东、华东、华中及华北部分区域的黄金航线，通过烟台中转，海运进出关内较为便利。从时效上讲，大连经烟台（89海里距离）进出关内（山东、华东、华中及华北部分区域）为直线运输，相比公路绕行山海关在运输时间上具有优势（大连至烟台运输时长6小时，烟台始发抵达全国主要地区均在4天以内）。从运力上看，大连—烟台航线班轮频次高（日均8班客滚船、每周3班滚装船），可以将奇瑞大连工厂下线的车辆及时运往烟台。由于鲁东和鲁中地区汽车销量大，但主机厂少，因此烟台拥有充足的公路返程运力为大连中转过来的车辆进行分拨。

四、项目主要内容

综合考虑大连的地理、物流特点以及物流时间和运输成本，在直发模式的基础上，通过在烟台建立中转库进行分拨，以此从根本上解决奇瑞大连物流难题。此外，上海多式联运分拨和北京中转可作为补充方案，均衡运力调配，确保及时发运。并利用长久网络布局的优势，通过增加入库区域的手段，弹性增加运能，以此满足更大规模的发运需要。

五、详细发运区域方案

（1）大连公路直发覆盖区域：东北/内蒙古、华北（北京、天津、河北、山西等），华南整板计划、西北、西南（部分）。

（2）设立烟台中转库，分拨区域：山东全省、华北部分（大连直发运力不足的情况：河北南部、山西南部）、华东部分（苏北、江西）、华中（湖南、湖北、河南、安徽等）、华南区域。

（3）北京中转覆盖区域：西北（散计划）、西南（部分）。

（4）大连—上海海运、分拨覆盖区域：上海、浙江、苏南。

（5）针对高峰期公路运力不足的应急补充：若大连直发华南公路运力不足，可采取大连—烟台海运、公路分拨方案应急。

六、项目创新点

时效和成本平衡，既保证了运输时效、确保准时送达，又降低了物流成本，为长期可持续发展提供了保障。

七、项目社会及经济效益

1. 时效比较（烟台中转与大连直发比较）

按照传统滚装船班轮模式，部分线路运输时间只会增加 0.5 天，部分线路还会因运距缩短而降低运输时间0.5 天或1 天。如按照长久提出的客滚船模式运输，运输时长会缩短 1 天，多式联运在时间上将具有完全优势。

2. 成本比较（烟台中转与大连直发比较）

多式联运至烟台分拨山东全省、华北部分（河北南部、山西南部）、华东部分（江苏、江西）、华中（湖南、湖北、河南、安徽）、华南和西南区域，可降低运输成本8%左右。

3. 项目对行业的贡献

（1）对公水联运模式进行探索，为主机厂节省费用提供新举措、新途径。

（2）开辟东北汽车整车进入华北、山东、苏北等区域发运新途径。

（3）改变整车物流对直发模式的依赖。

（北京长久物流股份有限公司）

第三节 基于条码指令传票技术在整车仓储、PDI作业中的应用

一、项目主要内容

WMS整车仓储管理系统是将整车仓库业务和计算机及其网络技术、手持操作终端、条码扫描识别、无线蓝牙打印进行有机结合而形成的整车仓储流程计算机网络控制与管理技术。

该项目对整车仓储进行全面的管理，结合目前的实际业务及陆友物流多年的整车行业经验，对整车仓储业务的各个环节进行流程管理、数据记录以及状态跟踪。

针对大批量作业的需求，对车辆入库、在库、PDI、出库作业进行系统化的管理，实现快速作业的管理，提高仓储的利用率，帮助业务人员提高工作效率。

对车辆在各个环节的工单信息以及质损信息进行统一管理，用户通过系统能够实时查看车辆相关信息，同时能够生成相关的业务报表以及费用报表。

（一）主要技术

基于B/S架构进行开发①。

开发语言：C#. NET

开发工具：Visual Studio . NET

数据库：SQL Server

手持端：Windows CE

（1）客户端通过浏览器可以随时随地联网使用系统，不用安装专门的软件。

（2）只需要在服务端部署安装系统，即可支持多个VDC以及多用户的使用。

（二）经济指标

通过系统自动化数据管理，可以大幅降低人工记录的工作量，每年减少企业的用工成本数十万元。

---

① 本次开发采用B/S架构，可以更加便于系统的使用管理和对业务扩展的支持。

通过系统标准化流程管理，可以大幅提高仓储业务的处理量，每年能为企业增加上百万元的收益。

（三）应用推广

目前，WMS 项目已经在上海宝马 VDC、西安宝马 VDC、成都宝马 VDC 上线使用。下半年将在上海讴歌 VDC、上海林肯 VDC 进行实施，后续将逐步覆盖全国其他的 VDC。

二、项目创新点

（一）自动分配车辆库位

系统支持自动分配库位，使用手持终端扫描车辆后，根据库位停放规则系统生成对应的库位；同时蓝牙打印机自动打印移车指示单，以便于移车人员的快速作业。

（二）邮票纸作业传票管理

车辆入库时发行系统生成的邮票纸作业传票，后续完成一项仓储作业撕下对应的邮票纸，通过扫描识别进行仓储作业的跟踪和管理。

（三）PDI 计划及结果管理

根据入库车辆登记及 PDI 维护规则，可制订 PDI 作业计划，系统自动计算对应的维护周期及下次维护时间。通过手持终端的实时扫描，对 PDI 作业的结果进行记录。

三、项目对行业的贡献

《WMS 整车仓储管理系统》是结合了陆友物流多年的整车仓储行业经验定制而成，完善了以往仓库管理的各种不足，优化了整车仓储的系统化管理功能。通过仓储业务流程标准化管理，优化了现有的作业流程，极大地提高了工作效率。该项目通过在各个 VDC 的实施和不断完善，逐步成为行业的标准化流程，从而对物流行业的信息化及自动化管理起到了积极的推动作用。

（陆友物流（北京）有限公司　王家顺　姜冬梅　刘　豪）

第四节　商品车运输自动配载方法探索和实践

该项目以2011—2012年“在线分配商品化车直发上道预研究”为技术基础，以2013—2014年上半年对50%以上的输运区域实现了独家运输商承包为前提，借助信息系统开发与上线运行，实现了在商品车自动配载模型和运行方式两个方面的创新。

一、自动配载探索历程

从2005年神龙公司武汉厂区产销规模超过14万元开始，至2014年产销规模达到70万元，神龙公司始终面临着如何公平分配商品车资源的问题：既要在区域的数量、品种上平衡为其服务的15～18家公路运输商和2～3家铁路运输商以及1家水路运输商的利益，保证运输商积极性，又要满足销售网点的交付要求，还要降低运输成本。面对这个所有主机厂都会面对的问题，神龙公司进行了艰苦卓绝、持之以恒地探索与实践。

神龙公司武汉制造中心生产的商品车运输方式有公路、铁路联合和水运联合三种，所有销售网点的区域一般只对应一种运输方式，但在特定季节、特别事件期间，需要灵活应对。

第一阶段：公路架子车装载的自动配载研究。

2005年，首次面对自动配载这个课题，当时是采用按照实际架子车装载的形式由系统通过筛选匹配，以满载为目标来实现的。在数据的构建上，将架子车的型号进行分类，同时对商品车的大小长短进行分类，按照用户设定的架子车与商品车的装载可能性，枚举全排列以及优先级情况，并设定干线、支线运输路线，然后由系统进行首次装载的自动配板，以及考虑沿途上下车进行在途配载。这是一种将商品车资源与可用运输商装载架子车，按形式以及路线进行匹配的运算方法。

由于运输商的架子车个性化多，难以进行实际架子车装载的标准化分类，系统启动后，并没有能够运行起来，但是已让神龙公司在自动配载上初窥门径，积累了一些经验教训。

第二阶段：公路虚拟架子车装载的自动配载雏形研究。

2011年，基于神龙公司销售资源分配由“在库分配”优化为“在线分配”模式，首次提出“同城一网/两网”“架子车装载长度控制”的虚拟架子车自动配载研究，从理论上完成了自动配载的雏形研究，测试运行是成功的。

商品车按照车型长短进行分类，如表 14－1 所示。

表 14－1　　商品车分类

车型参数	L（大）	M（中）	S（小）	超高
C5、508……	L			
C4L、世嘉、308……		M		
C2、206……			S	
3008				G

架子车按公式来计算是否符合装载要求，公式如下：

（1）长度约束公式：MIN_ LONG < L 车数量 × L_ PARAM + M 车数量 × M_ PARAM + S 车数量 × S_ PARAM + OPT_ PARAM < MAX_ LONG。

（2）台数约束公式：MIN_ NUM < L 车数量 + M 车数量 + S 车数量 < MAX_ NUM。

（3）超高车辆控制：G < MAX_ HIGH。

这是一种将商品车类型与抽象架子车装配形式进行匹配的算法研究，标准化架子车形式，以最短交付时限为目的。虽然因为"在线车辆"资源不足，最终没有长期运行下去，但这个研究已使我们对商品车及架子车进行了抽象，并构建了数学模型。

第三阶段：公路虚架子车装载的自动配载实施。

从 2013 年开始，神龙公司开始大力推进 15 家公路运输商对全国销售网点分布的运输区域施行承包，到 2014 年上半年，大约对 50% 以上的输运区域实现了独家运输商承包，剩下的运输区域由 2 家或 2 家以上运输商按照规定的份额进行轮板。2014 年下半年公司确立了商品车自动配载项目。

在第二阶段研究的基础上，探索并确立商品车自动配载模型，而且在 LVN 系统开发，2015 年 5 月新版系统上线后投入运行。

二、探索并确立商品车自动配载模型

神龙公司采用精益管理工具、流程程序分析法、头脑风暴法、PDCA 循环等各种方法研究出可行的自动配载因素 11 个，形成了以 24 小时指令集并后自动配载为主，辅助人工配载的方法。

（1）自动配载的"同城"：按照城市的规模、限行规定，将大型城市划分为多个自动配载的"同城"。

（2）自动配载标准板：同城一网点、同城两网点的商品车满足该运输线路的板型。

遵照国家法规对架子车工具的长、宽限定，公司标准板型划分为8台、10台和12台。

（3）运输线路板型：点对点线路的公路运输的运输配载数量，支持用户定义多个板型。必须遵守。

（4）特殊商品车限制：对有超高、超长等特性的商品车总台数限制（主要考虑到运输商的架子车工具的装载能力）。必须遵守。

（5）待分配池运行：系统自动生成板后，若是轮板区域则暂进入该池，直到达到或超过设定的板数后，自动按照份额以及同份额情况下当天总量少优先原则分配给参加轮板运输商。

（6）商务指令自动配载属性唯一：对有转运、缓运等特殊需求的指令必须规范表达为不可自配载，其他为可自配载。且指令不可自配载与可自配载由用户进行转化。

（7）运输区域：按照用户的定义进行运输区域划分，可以将同一城市的不同网点划分为不同区域，自动配载的“同城”网点必须在一个区域。

（8）承包运输区域直接分配：系统自动配载后，直接分配给独家运输商。

（9）轮板运输区域集中分配：系统自动生成板后，进入分配池，直到达到或超过设定的板数后，自动分配给参加轮板运输商，且遵循“2板一分”原则，兼顾运输商实际架子车装载现实。

在“2板一分”原则实施细则上，系统记忆运输商的城市欠板，下次分配时，先同城2板一分；然后，优先补足运输商同城市欠板，再补足运输商欠板城市所在区域的欠板，使得分配更人性化和运输商利益最大化。

平滑运输商当天获得商品车总量，同等资格情况，商品车总量少的优先。

（10）成板优先原则：优先同城一网，其次接收指令时间，再次仓库数少。

（11）其他：设定不参与配载城市、不参与配载网点等。

（12）人工成板：对人工选定商品车资源生成板后，若属于承包运输区域，则系统直接分配给独家运输商；反之，则进入待分配池。

（13）特定人工指定运输商配载：由人工自由选定运输商，不计算运输商份额，满足包车、奖励等业务。

（14）商品车公路自动配载模型：按照自动配载规则与需求，形成如下处理逻辑。如图14－1所示。

在自动配载建模初期，将“轮板区域平均里程”作为分配策略中的一个因素，经项目分析，以及用户可以将轮板区域进行细分来解决运输商对资源分配的里程长短问题，因此，予以舍弃。如此，不仅简化了模型，还优化了算法。

在前面介绍的第二阶段自动配载探索中，将商品车的长度分为“大、中、小”，且架子车装载的长度属性作为技术限制，但没有考虑商品车的高度。在此次的建模过程

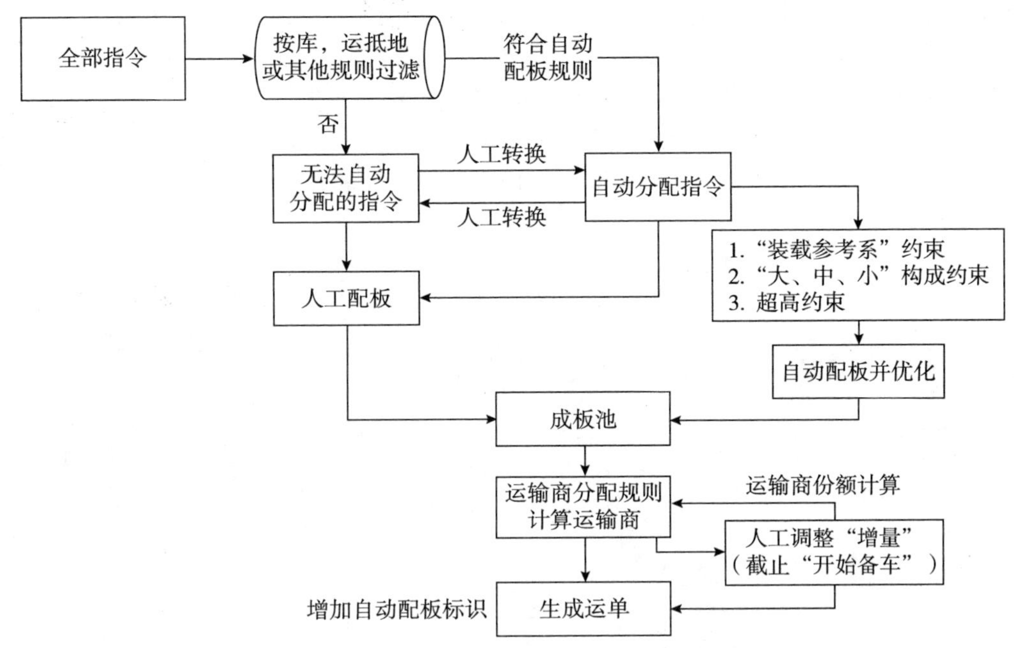

图 14－1　商品车公路自动配载＋自动轮板边界、流程

中，通过阵地会，与运输商探讨、交流，首次提出将商品车的高度作为装载技术限制，同时将超长的属性一并归结为“特殊商品车限制”。

三、创新并确立了商品车自动配载运行方式

（1）配载中心架构：按照用户设定的武汉配载中心、成都配载中心各自独立运行。

（2）选定仓库进行自动配载：按照用户设定的仓库参加自动配载。

（3）自动配载启动：按照用户设定的时间点启动，允许设置 6 个运行时点。目前按照 24H/次，设定 6：00 启动一次，其他时间不启动。形成了 24 小时指令集并的自动配载运行方式。

（4）轮板份额更新：按照用户设定的份额运行，直到更新后，累计份额进行清零。

四、信息系统开发与运行情况

从 2014 年 7 月开始做需求调查，到 2015 年 5 月上线运行，历时 10 个月开发。从 2015 年 5 月开始，运行约 6 个月，商品车销售集中的月底，日自动配载率达 75%，累计平均在 52% 以上。

（一）信息系统处理架构

按照用户提出的自动配载需求，结合仓库商品车发货实际操作中存在因商务原因撤销销售指令，商品车质量缺陷撤销配载等事务，再分武汉配载中心、成都配载中心按如下架构进行处理。在神龙公司商品车储运系统（LVN 系统）开发、运行。如图 14－2 所示。

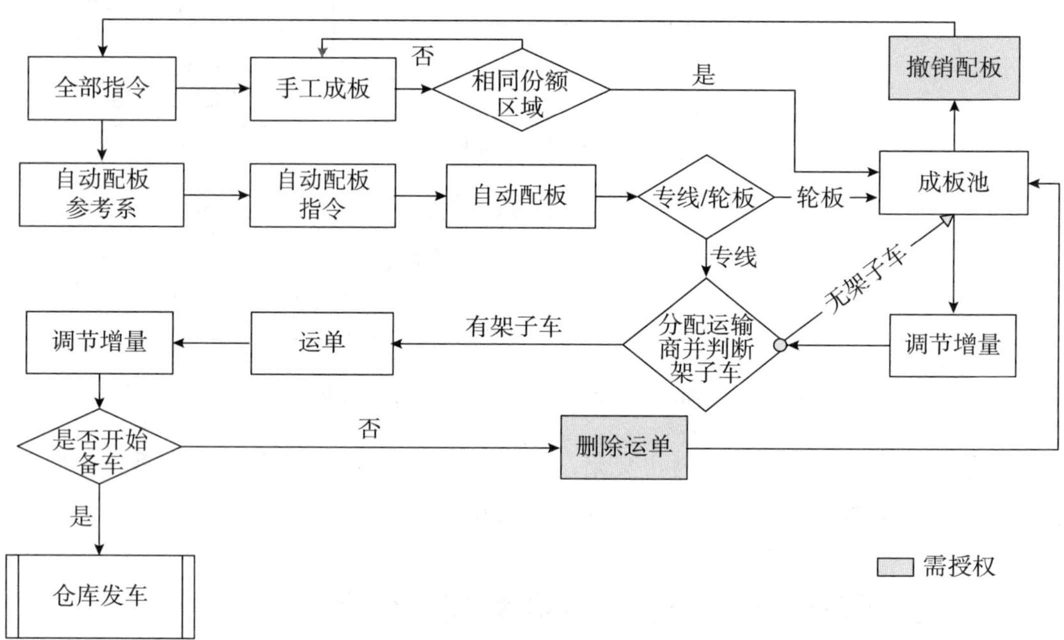

图 14－2　LVN 系统公路自动配载＋自动轮板处理架构

（二）运输商分配策略

对轮板运输区域，查询各运输商已获得商品车总量，按运输商已经分配商品车资源数额比例的大小进行排序，并按照下面的优先次序获得商品车资源。

（1）有（欠板）待分配的运输商最优先；

（2）全局分配的比例最小的优先；

（3）配板区域内分配比例最小的优先；

（4）区域份额数大的优先；

（5）全局份额数大的优先；

（6）完成数小的优先；

（7）全局完成数小的优先。

上述分配策略实现了向份额小的运输商倾斜，从而平滑了运输商的日高峰值。

（三）成板策略

策略1：同城一网点成板优于同城两网点成板。

在此基础上，关注商品车的分布仓库和指令接收后等待配载的时间因素。

策略2：商品车分布在最少仓库。

神龙公司在武汉有三个自有仓库，另外还有长期租用和临时租用的仓库，因此武汉配载中心从运输商提车、装载的效率出发，应该考虑最少仓库优先。

策略3：指令先收先发。

上线试运行初期（2015年5月）：关注装载效率，采用策略1、策略2、策略3的优先逐次降低方案成板，则导致大量网点咨询与投诉，反映先购买的车后到货，甚至一定时间内不配载。经过深入分析、论证，该方案必将产生网点反映的结果。

正式试运行启动（2015年6月）：优先指令先收先发，兼顾装载效率，采用策略1、策略3、策略2的优先逐次降低方案成板，收到良好运行效果。

（四）运输商份额变更

实现了按照所细化的轮板区域来变更运输商的份额，为将来更加细化运输区域的控制与管理提供了潜在的支持。

（五）商务领域销售指令的运输要求表达规范

自动配载的运行效果离不开上游领域的指令生成，为此，在东风雪铁龙、东风标致的支持下，对VVN/PV销售系统和DMS经销商系统的运输要求表达进行梳理，并用系统手段进行规范表达与传递。

（六）系统自动配载主要功能支持

按照自动配载模型，在LVN系统商品车储运系统设计、开发了15个主要新功能。如表14－2所示。

表14－2　　新功能

自动配板业务	自动配板参考系	自动配板报表
运单及制版管理	运输商份额设置	公路配载方式统计
自动配板指令管理	自动配板网点设置	自动分配统计
专线运输商指令查询	自动配板规格设置	自动分配份额统计
配板日志跟踪	自动配板仓库设置	区域运输商统计
配板记录查询	自动配板超高车设置	
配板管理	自动配板时间与品牌设置	

（七）基于统计分析，大力推进项目的实施深度和推广速度

在自动配载项目立项之初，提出了“以调度人工成板为主，辅助开发自动配载工具来解放人工，全面实现自动分配”的需求，随着运输商区域承包的大力推进，将项目变更为“以自动配载为主，调度人工配载为辅，全面实现自动分配”的需求，完成了实施深度的转化。

同样，经过运行分析，上线运行之初，为稳妥推进，本可以逐步选择部分轮板区域进行自动配载来推广到所有区域，后来大胆地实施了所有区域全部实现自动配载。

（八）自动配载运行效果

仓库按自动配载规律安排发车作业，不仅形成了一套作业规范，而且极大地提高了仓库发货的效率和日发货能力，解决了主要由晚班发运商品车的长期困局。

公司商品车储运实现“计算机自动配板”，最终取得了资源分配公开、公平、透明，使整车物流组织效率、发车效率大幅提升，使销售旺季商品车运输服务的保障和快速反应能力得到显著提高，为公司建设百万辆汽车企业的宏伟目标提供了坚实可靠的商品车物流保障。如表 14 – 3 所示。

表 14 – 3　　运行效果评价表

序号	影响运行项目	实施后	运行评价说明
1	发车准备期限	↘	为了自动配置成板率，对资源进行了集并，短期看期限有所延长，但从百万辆长远看，提升了成板率，对运输周期是有贡献的
2	配载成板率	↘	通过配载参数标准化，一次配载成板比例会略有下降
3	配板合理性	↗	资源集并后自动配载的规范性、合理性提高，保障了网点整版订单的优先发运
4	资源份额分配一致性	↗	系统累计计算已分配资源，严格按照指标份额参数进行分配
5	配载作业效率	↗	系统按时刻自动配载，解放调度人工配载

续 表

序号	影响运行项目	实施后	运行评价说明
6	发车作业均衡性	↗	通过自动配载的资源量，确定日备发车作业计划，做到小时作业均衡，消除等待浪费
7	单日最大发车能力	↗	运输公司根据计划提前做好提车准备，降低每轮提车时间，提升小时发车能力
8	备车道的利用率	↗	每库每条备车道备车数量的满板率提升和每轮时间缩短，提升备车道利用率
9	转运车辆的装载率	↗	负责转运商品车的转运轿运车的满载率提升
10	交货期	↗	合理地配载成板资源，减少运输公司的二次配载，提升出库后运输交付周期

LVN 系统显示，2015 年 10 月 1—27 日，自动分配达到了 98% [（31411 + 3460）/35464 × 100% = 98%]，自动配板接近 89% （31411/35464 × 100% = 89% ）。

自动配载运行只是神龙公司自动配载的一个基本的、简单的运行实例。神龙公司自动配载模型本身还具有同一线路多个板型、根据商务指令的输送频次集并以及动态集并生产下线的“在线分配”车辆资源后启动自动配载等更加灵活，高效的运行方式，需要神龙公司储运团队继续研究与实践。

参考文献

[1] 汪斌，于鹏. 神龙公司生产领域信息化建设——新车储运系统 [J]. 神龙汽车，2006 (11).

[2] 杜克勇. 应用过程方法建立整车物流管理体系的实践 [J]. 汽车物流行业发展报告，2010.

[3] 杜克勇. 对东风集团整车物流战略的思考 [J]. 神龙汽车，2013 (1).

[4] 于鹏. 商品车运输费用计算模块设计 [J]. 神龙汽车，2014 (3).

[5] 程丽，汤婷. 中外合资汽车企业供应链风险管理 [J]. 汽车物流行业发展报告，2014.

（神龙汽车有限公司　石素美）

第五节　基于移动应用的整车物流运输管理创新与应用

中都物流有限公司于2008年1月8日成立，为北汽集团所属北汽鹏龙和首钢集团所属首钢国际共同投资设立的物流公司，是北汽集团汽车物流的总服务商。公司位于北京市顺义区李遂镇，注册资金为4.5亿元。公司主要为北京现代、北京奔驰、北汽高端及越野车、北汽新能源、北汽株洲、北汽增城、北汽黄骅及首钢集团，提供整车物流、生产物流、售后物流、钢铁物流、国际业务等物流业务运营及物流管理咨询。

公司高度重视企业信息化建设，为提高服务质量，运用信息化手段加强物流服务管理水平，成功开发了整车物流业务运营管理系统（TMS & WMS）及生产物流仓储管理系统（WMS）。在加强企业信息化的同时，公司也大力推进企业质量体系建设及安全管理工作，并分别于2011年4月10日顺利通过ISO 9001：2008质量管理体系认证、2014年1月通过北京市安全标准化二级认证。

随着北汽集团业务的发展，中都物流已从单一的整车物流企业逐步发展成为北汽集团所属企业提供全方位物流解决方案的总包服务商。目前，公司下属企业包括2个合资公司、3个分公司及4个全资子公司，2014年营业额为30亿元 。2015年2月9日，中都物流有限公司通过中国物流采购联合会的最高级物流企业评估——5A级物流企业评估。

速度见证实力，进取缔造辉煌。放眼未来，中都物流将为汽车厂家、零部件厂家提供专业、优质、高效的物流综合服务。

一、创新背景

（一）移动应用的崛起

截至2014年6月，我国网民规模达6.32亿，较2013年年底增加1442万人。互联网普及率为46.9%，较2013年年底提升了1.1个百分点。

截至2014年6月，我国手机网民规模达5.27亿，较2013年年底增加2699万人。手机上网的网民比例为83.4%，相比2013年年底上升了2.4个百分点。台式电脑和笔记本电脑上网网民比例略有下降，分别为69.6%和43.7%。

截至2014年6月，我国网民上网设备中，手机使用率达83.4%，首次超越传统PC整体使用率（80.9%），手机作为第一大上网终端设备的地位更加巩固。同时网民在手机电子商务类、休闲娱乐类、信息获取类、交通沟流类等应用的使用率都在快速增长，移动互联网带动整体互联网各类应用发展。

（二）移动应用带来的品牌效应

通过全方位展示企业品牌，让客户进一步了解服务内容或企业品牌，建立起企业品牌与客户的情感关联，是企业移动应用发展的核心所在。利用品牌移动应用传递品牌理念，深化品牌形象，树立品牌口碑，帮助品牌和服务认知的提升，搭建起品牌与客户间沟通的桥梁。

（三）移动应用带来的经济效益

移动应用是目前流行的企业品牌宣传和提升服务的载体，是企业移动端推广的核心信息传播源，为企业塑造品牌形象和提升客户满意度。移动应用是为企业量身打造的移动办公和移动品牌宣讲的解决方案，能帮助企业精准地锁定目标客户群体，更能让客户直接感触到企业的服务品质，为企业创造看得见的经济效益。

（四）移动应用实施前的问题点

我国汽车物流业是随着汽车工业的发展而崛起的。告别了车市的高增长后，如何在市场回稳的情况下保证企业的成本控制成为车企的重要功课，而汽车物流作为支撑整个汽车产业的重要环节将面临新的挑战，转型也将是大势所趋。目前我们面临哪些问题呢?

1. 汽车物流成本居高不下

尽管我国已经成为世界最大的汽车消费国，但并不意味着我国是汽车强国。根据物流行业一份杂志公布的调查数据，目前，中国汽车物流企业公路运输车辆空驶率高达39%，运输成本是欧美的2～3倍，且中国大部分汽车物流企业仅能维持1%的资产回报率，远低于美国以运输为主的物流企业平均8.3%的水平，而空驶率是汽车物流成本居高不下的一个重要原因。数据显示，物流成本在中国GDP占据的比重约为18%，而美国、日本等发达国家的这一比例只有9%。因此，中国在降低物流成本方面仍有很多工作可以做，这也是中国物流业发展中与开拓新市场相匹敌的另一个空间。

2. 服务模式单一，增值性服务较少

目前，我国汽车物流中运输成本依然在物流总成本中占据较高比重，且运输模式单一，目前，国内90%以上的整车物流都是采取公路运输的形式，水路运输和铁路运输则相对少很多。在整个物流供应链中涉及原材料及其供应商的采购库存、包装设计、专用的仓储中心、整车订单系统、库存管理、厂内物料控制、可回收的料箱管理、外包装设计与管理以及分拨中心运输、私家车运输、售后配送等多种环节，物流企业可以针对不同环节提供多种服务，而现阶段，我国汽车物流主要局限于仓储与运输等简单的汽车物流服务。

3. 整车物流企业在途运输过程中信息化程度低

目前，我国整车物流企业普遍存在着在途运输环节中信息化程度低的问题，在途监控主要依靠人工上报位置，造成了位置不准、信息传输慢、管理效率低等现象，这与许多国际著名的汽车制造商都在加大信息系统的建设力度，以求提高整车物流效率，缩短交货时间，提高交货质量，降低物流成本的做法形成了巨大的反差。

（五）整车物流系统应用现状

过程有效管控是提升服务质量的前提。现阶段，整个整车运输行业，主要应用的系统包括 WMS、TMS、GPS 系统，可以为整车仓储、在途运输环节提供信息技术手段加以管控，但无法覆盖整个整车物流过程，对于商品车装车、到店交付的过程监督仍存在盲点，加之用于在途管控 GPS 设备的自身弱点，经常出现实际运输与 GPS 反馈数据不匹配等问题。对于整车运输环节运用信息化手段全过程的管控，整个行业仍存在空白点，没有应用手机 App 系统的先河。

二、环节管控创新亮点

为了解决目前所面临的汽车物流成本居高不下、服务模式单一增值性服务较少和在途运输过程中监控力度低等问题，中都物流结合互联网思维和创新理念，结合实际物流过程中存在的问题，利用移动应用技术开发出整车物流移动应用系统。此系统主要管理整车运输中的装车、在途、运抵等环节的管理与监控。如图 14 –3 所示。

在系统整体架构中提出了两点创新性的管理模式：

（1）基于移动应用技术的整车物流在途跟踪系统实现对整车物流过程关键环节进行管控，实现整车运输过程在途信息全透明，实现装车、交车环节的“零”错误率，改善整车物流运输的管理水平，从而提升客户满意度。

（2）增强服务模式的多样性，寻找更多的增值服务。利用移动互联网进行品牌营销，提升公司品牌知名度，寻找社会业务资源，不但要服务好北汽集团，还要寻求更多的发展空间。

三、项目实施方案

随着移动互联网这一新兴技术快速发展，各行业希望在保证安全性的前提下将现

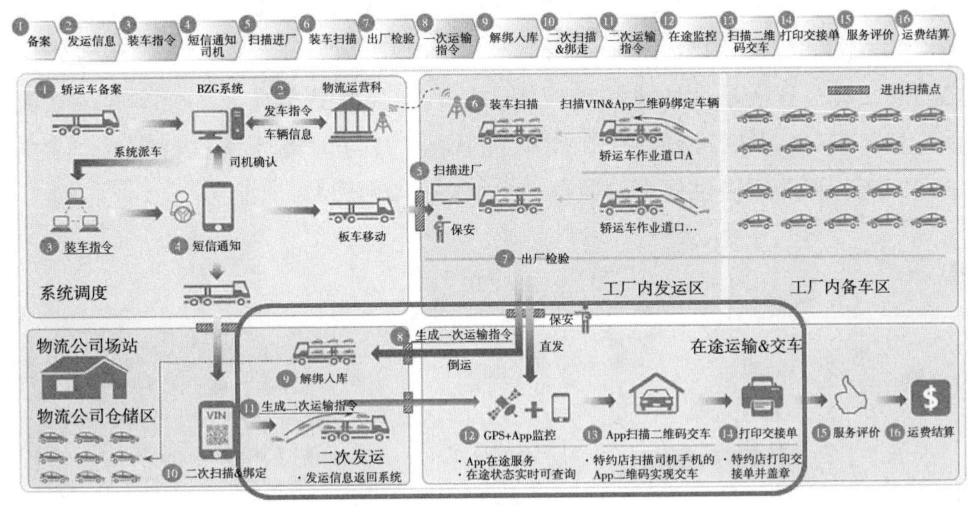

图 14－3　整车物流移动应用系统

有企业应用程序延伸到移动领域。在汽车物流行业，迫切需要一种技术或手段帮助实现信息流与实物流实时准确同步，便于客户第一时间获得信息，移动应用的出现为这种愿望提供了技术基础。

中都整车物流业务通过实施 TMS、WMS 系统实现业务运营全面管理，但对在途运输过程中缺乏有效的管控工具，保障在途运输商品车的监控与管理。基于增强管控手段，提升物流服务质量的目标，结合近年来移动互联网和移动应用技术的日趋成熟和快速发展，中都物流立项进行移动应用在整车物流业务的信息化项目建设，利用移动应用手段从而更好地解决目前所面临的问题，如图 14－4 所示。

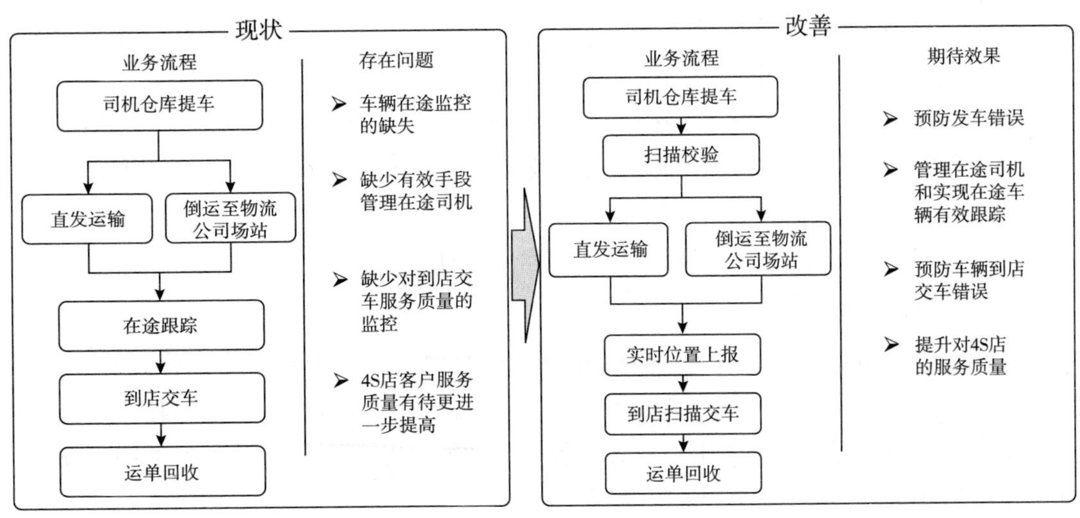

图 14－4　系统改善示意

中都物流移动应用系统第一阶段在奔驰业务实施，逐步推广至北京现代、自主品牌。本系统范围针对整车物流运输业务，覆盖运输车辆离开场站后，到达经销店交车完成之间的物流过程活动。通过移动应用系统，增强商品车在途、交车等运输流程管控，预防交车错误、及时准确跟踪在途商品车辆，并与 TMS 系统进行集成，为承运商司机、经销店等相关方提供便利的数据信息服务。如图 14－5 所示。

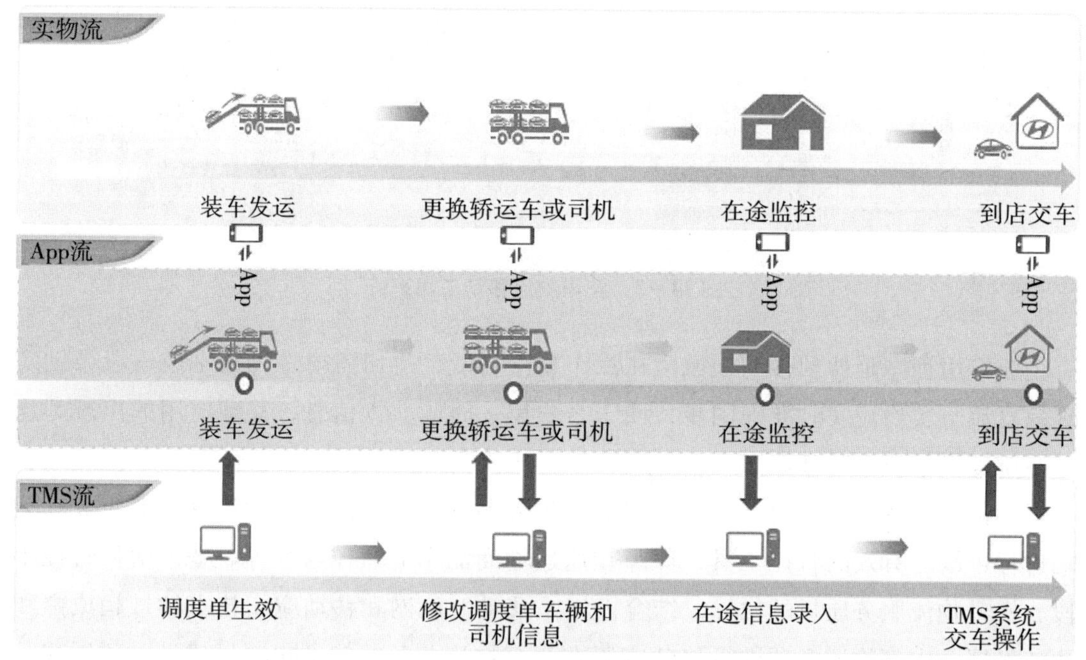

图 14－5　流程示意

移动应用的主要功能有以下几点。

第一功能点：装车校验。

业务人员操作 TMS 系统生成调度单，并把装车指令通过移动应用发送给运输司机。司机进厂后按照移动应用上的装车指令进行装车，同时使用移动应用扫描每辆车的 VIN 码，扫描成功并校验成功后，司机进行装车操作，否则移动应用提示司机装车错误，此功能是为了防止车辆在装板过程中出现的错误。如图 14－6 所示。

第二功能点：位置上报。

移动应用根据系统设置的上报时间频率，自动把在途车辆的位置信息上报给服务器并展现在 TMS 系统界面中。系统会记录位置信息、司机信息和上报时间，若系统自动提交失败，司机可在应用中手动位置上报。此功能可对车辆 GPS 位置上报进行补充。如图 14－7 所示。

第三功能点：到店交车。

图 14－6　装车校验操作界面

图 14－7　位置上报操作界面

车辆到店后，点击到店交车功能，移动应用系统校验当前司机位置是否与经销店位置相近，如果校验失败，则不允许交车，如果校验成功，司机卸车时使用移动应用扫描车辆 VIN 码，移动应用校验商品车是否属于此经销店车辆，若校验成功则表明允许此车辆进行交车，否则系统提示不允许交车。此运单的车辆全部扫描完成并校验通过后，TMS 系统自动进行运抵确认。

第四功能点：司机任务查询。

司机任务查询是指司机可使用移动应用查询出自己目前所要承接的任务列表，此功能能让司机更有计划性、及时性，公司也能增强运力调度能力。

第五功能点：再次配载。

再次配载是为了解决承运商进行多次拆板、倒车等问题。司机使用移动应用“再次配载”功能，扫描要进行配载的车辆 VIN 码，扫描成功后司机移动应用中生成二维电子凭证，车辆接收方的司机需同时也利用移动应用扫描此二维电子凭证，系统验证通过后再次配载成功。被调度的车辆随即与接收方司机进行绑定，并把信息反馈给 TMS 系统，TMS 系统会修正此调度单信息车辆和司机信息。

第六功能点：经销店查询。

使用经销店查询服务功能，经销店人员可直接查询本经销店目前在途车辆信息及车辆目前位置状态。通过设置 VIN 码输入条件进行指定车辆查询；通过设置运单号输入条件查询车辆信息。如图 14－8 所示。

图 14－8　经销店查询操作界面

第七功能点：经销店评价。

为了及时、准确地了解客户对我们服务的满意程度，我们在移动应用中增加了经销店评价功能，客户在商品车运输环节中碰到的问题都可在移动应用中填写意见与投诉，客服人员第一时间得到投诉原因和内容，并及时处理问题响应客户。

第八功能点：通用服务。

（1）导航服务：使用导航服务，司机可直接根据运单中显示的地址进行导航并可规避拥堵路段，从而达到降低运输成本的效果。

（2）天气预报：通过手机定位从而获得车辆当前位置的天气情况，并提供给司机进行参考。

（3）附近便利设施提示：司机可通过移动应用查找最近的加油站、餐馆或服务区等服务信息。

（4）道路提示：摄像头路段提示、测速路段提示、高速封闭路段提示等。

四、创新效果

（一）取得的效果

中都物流移动应用创新规划方案实施后，取得了显著效果，目前司机已全面开始使用，在装车、交车等环节实现了“零”错误率，在途数据准确性加强。

1. **装车环节**

（1）无装错车情况：实施前，因只是人为对照商品车 VIN 码与运单 VIN 码是否一致，会出现驾驶员装错商品车情况；使用移动应用进行装车校验后，系统会对所装商品车进行校验，以检验装车是否准确，保障无装错商品车情况发生。

（2）减少人员操作环节：实施前，需设立专门的岗位进行系统发运确认等操作，同时也可能产能操作错误情况；通过移动应用系统与 TMS 系统进行无缝数据对接，当司机装车校验完成后系统自动完成后续操作，可减少系统操作员的岗位，同时减少人为造成的错误。

（3）发车时间滞后改善：实施前，商品车发运时间明显滞后于实际发车时间，是因为司机把车辆运走后再通知系统操作员，然后系统操作员在 TMS 系统中做发运操作，从而导致发运时间的延迟；移动应用实施后数据直接、及时传输并和 TMS 系统进行无缝对接，因此可避免数据的延迟。

2. **在途管控环节**

实施前，商品车在途位置信息主要通过轿运车安装的 GPS 或司机主动上报的方式来上传位置信息，由于 GPS 设备有一定损坏率和司机上报的被动性等问题，导致商品车在途位置不准确与及时；移动应用实施后利用司机手中的移动设备补充了 GPS 设备的不足，更能及时准确的自动上报商品车在途位置；为给客户反馈最真实的位置信息打下夯实的数据基础。

3. **交车环节**

无交错车情况：因存在多店交车情况，实施前，只依靠驾驶员与经销店人员人为交车检验，导致交错商品车情况发生；当驾驶员使用移动应用进行交车时，系统会对所交商品车进行校验，以检验交车是否准确，保障无交错商品车情况发生。

4. **客户回访环节**

实施前，经销商查看商品车信息需通过电话询问客服人员，此方式未能给客户带来很好的体验；移动应用实施后经销商可在自己的移动设备中实时查看商品车信息，并在商品车即将抵达交车地点时主动给经销商发送信息提醒，从而带来非常好的客户体验，提升客户服务质量。

（二）创新展望

随着各种智能终端用户的增长和技术的发展，企业的应用逐渐趋向移动化，并且随着移动用户数量的增长，未来移动应用将有更广泛的应用，企业也已经意识到移动应用“无处不在”的价值，成为企业业务拓展和为客户提供更加贴心、实用和便捷服务的工具。

目前，中都物流移动应用系统的使用者主要是司机和经销商，缺少承运商的相关功能，未来中都物流移动应用系统将扩展应用范围，提供承运商在途车辆位置查询、资源调配等功能，加强承运商对在途商品车的管控，提升承运商的轿运车资源利用率，实现汽车物流商品车在途环节的移动化管理，充分利用创新的思维去增加我们的业务点。

（中都物流有限公司　王兴民　张燕芳　纪骥良　王继伟　吴　晶　彭　祥）

第六节　基于路线的整车运输定价模型

一、研发背景

众所周知，汽车物流行业难以像快递或零担物流那样标准化的最重要原因，是不同线路、不同运输车型所导致的实际运输成本与统一价格的差异较大。放眼汽车物流行业，尚未发现有效的定价方法，能实时地根据路径路况对商品车的公路运输费用进行测定；也没有一种合理的定价方法，对不同商品车车型的运费既可分别定价，又可统一定价。

为此，在基于企业十几年来运营积累的全国公路信息大数据基础上，中联物流报价团队历时 3 年，综合运用包括收费标准、实时路径路况信息、公路节点距离在内的各类信息，根据实际道路情况、成本，利用 Dijkstra 算法规划最优路线及测算出相应的距离及行驶成本；应用排列组合技术，基于运输车尺寸、商品车尺寸配置不同商品车组合下的装载组合；再根据不同商品车的历史发运比例，预估该线路不同装载组合下的发运概率，从而测算出平均装载量以及相应的路线成本，以制定统一的运费价格。最终，经多番论证，以上关于报价深度探究的工作成果，以独立自主开发的“基于路线的整车运输定价模型”专利呈现给大众。

目前，中联物流“基于路线的整车运输定价模型”已申请专利，并荣获中国物流与采购联合会颁发的“2015 年度汽车物流创新奖”。

中联物流“基于路线的整车运输定价模型”，根据不同路线的实际道路情况规划可走线路的距离及预测相应的行驶成本，使得基于成本的报价更加合理化透明化，报价流程也更趋向标准化，为汽车物流行业做出了第三方杰出物流服务商应有的贡献。

二、模型简介

1. 关键技术

中联物流“基于路线的整车运输定价模型”基于VBA编程技术，考虑不同路线的收入与成本，应用线性整数规划方法进行全国的整车公路运输网络优化。

2. 应用方案

应用大数据维护的全国公路信息，包括收费标准、实时路径路况信息、公路节点距离，以根据实际道路情况、成本，利用Dijkstra算法规划最优路线及测算出相应的距离及行驶成本。

应用了排列组合技术，基于运输车尺寸（长宽高重、限重）、商品车尺寸（长宽高重）配置不同商品车组合下的装载组合。

基于不同商品车的历史发运比例，预估该线路不同装载组合下的发运概率，从而测算出平均装载量以及相应的路线成本，以制定统一的运费价格。

3. 应用图解（如图14－9所示）

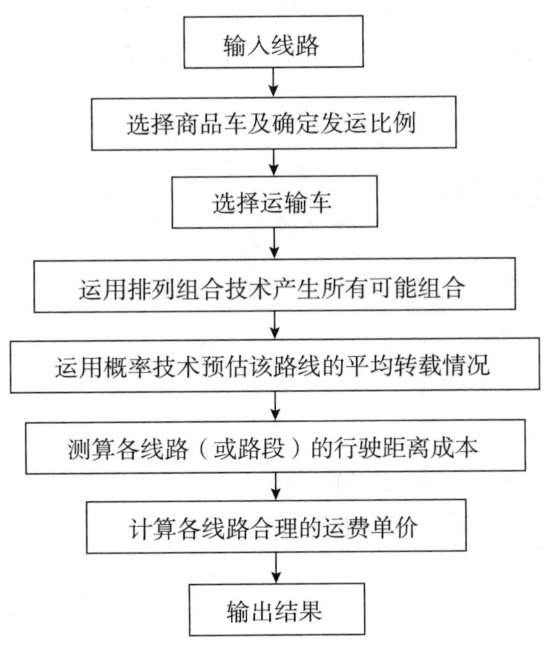

图14－9　模型应用图解

4. 经济贡献

（1）以利润最大化为目标，规划未来最优的运输网络（最大化物流网络流量），使市场开发往利益更大化方向发展。

（2）规划运营最优运输网络所需的最小运输车辆数。

（3）挑选稳定的产品线路（环线），运用产品线运营模式，规范化运输管理、降低运营成本。

5. 技术贡献

中联物流“基于路线的整车运输定价模型”运用运筹学的思想，以信息技术创新运用为实现手段，为汽车物流行业的标准定价及相关信息技术开发提供了借鉴与参考。

三、项目创新

中联物流“基于路线的整车运输定价模型”建立了基于现实的实时路况、成本及车型计算的整车运输运费定价模型，使得汽车物流报价流程标准化、价格合理化。

中联物流“基于路线的整车运输定价模型”制定以来，对中联物流整车运输报价标准化发展提供了强大的理论依据和实现手段。目前，通过普及模型运用及算法，中联物流“基于路线的整车运输定价模型”已被中联物流报价团队广泛运用于各类主机厂客户不同线路、不同车型的报价统筹工作中，并获得了合作客户的深度信赖和广泛认可。

四、社会及经济效益

可根据不同路线的实际道路情况规划可走线路的距离及预测相应的行驶成本，使得基于成本的报价更加合理。

根据客户需求，可分不同车型进行定价；也可不分车型进行统一定价，此种情况下，本发明已考虑该路线所有车型尺寸参数及装载量。

可对由不同路段构成的环线（从起点省份出发最后回到起点省份）制定班车价格，此种情况下，不同路段所运输的车型有可能不相同。

（中联物流（中国）有限公司）

第十五章　汽车售后服务备件物流创新成果

第一节　构建备件极速物流体系的业务变革

东风日产乘用车公司成立于2003年6月，现拥有花都和襄阳、郑州、大连四大基地，年生产能力100万辆，员工近18000人。公司拥有900多家一级经销商，其中NISSAN品牌700多家，启辰品牌200多家，为600万保有客户提供优质的销售和售后服务。如图15－1所示。

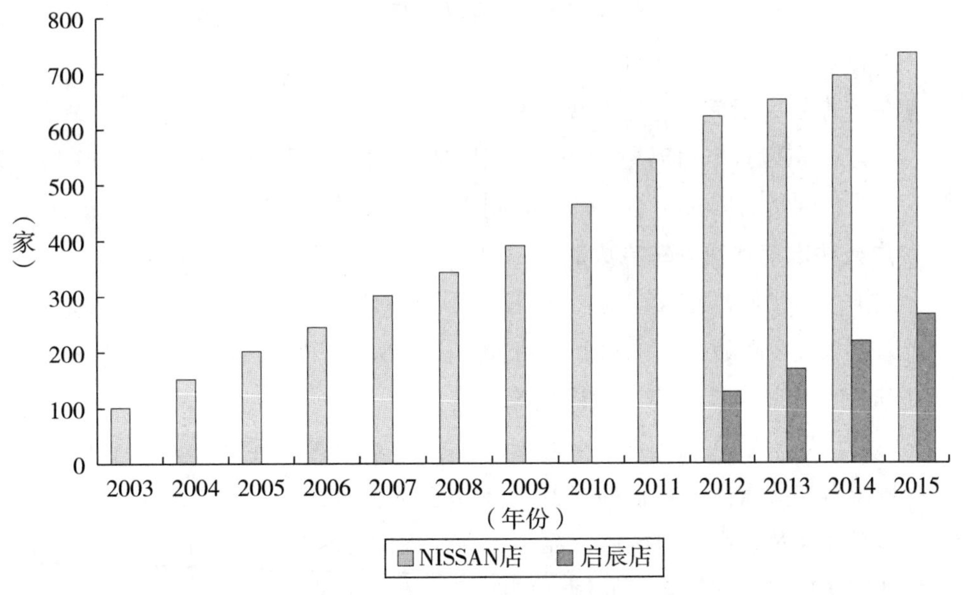

图15－1　东风日产专营店扩张情况

供应链管理部备件物流科负责东风日产乘用车公司的售后服务备件整体供应链运作管理的工作，包括从供应商端开始一直到最终用户整个的需求预测、供应计划、到货管理、在库管理、物流运输、备件品质及包装设定等管理工作。管理的范围包括遍布全国的670家供应商及900多家专营店，每天有几十万件汽车备件通过东风日产的备件供应链体系进行吞吐、储存、交付，年销售额近60亿元。

一、实施背景

（一）汽车售后备件市场高速发展，已经成为汽车行业竞争的新热点

据统计，我国汽车工业总产值达到5.89万亿，其中，汽车零部件流通市场规模4500亿左右。但这与海外成熟汽车市场仍然有相当大的差距，成熟汽车售后备件市场利润贡献占比达到57%，而我国只有28%。根据中国流通协会预测，2020年售后备件市场规模将破万亿。与此同时，国内汽车市场在经历了井喷期、理性回归期将逐步过渡到微增长期，整车销量年均增长率仅为6.6%。各大汽车企业都逐步意识到售后服务领域对汽车企业的发展及利润的提升起到越来越重要的作用。尤其是"汽车三包法"出台后，为国内消费者提供了更明确的法律保障，也为厂家的售后服务提出了更高的要求。

（二）东风日产的备件供应链体系已经不能满足公司发展的要求

2011年之前东风日产的备件物流模式相对落后，已经严重影响到公司的售后服务水平，具体表现在以下几个方面。

1. 客户修车等待时间长，客户体验差

2011年之前东风日产售后备件物流采用的周订单零担配送方式，整个供应链环节效率低下，造成到货时间长，客户等待时间长。

2. 客户无法准确知道修车完成时间

由于零担运输中间环节多，造成专营店不知备件何时到货，到店货损高，专营店无法告知客户准确的可以提车的时间，可能需要二次、三次来店，造成客户不满。

3. 主机厂、专营店库存高，但满足率却偏低

由于备件计划采取人工预测，管理粗放，库存高、库存结构不合理；同时由于备件供应商数量多、分布广，对供应商缺乏体系性的管理。造成专营店备件订单满足率低，专营店只能通过提高自身的库存品种和数量来满足客户需求。

东风日产备件供应链体系的问题已经严重制约了东风日产售后服务体系的竞争力。如何在Q/C/T三个方面提升备件供应链的能力，在确保产品品质的前提下，在最短时间内用最优成本将产品送到客户手里，成为东风日产进一步提升售后服务水平必须解决的问题。如图15-2所示。

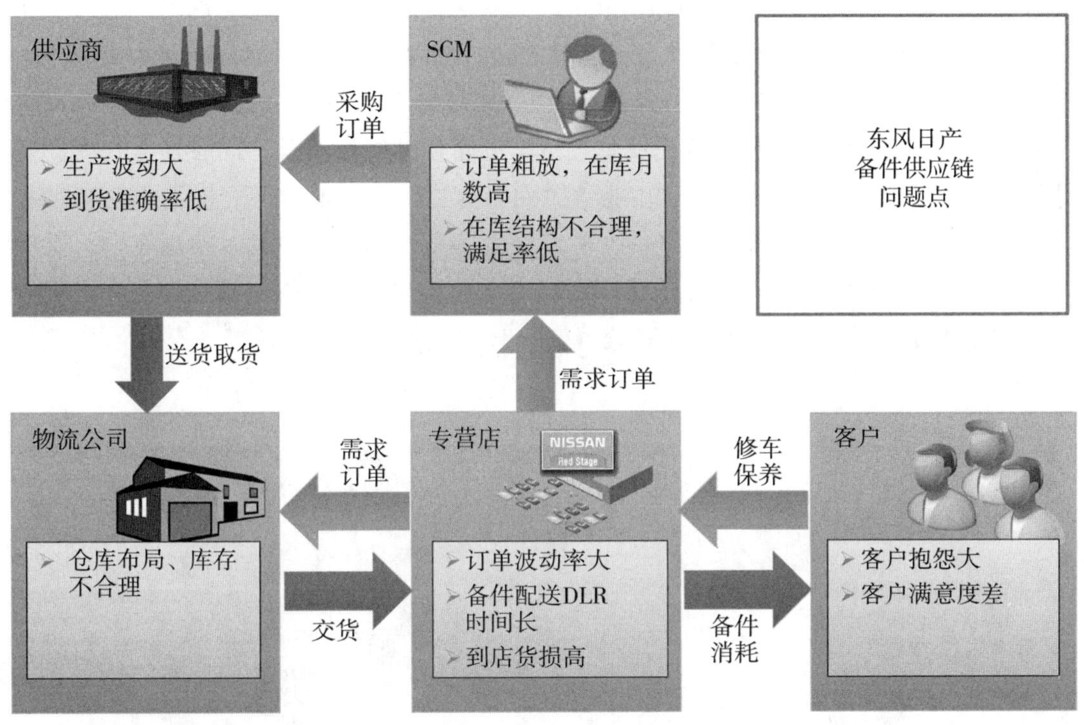

图 15－2　东风日产备件供应链问题点严重影响客户体验

二、解决方案说明

（一）方案综述

备件极速物流体系是通过对备件物流网络、库存结构、运作方式及信息系统的业务变革，实现备件全价值链的物流品质优化、速度提升、成本降低和信息可视化，以极快的速度满足客户的物流配送要求。

以满足客户需求为出发点，通过在专营店端实现卖一买一及特需与实需的差别管理，减少了需求异常波动对预测数据的影响，也减少了货量的大幅波动对整个物流体系的影响，保证了整个备件供应体系的稳定运行；定制并实施含指数平滑等十种预测模型的 SPP 备件计划系统，实施备件特需需求管理系统，实现备件需求精准预测，大大解决手工预测精度低的难题，优化整体的库存结构，在提升订单满足率的同时为主机厂节约库存资金占用成本；通过编制《东风日产备件供应标准手册》（已获得著作版权），同时开发 SNC 系统与供应商进行订单管理、到货预约、库存共享等协同，大幅提升供应链协同效率及供应及时率，降低供应链交易成本；通过导入每日订单快速配送模式（DOQD），搭建最贴近经销商、具备最优取送货线路的物流配送网络，引入专车日配送、波次管理模式，确保绝大部分备件在24小时内到达专营店，同时大幅减少货损的发生；作为配送网络的强力保障，在国内率先引入世界先进的仓库管理系统（EWM）并自主增强，引入PDA系统，进行库位库存精细化管理；同时建立仓库同期管理模式，实施同期化作业、越库作业、播种墙拣货，极大地提升仓库的作业精度和作业效率等；通过构建物流可视化系统平台，衔接备件物流全过程，实现客户、供应商、物流商、企业内部员工、合作伙伴之间协同的敏捷作业，提供精准预测、全程可视、供需协同、作业同期的信息化系统。如图15－3所示。

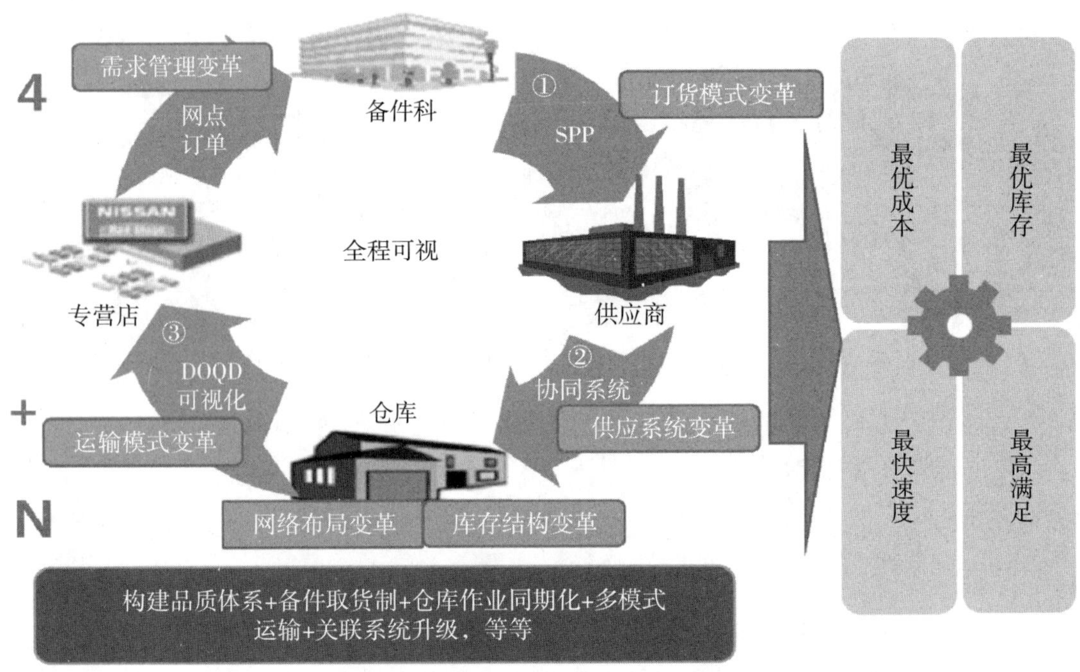

图15－3　备件极速物流体系内部逻辑

（二）方案要点及创新点说明

东风日产供应链管理部首先以客户满意为最终目标定义上位KPI，并向下分解为质量、成本、时间各支撑指标。在供应、仓库、配送环节统筹规划，相互串联，制定改善对策，设立专项团队以项目管理的形式进行项目推进。如图15－4所示。

团队在各环节分工协作，共同改善，最终达成供应链管理水平提高一个档次、客户满意水平提升一个层次、东风日产稳步跨越至车企第一集团。成果主要做法如图15－5所示。

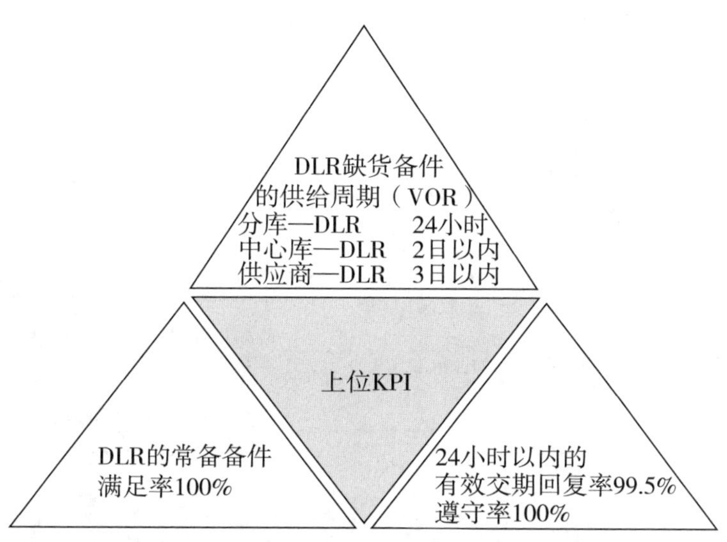

图 15－4　东风日产备件供应链上位 KPI

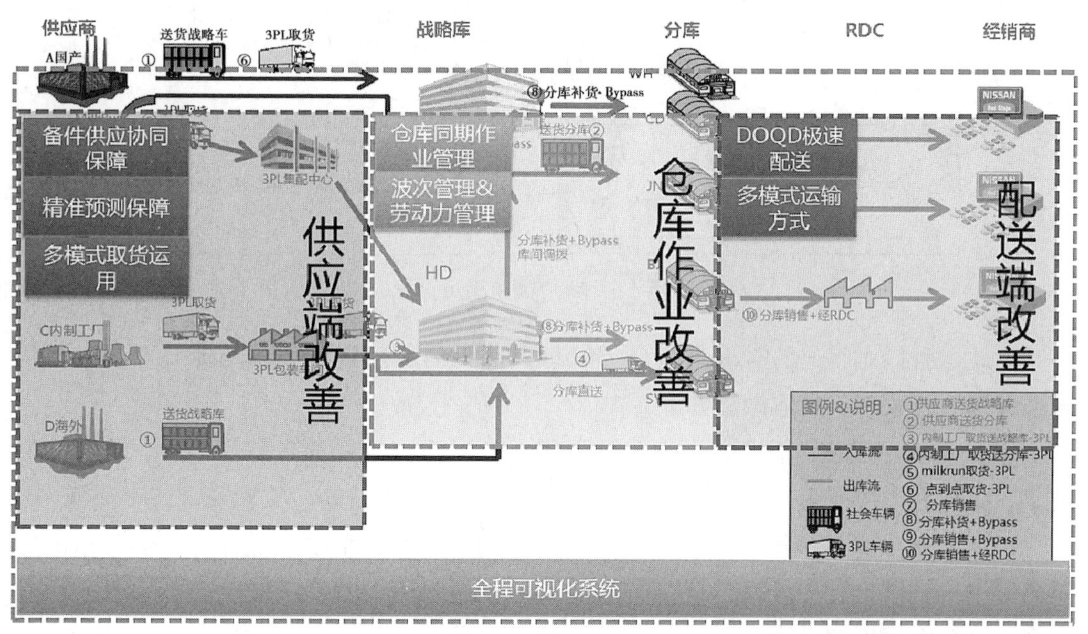

图 15－5　极速物流体系成果主要做法

1. 卖一买一与特需实需管理

4S 店需求是备件物流的源头，如果 4S 店的需求大幅波动，会产生牛鞭效应，对整个供应链产生影响。首先，由于促销、市场品质、冲量等销售行为产生的历史销售数据会影响到备件需求预测的准确性，造成多订货，产生后续呆滞的风险；其次，大批量的非实际需求会挤占实际修车需求的物流资源，影响物流作业运输的平稳性；最终造成实际修车客户等待，影响客户满意度。如图 15－6 所示。

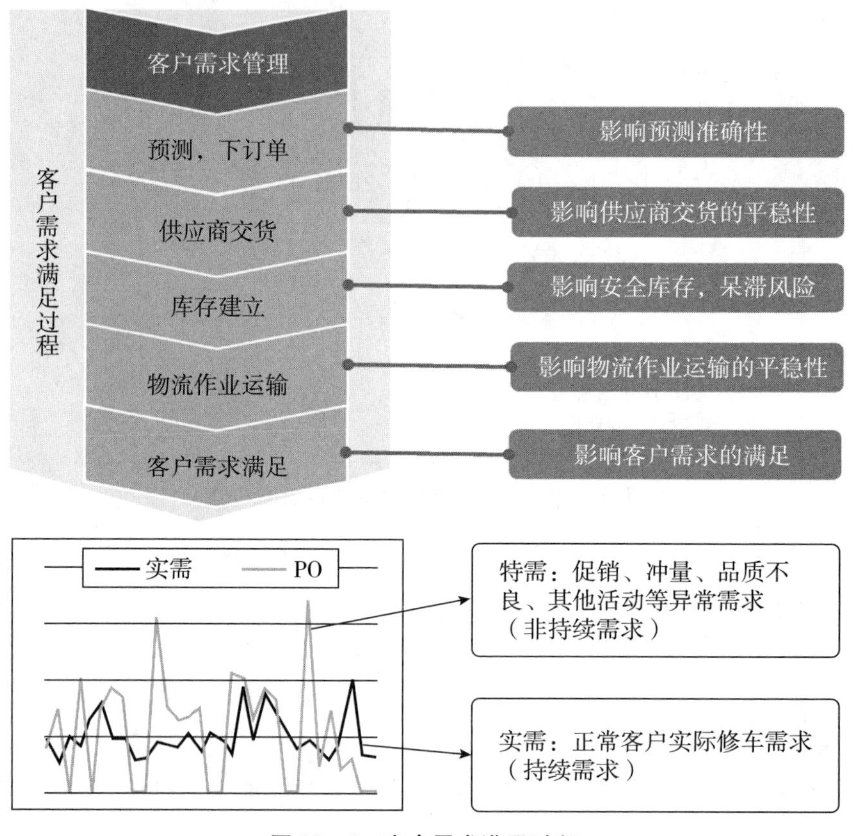

图 15－6　客户需求满足过程

为此，我们对客户的需求进行分类管理，区分为一般正常需求与非日常的特别需求，分别进行管理。具体做法如下：

（1）针对一般正常需求，中高流速备件在售后系统中设立常备件清单，每月更新清单，引导客户按照卖一买一模式订货，减少人为的需求波动，实现安全库存降低。

（2）在售后系统中按照需求特性设定不同的需求波动范围，确保专营店一般正常维修需求得到满足，又可以在专营店出现大幅度超限值异常需求波动时，自动转为特别需求订单专项处理。

（3）当发生客户一次性大批订购，可在售后系统中以特别需求订单来订货。

（4）当发生备件临时促销、品质召回时，可在系统维护为特别需求品种，其所有需求客户需求订单自动全部转为特别需求订单。

（5）所有客户的特别需求订单，在确保保留设定的安全库存、以优先满足客户的一般正常需求订单的前提下，先行消耗余下库存，不足部分自动转为特需外购订单，向经计划员审核向供应商紧急购买，予以专门满足客户的特别需求。

通过以上备件需求分类管理，在系统中实现自动甄别特别需求订单，对特需的部分数据上与正常数据分开，避免特需产生的噪点对未来预测的影响，在实际物流操作中特需采用单独的物流通道进行管控，避免挤占实际修车件的物流资源。同时，在专营店推广卖一买一的订货模式，使需求更加平稳。如图 15 - 7 所示。

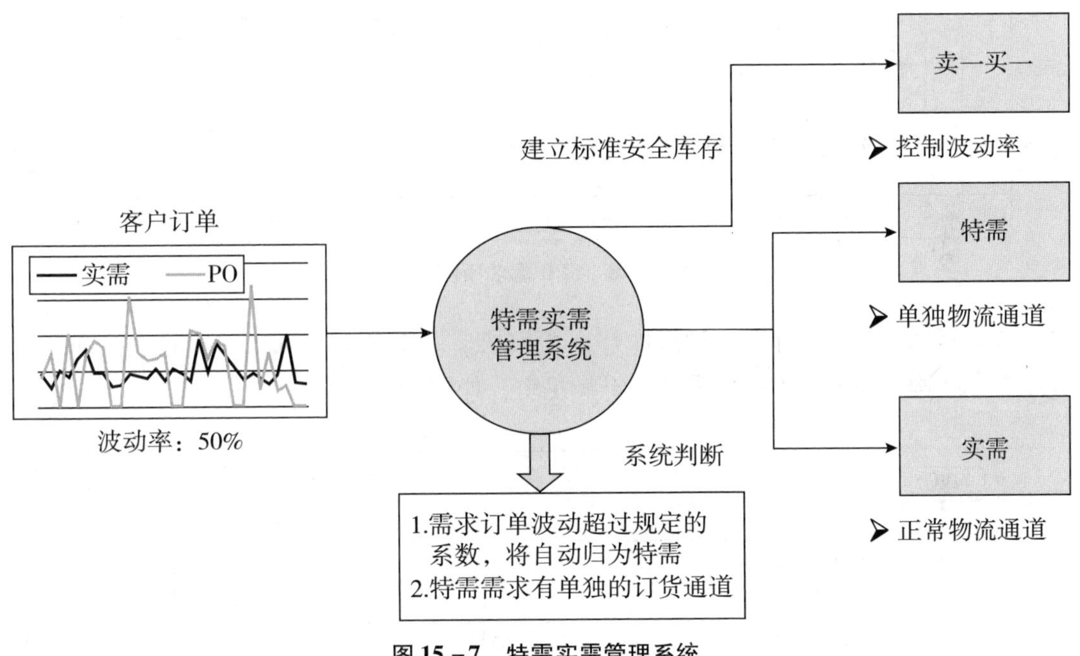

图 15 - 7　特需实需管理系统

2. 备件需求精准预测

备件需求预测是备件供应链的起点和源头，也是备件供应链管理过程中的重点和难点，为了改善备件供应的源头，解决手工需求预测精度低及库存结构不合理等问题，东风日产在 2012 年 4 月率先在国内导入具有世界先进水平的售后备件预测系统——SPP（Service Part Plan）系统，并进行自主功能开发和增强，打造适合中国售后市场的售后计划系统。SPP 系统包括需求预测、库存计划、补货计划、分拨计划、库存平衡五大模块。

首先，SPP 系统通过系统接口，从售后系统抓取备件销售历史数据，并利用自身的历史数据修正功能，消除因促销、品质活动等带来的噪点数据，然后利用修正后的历史数据，选择合理的预测模型完成对备件未来 12 个月的需求预测。计划员只需对系统参数进行定期维护和更新，系统就能对几万个备件品种实现全覆盖的自动预测，提高备件预测的准确性和备件整体满足率。如图 15 - 8 所示。

同时，SPP 系统将预测结果，结合从其他系统抓取的库存、在途、欠拨等数据，通过库存计划、补货计划、分拨计划模块，计算出合理的供应商采购订单和分库补货订

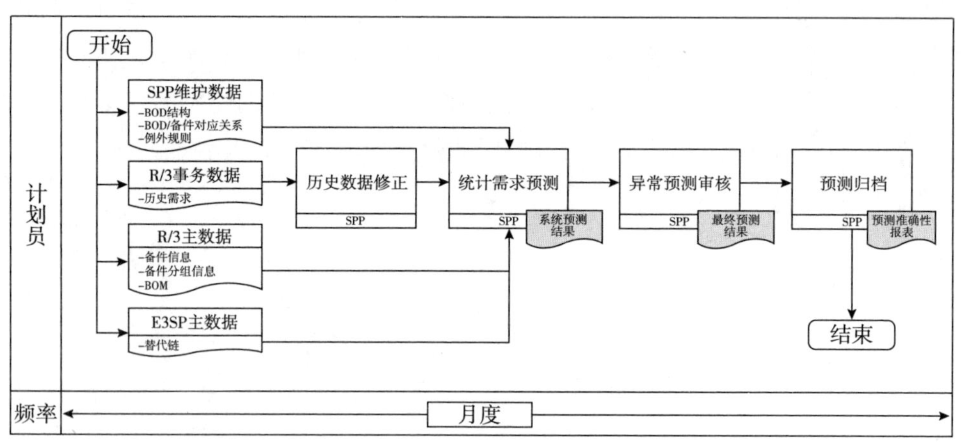

图 15－8　SPP 需求预测方法

单，合理降低各仓库的库存；通过库存平衡模块，调配各分库间的呆滞件，进而优化分库库存结构，在降低库存的同时提升满足率。如图 15－9 所示。

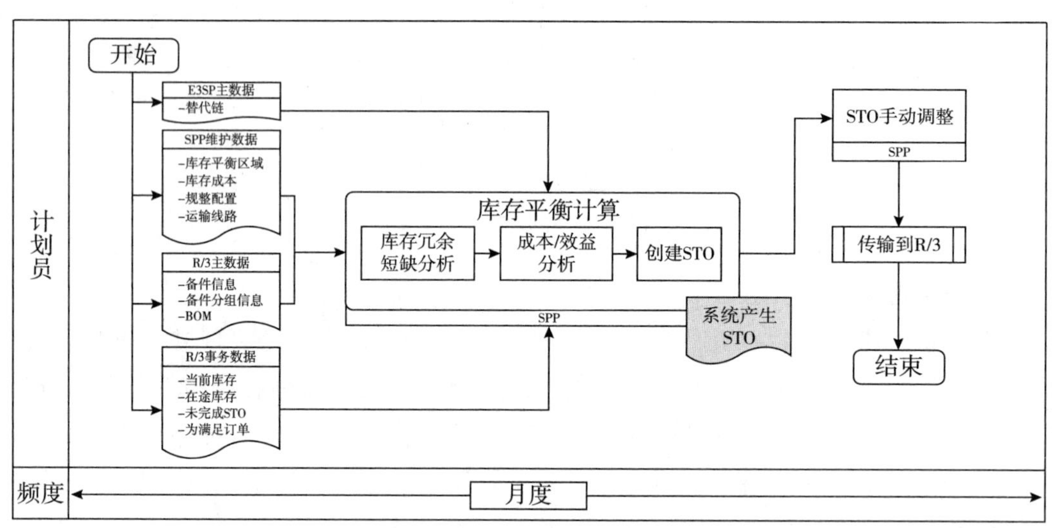

图 15－9　SPP 库存平衡方法

3. **备件供应协同保障**

（1）编制供应商备件供应标准并实施，进行合规管理。

基于东风日产业务现状并结合行业先进管理经验，梳理并优化东风日产备件供应链各个节点的工作流程、管理方式、业务标准和操作指南，最终编写完成《东风日产备件供应标准手册》一书，并已获得著作版权。如图 15－10 所示。

以此手册为教材，组织供应商培育活动，帮助供应商伙伴深入了解东风日产备件业务板块的模式架构、工作流程以及对供应商在整个备件供应链管理中的要求，从而加深与供应商之间的供应协同性。避免新供应商的进入和供应商业务人员变动，对DFL备件供货管理方式和业务要求的了解程度不一，造成部分供应商配合度不够，带来的到货遵守率低、未纳订单多、备件订单物流过程跟踪和管理困难等问题。

东风日产备件供应标准手册

东风汽车有限公司
二〇一五年五月

图 15－10 东风日产备件供应标准手册

（2）研发上线供应商协同系统，与供应商线上交互。

自主研发并上线 SNC（供应商备件协同）系统，在 DFL 和供应商之间搭建一个备件供应业务协同平台。SNC 系统将 DFL 需求预测信息、订单信息、供应商出货信息、未纳信息等实时分享，同时，系统还具有订单修改协同、供应商到货预约、未纳订单系统自动邮件提醒等功能，实现 DFL 与供应商之间的高度配合，提高作业效率。如图 15－11 所示。

4. DOQD 极速配送及仓库同期作业管理

（1）国内率先引入 DOQD 专车配送，大幅缩短订单到店时间。

2011 年以前，东风日产备件物流以零担运输的方式进行末端配送，存在运输频次低且运输时间长、运输货损高等问题，已经难以适应备件业务规模成长形势下客户服务性需求，具体表现在：周订单无法满足客户需要，造成修车延迟、专营店库存高，服务性差；零担运输导致运输货损高，运输品质无法保证。如图 15－12 所示。

2011 年开始，东风日产引入全新的配送模式：中心库向分库补货实行整车干线运输；分库向专营店补货则采取直接整车分送，同时从优化成本的角度，在满足到货周期的前提下在专营店集中的区域通过设立中转站降低配送成本；对于离分库距离过远或需求量过少的个别专营店仍然采用零担运输。此外，分库未满足的部分则借助中心

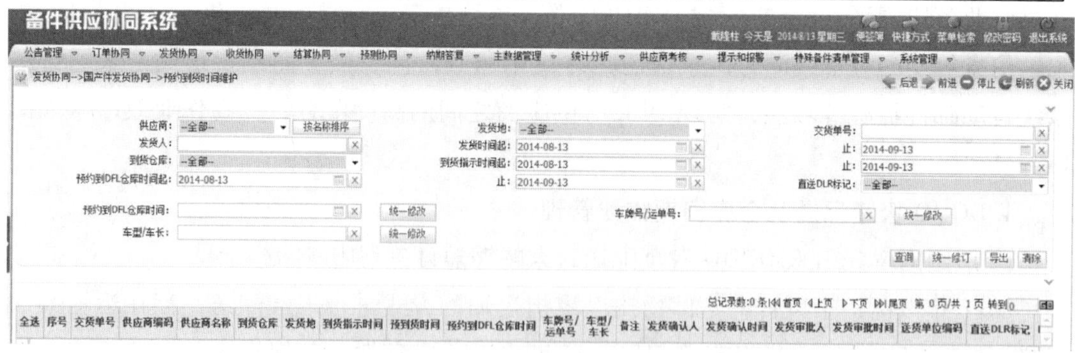

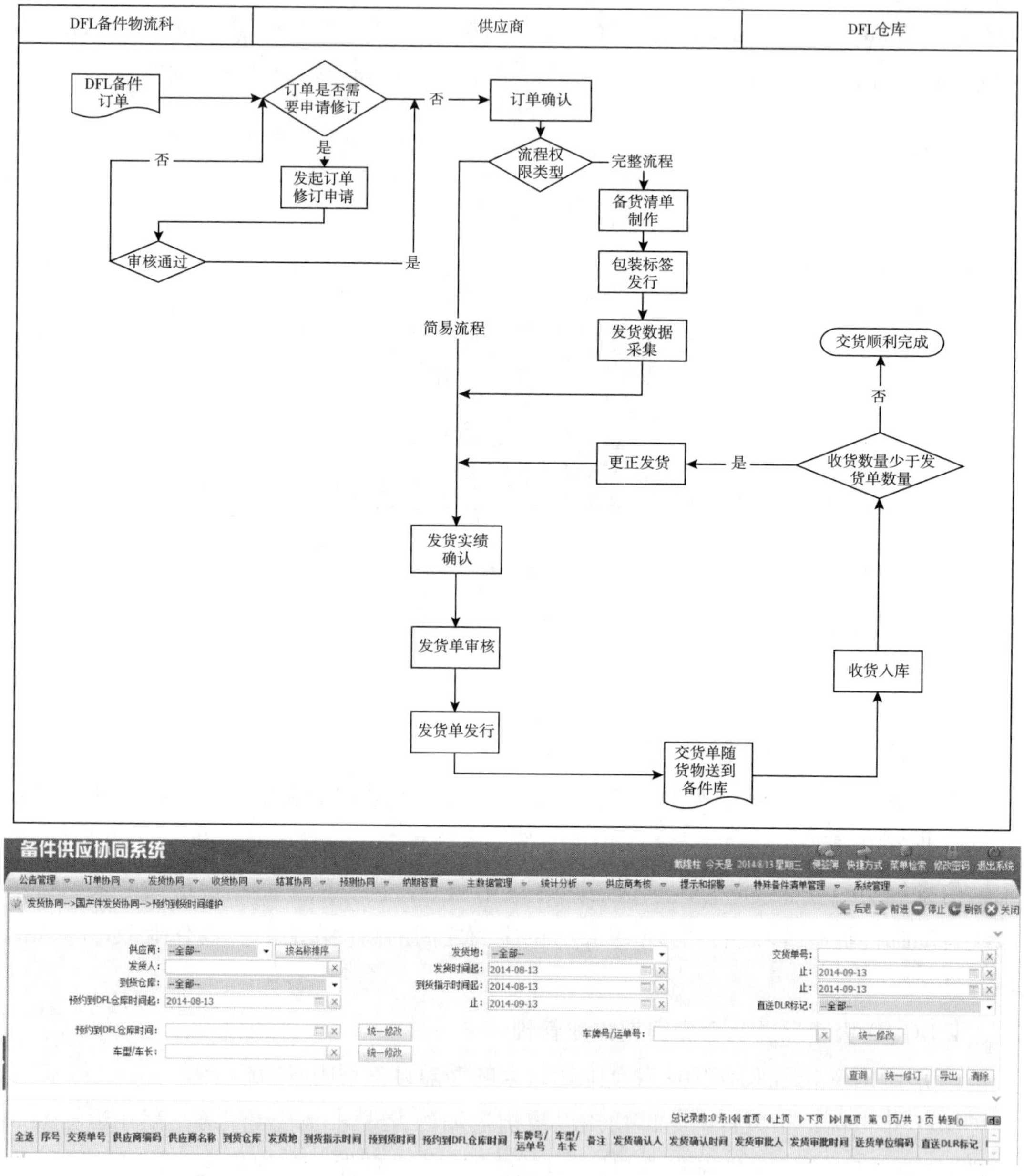

图 15－11　SNC 供应商协同系统

库向分库补货的干线运输及分库向各专营店的整车分送途径配送到各专营店。通过以上的模式变革，大幅缩短订单的到店时间。从 2011 年至今，随着专营店的不断发展壮大，东风日产也根据专营店的分布及货量定期优化整个配送网络，目前的每日订单配送比例已达到 94% 以上。如图 15－13 所示。

2010 年路线规划方案总览，如图 15－14 所示。

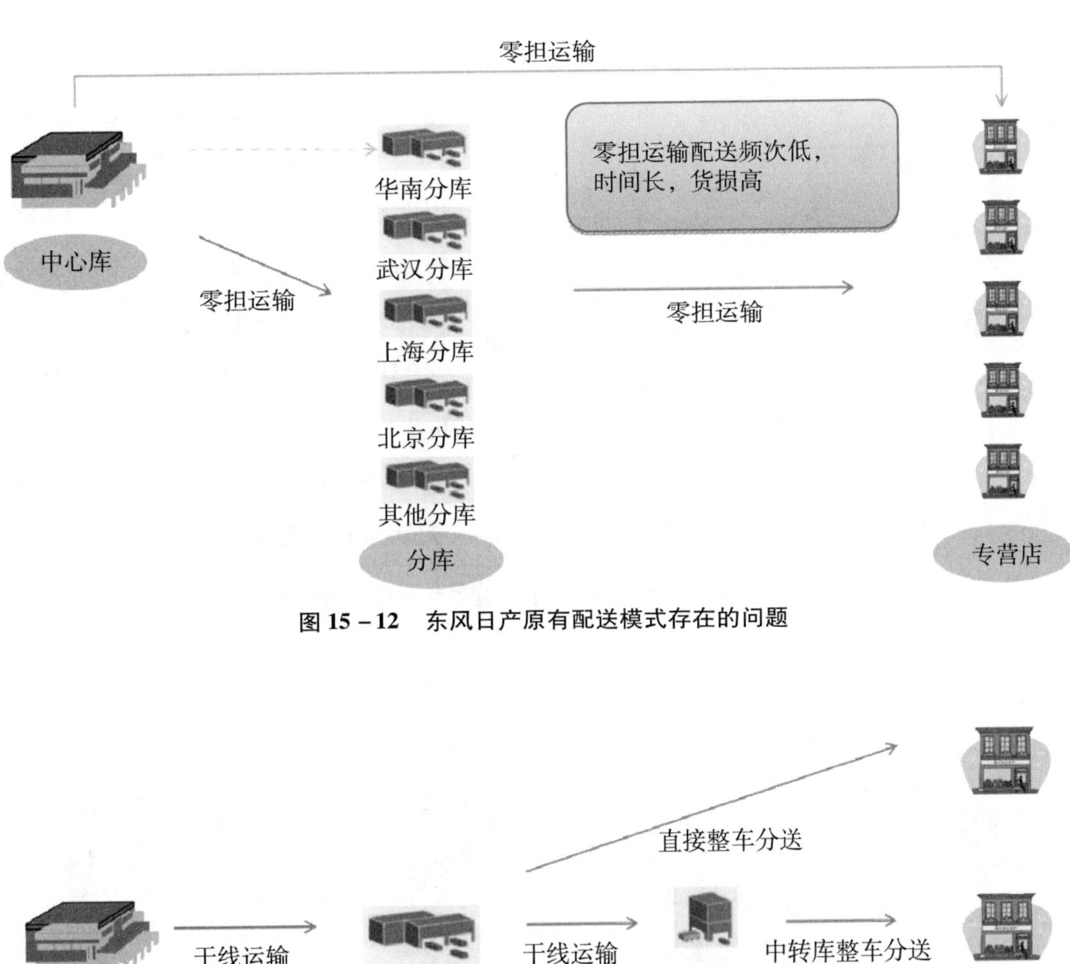

图 15－12　东风日产原有配送模式存在的问题

图 15－13　东风日产备件供应链末端配送模式变革

（2）开通多模式运输，补充提升供应链灵活程度。

为了进一步缩短订单的到店时间，减少因专营店所属分库无库存或客户紧急需求中心库无库存等情况造成的修车等件问题，在 DOQD 专车配送业务导入完成后，东风日产供应链管理部一并开通一批多模式运输业务。如图 15－15 所示。

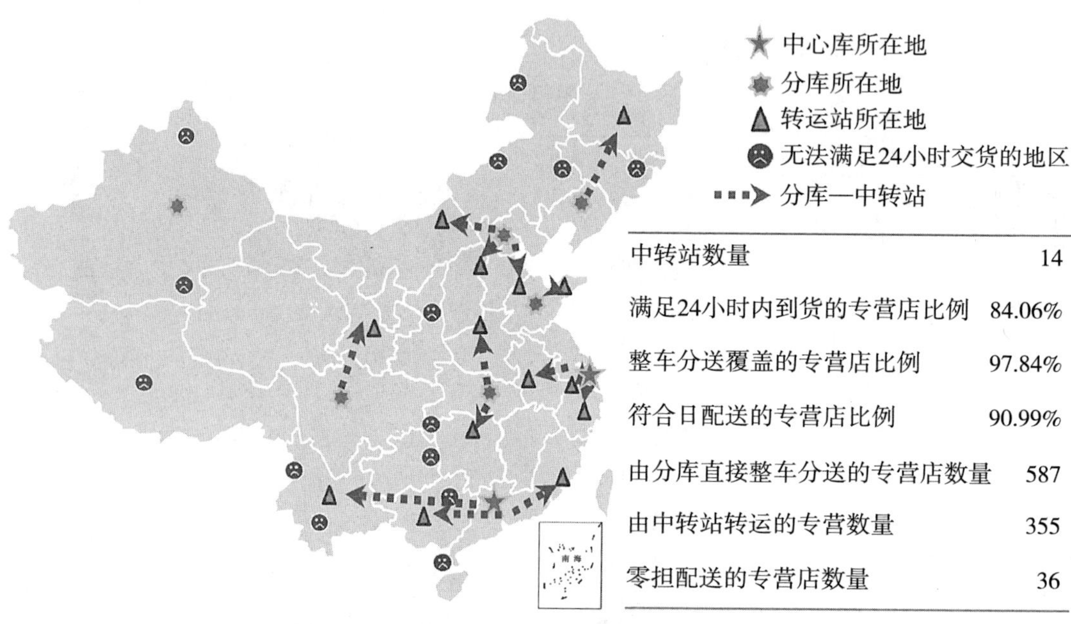

图 15－14　东风日产备件供应链末端配送线路

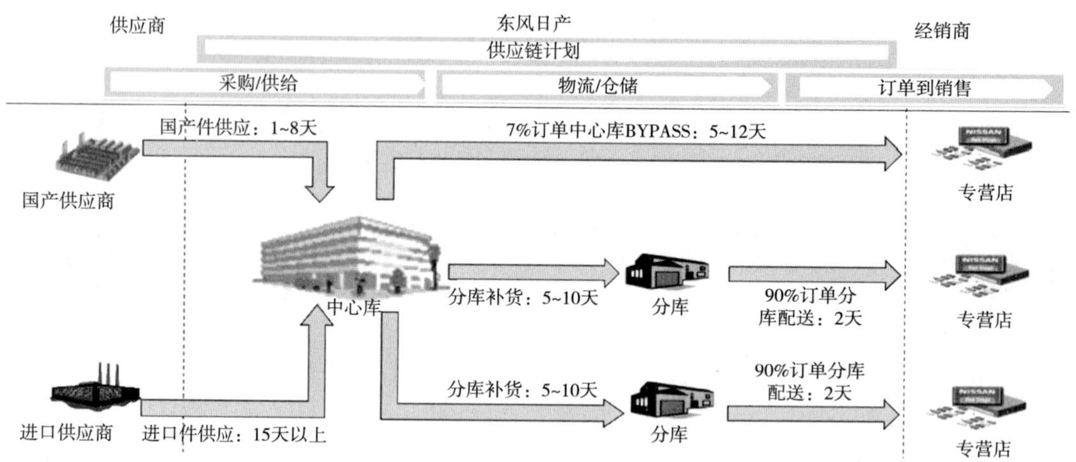

图 15－15　东风日产备件供应链灵活度不够

注：供应链灵活程度不够，不能非属地订货，不能快递直发，不能分库级别库存流转。

多模式运输包括跨属地发货业务、紧急订单自动快递业务、供应商直发网点业务和库间平衡业务：开通跨属地库发货业务，网点可以向非属地分库订货，比如沈阳网点（属地库为沈阳分库）可向北京分库订货；开通紧急订单自动发快递业务，当系统计算出紧急订单交期大于设定上限时，自动转换运输方式为快递，避免三包赔付等风险；开通供应商直发网点业务，对于三包或者紧急类订单，可以直接从国内外供应商直发至网点，避免三包赔付等风险；开通库间平衡业务。这种模式同时还可以减少出现 A 分库某种备件出现库存富余而 B 分库却缺件的情况，提升库存效率，降低呆滞风险。如图 15－16 所示。

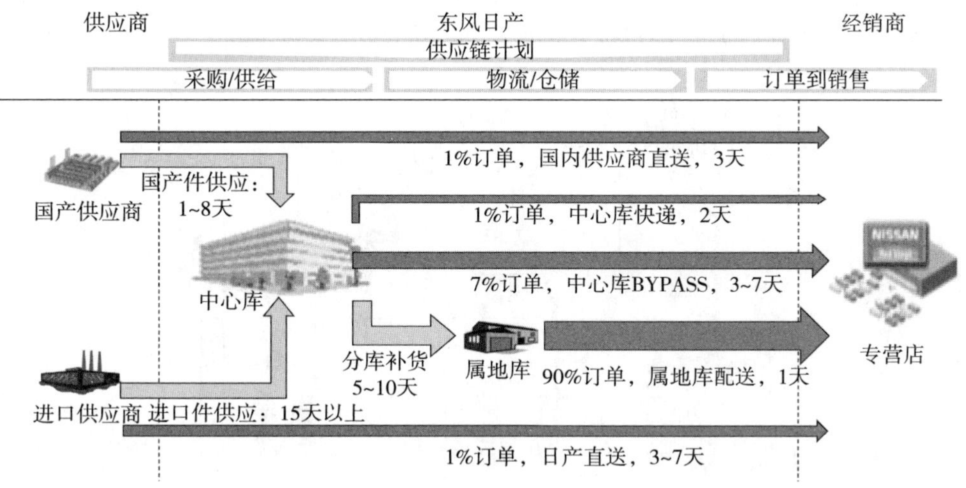

图 15－16　东风日产备件供应链多模式运输

（3）引入库位库存及 PDA 作业管理，提升仓库作业精度。

现有的仓库管理系统（PLS）从开发使用至今，已经有 10 年之久，由于其逻辑只对库存进行管理，而非对库位进行管理，作业人员从系统中只能观察备件在哪些库位上，但是不知道每个库位有多少个，也不知道哪个库位确实有实物，一切凭经验作业，这种模式在之前备件品种较少，销售量低的情况下是可以满足仓库作业需求的，但随着备件销售额的快速增长，货量的不断增加，该系统已经不能适应备件业务规模成长形势下对精细化管理的要求。如图 15－17 所示。

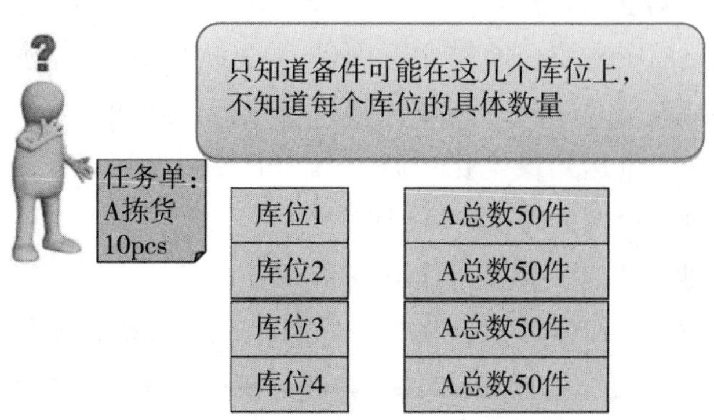

图 15－17　库位库存管理存在的问题

2012 年，东风日产率先在上海分库导入先进的 EWM 系统替换旧有系统，全面开展电子化、标签化作业。在通用模块中嵌入符合东风日产备件仓库管理业务的定制化功能。导入手持 PDA，通过扫描作业，库存管理精确到库位，明确指示作业人员的作业路径和作业量。系统库存记录到库位级别，仓库在进行上下架作业时需根据手持的指示到对应的库位进行，在库存过账等关键动作前都需要使用手持进行扫描，作业精度大幅提升，仓库库存差错率及盘亏大幅降低。如图 15 – 18 所示。

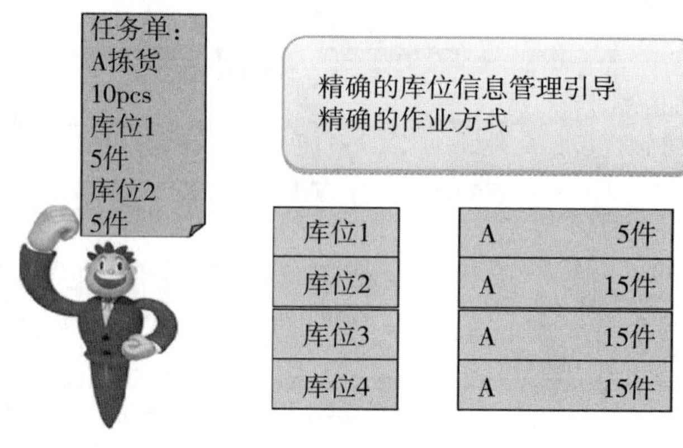

图 15 – 18　实施库位库存管理

（4）同期化作业导入，最优化仓库作业效率。

学习日产本部同期化作业先进经验，在东风日产备件仓库作业中导入同期化作业模式。首先梳理设定仓库标准作业动作，包括加工、检查、移动、等待，然后测定每一个标准作业需要用时并录入系统。然后在系统内建立作业模型，包括工作流程数据库、工作任务数据库、人力资源数据库。运行时系统每两小时进行一次人员分配计算，其通过展开任务步骤并匹配可用人力进行任务分配，将任务单发配至作业人员的手持设备。计算过程考虑 Z 字形最优行走路线，备货装车顺序，同时支持对劳动力绩效考评，任务监控与人力调整。如图 15 – 19、图 15 – 20 所示。

仓库作业同期化的实施使仓库作业管理进入一个新的高度。通过程序编程计算作业分配，使得作业与人力的分配达到最优解；通过行走路线计算、装车顺序计算等附加模块，使得总体作业量达到最优化；通过劳动力绩效考评以及现场调度模块，使仓库管理人员有效激励劳动人员并及时发现作业中的问题。

（5）播种墙作业导入，提升拣货作业效率。

播种墙作业是在拣货作业环节，将本波次订单统一释放，不同目的地的订单混合在一起拣货，拣选完成的货物放在输送线上进行集中，集箱中的货物再按照交货单、目的地的不同进行分拣。如图 15 – 21 所示。

通过播种墙拣货作业的导入，降低拣货中无效的行走，提高拣货作业效率。

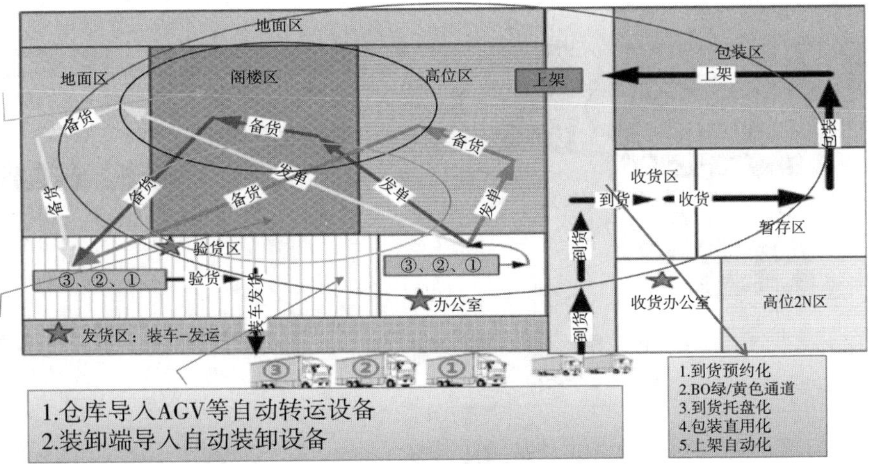

图 15－19　同期化作业基本思想

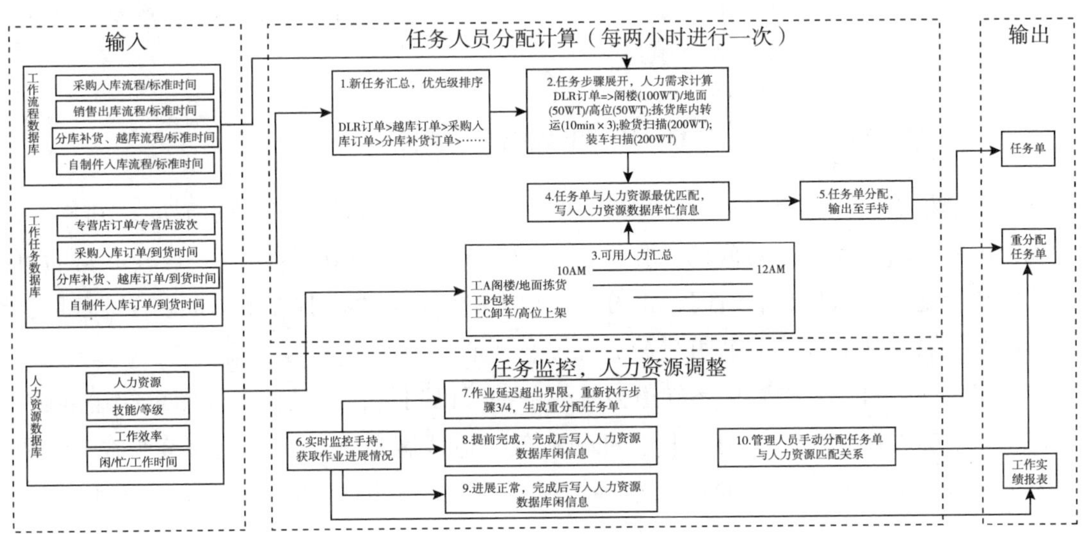

图 15－20　同期化计算逻辑

5. **配送可视化与交期答复**

（1）配送状态系统可视，提升客户感知。

在 2012 年以前，备件物流配送端缺乏可视化系统。对于发出的备件订单，专营店不能及时了解备件什么时候可以到达，不知道修车何时可以修好。同时主机厂也无法把握实际的运输情况，对物流商的监管缺少必要的数据支撑。

东风日产供应链管理部通过与国内一流电商学习交流，参考其经验开发配送状态可视系统解决以上问题。当专营店发出订单后，系统首先会根据标准作业、运输时间计算每一张订单的应到达时间并告知专营店；然后实际出库后，系统实时跟踪订单的

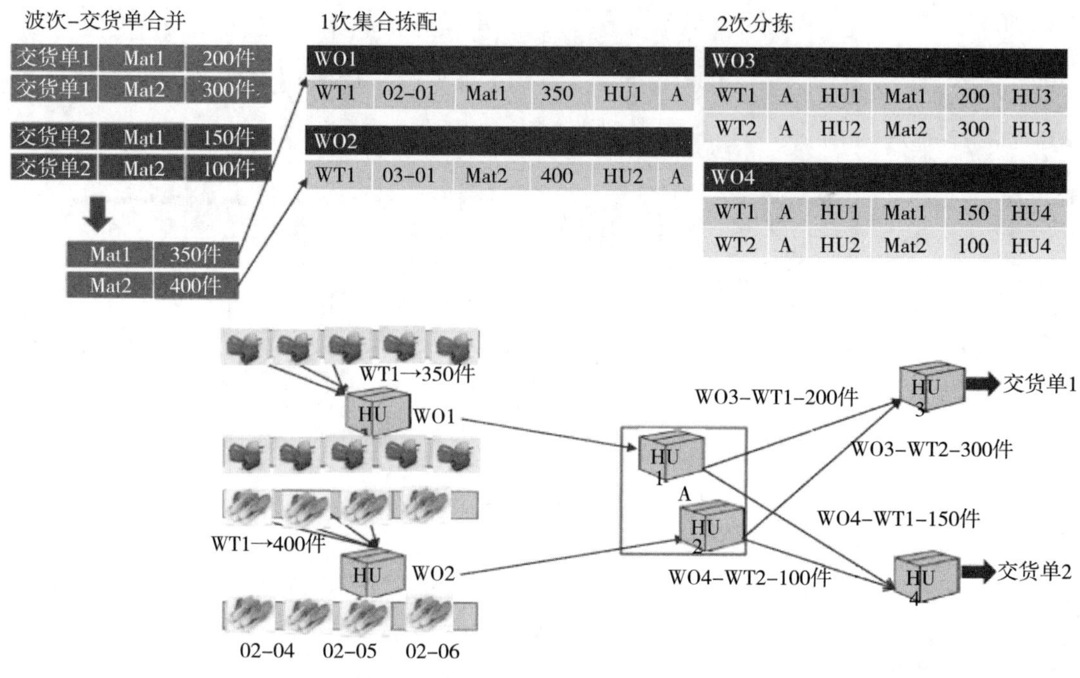

图 15 - 21　播种墙拣货作业模式

在途情况，根据实际各节点的实时扫描时间重新计算并更新每一个节点时间；到货后，系统记录实际时间和理论时间的数据，用于业务分析改善和绩效考核。这样专营店可以非常清楚地了解备件到店时间，也可以更加准确地告知客户提车的时间。

（2）无库存备件交期计算并答复，让专营店心中有底。

对于无库存订单，专营店不知道何时该备件可以到货，东风日产仓库再配送到店，主机厂之前需要手工答复，时间长、准确率低，造成客户抱怨。物流商客服在 QQ 和 BBS 上回复专营店订单在途情况，准确性差。为解决上述难题，在可视系统基础上，加入供应商交期自动计算功能。当订单无库存时，系统自动匹配近期供应商到货交期，计算并答复备件预计到仓库时间，在此基础上相同逻辑计算备件预计到店时间。如图 15 - 22 所示。

三、成果实施效果

从 2011 年开始，东风日产通过构建每日订单快速交付的配送物流体系，实现专营店的备件到货时间从 2011 年的全国平均 120 小时缩短到目前的 27. 33 小时，大幅缩短客户维修等待时间；同时，凭借先进的 SPP 预测系统和 SNC 供应商协同系统，订单满足率从 95. 1% 增长到目前的 98. 7%，分库满足率由 76% 提升到 91. 2%，同时在库时间

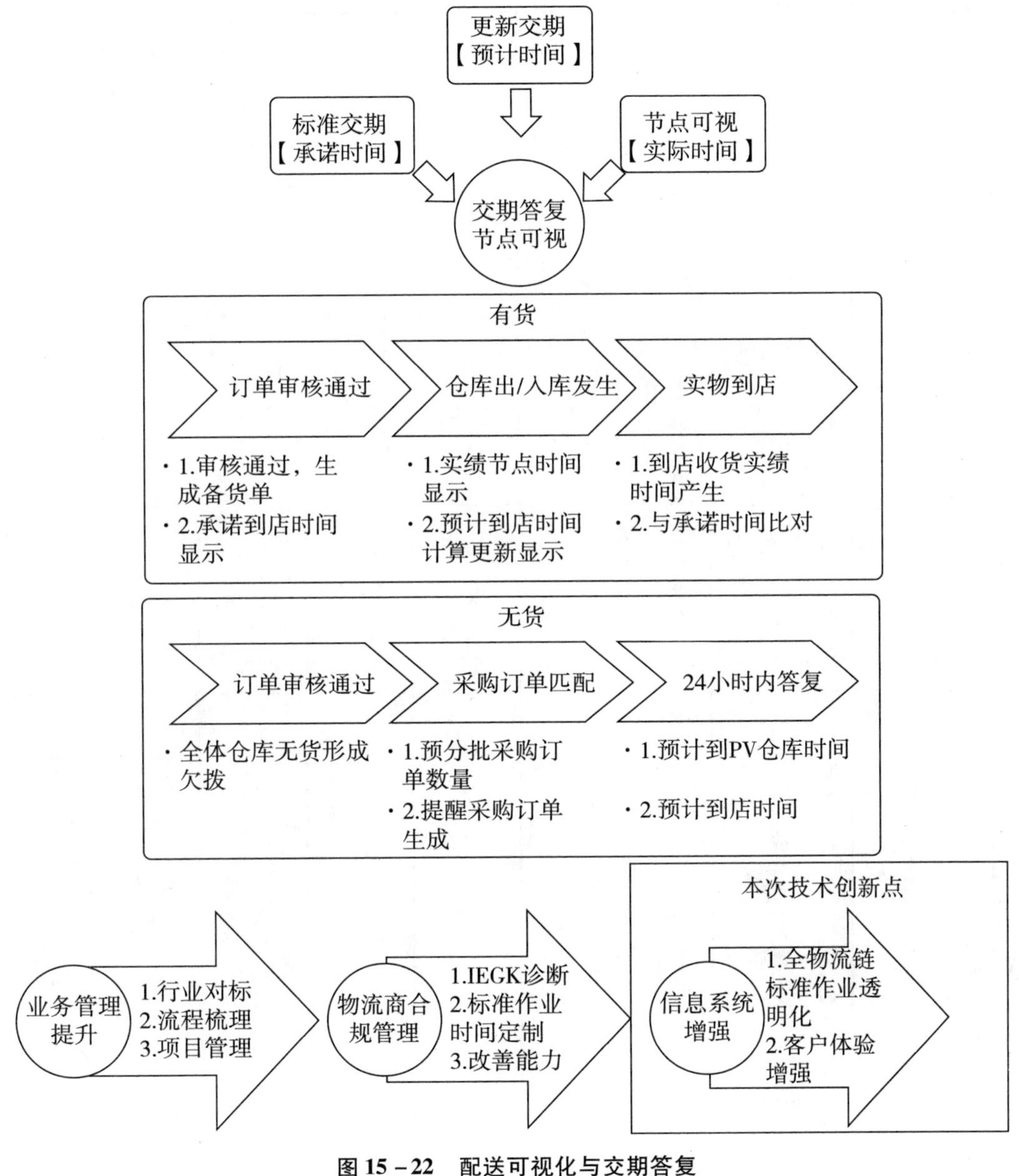

图 15－22 配送可视化与交期答复

从 2. 55 个月下降到目前的 2. 12 个月，降低库存成本；通过搭建先进的物流全程可视化信息系统，让主机厂和专卖店都可以随时在系统中查询备件物流的预计抵达时间和实际时间，提升对整个备件物流过程的管控能力和对客户答复的准确性，同时实现三包订单的快速对应，减少三包件超期风险。如表 15－1 所示。

表 15－1　　KPI 指标变化及行业对标

序号	名称	定义	目标达成时间	东风日产2011	东风日产2015	汽车合资品牌 A	汽车合资品牌 B	汽车自主品牌 A	汽车合资品牌 C
1	备件平均供应时间（h）	备货单生成→DLR收到货的时间	全年平均	120	27.33	72	—	24（500km内）	—
2	索赔率（数量）PPM	货损（运输原因）数量÷出库数量	全年平均	520	170	580（金额）	2300	296	140
3	总体满足率%	订单行即时满足行数÷订单行总数	全年平均	95.1	98.7	93	98.5	98.4	99.3
4	分库满足率%	订单行即时满足行数÷订单行总数	全年平均	76	91.2	86	93	无分库	95
5	E/S 比%	物流费用÷销售额	年末累计	6.03	7.09	7.5	8	13	10
6	总体在库月数（月）	月末在库金额÷前6个月月均销售额	年末时	2.55	2.12	3.3	3	3.3	2.9
7	分库在库月数（月）	月末在库金额÷前6个月月均销售额	年末时	1.8	1.2	2～2.5	3	无分库	1.2

续　表

序号	名称	定义	目标达成时间	东风日产2011	东风日产2015	汽车合资品牌A	汽车合资品牌B	汽车自主品牌A	汽车自主品牌C
8	长期欠拨率%（30天）	超过30天欠拨行数÷前3个月月均订单行数	全年平均	—	0.3	—	—	—	—
9	BO件纳期回答率%（24h）	24h内有效答复BO行数÷BO总行数	全年平均	0	100	—	—	—	65
10	DLR准时送达率%	准时到达÷配送总数	全年平均	84.5	97.5	94~96	—	97.5	95

另外，通过构建备件极速物流体系，实现了公司整体备件运营成本的降低及收益的增加，从2011年到2015年，各项目收益及收益计算方法如表15－2、表15－3及图15－23、图15－24所示。

表15－2　　成果收益及投入汇总

项目	序号	收益	算法
DOQD极速配送；仓库同期作业管理；配送可视及交期答复	1	专营店库存降低4.32亿元 节约利息2726万元（2011年起）	2011/5全国专营店库存7.97亿元； 全国专营店最新库存7.22亿元； 2011—2015年备件销售由48亿增加至69亿； 库存降低＝7.97×（69/48）－7.22
	2	货损降低142.4万元	2012年451家专营店索赔，平均7651元/家/年 2015年598家专营店索赔，平均3389元/家/年
	3	呆滞件库存降低124万	见图15－23
	4	降低三包赔偿风险4931万（2013年起）	见图15－24

续 表

项目	序号	收益	算法
备件需求精准预测； 备件供应协同保障；	5	库存降低 8063 万元 节约利息 509 万元	2012 年年初 KPI 实绩 2.55 月； 2015 年 5 月 KPI 实绩 2.12 月； 目前在库金额为 3.9 亿 收益 =3.9/2.08×（2.55－2.12）
整体	6	回厂增加累积带来利润提升 16632 万元（2012 年起）	日产经验公式备件满足率每提升 1%，收益提升 3.87‰，见图 15－25
成本	7	一次性投入 2660 万元	三包及可视化系统投资 660 万元 SPP、EWM、SNC 系统投资 2000 万元
	8	每年增加投入 4374 万元（2011 年起）	2010 年运输 ES 比实际 3.69% 2014 年运输 ES 比实际 4.59% 2010—2014 年平均销量 48.6 亿元 投入 =48.6×（4.59－3.69）%
截至 2015 年年底收益	9	累积收益 4.8932 亿元 累计投入 2.4530 亿元 截至 2015 年年底净收益：2.4402 亿元	

表 15－3　　库间平衡收益计算方法

收益项目	收益过程分析		编号	公式	2013 年	2015 年	2016 年	2017 年
	年备件销售额		A1	基础数据（2013 年为实绩，2014—2017 年取值事业计划）	5552492	7449550	8673720	10380880
	备件在库月数		A2	基础数据（2013 年为实绩，2014—2017 年取值 KPI 指标）	2.45	2.04	1.95	1.86
	备件在库金额		A3	A3 = A2 × A1/12	1133634	1266424	1409480	1609036

续　表

收益项目	收益过程分析		编号	公式	2013 年	2015 年	2016 年	2017 年
库间平衡调拨系统收益	分库呆滞件库存下降	2013 年分库呆滞件金额	B1	2013 年报废实际	2812	—	—	—
		2013 年其他分库有需求呆滞件金额	B2	2013 年报废实际	1504	—	—	—
		2013 年备件在库金额	B3	2013 年年末盘点实际	1133634	—	—	—
		2013 年分库呆滞件库存占总库存比例	B4	B4 = B1/B3	0.248%	—	—	—
		2013 年其他分库有需求呆滞件库占比	B5	B5 = B2/B1	53.485%	—	—	—
		2015—2017 年分库呆滞金额预测	B6	B6 = A3 × B4	—	3141	3496	3991
		其他分库有需求的呆滞件库存占比	B7	项目设定 KPI	—	40.00%	20.00%	0.00%
		其他分库有需求的呆滞件库存减少占比	B8	B6 = B5 − B7	—	13.49%	33.49%	53.49%
	小计	分库呆滞件减少的收益	B9	B9 = B6 × B8		424	1171	2135
		分库呆滞件库存占总库存比例	B	B = （B6 − B7）/B3		0.215%	0.165%	0.115%

对策前后三包件满足情况及代步费预估

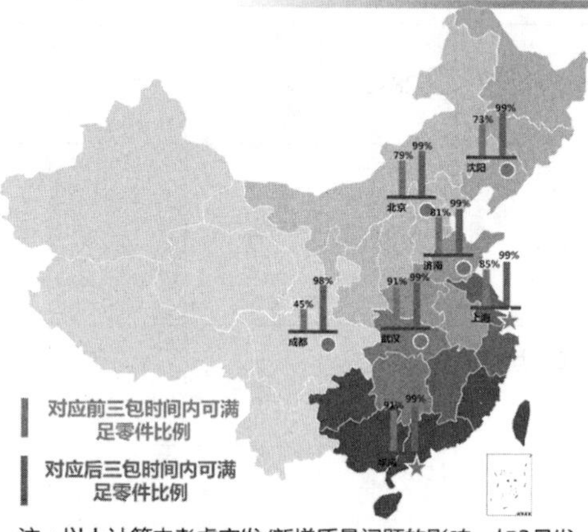

现状代步费预估

分库	三月实绩 发生故障零件个数	三月实绩 不能满足的零件个数	三月实绩 需提供代步车天数	三月实绩 代步车费用（万元）	全年估算 代步车费用（万元）
上海	5388	802	906	27.2（万元）	326.4（万元）
华南	13693	1224	1710	51.3（万元）	615.6（万元）
武汉	3096	280	176	5.3（万元）	63.6（万元）
成都	2940	1625	10300	309.0（万元）	3708.0（万元）
济南	5259	972	1803	54.1（万元）	649.2（万元）
沈阳	4355	1181	4033	121.0（万元）	1452.0（万元）
北京	3705	778	1581	47.4（万元）	568.8（万元）
总计	38436	6862	3734	615（万元）	7383（万元）

对策后代步费预估

分库	三月实绩 发生故障零件个数	三月实绩 不能满足的零件个数	三月实绩 需提供代步车天数	三月实绩 代步车费用（万元）	全年估算 代步车费用（万元）
上海	5388	9	30	0.9（万元）	10.8（万元）
华南	13693	94	187	5.6（万元）	67.7（万元）
武汉	3096	5	10	0.3（万元）	4.0（万元）
成都	2940	60	166	5.0（万元）	60.5（万元）
济南	5259	14	33	1.0（万元）	12.0（万元）
沈阳	4355	18	53	1.6（万元）	19.4（万元）
北京	3705	16	56	1.7（万元）	19.8（万元）
总计	38436	216	535	16（万元）	194（万元）
突发/新增风险	627	627	6270	188（万元）	2258（万元）
合计					2452（万元）

注：以上计算未考虑突发/新增质量问题的影响，如3月发生383422FJ1D-C231服务对策件共计2112次，由于之前没有故障记录，未能在分库建储，当月将产生116万的代步费用。

- 可对应零件：中心库/分库规划建储，到店时间≤4或可空运
- 需提供代步车天数：DLR一次订货产生一次代步车，每次提供代步车天数为备件到店天数-4
- 代步车费用：超出4天的部分，每台车每天300元费用
- 突发/新增部分按照前6月未发生故障而当月突发故障次数计算

图 15-23　三包赔偿风险降低计算方法

ROI Calculation（WO Logistic Cost）		CY11	CY12	CY13（BP）	CY14	CY15	合计	MRMB			KPI						
								TTL									
Base Sales（Include Venucia）	DN（实绩）	6100	5503	5952	5711	6857											
	COS	3739	3373	3649	3501	4203			0.387	GP DFL		**ASIS**	**CY11**	**CY12**	**CY13**	**CY14**	**CY15**
FR UP		-12.4	2239	21799	55777	86502	79.8				FR	95.1%	94.6%	95.2%	96.0%	97.5%	98.2%

图 15-24　FILLRATE UP 效益提升计算方法

注：DOQD——Daily Order Quick Delivery，每日订货快速配送。

EWM——Enhanced Warehouse Management，增强仓库管理系统。

SPP——Service Parts Planning，服务备件计划系统。

（东风汽车有限公司　东风日产乘用车公司）

第二节　一汽物流备品包装管理平台

一汽物流轿车备品中心现有九个仓库，共计45000平方米的仓储面积，主要业务是为一汽轿车销售有限公司提供集备品包装、仓储、发运为一体的第三方物流服务，

满足东北地区一汽轿车所属4S店的备品需求。一汽物流轿车备品中心作为国产件、自制件母库，承担着全国备品的商品化包装业务，供应商统一将备品送货至备品中心，到货后经过数量检验、品质检验、商品化包装等环节后入库，再根据供应计划调拨到全国的备品中心库，承担了一汽轿车全国备品的包装任务，包装作业量大。

汽车备品包装具有多样性和复杂性。一辆普通轿车大约由20000多种零部件组成，大到车身及大型钣金覆盖件，小到螺丝和卡扣，造成备品包装涉及工艺的复杂性。尤其是用于销售的备品零件，伴随着市场、季节的变化，客户需求随时发生变化，商品化包装相应随之变化。综合来说，备品包装作业具有品种多、单品种数量少、备品包装工艺差别大、包装单元小以及作业量不均衡的特点。如图15－25所示。

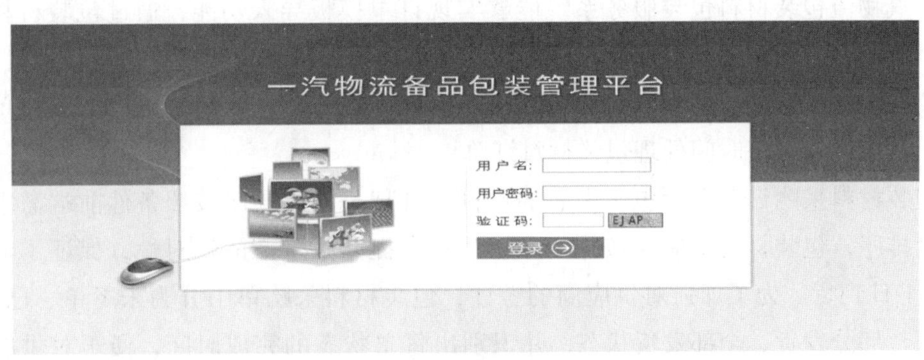

图15－25　一汽物流备品包装管理平台

随着一汽轿车、一汽马自达新车型上市周期的缩短，大量新备件集中入库，备品包装中心的作业压力增大，而影响包装效率的除了场地、人员外，包装材料的供应也是其中的重要因素。为了提高包装材料供应的计划性和准确性，一汽物流包装服务系统不仅拥有传统信息系统的入出存及盘点功能，还根据汽车备件的特点及包装作业的需求，增加了创意模块，实现了备品包装全过程、全体系的控制。

一、一汽物流包装管理服务系统模块

（一）包装材料月度需求计划模块

在系统中导入备件月度计划及包装工艺，自动匹配出月度包装材料需求，供应商在系统中能够查询包装材料的需求计划，并按照计划建立当月包装材料储备。

通过备件到货计划带动包装材料供应商的生产节奏，提高供应商备货的针对性，特别是纸箱质保期受季节和温度的影响，纸板在潮湿环境下的质保期较短，大概在2～3个月，纸板防护系数降低，不利于对备件的防护。供应商在当月备件计划的指导下，能够按照备件到货节奏安排生产及送货，不仅能提高包装材料的供应速度，又能防止无效库存的产生。

实现包装材料与备件同步到货，降低包装材料库存水平，优化出包装材料的仓储面积，在备品中心推行了包装材料零库存项目，取消了以往的包装材料储备，包装中心只存储 $N+1$ 日包装所需的包装材料，优化出仓储面积800平方米，优化出仓储器具35个，全部转化成备件接货场地，提高了备品中心的产能，最大限度地提升了包装场地利用率，加快了备件周转速度。

（二）包装材料采购单管理模块

一汽物流包装材料包装服务系统能够实现订单模板导入功能，通过包装材料代码识别供应商，自动在系统中形成订单，并可以手动添加备注及用途。包材订单发起后，供应商同步接收订单，供应商关注一汽物流有限公司官网平台后，可以实现订单微信提醒，供应商在第一时间处理包装材料订单。

包装材料采购订单即为包装中心的预排产计划，前后顺序按照备件前端需求的紧急程度排序，包装材料供应商按先后顺序生产，提高了生产的针对性，保证了包装材料 $N+1$ 日到货。为了加强对供应商的考评，包装材料采购单中分为未下单、已下单、已确认、部分发货、全部发货状态，并识别出每条状态的完成时间，便于对供应商进行日常考评。

（三）包装作业排产模块

包装中心通过系统中的收货信息能够识别出供应商已送货包装材料，可以根据包装材料库存，制订包装作业排产计划。改变了传统包装材料保管员接货后与包装计划员电话沟通到货情况、人工传递单据的现象，缩短了包装排产时间、提高了作业效率和准确性。如图15－26所示。

系统还实现了包装工时考核的功能，将备件包装的额定工时导入到系统中，包装计划员在系统中进行包装排产时能够自动计算出当天的包装工时，能够掌握包装作业的劳动负荷情况。包装中心采用绩效考核制度，包装工的绩效奖金直接和包装工时挂钩，备品包装中心可以通过提高包装排产的工时系数，激励员工的包装积极性。

（四）包装工艺查询模块

一汽物流包装材料系统还支持包装工艺查询及包装材料基础信息查询操作，通过系统可以查询到包装工艺的新设及变更情况，为包装工艺改善及包装材料的采购提供依据。包装计划员能够在系统中查询到包装工艺规格书，明确每种包装材料的适用范围及匹配的备件代码，避免了以往包装工艺查询烦琐，变更工艺后由于信息传递不及时造成采购包材的浪费。

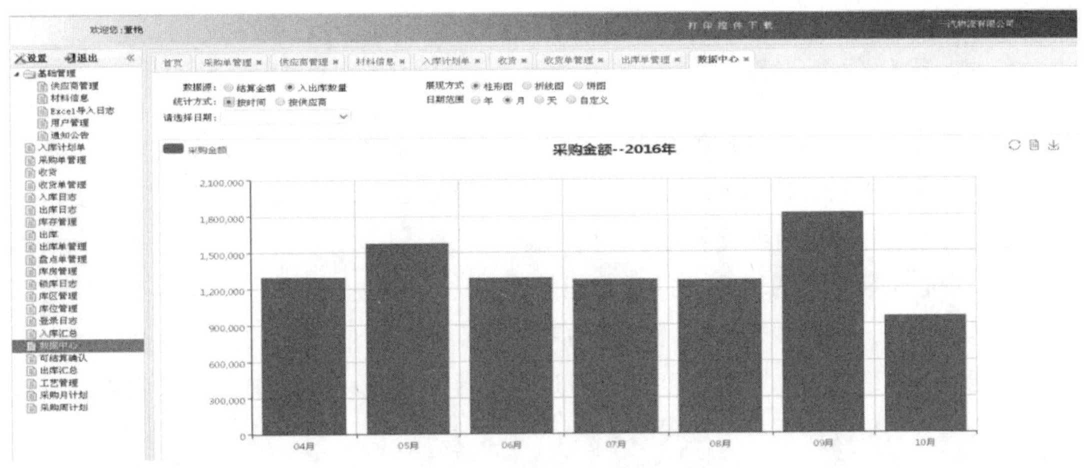

图 15－26　包装管理平台界面

（五）数据中心模块

一汽物流包装系统还开发了数据中心模块，可以根据结算金额及入出库数量查询设定时间节点内的包装材料采购及使用情况，统计方式按时间或者供应商识别，查询结果以趋势图的形式表现，简单清晰、一目了然。数据中心便于进行月报统计，分析包装材料费用情况，是编制包装材料费用预算及优化包装材料费用的数据支撑，是信息系统的独特优势。如图 15－27 所示。

	单据状态	供应商代码	供应商简称	用途	备注	采购订单编号	开单时间	开单人	供应商确认	供应商确认时间	确认人	全部完成时间	仓
285	全部收货	3AA19Z	陆顺储运	8#		CG2016091901040	2016-09-19 14:35:0	董艳	true	2016-09-19 14:41:4	陆顺储运	2016-10-10 15:44:1	CCC
286	全部收货	3AA19Z	陆顺储运	5#		CG2016091901036	2016-09-19 13:26:3	董艳	true	2016-09-19 13:28:2	陆顺储运	2016-09-26 13:23:4	CCC
287	全部收货	3AA18Z	成丰诺塑	8#		CG2016091901035	2016-09-19 13:22:3	董艳	true	2016-09-19 13:23:5	成丰诺塑	2016-09-20 13:31:2	CCC
288	全部收货	3AA19Z	陆顺储运	8#		CG2016091801031	2016-09-18 13:46:1	董艳	true	2016-09-18 13:47:0	陆顺储运	2016-10-10 16:22:2	CCC
289	全部收货	3AA18Z	成丰诺塑	8#		CG2016091801032	2016-09-18 13:46:1	董艳	true	2016-09-18 14:08:0	成丰诺塑	2016-09-23 08:29:3	CCC
290	全部收货	3AA17Z	三鑫工贸	8#		CG2016091801033	2016-09-18 13:46:1	董艳	true	2016-09-18 14:03:1	三鑫工贸	2016-09-28 09:18:2	CCC
291	全部收货	3AA09Z	华易印务	8#		CG2016091801034	2016-09-18 13:46:1	董艳	true	2016-09-19 10:13:2	华易印务	2016-09-20 13:27:5	CCC
292	全部收货	3AA02Z	吉林颐龙	8#		CG2016091801030	2016-09-18 13:09:3	董艳	true	2016-09-18 13:21:1	吉林颐龙	2016-09-20 08:27:2	CCC
293	全部收货	3AA18Z	成丰诺塑	8#		CG2016091801029	2016-09-18 13:08:5	董艳	true	2016-09-18 13:27:1	成丰诺塑	2016-09-20 08:27:4	CCC
294	全部收货	3AA19Z	陆顺储运	8#		CG2016091801027	2016-09-18 11:27:3	董艳	true	2016-09-18 11:31:1	陆顺储运	2016-10-10 16:23:1	CCC
295	全部收货	3AA18Z	成丰诺塑	8#		CG2016091801028	2016-09-18 11:27:3	董艳	true	2016-09-18 13:01:2	成丰诺塑	2016-09-23 15:45:3	CCC
296	全部收货	3AA02Z	吉林颐龙	8#		CG2016091801026	2016-09-18 10:47:0	董艳	true	2016-09-18 11:01:0	吉林颐龙	2016-09-20 08:27:2	CCC
297	全部收货	3AA02Z	吉林颐龙	8#		CG2016091801025	2016-09-18 09:55:0	董艳	true	2016-09-18 11:01:0	吉林颐龙	2016-09-23 08:28:2	CCC
298	已中止	3AA19Z	陆顺储运	8#		CG2016091801024	2016-09-18 09:51:4	董艳					CCC
299	全部收货	3AA18Z	成丰诺塑	8#		CG2016091801023	2016-09-18 08:54:3	董艳	true	2016-09-18 10:16:3	成丰诺塑	2016-09-18 14:47:3	CCC
300	已中止	3AA02Z	吉林颐龙	8#		CG2016091801022	2016-09-18 08:52:3	董艳					CCC

图 15－27　包装管理平台中各个模块

二、一汽物流包装管理服务系统优势

（一）优化作业流程

一汽物流包装材料信息系统的开发优化了包装作业流程，改变了原有物流信息靠纸质单据传递的现象，各环节的作业人员通过信息系统查询相关的信息，实现了包装材料采购及包装作业的直线化管理。

包装中心包装材料的信息通过系统能够准确、及时地查询，供应商的生产、送货节奏也尽在掌控，能够实现卸车到排产的零等待。通过作业流程的优化提升了供应商的供货能力，包装材料的紧急程度可以通过系统排序体现，备品中心可以调整供应商的供货节奏，实现全体系、全过程的管控。

（二）提升作业效率

一汽物流包装材料信息系统的开发提升了包装中心内部运作效率，取消了传统的通过电话、QQ 等沟通包装材料采购及供应的现象，提高了仓库的工作效率。通过系统对包装排产的负荷度进行控制，能够清晰地掌握包装中心每天的计划包装工时以及实际完成情况，便于考核包装中心的产能及劳动负荷度。

一汽物流包装材料系统能够从容处理各种复杂物流业务，提高企业物流综合竞争力，通过与客户的实时信息共享，提高了客户服务质量，在对大量的客户业务数据进行统计分析的基础上，使得向客户提供增值服务成为可能，提高了市场反应速度和决策效率。

（三）实现包装作业精细化管理

一汽物流包装材料信息系统的开发提高了备品中心及包装材料供应商的生产计划性，实现了精细化管理。备品中心可以通过细化分解的备件到货月计划、与备件供应商预约送货的周计划来安排生产节奏，使包装作业及包装材料清晰可控。包装材料供应商的库存准备即为备品中心 $N+1$ 日的包装需求，保证了包装材料的及时供应，避免了供应商的库存积压，节省了双方的仓储面积。

一汽物流包装材料信息系统的开发简化了作业人员日常工作中大量的信息传递，使一些过程烦琐且数据量大的数据收集工作得以高效地进行。信息系统还可以通过对数据的有效控制，实现对工作流程的控制、协调和改善。

通过数据中心对包装材料数据的收集、整理和分析，可以为管理者提供有利于决策的决策模型，包括管理改善的方向和依据。管理信息系统中的数据仓库，可以对大量日常数据进行挖掘操作，发现一些不为人知而又切实可用的规律。

三、一汽物流包装管理服务系统的推广

一汽物流轿车备品包装材料信息系统的研发，取得了客观的经济效益。备品中心不仅局限于自身物流能力的提升，还非常重视与汽车物流同行进行技术交流，推广包装材料信息系统，引导备品售后物流朝着精细化、可持续化的方向发展，在行业内引起了强烈的反响。

作为轿车备品母库，一汽物流备品仓储中心发挥了积极作用，将包装材料信息系统开发建设方面的经验推广到全国其他九个地区中心区，包括北京、郑州、济南、长沙、西安、成都、南京和广州，覆盖了全国主要的汽车制造地，形成了以长春为中心，以一点带动一面的立体化拓展趋势。

一汽轿车销售有限公司作为一汽吉林汽车的售后备品物流管理方，还提供森雅、佳宝全系车型的备品物流服务，一汽物流包装材料信息系统的开发，也为一汽吉林汽车理顺了包装材料管理的思路，可以通过信息系统的对接，将包装材料信息与一汽吉林备件包装信息同步，一汽物流备品业务科应邀对一汽吉林备品中心库进行技术培训和现场指导，共同研发一汽吉林的包装材料信息系统。

（一汽物流有限公司　孙士生　杜　钢　夏岩峰　董　艳）

第十六章　汽车物流综合类创新成果

第一节　《汽车制造物流管理》教材立项项目

一、项目背景

我们快速发展制造业的龙头企业汽车生产性物流服务业，采取多种形式，加快汽车物流人才的培养，发展多层次教育体系和在职人员培训体系，鼓励企业与大学、科研机构合作编写精品教材，把提高技术技能型操作能力强化职业技术技能教育，开展物流领域的职业资质培训与认证工作列为主要措施加以保障，这为我国汽车制造业和汽车物流业的人才培养指明了发展方向。

（一）行业发展前景

1. 消费市场前景广阔

预计未来十年，我国汽车市场年均增长率将达到7.1%，到2020年中国汽车市场的销量有望占据全球汽车总销量的一半以上，将是美国市场销量的两倍左右。

2. “中国制造”到“中国创造”“中国制造2025”

未来十年是中国汽车产业的黄金期，汽车产业已经完成了从小到大的过程，正在逐步实现由弱到强的巨大跨越，自主品牌将完成从“中国制造”到“中国创造”“中国制造2025”的发展过程。

3. 人才缺口“80万”

数据显示，每年汽车类人才毕业生人数大概为20万，国内汽车技术人才缺口每年达80万人，涵盖技术研发、整车设计、项目管理、汽车制造、汽车物流供应链、汽车营销等领域。

4. 现代职业教育发展前景

“十三五”时期是我国实施发展现代职业教育的关键时期，2014年5月2日国发

〔2014〕19号（《国务院关于加快发展现代职业教育的决定》）目标任务，到2020年，形成适应发展需求、产教深度融合、中职高职衔接、职业教育与普通教育相互沟通，体现终身教育理念，具有中国特色、世界水平的现代职业教育体系。实施创新驱动发展战略，让职业教育创造更大人才红利，加快转方式、调结构、用优秀成果引领职业教育改革创新。创办世界级职业技术学院，提高我国职业教育社会影响力和吸引力，实现中国现代职业教育强国梦。

5. 面临的困难和挑战

目前，全国已有443所本科院校、954所高等职业学校和900多所中等专业学校开设了物流专业，不同层次物流专业的在校生突破100万人，每年大约有30万物流专业的毕业生走向社会。2014—2020年我国物流业每年平均需新增物流从业人员在100万~105万人，我国物流专业的教育起步晚。目前全国高校开设汽车物流专业尚属空白，从而造成汽车物流与供应链专业化人才紧缺仍存在巨大缺口，特别是领军人才的奇缺已经成为制约我国汽车物流发展的瓶颈。

（二）我国职业教育院校汽车专业物流技术教材使用情况分析

汽车物流技术专业在高等职业职院校中开设尚属空白，目前专业教材建设尚不完善，主要体现在以下几个方面。

1. 出版单位分散

汽车专业物流技术目前选用的有机械工业、人民交通、北京理工大学、人民大学、人民邮电等出版单位所出版的比较相近的教材，没有特色，缺乏专业性和实用性。由于各出版单位的能力、影响力及质量要求不同，所以各出版教材质量参差不齐。

2. 没有形成统一的系列化教材

各高等职业院校与出版单位单独联系，整套教材分散出版，编写模式不统一。同一本教材很难满足各高等职业院校的要求。

3. 各门课程的教材间存在内容重复现象，教材质量不高

由于各高等职业院校的课程体系不同，因而对每门课程的内容要求也不同，进而所编写的教材内容不尽相同。目前国内已出版物流教材编者水平参差不齐，所出版的教材质量整体水平不高，使得教材缺乏完整性，与实际行业需求有较大差距。

4. 目前我国职业教育没有一本有关汽车物流工程技术专业教材

为加快我国汽车制造物流技术专业建设，根据汽车物流工程专业职业能力要求确定课程建设方向，重视学生的职业能力的培养，兼顾学生终身发展，体现人本主义教育理念，由我国汽车物流领军人物龙少良博士教授联合组织湖南财经工业职业技术学院、北京吉利大学、武汉神龙汽车等多家企业的顶级专家，学校汽车专业领军教授、知名学者和汽车行业顶级专家组成，根据各自长期从事汽车物流专业的教学知识的积累和企业项目研究成果的积累整合集成，编著了一套汽车类汽车物流工程技术与管理系列规划教材，共计7本，分别是《汽车制造物流管理》《汽车物流与供应链成本管理》《汽车物流信息化管理》《汽车物流质量环境与安全管理》《汽车物流项目管理》《汽车物流标准化》《汽车物流智能化技术与装备》。现已编著完成“十二五”职业教育国家规划教材《汽车制造物流管理》，该书是本系列规划教材的第一本。

二、项目主要内容

《汽车制造物流管理》教材，是我国高等职业院校汽车物流技术专业类的第一套最权威、最专业、最系统的系列规划教材，其特色主要体现在由众多的汽车物流项目成果汇集而成。在我国，高校汽车物流专业教育和汽车物流行业人才培养都尚属首次。该教材力求突出应用型、创新型专业教材的实用性，有效性和可操作性是该教材理论与项目实践相结合的鲜明特色。

（一）科学技术领域、主要技术、经济指标

本教材重点研究汽车制造物流与供应链领域的汽车物流规划设计理论与实践发展成果、开发了汽车制造物流管理理论常用的工具和方法，以汽车制造物流运作管理技术和汽车制造物流与供应链关键绩效评价方法和指标体系等内容为主线，开创了我国汽车物流企业质量、环境与安全一体化管理体系，创新了汽车物流企业信息化系统管理等，深入研究和分析了汽车制造物流领域采用的理论方法、工具指导项目实践相结合的最佳方法，融合了汽车制造 SAP、ERP 企业资源信息管理系统、工业工程、物流工程与管理等学科所涉及的广泛的交叉边缘学科知识，并加以综合和理论化，系统地阐述了汽车制造物流管理领域的业务流程，制造物流规划，制造物流关键业绩指标考核评价方法，质量环境与安全一体化管理体系，制造物流标准化和操作方法及运作模式和特点等。内容丰富，信息量大，书中介绍的大量项目研究成果都已经直接转化为生产力，使该项目研究成果能够帮助企业解决某一领域的技术难题，书中介绍的各种管理工具，能够快速地帮助读者或学生有效地运用本教材的理论方法和工具对标行业标杆企业成果案例，指导企业不断改善，形成科学的方法论，快速形成实践能力并在实践应用中提高，通过不断改进获得企业生产系统效益。

本教材介绍的管理技术理论方法能帮助汽车制造企业和汽车物流企业管理人员更好地提高自己的管理技能。同时，也能够为汽车制造业和汽车物流业提供职业教育培训教材，促进应用型、创新型人才培养的发展。并对中国汽车制造业和物流业在今后

较长一段时间内汽车物流专业化人才的培养具有十分重要的指导意义和很强的参考应用价值。

（二）应用推广情况

本教材的开发成果出版一年来，教材的基本理论方法、知识体系、专业能力基本上能够满足全国30万汽车专业大专、本科及研究生学习汽车制造物流与供应链管理方面的系统知识，有效地解决了我国汽车物流行业人才职业培养的需求，也可作为高等学校汽车制造、汽车服务工程、交通与运输、汽车物流、汽车营销、工业工程、制造物流与供应链管理工程等相关专业的教材或参考书，也可以作为我国成人高等教育、汽车产业以及物流产业从业人员的职业培训教材和工具书。

三、项目创新点

（一）本教材的特色创新

本教材的编著思路是针对汽车专业物流工程技术专业学生教学特点，充分考虑面向高等职业院校以应用型和创新型人才培养为目标，注重高职教育与本科教育的衔接，吸纳了企业一线专家和行业专家参与，体现了产学研相结合的思想，教材选取与实际工作紧密相关，内容理论知识浅显精练，注意技术技能型实操培养。教材采用项目引领、任务驱动结构，以服务学生、服务社会、服务行业、服务企业为基础，以提高学生能力为本位。注重培养学生的综合能力，同时合理控制理论知识，适度介绍本专业的前沿技术，以增强学生的成就感和进取心。其特色主要体现在该教材应用物流系统的理论与汽车物流项目实践紧密结合，可操作性强、岗位适用性强是该套教材的鲜明特色。

（二）项目主要技术创新

本教材运用物流系统规划设计理论、物流与供应链管理技术理论，开发了汽车制造物流管理常用的工具和方法、汽车制造物流运作管理技术和汽车制造物流关键绩效评价指标体系和评价方法，首次系统地设计了汽车制造物流质量指标体系和评价方法，将质量环境与安全管理和六西格玛技术体系进行有效整合创新，涉及汽车制造物流系统信息化架构设计及汽车制造物流领域的主要方面等，采用理论创新与项目实践相结合的方法。本教材的开发是我国高等职业院校汽车专业与汽车物流技术专业的第一本教材。在我国高校汽车物流专业教育和汽车物流行业人才培养模式创新上尚属首次。本教材的出版填补了我国汽车专业物流技术职业教育方面的空白。

（三）人才培养模式创新

本课程教材衔接教学体系特色；实施专业教学标准和职业标准联动开发机制。校企深度结合，产教深度融合，共同推进专业课程设置、共同开发专业课程教材内容与行业职业标准相衔接，形成对接紧密、特色鲜明、教育链和产业链有机融合的现代职业教育课程体系。

本课程教材在教学过程中，实施同步规划物流职业教育与企业发展，协调企业推进人力资源开发与技术进步，将企业人才培养前移至学校，完善了企业内生型人才培养体系，更能够培养出适用于企业所需的应用型复合型人才。进一步推动了职业教育教学改革创新与产业转型升级衔接配套，突出了本专业教学特色。

本教材共分 8 章（第 1 章汽车制造物流绪论；第 2 章汽车制造物流规划与设计；第 3 章汽车制造物流管理工具方法；第 4 章汽车制造物流运作管理；第 5 章汽车制造物流关键绩效评价；第 6 章汽车制造物流一体化管理与实践；第 7 章汽车制造物流系统信息化系统；第 8 章汽车产业与物流产业发展与展望），是作者在 2010 年 1 月提出的校企深度结合、产教深度融合发展的人才培养理念的基础上，通过 6 年的职业教育改革的探索和实践，创新的人才培养模式。目前，企业越来越多地参与职业教育教学改革，学院借助企业力量提高教育教学水平，企业借助学院力量开展订单式人才培养和企业课题研究，并取得了显著效果（如图 16－1 所示）。

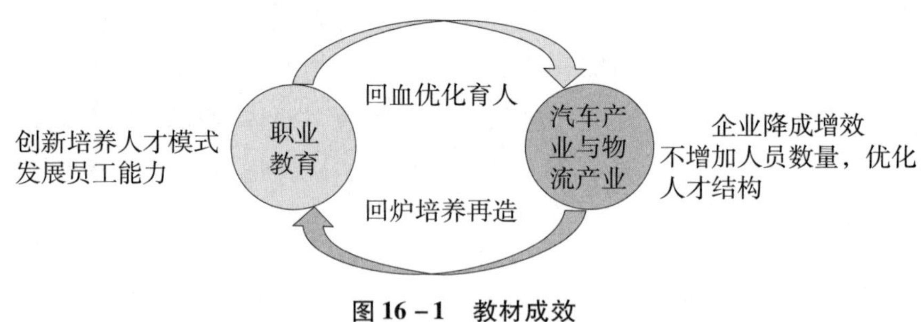

图 16－1　教材成效

通过校企深度结合、产教深度融合发展既可以发挥职业教育对于大批量人才培养的优势，为企业提供源源不断的人才，同时，学校借助企业的支持和后盾可以快速提升职业教育水平，打造教育特色的“双师型”教学团队。

四、项目主要成果及社会经济效益

（1）《汽车制造物流管理》填补了汽车制造物流专业交叉领域高等职业教育教材的空白。不仅对汽车制造专业、汽车物流技术领域在高等职业教育方面产生重大影响，也将对企业人才制造物流与供应链管理工程人才培养、行业人才培养乃至社会进步带来积极促进作用。

（2）通过对本教材3年来的使用和不断改进，2013—2016年，学校为汽车企业和物流企业培养了3届汽车制造物流与供应链管理技术类研究生37名，大专生和本科生500名。通过校企深度结合、产教深度融合在岗人才培养模式的探索与实践，为企业解决了实际问题及难题50多项。研究课题成果显示，为企业缩短了应用型研究生培养周期1年，降低人才流失所造成的招募培养成本约1000元/人/月，课题成果产生的实际经济效益不低于培养成本。

（3）校企深度结合，产教深度融合将为中国高等教育改革实践提供宝贵的经验，具有宝贵的借鉴意义和参考价值。两年来教材的使用与推广直接为企业培训了汽车物流与供应链专业化骨干人才2000多人，培训课时达到20000多个学时，为企业提升物流与供应链管理水平、降低成本和提高管理效益发挥了重要作用，为汽车物流行业乃至社会加快建设“企业专才”提供了经验借鉴；产生倍增的企业经济效益和社会效益。

加快发展汽车物流工程技术专业现代职业教育，实施创新驱动发展战略，提高制造物流相关行业的人才培养质量，培养符合我国汽车行业发展的技术技能人才，创立我国汽车物流工程技术专业系列规划教材，在建立以职业需求为导向、以实践能力培养为重点、以产学结合为途径的人才培养模式，形成适应中国汽车行业和社会发展需求、建设具有中国特色、世界水平的汽车物流工程技术职业教育人才培养体系和课程教材体系的过程中，不断实践，不断探索，不断创新。

（湖南财经工业职业技术学院　陈春泉　龙少良）

第二节　以信息系统为载体的汽车航空物流企业市场营销管理模式创新

一、项目背景

（一）落实国家对现代物流业发展的需要

随着“加快传统产业转型升级，推动服务业特别是现代服务业发展壮大”相关政策的落实，作为现代服务业的物流业，迎来了新的增长极。国家《物流业调整和振兴规划》提出，加快发展现代物流业要以先进技术为支撑，以物流一体化和信息化为主线，把提高物流信息化水平作为一项主要任务，把物流公共信息平台工程作为提升物流信息化水平的重点工程，充分说明信息化在物流业调整和振兴中的重要作用。

以效率提升为目标，从管理信息化入手，提高供应链效率和核心竞争力，正是国家对现代物流业发展转型的需要。

管理信息化将大大提高企业收集、传递、处理、利用信息的能力，为决策提供充分、可靠的依据，增强制度的约束性，提高管理的透明度，有效解决企业管理的突出问题。

管理信息化的核心是运用现代信息技术，把先进的管理理念和方法引入管理流程，提高管理效率和水平，促进管理创新。民航快递自主研发的市场营销系统，通过物流信息管理、客户档案管理、客户关系管理等综合管理手段，从不同维度解决了企业在管理信息化过程中规范性和协同性的问题，借助不同模块的设立与完善，全面提高企业管理水平，实现经济效益与核心能力的共同发展。

（二）配合部委和行业对推进物流业健康发展的需要

交规划发〔2013〕349 号《交通运输部关于交通运输推进物流业健康发展的指导意见》中提出，进一步深化改革，注重政策和体制机制创新，大力提高物流业的标准化、信息化水平，发挥科技引领作用，推动先进技术的应用，实现智能、集约、绿色、可持续发展。信息化技术得到充分应用，基本实现企业信息、政务信息、港站信息、公共物流信息的互联互通，更是作为未来物流业发展的重要目标写入报告。

鼓励物流企业加快推进信息化建设，引导规模化企业利用先进信息技术，实现企业内部管理优化和服务升级。支持开发和推广通用物流软件，提高中小企业信息化水平。推动物流企业与供应链上下游企业间信息标准统一和系统对接，提高供应链一体化服务能力。

作为国资委背景下，航空物流领域的龙头企业，民航快递借助信息系统实现创新管理，开发实践具有行业推广意义的综合管理平台，提升管控效率，缩短条块管理路径，最大程度发挥企业员工效能的做法，正是配合部委和行业对推进物流业健康发展，尤其是信息化发展的需要。为全国性物流企业在快速的行业发展中，构建核心能力创造有力的管理工具。

（三）实现中央企业在市场化背景下经营的需要

随着物流行业的迅猛发展，国外物流巨头纷纷抢滩中国市场，国内物流产业迎来巨大冲击，而顺丰、四通一达等民营物流公司，随着近几年电子商务的不断发展，得到了快速成长，纷纷凭借目前已积累的资源优势，逐步切入高端综合物流市场，行业竞争日益白热化。

作为行业标杆的国有大型物流企业，肩负着提升国有品牌竞争力的重任，面对在网点布局、架构体制、规范化经营方面的诸多制约，借助信息化建设，实现管理理念的有效转变，通过创新的手段方法，建立团队营销、条块管理、信息共享的综合平台，提升工作效率和销售成功率，成为国有企业在市场激烈竞争下的第一需要。

目前，针对部分国有物流企业在信息化建设上存在的管理模式陈旧、业务标准化建设不均衡、技改资金不足、内部信息不畅、数据交互实时性差、人员培训不到位等问题，民航快递在开发市场营销系统的过程中认真研讨分析，查找问题症结，发挥自主研发优势，以中央直属物流企业为基点，努力为行业实践研发可普遍实用的综合管理平台。

完善自身，改革自身，主动迎接市场挑战，通过信息化建设，提高国有企业对市场的反应速度，提高企业效率，加强与客户、供应商及运输行业其他成员的密切合作，有效实现国有物流企业规范化生产背景下市场化经营的需求。

二、项目主要内容

（一）明确工作思路，加强组织领导，成立专项研发团队

民航快递市场营销系统是实现市场营销一体化思路的重要工具，能够更好地改善以往管控不到位、营销能力不足和工作缺乏计划性等核心问题，缩短管理链条，实现市场体系扁平式管理。通过系统的实施应用构建有合力、共协作、促成长、易沟通的营销团队，有效提升工作效率，从而实现业绩的可持续增长。

（二）制定管理架构，研究现行制度，研发系统模块

市场营销系统是各级市场管理者实施人员管理和日常工作管理的重要工具。系统研发团队从实际出发，充分研究公司《ISO 9000 规范化基础管理手册》《X3 协同管理系统应用手册》和购销合同管理、销售管理、人员管理等多项现行管理制度，结合适用人群的具体应用需求，在系统中共设立 15 项管理分级权限（如图 16 – 2 所示），并建立了“同层可见、自上至下可管”的层级制管理体系。

系统功能模块设计方面，研发团队从使用者的角度出发，充分考虑功能的实用性和操作的便利性，共设立 7 个功能板块和 19 个操作模块（如图 16 – 3 所示）。

（三）上线全面测试，功能优化升级，确保顺利运行

2011 年 6 月，经过历时一年的自主研发，在两次开发计划调整后，完成了 15 项分

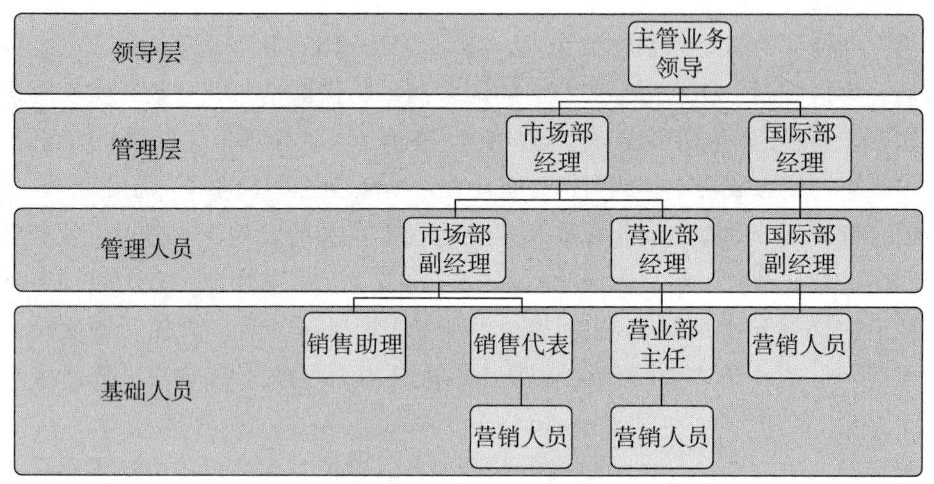

图 16 – 2　管理分级

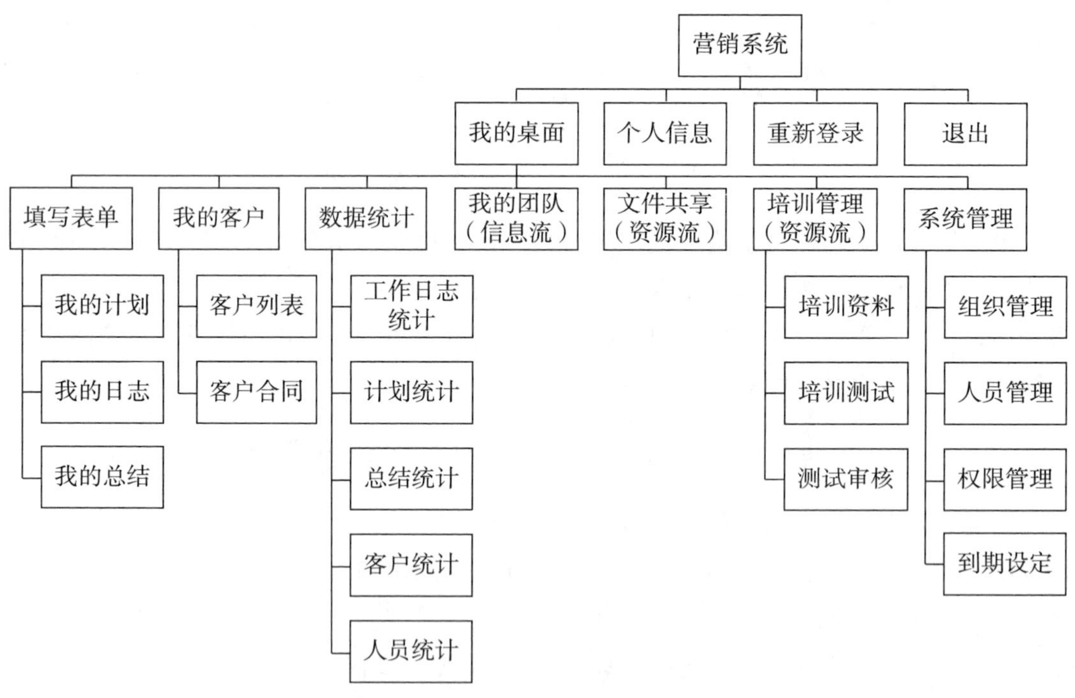

图 16 – 3　市场营销系统模块结构

级管理权限设置，139 次上线测试，33 家公司 101 个营业部上万个客户账号的两次清理，三次全国范围基础及管理操作培训，一份账号补充管理规定及信息填写标准制定，两套《系统使用说明书》及《标准培训文件》编写等多项实质性工作，最终确保系统如期上线应用。

市场营销系统为公司市场人员搭建了公平公开、资源互享、方便快捷的支持平台。通过量化员工工作成绩，培养员工系统性思维方式，构建有合力的营销团队，实现从个体营销向团队营销的模式转变，从根本上解决了在市场营销管理工作中存在的面积广、网点多、人员杂、信息不对称等普遍问题。市场营销系统的实施应用，使市场管理人员可以随时了解销售团队动态，更直观地掌握客户信息，及时调整销售策略，有助于实现降低销售成本，提高销售效率，促进业绩可持续增长的长期工作目标。

科学发展、不断创新，本着以人为本、服务支持的态度，结合各地使用中提出的调整建议和在管理节点上的需要，仅仅用时半年，开发团队即完成了市场营销系统的二期升级工作，增设临时计划、团队计划、培训管理等操作功能，调整客户表单、客户合同、我的日志等现有模块，并完成国际人员上线、客户合同系统补录、业务系统与营销系统账号信息统一等重要工作，升级后的系统，更为人性化地为各级人员提供了科学清晰的信息统计、客户管理、销售跟踪服务平台。

（四）全面推广使用，集中组织培训，促进管理提升

民航快递市场营销系统的上线运行，标志着民航快递市场营销管理工作进入了全新的信息化、自动化、动态化阶段。

为确保系统的全面推广和实际应用效果，研发团队编辑制定了《系统应用教学培训资料》，并分为“管理人员”和“普通员工”两个版本，旨在突出重点，更具针对性。为确保培训达到预期效果，共分为以下三个阶段进行，分别为“自学阶段”“集中视频培训阶段”和“上线考试阶段”。同时，为加强系统的推广使用，总公司建立系统使用情况的周例会通告制度。针对分公司在系统操作使用中存在的突出问题，指定专人负责监督检查并帮助协调处理，从而形成了系统监管使用的长效机制，确保了实际应用效果。

市场营销系统的启用，能够帮助基层营销人员培养良好的工作习惯、增强团队意识、提升自身能力。市场管理人员可以通过市场营销系统了解销售团队动态，更直观地掌握客户信息，从而及时调整销售策略，达到降低销售成本、提高销售效率的目的。另外，该系统的应用，还能够量化员工工作成绩，培养员工的系统性思维能力，有助于实现从个体营销向团队营销的转变，从而实现科学管理。

（五）引导团队管理，记录工作轨迹

市场营销系统能够有效帮助管理者实施团队管理，轻松了解掌握员工工作动态。系统提供工作计划、日志、总结的填写功能。该功能的应用可以清晰记录工作轨迹，培养员工时间管理能力，提升工作效率。另外，相关工作日志可与客户信息相应关联，

通过“访问记录”功能实时查询与该客户相关联的所有工作记录，确保销售动作记录的完整性。

根据“由上至下，同层可见”的系统设计原则，登录者可通过树状架构，在“我的团队”中查看、搜索、操作同层级、下层级单位及个人的“计划、日志、总结、客户、合同”五项明细信息。可使管理层全面了解销售团队工作状态，掌握执行情况，也可以根据需要下达团队工作计划，涉及人员共同配合完成。

（六）规范销售行为，提高营销水平

销售管理是计划、执行及控制企业的销售活动，以达到企业的销售目标。由此可见，销售管理是从市场营销计划的制订开始，销售管理工作是市场营销战略计划中的一个组成部分，其目的是执行企业的市场营销战略计划，其工作的重点是制定和执行企业的销售策略，对销售活动进行管理。

民航快递由于点多、面广、管理链条长难度大，普遍存在客户管理不规范，销售返还或业务提成标准不统一，应收账款管理存在薄弱环节，缺乏源头管控手段等问题。销售管理不规范会导致企业在实施市场营销计划时执行力降低，从而给正常的生产经营带来风险和隐患。

通过系统控制，对营销员的工作内容提供标准化指导，明确行为步骤，实行归类分解，并关联至具体客户，改变过去完全依赖营销员个体表现的孤立的销售模式为层层支援式的团队销售模式，并通过信息系统的经验分享，更快地提高销售水平，为客户提供规范的营销过程，从而提升企业的整体营销水平。

（七）建立客户档案，实施分级管理

客户档案管理是通过对客户详细资料的深入分析，来提高客户满意程度，从而提高企业竞争力的一种手段。民航快递点多面广，且管理点都散落在分公司手中，总部缺乏有效的监管手段，难度大、可视化程度低，客户档案和信用管理长期存在不规范的问题。分公司客户档案主要是业务合同，个别保存了客户单位的营业执照复印件，无其他相关资料。有的分公司未建立客户档案，客户信息资料主要掌握在个别领导和业务员手中，一旦发生人事变动，势必对公司经营造成影响。通过系统功能的应用，可有效做好协议客户的客户档案维护工作。档案材料包括客户名称、联系人信息、双方协议、合作进程、协议备案等信息。通过对客户档案的逐级分析，市场系统将有针对性地制订客户回访计划，及时收集客户反馈意见，并做出改进。同时，通过以上工作，维持企业与客户间的良好合作关系，保护好公司的客户资源。

另外，为创新客户营销理念，构建科学的大客户管理机制，优化客户结构，提高经营效率，更好地实施公司大客户发展战略，研发团队将客户分级管理思路融入到市场营销系统中，设置了客户评级功能，按八个维度对客户进行分析、评价。通过实施分级管理，更好地引导市场营销人员开发优质、潜力客户，从而有效促进了公司大客户发展战略的实施。

（八）发展联动销售，提高销售成功率，拓展销售规模

在统一的销售管理平台下，市场系统将通过汇总各地销售信息，分析发现潜在的全国性客户，发掘老客户的新业务需求。对于发现的有潜力客户，将实行客户等级升级，联合分公司的营销人员，加大销售力度，协调操作保障。同时，对于全国性客户，市场部统一安排，为客户提供全国性解决方案，实现客户销售的深度挖潜。

三、项目创新点

市场营销系统作为现代化管理的重要手段和实现市场营销一体化思路的重要工具，能够有效构建有合力、共协作、促成长、易沟通的营销团队，帮助基层营销人员培养良好的工作习惯、增强团队意识、提升工作效率。其实施效果总体归纳为“三个转变和三个调整”，具体有以下几方面。

（一）市场营销模式的转变

1. 单一产品向综合物流解决方案的转变

随着行业竞争的日益激烈以及客户需求的不断变化，传统单一的快递类限时服务产品已经远远无法满足企业型客户的综合物流需求。这些需求上的变化是全国市场销售人员在与客户接触、洽谈中得到的重要且有价值的信息，通过系统“计划、日志、总结”填写功能一一记录下来，并与相应客户进行关联。利用数据分析功能对各行业客户需求变化信息进行汇总分析，找到共性特点和差异化特点，为公司的经营决策提供支持。

通过直观了解销售动态，掌握服务需求变化，实现调整产品结构的及时调整。从以往较为单一快递型限时递送服务，逐步调整为以限时服务为龙头，以仓储加配送服务为特色，以提供行业物流解决方案为核心的多维度产品体系，从而实现了从单一产品向综合物流解决方案的转变。

2. 个体销售向团体销售的转变

个体销售是一种主要依靠个人营销能力和社会资源，突出“单打独斗”的销售模

式。这种方式存在个人垄断客户资源、成功率不稳定和缺乏有效支持等弊端，销售员离职的同时，往往会造成部分客户的流失，对公司的生产经营造成一定的负面影响，尤其是一些规模相对较小的分公司影响更加明显。市场营销系统的应用，使得客户信息能够公开化、透明化，便于管理者全面了解业务情况，在一定程度上起到了抑制客户资源垄断和重要信息不公开等问题。

另外，市场营销系统的应用有助于促进团队协作能力的培养。市场管理者可以通过“团队计划”功能，对营销人员下达团队营销计划。下达后，该计划将自动显示在相关营销人员的工作计划中。团队计划可同时下达给多人，需相互协作、共同配合完成。在工作计划执行过程中，营销人员可以通过使用系统“日志”功能，详细记录计划进展情况及阶段性实施成果。计划下达者可以通过系统“同层可见、自上至下可管”的管理权限，实时查看工作进度，及时调整工作思路，从而实现过程管控。

营销系统的启用，从根本上改变了原有“管理区域广、工作步骤多、响应速度慢、营销效率低、过程管控弱”的工作模式，并推动了团队营销思想与工作要求的快速传递，实现了从个体销售向层层支持的团队销售的转变。

3. 简单销售向顾问式销售的转变

市场营销是企业以市场为导向，以满足客户需求，实现潜在交换为目的，而分析市场、进入市场和占领市场的一系列战略与策略活动。销售策略的制定和营销方向的选择是企业生产经营的核心内容。市场营销系统的数据统计功能，能够便捷、有效地获取全公司的客户动态信息，并通过“导出”功能，将相关数据按所在行业、服务需求、客户级别等维度进行分析，为制定销售策略、锁定重点客户群、明确销售方向提供依据，为定义优质客户标准提供数据支持，为营销人员有针对性地开展市场销售工作提供支持与引导。

另外，系统还提供了信息共享平台和培训管理模块，着重强化了市场人才培养和团队知识实时更新的功能性和实用性。方便、快捷地与营销人员分享、传递营销经验和信息资源，对销售工作加以引导，从而实现了从简单销售向顾问式销售的转变。

（二）内部管控方式的调整

1. 营销人员管理的调整

在以往的工作模式下，工作指令的下达、工作进展的汇报多为口头形式，员工在对工作要求的领会和理解上易出现偏差，管理者也难以实现工作过程的监控与管理。市场营销系统的启用彻底改善了原有费时费力的传统工作模式。目前，通过充分利用系统工具，总公司市场营销部已对全国33家分公司数十名中层市场管理者，百余位基层营销人员实施了有效管理。管理者通过查阅系统记录，员工的工作进度情况一目了然，实现了“可查、可控、可量化”管理思路，确保了计划工作的有效完善，强化了团队的执行力。

通过填写周计划、日志、总结，能够逐步引导、培养各级市场人员利用系统工具促进岗位工作的良好习惯，提升个人学习能力和工作效率，使员工建立系统性思维方式，从而初步实现了对营销人员的科学引导和科学管理。

2. 客户管理方式的调整

在启用市场营销系统前，公司客户管理共分为两个层级“总公司管理和分公司管理”。全公司大部分客户由各分公司自行管理，这种模式导致管理权限过于分散，无法进行集中管控，总部也无法直接掌握全公司的客户信息和数据。通过充分利用系统工具，有效改善以往松散的客户管理模式。

通过客户表单功能详细记录客户名称、编号、合同、结算方式等信息，并将客户分为洽谈、正式、流失三种状态进行分类统计和管理，初步建立了一套完整的系统客户档案，另外，为更好地优化客户结构，提高市场销售效率，系统中建立了客户评价体系，共将客户细分为“A、B、C、D”四个级别，为更好地引导市场营销人员开发优质、潜力客户提供参考标准和依据。

3. 销售合同管理方式的调整

对于销售合同管理，以往使用专人手工备案的传统管理模式，存在费时费力且不易保存等诸多问题。通过充分利用系统工具，实现了销售合同的系统备案管理，有效提升了工作效率，降低了管理风险。同时，系统还提供合同过期预警功能。在员工登录系统后，界面会自动弹出“消息框”，提供“合同到期”的相关数据和信息。该项功能能够及时提醒营销人员如期完成合同续签等工作，降低了因合同过期所导致的经营风险。

（三）营销团队管理得到有效提升

市场竞争的根本是人才竞争，做好营销人员选拔工作是市场竞争取胜的关键。将一批真正想干事、能干事、会干事的人充实到营销队伍中，把不想干事，混日子的人清理出营销队伍，是市场竞争选择人才的基本要求。市场营销系统的应用，能够使管理者全面掌握全公司市场营销体系的人力资源情况，通过“工作轨迹记录功能”能够清晰了解员工的工作状态，对人才选拔提供有效的、可量化的参考依据，从而达到优化人员结构，提高工作效率的效果。

2010 年以前，企业仍处于市场化改革的初期阶段，收入来源主要集中在几家大型客户，各地销售团队未能发挥有效作用，市场能力参差不齐，一体化管理尚未得到有效落实。销售与管理工作停留在传统模式下，企业收入所占市场份额较小，信息化手段落后，各维度管理亟待提升。

自2011年系统上线以来，通过对销售队伍的梳理，营销人才的培养，良好工作习惯的养成，管理能力得到了有效加强，销售成功率稳步提升。上线当年，六大重点营销行业整体收入即得到了大幅提升。2012年，在世界经济下行压力增大，国内货运市场整体低迷的宏观环境下，公司部分客户业务流失，借助市场营销系统在全国范围内大力推广总公司研究制定的针对不同行业的《物流服务解决方案》，提升了销售队伍的专业技能，发挥团队营销优势，推进联动销售，稳定了六大重点行业客户的收入增长。

2013年，国际形势风云变幻，国内制造业迎来了大范围的业绩下滑、库存积压、资金断流，制造行业将目光聚焦在对物流成本的压缩上，公司经营遭遇了前所未有的压力，在此背景下，进一步发挥信息化系统优势，开展团队作战，联动销售，攻坚克难，通过日常的工作轨迹和销售计划，由上至下实现统一指挥统一步伐，大力开拓市场。与此同时，面对国家对央企规范化经营的严格要求，通过清晰的合同管理、档案管理和与制度相结合的销售方案推广，稳定了现有收入。上半年六大重点行业客户收入保持与同期相近的波动水平，信息系统应用在市场管理提升的同时，助推了企业经营业绩的有效转变。

四、项目社会及经济效益

（一）提高信息化管理水平，获得行业组织广泛认可

2011年11月，在“第八届中国国际物流节”上，由中国国际物流节组委会和《物流时代》杂志社共同主办的中国物流业大奖评选活动中，民航快递市场营销系统荣获“中国企业物流管理创新大奖”。其先进性、实用性和可推广性在交通运输领域得到了广泛认可。

2012年7月，市场营销系统作为民航快递有限责任公司管理现代化创新成果，参加了由国资委、工信部、中企联组织，中国交通企业管理协会主办的“第十九届全国企业管理现代化创新成果暨全国交通企业管理现代化创新成果审定活动”。市场营销系统凭借其功能性、实用性、便利性等方面优势，以及运用信息化手段有效提升营销能力和管理水平等方面的实际应用价值，历经组委会初审、复审以及政府部门、科研机构等专家的严格评审等环节，最终荣获“全国企业管理现代化创新成果二等奖”，得到了业内的高度评价。

2013年6月，市场营销系统在航空运输行业及相关领域，受到高度认可，民航快递市场营销部张志鹏总经理作为主要创建人，受聘于航协筹办的“中国数字民航趋势

发展峰会”组委会，担当副主任委员，进一步在行业内推广市场营销系统的应用，在航空领域内分享经验，挖掘系统潜力，力争跨企业间的管理理念融合，逐步实现系统平台未来的广泛应用。

2013 年 10 月，中国物流与采购联合会主办的“2013 中国物流与采购联合会科学技术奖”评选活动中，市场营销系统荣获“2013 年度中国物流与采购联合会科学技术奖三等奖”；2014 年 4 月，为推动货代物流企业科技进步，经评审委员会审核，市场营销系统荣获中国国际货运代理协会颁发的“国际货代物流行业创新成果三等奖”；2015 年 11 月，在中物联汽车物流分会主办的“2015 年度汽车物流行业创新奖”评选活动中，民航快递有限责任公司作为唯一参评的汽车航空物流企业，再获殊荣。

（二）实践互联网 + 营销管理，推动企业效益提升

市场营销系统是通过采用信息技术，使企业市场营销、销售管理流程信息化，实现客户资源有效利用的管理软件系统。其核心思想是以“客户为中心”，提高客户满意度，改善客户关系，从而提高企业的竞争力。市场营销系统作为一种前景广阔的企业解决方案，越来越多地显示出其在以客户服务为中心的时代无可替代的重要地位。

市场营销系统通过市场、销售、服务等因素来提高客户满意度和忠诚度，从而在客户生命周期过程中发现新客户、保持老客户，挖掘潜在客户价值，最终实现企业利润的最大化。市场营销系统，已不再是一种理念，更多的是一种工具和方法，是以客户为中心，实现企业利益最大化的一种经营方式。最终，真正达到提高企业核心竞争力的目的。

其建设目标是为客户和企业之间构架一座零距离通道。为企业打造充满活力的、可持续的、再生发展的空间，快速建立起一套符合自身要求的内、外部企业网。深层次发现和挖掘潜在的客户价值，为客户带来利益、为企业带来利润。

（民航快递有限责任公司市场营销部）

第三节 批组供货模式下的汽车出口包装技术创新

神龙公司是国家首批按经济规模规划建设的三大乘用车生产制造工业基地之一，在武汉、襄阳两地建有现代化的汽车生产制造基地和研发试验功能完备、实力雄厚、具备自主研发、自主创新能力的技术中心；在成都，正在建设第四工厂，2016 年将具

备年产100万辆整车的能力。

一、批组供货模式下的汽车出口包装技术创新背景

（一）国内经济增长的需要

2014年的世界经济形势错综复杂，国内经济运行总体保持在合理区间，但国际局势复杂多变，新兴市场发展受阻，地缘政治等诸多问题引发国际动荡，油价等资源价格暴跌，我们的整车进口面临人民币升值的进口增量优势，而中国整车出口面临巨大压力。由于发达经济体，尤其是美国经济较好，中国汽车零部件部件出口表现很好。四季度的整车出口表现异常较强，海上丝绸之路的沿岸国家成为中国的新增量，这也是我们的新机遇。

2014年1—12月全年全国汽车整车及零部件进出口贸易总额累计1829亿美元，同比累计增长15%。其中汽车整车及零部件进口1003亿美元，出口826亿美元，实现贸易逆差178亿美元。2014年，国家适时出台了支持外贸稳定增长的一系列措施，出口企业的信心不断增强。出口拉动行业增长的效果也有改善，2014年出口增速11%，其中零部件出口拉动较好。在此形势下，汽车散件出口为国家经济增长将起到更大的作用。

（二）企业快速发展的需要

神龙公司运营22年至今，在武汉已建有三个整车厂、襄阳已建有一个动力总成工厂，成都第四整车厂正在筹建中，未来将形成三地五厂的工业化布局；神龙公司双品牌已在全国建有900家4S经销网点，为300多万客户服务。自2012年起，神龙公司启动“三年倍增计划”，即以2012年销量为基数，经过三年奋斗，到2015年实现年销量翻番，达到80万辆以上，双品牌共计投放11款新车；随着东风与PSA全球战略联盟协议的落地，公司中期规划瞄准2017年超过100万辆，2020年实现150万辆的战略目标，神龙公司正迎来加速发展的黄金机遇期。

与此同时，随着国内汽车企业产能的快速提升，汽车市场的逐渐饱和，出现了产大于销，汽车库存严重积压的不利局面；为破解目前汽车企业面临的困局，汽车外销成为了重要选择。随着东风集团与PSA集团战略联盟，汽车出口远销国外，将是神龙公司发展、壮大的必经之路；也是中国汽车发展的必然方向。

（三）提升汽车出口包装质量、降低出口包装成本的需要

神龙公司早在2010就已经开始了汽车成套散件（CKD）批组出口模式，至今已有

5 年出口的项目经验，先后分别有马来西亚 T33、T73 CKD 项目，越南 T73A、T88 CKD 项目及 2014 年启动的 T93M SKD 项目。外销包装中心承担了所有出口散件项目的收货、包装、存储、发运工作；由包装物流原因造成的零件磕碰、划伤、变形、错件、缺件等缺陷，不仅影响了客户的生产排产，也产生了高额的索赔费用；同时由于包装设计不精细，零件过度包装；包装不通用、品种繁多等因素造成外销仓储利用率不高、劳动生产率低下、集装箱装载率不高，从而抬高了出口包装成本。

随着企业的发展，外销出口项目的不断增多，客户对出口零件的质量、成本、期限有了更高的要求；为适应企业未来发展的要求，利用包装技术创新，提升汽车出口包装质量、降低出口包装成本、提高神龙公司海外竞争力是必需的技术手段。

二、批组供货模式下的汽车出口包装技术创新的内涵和主要做法

汽车散件出口批组供货模式，由于零件品种、数量较多，传统包装设计思维模式“包装匹配零件”决定了包装品种、尺寸、规格的多样化，且不同项目之间的包装通用性差，不同设计人员的包装设计方案、思维也不尽相同，导致出现外销包装中心仓储面积利用率、生产劳动率、集装箱装载率低，包装成本高、管理复杂等问题。通过包装技术创新，改变传统思维模式，让“零件匹配包装”，实现出口包装一体化、通用化、集装箱化，以最大限度地提高仓储面积利用率、集装箱装载率、劳动生产率；同时规范出口包装设计标准，提升出口包装通用化程度，减少过度包装造成的资源浪费，统一防护标准、包装结构从而达到出口包装降成本的目标。主要做法如下：

（一）外销物流运行模式、流程优化

神龙公司从 2010 年马来西亚 T33 CKD 批组项目启动开始，外销物流包装中心就已着手构建外销包装中心的运行体系，对零件到货计划、收货、行政验收、包装设计、包装制作、包装作业、仓储转运、单证制作、集装箱配载、集装箱发运、物流信息传递整个物流包装环节进行了系统性的规划、设计。随着外销项目的不断增多，现有的流程、运行模式已经难以满足未来外销发展的需要，也对包装的设计、制作形成了制约，为适应未来发展的需要，对现有的流程进行优化是十分必要的。在神龙公司生产控制与物流部的组织下，有财务部、组织信息部的配合下，对现有外销流程及运行模式进行了优化。如图 16 –4 所示。

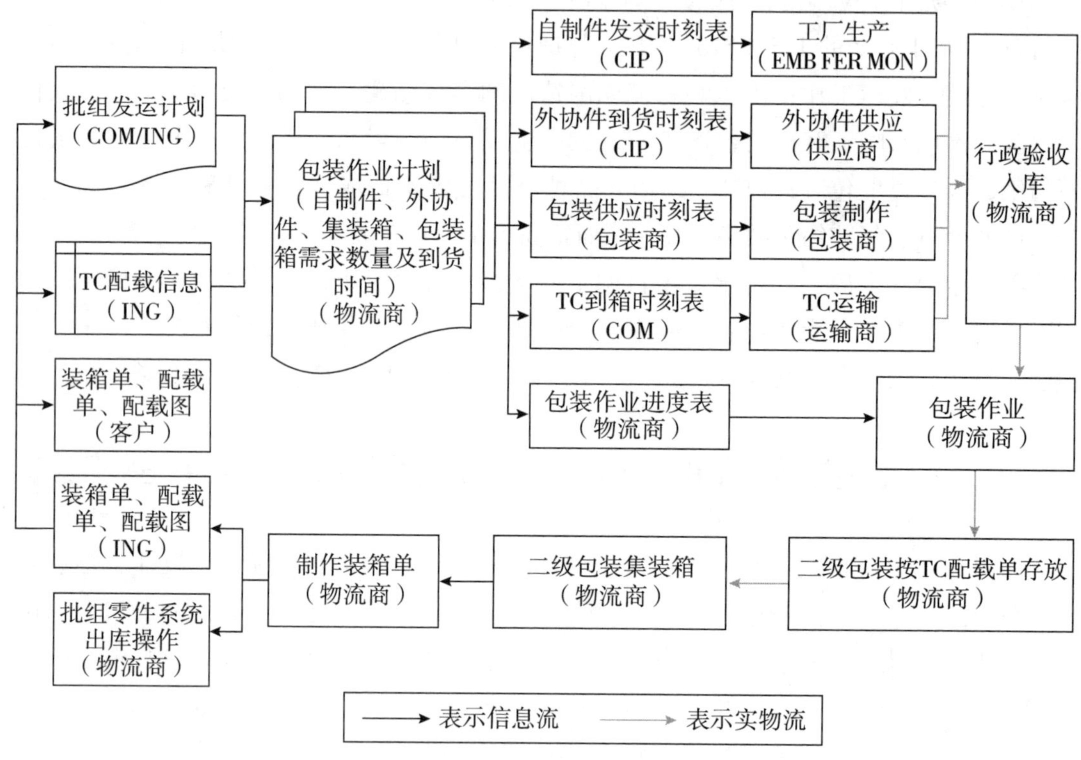

图 16－4　外销运营模式 MIFA 图

（二）组建跨部门、公司工作团队

为了确保出口包装质量，保证零件完好到达客户手中，外销包装中心成立包装设计团队，主要由外销物流工艺、质量、工艺及包装商和客户组成的工作团队。外销物流工艺负责包装设计、包装商负责制作及包装测试、质量、工艺从质量和工艺的角度对包装进行评审：包装是否对零件产生不良影响？包装能否起到防护作用？客户主要对包装到达后的效果进行反馈，如有问题，提供建议。如表 16－1 所示。

表 16－1　团队组成

部门	团队分工
DPCL	包装设计
DQUA	包装审核、建议
DEPA	包装审核、建议
包装商	包装制作及提供包装验证服务
客户	反馈包装效果及改进建议

三、出口包装设计原则

（一）包装一体化原则

所谓“包装一体化原则”是指汽车散件出口三个不同等级的包装（一级包装、二级包装、三级包装）应互相匹配，一级包装匹配二级包装，二级包装匹配三级包装。比如：包装设计时，将三级包装（一般指标准集装箱40HQ）划分成若干个标准的二级包装，二级包装可以直接装载一些体积较大的零件，也可以将二级包装划分成若干个标准的一级包装，装载体积小的零件，再将一级包装组装成体积较大的标准二级包装，再将标准二级包装进行集装箱配载，这样可以实现各级包装装载率的最大化，减少一级包装拼箱时间，同时也可以快速进行集装箱装配，优化集装箱装载率。

（二）包装通用化原则

汽车散件出口批组供货模式，由于零件品种、数量较多，传统包装设计思维模式“包装匹配零件”决定了包装品种、尺寸、规格的多样化，且不同设计人员的包装设计方案、思维也不尽相同，造成了不同零件、不同项目中同种零件之间的包装通用性差。包装通用化原则是指确定几种标准二级包装，以不同的内防护实现不同零件的包装通用；对于不同车型的同类零件通过不同定位方式、摆放方式实现包装通用；这样将大大减少包装品种，增加堆垛效率，提高仓储面积利用率，同时也可以提高包装制作、包装作业效率。

表16－2　通用化包装尺寸

长（毫米）	宽（毫米）	高（毫米）	
2240	1550	740	550
1550	1120		
1250	1050		
1120	950		

（三）包装集装箱化原则

汽车散件出口的运输型态是以集装箱为运输单元的，因此包装设计时这个因素也是十分重要的。包装集装箱化原则是指，包装设计时所有二级包装箱的尺寸应与集装箱相匹配，即使不是标准尺寸的箱型也要考虑设计不同尺寸的箱型与之对应，以达到优化配置的目的。包装集装箱化，不仅能极大地提高集装箱装载率，大大提高人工配载的效率，同时为将来实现系统自动配载提供了数据基础。如图 16－5 所示。

40HQ 内尺寸：11900 × 2300 × 2680

单位：mm × mm × mm

2240 × 1550 × 550	2240 × 1550 × 550	2240 × 1550 × 550	2240 × 1550 × 550	2240 × 1550 × 550	2240 × 1550 × 550	1250 × 1050 × 550	1250 × 1050 × 550
2240 × 1550 × 550	2240 × 1550 × 550	2240 × 1550 × 550	2240 × 1550 × 550	2240 × 1550 × 550	2240 × 1550 × 550	1250 × 1050 × 550	1250 × 1050 × 550
2240 × 1550 × 740	2240 × 1550 × 740	2240 × 1550 × 740	2240 × 1550 × 740	2240 × 1550 × 740	2240 × 1550 × 740	1250 × 1050 × 740	1250 × 1050 × 740
2240 × 1550 × 740	2240 × 1550 × 740	2240 × 1550 × 740	2240 × 1550 × 740	2240 × 1550 × 740	2240 × 1550 × 740	1250 × 1050 × 740	1250 × 1050 × 740

2240 × 1550 × 550	2240 × 1550 × 550	2240 × 1550 × 550	2240 × 1550 × 550	2240 × 1550 × 550	2240 × 1550 × 550	1250 × 1050 × 550	1250 × 1050 × 550
2240 × 1550 × 550	2240 × 1550 × 550	2240 × 1550 × 550	2240 × 1550 × 550	2240 × 1550 × 550	2240 × 1550 × 550	1250 × 1050 × 550	1250 × 1050 × 550
2240 × 1550 × 740	2240 × 1550 × 740	2240 × 1550 × 740	2240 × 1550 × 740	2240 × 1550 × 740	2240 × 1550 × 740	1250 × 1050 × 740	1250 × 1050 × 740
2240 × 1550 × 740	2240 × 1550 × 740	2240 × 1550 × 740	2240 × 1550 × 740	2240 × 1550 × 740	2240 × 1550 × 740	1250 × 1050 × 740	1250 × 1050 × 740

图 16－5　集装箱化包装配载效果

四、包装设计流程与要求

（一）包装设计流程（如图 16－6 所示）

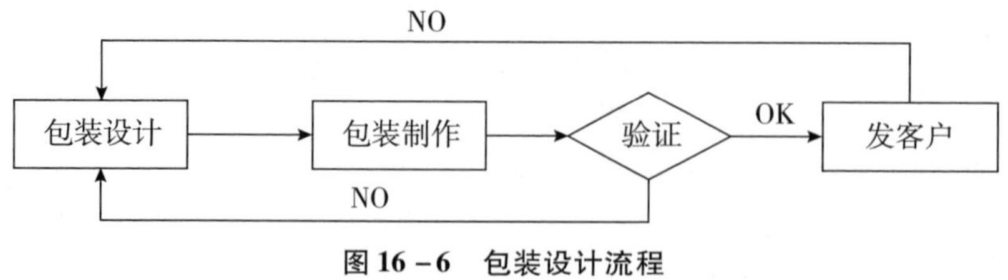

图 16－6　包装设计流程

包装设计、包装制作、包装验证、包装投入使用应遵循以上设计思路，通过前期的精细设计，加上精确的制作，采取科学的验证方式，不断改进、改善，从而使包装达到出口标准。在此过程中，需要注意以下几点：

（1）包装材料的使用必须严格遵循《外销出口包装材料使用标准和等级》的要求规范。

（2）包装制作必须严格执行包装设计工艺图纸，不得私自更改。

（3）包装变更必须严格执行《包装工艺变更流程》，经审核通过后，方可实施变更。

（二）科学性

汽车散件出口批组供货模式，由于零件品种、数量较多，传统包装设计思维模式“包装匹配零件”决定了包装品种、尺寸、规格的多样化，且不同项目之间的包装通用性差，不同设计人员的包装设计方案、思维也不尽相同，造成了外销包装中心仓储面积利用率、生产劳动率、集装箱装载率低，包装成本高、管理复杂等问题。通过包装技术创新，改变传统思维模式，让“零件匹配包装”，实现出口包装一体化、通用化、集装箱化，以最大限度地提高仓储面积利用率、集装箱装载率、劳动生产率；同时规范出口包装设计标准，提升出口包装通用化程度，减少过度包装造成的资源浪费，统一防护标准、包装结构从而达到出口包装降成本的目标。

（三）实用性

通过出口包装技术创新，实施一体化、通用化、集装箱化，先后在马来西亚 T73 项目、越南 T73A 项目、越南 T88 项目及马来西亚 T93M 项目上得到应用，同时也推广到零星按件供货项目中；不仅大大缓解了神龙公司外销包装中心面积紧张问题；提高了集装箱装载率；同时也提升了外销包装中心的劳动生产率及出口包装质量，降低了因物流包装原因造成的索赔。

（四）先进性

实现汽车出口包装一体化、通用化、集装箱化，可以满足不同车型、不同项目（批组、按件）的出口包装需求，同时对于汽车出口散件包装设计也具有规范、指导意义，可以快速实现项目前期的出口包装成本、集装箱用量等测算工作，以便于对整个项目进行收益分析，提高工作效率。

（五）创新性

汽车出口包装一体化、通用化、集装箱化包装数据库，不仅对包装设计具有规范、指导作用，同时可以满足紧急、零星发运需求，减少包装环节周期，提升快速反应能力，更主要的作用是将来可以实现集装箱配载自动化，通过在系统中对零件信息、集装箱信息、包装参数的设定，从而实现自动配载、集装箱用量计算，特别是对于发货量大、发货次数频繁的按件供货模式，将大大提高工作效率。预计在不久的将来，随着神龙公司海外业务的拓展，此项技术在物流包装环节将发挥巨大的作用。

五、包装质量风险控制与快速反应的建立

汽车出口包装设计、制作、验证、使用整个过程建立包装质量风险控制流程，每个包装使用前，从原材料开始，逐级监控；包装验证严格遵循神龙公司的包装管理流程，必须经过静态测试、动态测试并对每次的测试结果形成报告，建立唯一性清单，对不符合项逐项审核，以达到出口要求。对于包装成品，进行不定期、不定量的抽查，形成包装质量抽查问题清单进行跟踪、整改；同时，建立快速反应机制，一旦出现包装质量事故、风险预警，及时分析查找原因，对包装进行全面评估；同时，启动包装工艺变更流程，重新设计包装方案，邀请质量、工艺方面的专家对新的方案进行评审，包装验证通过后，启动包装生效程序。

六、项目应用后的经济效益情况

从 2014 年 1 月至今：面积优化 2646 平方米，节约成本 2646 × 24 × 17 = 1079568（元）。

集装箱装载率：T73A 减少 1 个/批组；T88 减少 1 个/批组；T73 减少 1 个/批组；节约成本 25502 × 36 = 918072（元）。

包装成本：左右纵梁改进由 4 个/包装改为 8 个/包装；单辆份降成本 175.88 元；前围总成改进，由 4 个/包装改为 8 个/包装，单辆份降成本 53.2 元；顶棚改进，由 6 个/包装改为 12 个/包装，单辆份降成本 33.4 元。

总计：（175.88 + 53.2 + 33.4） × 24 × 36 = 226782.7（元）。

合计收益：1079568 + 918072 + 226782.7 = 222.44（万元）。

潜在收益：

（1）对出口包装设计具有规范、指导意义。

（2）可快速对新项目的出口包装成本、集装箱用量进行测算。

（3）为集装箱配载自动化提供了数据支撑。

出口包装技术创新，主要目标是通过新的包装技术，提升神龙公司的出口包装质量，降低出口包装成本，提高产品的海外竞争力。通过项目团队的协力配合，在现有

包装技术基础上实现突破，不仅创造可观的经济效益，同时也是外销包装中心包装技术能力的一次提升；对于神龙公司未来外销业务的不断发展壮大，在物流包装领域提供了有力的技术支持。

汽车出口包装一体化、通用化、集装箱化、包装数据信息化，不仅对包装设计具有规范、指导作用，同时可以满足紧急、零星发运需求，减少包装环节周期，提升快速反应能力，更主要的作用是将来可以实现集装箱配载自动化，通过在系统中对零件信息、集装箱信息、包装参数的设定，从而实现自动配载、集装箱用量计算，特别是对于发货量大、发货次数频繁的按件供货模式，将大大提高工作效率。汽车出口包装一体化、通用化、集装箱化、包装数据信息化是未来汽车企业出口包装发展的趋势，对于降低出口包装成本、提升出口汽车竞争力具有借鉴意义。

（神龙汽车有限公司）

资料汇编篇

第十七章　汽车物流行业重要文件汇编

2015 年全国物流运行情况通报

伴随着国民经济增速放缓的步伐，2015 年社会物流总额增速回落，社会物流总费用与 GDP 的比率稳步下降。

一、社会物流总额增速回落

2015 年全国社会物流总额 219.2 万亿元，按可比价格计算，比上年增长 5.8%，增速回落 2.1 个百分点。分季度看，一季度 49.4 万亿元，增长 5.6%，回落 3.0 个百分点；上半年 104.7 万亿元，增长 5.7%，回落 3.0 个百分点；前三季度 162.8 万亿元，增长 5.8%，回落 2.6 个百分点；全年社会物流总额呈稳中趋缓的发展态势。

从构成看，工业品物流总额 204.0 万亿元，按可比价格计算，比上年增长 6.1%，增速回落 2.2 个百分点；进口货物物流总额 10.4 万亿元，增长 0.2%，回落 1.9 个百分点；农产品物流总额 3.5 万亿元，增长 3.9%，回落 0.2 个百分点；再生资源物流总额 8616 亿元，增长 19.0%，增速提高 4.9 个百分点；单位与居民物品物流总额 5078 亿元，增长 35.5%，提高 2.6 个百分点。

二、社会物流总费用增速回落

2015 年社会物流总费用 10.8 万亿元，比上年增长 2.8%，增速比上年回落 4.1 个百分点。其中，运输费用 5.8 万亿元，增长 3.1%，回落 3.5 个百分点；保管费用 3.7 万亿元，增长 1.6%，回落 5.4 个百分点；管理费用 1.4 万亿元，增长 5.0%，回落 2.9 个百分点。

2015 年社会物流总费用与 GDP 的比率为 16.0%，比上年下降 0.6 个百分点。

三、物流业总收入平稳增长

2015 年物流业总收入 7.6 万亿元，比上年增长 4.5%。

国家发展改革委
国家统计局
中国物流与采购联合会

车辆运输车治理工作方案

各省、自治区、直辖市、新疆生产建设兵团交通运输厅（局、委）、发展改革委、工业和信息化主管部门、公安厅（局）、质量技术监督局（市场监督管理部门）：

为贯彻落实《交通运输部 工业和信息化部 公安部 工商总局 质检总局关于进一步做好货车非法改装和超限超载治理工作的意见》（交公路发〔2016〕124 号）的要求，全面部署车辆运输车治理工作，规范车辆运输车的使用和管理，保障道路交通安全，推进汽车整车物流行业健康发展，交通运输部、国家发展和改革委员会、工业和信息化部、公安部、国家质量监督检验检疫总局联合制定了《车辆运输车治理工作方案》。现将《车辆运输车治理工作方案》印发给你们，请认真贯彻执行。

附件：1. 车辆运输车治理工作重点任务分工及进度安排

2. 车辆运输车治理工作涉及车辆装载图示

近年来，我国汽车整车物流业规模持续扩大，车辆运输车保有量逐年增长，为支撑我国汽车制造业的持续快速发展做出了巨大贡献。但与此同时，车辆运输车非法改装、超限运输现象屡禁不止，不仅扰乱了汽车制造业和汽车整车物流业两个行业的市场秩序，更给人民群众生命财产安全造成了极大的安全隐患，必须坚决予以治理。为规范车辆运输车的使用和管理，维护市场经济秩序，减少道路交通安全事故，保护人民群众生命财产安全，促进汽车制造业和汽车整车物流业健康发展，根据《交通运输部 工业和信息化部 公安部 工商总局 质检总局关于进一步做好货车非法改装和超限超载治理工作的意见》（交公路发〔2016〕124 号）有关要求部署，特制定本方案。

一、总体要求

以保安全、促转型、稳增长为目标，以解决行业突出矛盾和问题为导向，以保障人民群众生命财产安全为底线，坚持“标准引领、循序渐进、疏堵结合、协同推进”原则，综合采取法律、行政、市场等手段，加强对车辆运输车生产、改装、销售和使用的全过程监管，通过综合治理，基本消除车辆运输车违规运营现象，标准车型在汽车整车物流行业得到普遍应用，道路交通安全水平明显提升，企业运输效率明显提升，乘用车采用铁路、水路运输的比重明显提升，主要运输通道通行条件明显改善，从业人员队伍保持稳定、工作环境持续改善，我国汽车整车物流业进入规范、有序、健康的发展轨道。

二、主要措施

（一）做好标准贯彻实施

工业和信息化部、国家标准化管理委员会会同公安部、交通运输部开展新修订《汽车、挂车及汽车列车外廓尺寸、轴荷及质量限值》（GB 1589，以下简称新修订 GB 1589）等车辆运输车相关标准的贯彻实施工作。各地要及时做好新标准宣贯实施工作，以新标准引领中置轴车辆运输车等先进车型的推广应用。工业和信息化主管部门将加快推动中置轴车辆运输车等先进车型的生产研发和公告进程，督促车辆运输车制造企业加强技术及产能储备，按照新标准申报公告和组织生产，尽快形成符合新标准要求的车辆运输车规模产能。

（二）严格新增车辆市场准入

工业和信息化、认证认可监督管理部门要强化车辆产品生产一致性监管，对生产不合规车辆运输车的企业要依法严肃处理。各地公安机关交通管理部门、道路运输管理机构要加强对车辆注册登记、市场准入的监管，强化对新增车辆运输车外廓尺寸的实车检测，凡不符合国家标准的，各地机动车安全技术检验机构不予通过检验，公安机关交通管理部门不予注册登记，道路运输管理机构不予配发道路运输证。

（三）综合施策消化存量

各省交通运输主管部门要会同公安机关交通管理部门摸清本省域内汽车整车物流企业自有和合同服务的车辆运输车号牌、注册时间、车型和保有量等基础信息，乘用车制造企业要向交通运输主管部门提供承运商有关信息。各省交通运输主管部门要会同公安机关交通管理部门、工业和信息化主管部门督促汽车整车物流企业制定不合规车辆分阶段改造淘汰计划并监督落实。

各省交通运输主管部门要会同工业和信息化主管部门、公安机关交通管理部门督促各乘用车制造企业、汽车整车物流企业根据治理工作要求重新核定车辆装载量、修订运输计划、商定运价并调整运输合同。汽车整车物流企业要尽快淘汰不合规车辆或改造恢复为符合标准的车辆，科学制订车辆更新购置计划，并加强对驾驶员的教育与管理，切实落实安全生产主体责任。

（四）强化源头管控

各地交通运输主管部门要会同工业和信息化主管部门、公安机关交通管理部门、认证认可监督管理部门督促乘用车制造企业采取有效措施，防止不符合载运标准、未获强制性产品认证的车辆运输车出场（厂）上路；对于强迫、指使、暗示汽车整车物流企业违法超限运输的乘用车制造企业，依法追究其法律责任。各地道路运输管理机构要加强对乘用车运输场站的监督检查，严格按照《公路安全保护条例》规范企业运输行为，制止不合载运标准的车辆出场（厂）；对违法超限运输的车辆运输车及驾驶人、物流企业等，依照《公路安全保护条例》等法律法规予以处罚。交通运输部、国家发展改革委、公安部、工业和信息化部、国家质量监督检验检疫总局将建立健全信用信息共享交换和联合惩戒机制，对三次以上违法违规的乘用车制造企业、汽车整车物流企业纳入联合惩戒备忘录，予以曝光、约谈，并依法追究法律责任。

（五）加强路面执法检查

2016 年 9 月 21 日起，严禁“双排车”（详见附件 2）进入高速公路。2016 年 9 月 21 日至 2018 年 6 月 30 日为不合规车辆运输车的整改期，在此期间暂时允许本方案发布之前注册登记的“单排车”（详见附件 2）过渡运行。各地公安机关交通管理部门、公路管理机构要加强路面联合执法，严把高速公路入口，对拟进入高速公路的“双排车”一律劝返；拒不听从劝返的，依法处罚并强制卸载。各地高速公路经营管理单位应拒绝“双排车”车辆驶入，并及时报告当地公安机关交通管理部门和公路管理机构。各地公安机关交通管理部门要加大对车辆运输车伪造、变造机动车号牌或使用其他机动车号牌等违法行为的查处力度，严格按照《道路交通安全法》相关规定进行处罚。

（六）发展多式联运提高综合运能

各地相关部门要引导汽车整车物流企业积极拓展新的运输方式、探索多式联运等先进运输组织模式，不断提升铁路、水路运输能力，提高乘用车长途运输中的铁路、水路运输比例，充分发挥综合运输体系中各种运输方式的比较优势，保障治理期间铁路、水路运输价格的平稳。

三、进度安排

2016 年 9 月 21 日起，全面禁止“双排车”通行，并督促汽车整车物流企业更新改造不合规车辆运输车，2017 年 6 月 30 日前完成 20% 不合规车辆运输车的更新改造。

2017 年 7 月 1 日至 2018 年 6 月 30 日，全面完成所有不合规车辆运输车的更新改造，其中 2017 年年底前完成 60%。

2018 年 7 月 1 日起，全面禁止不合规车辆运输车通行，符合新修订 GB 1589 要求的标准化车辆运输车比重达 100%，我国汽车整车物流业步入良性发展轨道。

四、保障措施

（一）强化部门协作及分工

车辆运输车治理工作涉及面广，情况复杂，各地相关部门要在地方人民政府的统一领导下，通力合作、精心准备、协调行动，将车辆运输车治理作为一项重要工作内容，进行统一部署，共同推进实施。相关行业协会应配合政府管理部门做好宣传引导工作，疏解矛盾，保障治理工作顺利开展。

（二）强化规范执法与联合督查

各省交通运输主管部门、公安机关交通管理部门要强化基层执法人员的培训和监督考核，完善联合执法及信息交换共享机制，建立违法行为举报及处理机制，组织开展督查检查，对执法不严、滥用职权等现象予以通报查处。各省交通运输、公安机关交通管理、工业和信息化等部门要按季度向上级主管部门上报各阶段工作落实情况。交通运输部将会同公安部、工业和信息化部等部门不定期开展联合督导检查，公布督查结果，通报各省治理工作情况；同时将加强对治理工作任务比较重的重点省（区、市）、重点企业、重点路段的督导、检查。

（三）加强宣传动员营造良好氛围

各级交通运输、公安机关交通管理、工业和信息化、质量监督检验（市场监督管理）等部门及协会组织应在全社会、全行业广泛开展宣传引导工作，普及车辆运输车国家标准，宣传治理政策，使乘用车制造企业、车辆运输车制造企业、汽车整车物流企业及时掌握政策趋势和管理执法相关要求。各省交通运输、工业和信息化等部门要做好与乘用车制造企业的沟通协调，取得企业的理解与配合，引导企业及时做好运输生产调度，并与汽车整车物流企业建立合理运价形成机制。交通运输部将会同国家发展和改革委员会、公安部、工业和信息化部、中国物流与采购联合会在全国组织开展“拒绝非法超限运输，净化汽车整车物流行业”的联合倡议活动，加强与乘用车制造企业、车辆运输车制造企业、汽车整车物流企业的沟通交流，营造良好社会氛围。

各省（区、市）交通运输部门要会同发展改革委、工业和信息化、公安机关交通管理、质量技术监督（市场监督管理）等部门根据本方案的精神，结合本地实际情况，制订具体工作计划。实施方案及治理工作中的重大情况，应及时向各地政府报告，争取政府的支持，确保治理工作健康、有序推进，促进经济社会发展，保障人民生命财产安全。

附件 1

附表 1 **车辆运输车治理工作重点任务分工及进度安排**

序号	重点任务	具体工作	时间要求	牵头部门	配合部门
1	（一）做好标准贯彻实施	组织《汽车、挂车及汽车列车外廓尺寸、轴荷及质量限值》（GB 1589）宣贯实施	2016 年 8 月启动	工业和信息化部 国家标准委	公安部 交通运输部
2		组织《车辆运输车通用技术条件》（GB/T 26774）宣贯实施	2016 年 8 月启动	工业和信息化部 交通运输部 国家标准委	
3		组织中国物流与采购联合会等单位依据新修订 GB 1589 编写《〈汽车、挂车及汽车列车外廓尺寸、轴荷及质量限值〉合规性指南》，指导汽车整车物流企业规范车辆的购置和使用	2016 年 10 月完成	交通运输部	工业和信息化部 中国物流与采购联合会
4		加快中置轴车辆运输车的生产研发和公告进程，督促车辆运输车制造企业加强技术及产能储备、按照新标准申报公告和组织生产，尽快形成符合新标准要求的车辆运输车规模产能	2016 年 8 月启动	工业和信息化部	
5	（二）严控新增车辆市场准入	强化车辆产品生产一致性监管，对生产不合规车辆运输车的企业依法严肃处理	2016 年 8 月启动	工业和信息化部	国家质检总局
6		指导各地公安机关交通管理部门加强对申请注册登记的车辆运输车外廓尺寸的实车检测，不符合国家标准要求的车辆，一律不予办理机动车注册登记，并将相关信息上报公安部；公安部将信息汇总通报工业和信息化部、交通运输部	2016 年 9 月启动	公安部	工业和信息化部 交通运输部
7		指导各地道路运输管理机构加强对申请从事道路货物运输经营的车辆运输车外廓尺寸的实车检测，不符合国家标准要求的车辆，一律不予配发道路运输证，将相关信息上报交通运输部；交通运输部将信息汇总通报公安部、工业和信息化部	2016 年 9 月启动	交通运输部	公安部 工业和信息化部

续 表

序号	重点任务	具体工作	时间要求	牵头部门	配合部门
8	（三）综合施策消化存量	指导各省交通运输主管部门、公安机关交通管理部门开展在用车辆运输车申报录入工作，对已申报录入的本方案发布之前注册登记且按照《车辆运输车治理工作方案》要求装载的“单排车”，允许过渡运行；对未申报或超过更新改造承诺期限的不合规车辆运输车，禁止其上路运行，并责令恢复车辆原状，对道路运输经营者责令整改，并依法处罚	2016 年 11 月启动	交通运输部 公安部	工业和信息化部
9		指导各省交通运输主管部门督促汽车整车物流企业分阶段将不合规车辆淘汰、改造或更新为符合国家标准要求的车型，2017 年 6 月 30 日前完成 20% 不合规车辆运输车的更新改造，2017 年年底前完成 60% 不合规车辆运输车的更新改造，2018 年 6 月 30 日前完成所有不合规车辆运输车的更新改造	2016 年 9 月启动	交通运输部	公安部 工业和信息化部
10		指导各省交通运输、工业和信息化主管部门督促各乘用车制造企业根据《车辆运输车治理工作方案》要求，调整生产运输计划及运输合同	2016 年 9 月启动	交通运输部 工业和信息化部	
11		严厉打击乘用车制造企业、汽车整车物流企业阴阳合同等违法违规运输行为，一经查实，交通运输部、工业和信息化部将约谈相关企业，并通报批评	2016 年 9 月启动	交通运输部 工业和信息化部	公安部
12	（四）强化源头监控	指导各地交通运输主管部门会同工业和信息化主管部门、公安机关交通管理部门、认证认可监督管理部门督促乘用车制造企业采取有效措施，防止不符合载运标准、未获强制性产品认证的车辆运输车出场（厂）上路；对于强迫、指使、暗示汽车整车物流企业违法超限运输的乘用车制造企业，依法追究其法律责任	2016 年 10 月启动	交通运输部	工业和信息化部 公安部 国家质检总局
13		指导各省道路运输管理机构加强对乘用车运输场站的监督检查，严格按照《公路安全保护条例》规范企业运输行为，制止不符合载运标准的车辆运输车出场（厂），对违法超限运输的车辆运输车及驾驶人、物流企业等，依照《公路安全保护条例》等法律法规予以处罚	2016 年 10 月启动	交通运输部	

续 表

序号	重点任务	具体工作	时间要求	牵头部门	配合部门
14		指导各省交通运输、发展改革委、公安机关交通管理、工业和信息化、质量技术监督（市场监督管理）等部门建立健全信用信息共享交换和联合惩戒机制，对三次以上违法违规的乘用车制造企业、汽车整车物流企业纳入联合惩戒备忘录，予以曝光、约谈，并依法追究法律责任	2016 年 10 月启动	交通运输部	国家发改委 公安部 工业和信息化部 国家质检总局
15	（五）加强路面执法检查	指导各地公安机关交通管理部门、交通运输主管部门利用全国机动车缉查布控系统和全国道路货运车辆公共监管与服务平台，共同加强对本方案发布之日起注册登记的车辆运输车的检查，严肃查处非法改变车辆外廓尺寸、非法装载及超限运输等行为	2016 年 8 月启动	公安部 交通运输部	工业和信息化部
16		指导各地公安机关交通管理部门、交通运输主管部门按《车辆运输车治理工作方案》要求开展路面检查执法，2016 年 9 月 21 日起全面禁止“双排车”进入高速公路。2016 年 9 月 21 日至 2018 年 6 月 30 日暂时允许本方案公布之日前注册登记的“单排车”过渡运行。指导各地公安机关交通管理部门、公路管理机构加强路面联合执法，严把高速公路入口，对拟进入高速公路的“双排车”一律劝返；拒不听从劝返的，依法处罚并强制卸载。各地高速公路经营管理单位应拒绝“双排车”车辆驶入，并及时报告当地公安机关交通管理部门和公路管理机构。本方案公布之日起注册登记的车辆运输车，必须按照要求合法装载，不执行整改期间的“单排车”过渡运行政策。强化对 2016 年 9—10 月、2018 年 7—8 月两个关键时期的执法管控与应急处置，加强对乘用车生产集中、运输需求大的省市的重点督导	2016 年 9 月启动	公安部 交通运输部	工业和信息化部
17		指导各地公安机关交通管理部门加大对车辆运输车伪造、变造机动车号牌或使用其他机动车号牌等违法行为的查处力度，严格按照《道路交通安全法》相关规定进行处罚	2016 年 9 月启动	公安部	

续　表

序号	重点任务	具体工作	时间要求	牵头部门	配合部门
18	（六）优化治理工作环境	利用微信公众号、网络举报平台及 12328 全国交通运输服务监督电话等渠道，做好车辆运输车治理工作的咨询、投诉及举报工作，指导各省交通运输主管部门调查举报处理；交通运输部会同公安部、工业和信息化部对影响恶劣、集中存在的突出问题开展联合调查，一经查实，严肃查处相关责任人，约谈并通报处理不合规车辆制造企业、乘用车制造企业、汽车整车物流企业	2016 年 9 月启动	交通运输部	公安部 工业和信息化部
19		组织开展“拒绝非法超限运输、净化汽车整车物流行业”倡议活动，利用新闻媒体强化对车辆运输车治理工作的舆论引导	2017 年 8 月启动	交通运输部	国家发改委 公安部 工业和信息化部 中国物流与采购联合会

附件 2

车辆运输车治理工作涉及车辆装载图示

一、禁止双排装载

自 2016 年 9 月 21 日起，全面禁止“双排车”通行。“双排车”是指上下两层均双排装载或上层双排装载下层单排装载，且不符合国家标准的车辆运输车，车型如附图 1 所示。

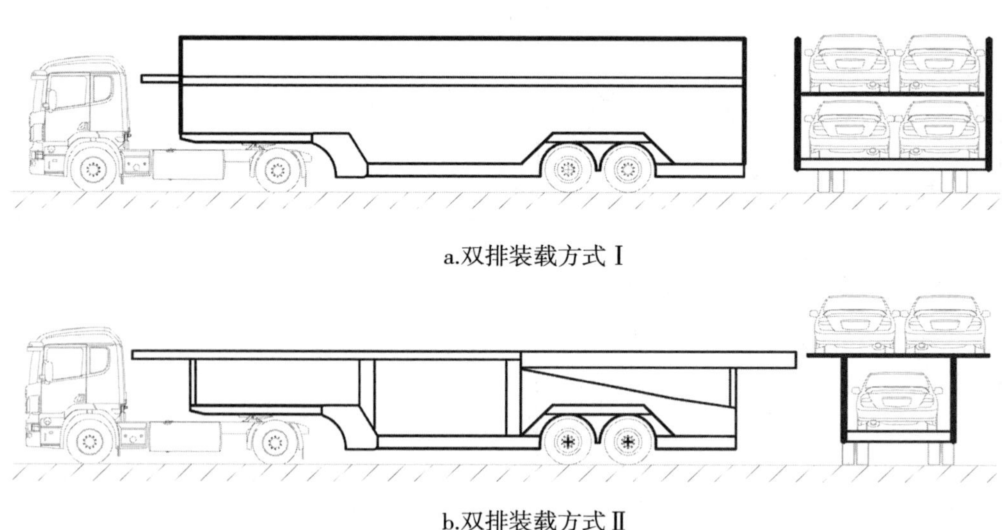

a.双排装载方式Ⅰ

b.双排装载方式Ⅱ

附图 1　禁止通行的“双排车”

二、暂时允许过渡运行的单排装载

“单排车”是指上下单排装载，以及尾部装载的乘用车至少有一轴装载于车辆运输车车厢后立柱以内的，不符合国家标准的车辆运输车。暂时允许过渡运行的“单排车”单排装载方式如附图 2 所示，2016 年 9 月 21 日—2018 年 6 月 30 日，暂时允许本方案发布之日前注册登记的“单排车”过渡运行。

暂时允许过渡运行的单排装载方式不得斜向装载、横向装载、三层装载，也不允许乘用车双轴装载于车辆运输车车厢后立柱外侧，如附图 3 所示。

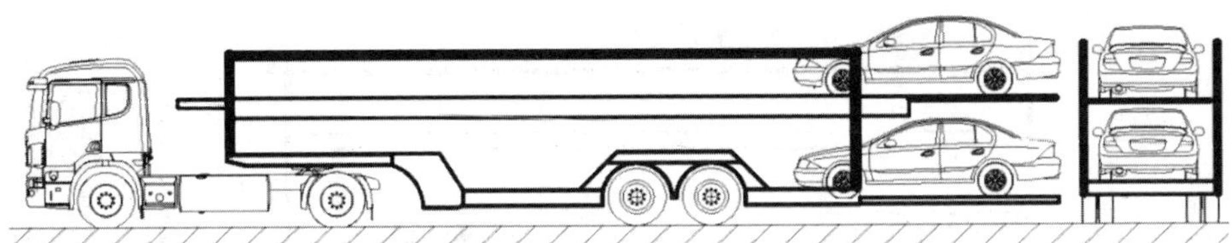

附图 2　暂时允许过渡运行的单排装载

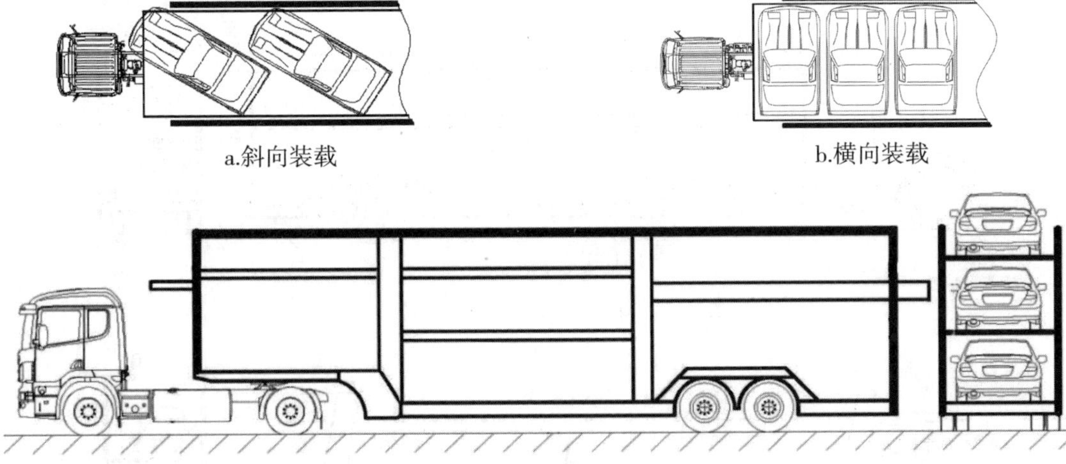

a.斜向装载

b.横向装载

c.三层装载

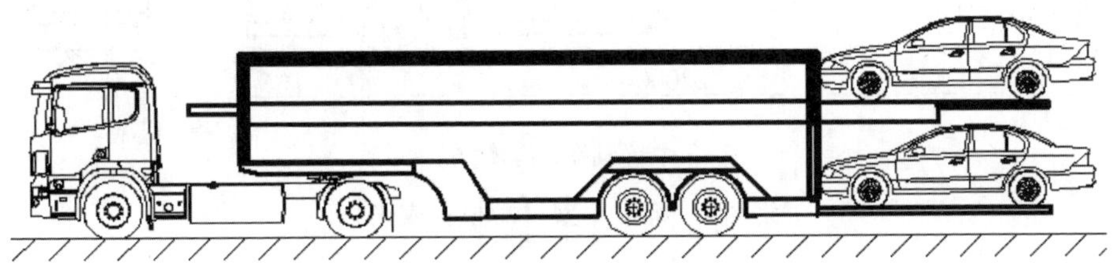

d.乘用车双轴装载于车辆运输车车厢后立柱外侧

附图 3　禁止过渡运行的单排装载

2018 年 7 月 1 日起，全面禁止不合规车辆运输车上路运行。

三、标准车型

符合新修订《汽车、挂车及汽车列车外廓尺寸、轴荷及质量限值》（GB 1589）要求的平头铰接列车、长头铰接列车及中置轴车辆运输列车车型如附图 4 所示。

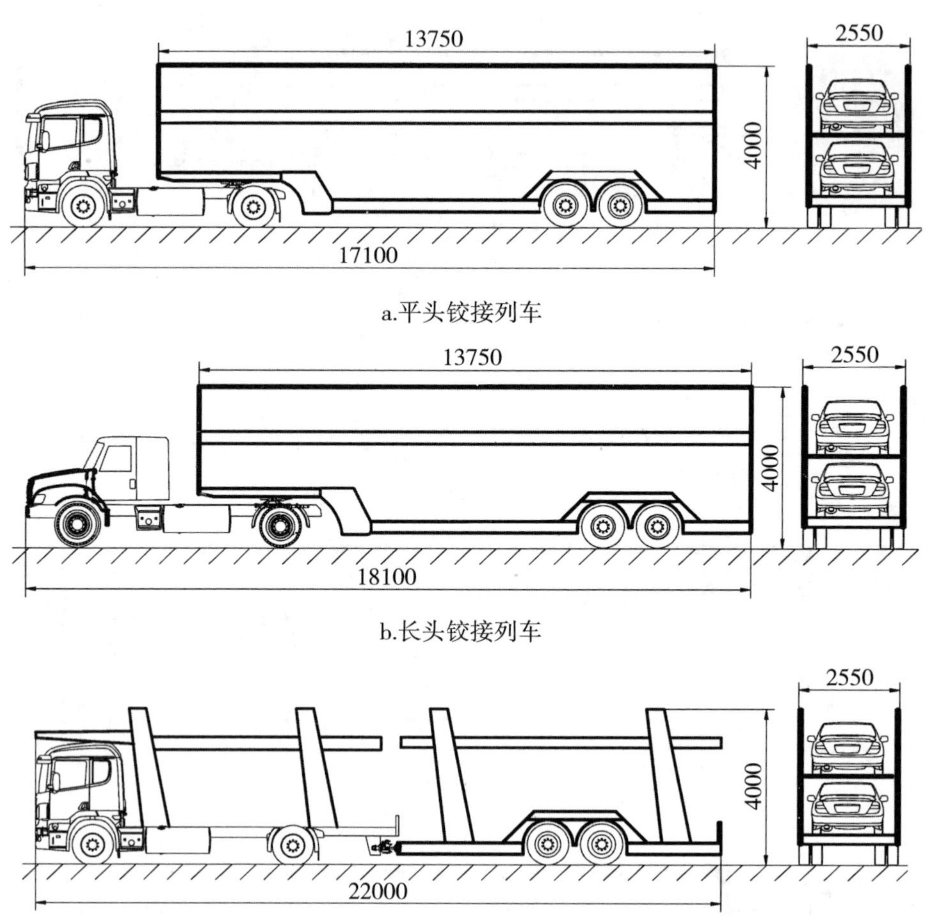

a.平头铰接列车

b.长头铰接列车

c.中置轴车辆运输车

附图 4　标准车型（单位：毫米）

关于车辆运输车治理过渡期有关事宜的指导意见

各汽车物流相关企业：

为规范汽车物流市场秩序，促进汽车制造产业和汽车物流业健康发展，交通运输部、国家发展和改革委员会、工业和信息化部、公安部、国家质量检验检疫总局五部委联合印发《关于印发〈车辆运输车治理工作方案〉的通知》（交办运〔2016〕107号）文件。按照《车辆运输车治理工作方案》（以下简称《工作方案》）要求，自2016年9月21日起，在全国范围内分阶段开展车辆运输车整顿治理，治理过渡期到2018年6月30日为止。为配合做好此次专项治理工作，帮助广大会员单位平稳过渡，中国物流与采购联合会汽车物流分会经研究特提出以下指导意见。

一、高度理解国家政策为行业带来的积极意义

此次治理工作与以往有很大的区别。通过多部门联合执法，分阶段实施治理，采取疏堵结合、源头管控等多项举措，将车辆运输车治理工作细化到位，落在实处，并且在21个月的时间内逐步过渡，梯次淘汰违规车辆，方案可操作性强。行业相关的汽车制造企业、汽车整车物流企业应充分学习理解本次治理工作的具体步骤和细节，避免消极观望，加强与地方交通运输、公安机关交通、工业和信息化等管理部门的沟通协调，积极配合地方管理部门进行的车辆运输车基础信息摸底调查、监督检查、路面执法等工作。

二、积极制订方案落实计划，实现合规经营

按照《工作方案》的总体部署，9月21日起，将在全国启动第一阶段治理工作，全面禁止“双排车”通行。2017年6月30日、2017年年底和2018年6月30日分段按照20%、60%、100%的比例淘汰在用不合规车辆运输车，企业要结合《工作方案》内容，合理添置、调整运力，制订相应的工作计划，保障治理期间汽车物流市场运行稳定。

三、多方携手，根据实情重新核定公路运输成本价格

由于现有车辆运输车全行业超限，成本混乱不清，因此形成的整车物流价格扭曲，

缺乏科学依据。治理工作的开展在短期间内势必会导致运输成本和价格的上涨，汽车整车物流企业要根据不同阶段运输成本上涨情况重新计算运价，与乘用车制造企业重新签订运输合同。分会为推动行业健康发展，促进企业间良好合作，建立行业科学定价机制，综合吸取采纳企业经验和专家研究意见，提出整车物流公路运输成本和价格指标体系研究参考（见附件），供汽车物流企业重新核定运价参考。治理后运费和汽车价格的上涨是合理回归，运价上涨带来的影响，不仅汽车物流企业需要积极应对，也需要乘用车制造企业、汽车消费市场共同携手面对，共渡难关。

四、积极开展多式联运，发展综合运输

目前，乘用车运输市场主要以公路运输为主，由于车辆普遍超限超载导致运价机制被破坏，公路运价低，铁水运价优势难以体现。在治理工作开展后，公路运价将回归正常，铁、水长距离运输的价格优势将得到凸显，各乘用车生产企业与整车物流企业要积极与铁路、水运企业沟通联系，充分发挥铁路和水运运量大、成本低的优势，逐步扩大铁路和水运在乘用车物流中的比重，减少对公路运输的过度依赖，发展多式联运，提高综合运输比例。

五、采取多措并举，提高运输组织效率

各整车物流企业要着力优化物流运输组织，强化运力储备，保证运力供应，确保治理期间运力不短缺，乘用车不积压。要优化既有的公路运输网络，积极开发区域间对流运输、循环运输，提高车辆重载率和利用率，提高单车月运载里程，从原来的“多拉”向“快跑”转变，应对运能缩减及成本上升带来的冲击。

六、问题反映渠道

根据《工作方案》的要求，在治理工作过渡期，凡是按照要求单排装载，最后一辆车前轮在后立柱内的不合规车辆运输车，公安和交通等执法部门将不罚款予以放行，具体运行中可能遇到的不合理执法问题，企业可通过 12328 交通热线进行反映。为确保行业与政府有关部门沟通顺畅，分会得到交通运输部运输服务司支持，建立了治理期间的问题反映渠道。

附件：

整车物流公路运输成本和价格指标体系研究参考

一、指标体系

影响整车物流公路运输成本和价格变化的指标如表 1 所示。

表 1　　整车公路运输价格影响指标

类别	一级指标	二级指标
A：变动成本	A1：燃油费	
	A2：路桥费	
	A3：驾驶员变动费用	A31：驾驶员基础工资
		A32：驾驶员福利及补贴
	A4：车辆运输车变动费用	A41：修理费
		A42：轮胎费
		A43：停车费
	A5：装载加固费	
	A6：商品车事故准备金	
	A7：制造费用分摊	
	A8：商品车保险费用	
B：固定成本	B1：车辆运输车固定费用	B11：折旧费
		B12：保险费
		B13：年检费
	B2：驾驶员固定费用	B21：驾驶员意外险
		B22：驾驶员社会保险费用
	B3：车船使用税	
	B4：GPS 使用费	
	B5：二级检测维护费	
	B6：车辆等级评定费	

续 表

类别	一级指标	二级指标
C：管理成本	C1：办公场所费用	
	C2：管理人员工资及福利费用	
	C3：网络资源管理费	
	C4：其他管理费用	
D：利润	D1：利润	
E：税费	E1：进项税额	
	E2：税费	
	E3：城市维护建设税率及教育费附加	

二、各项指标说明

（一）变动成本

A1：燃油费，是指车辆运输车消耗的燃油费用。重要影响参数：车辆运输车重驶空驶百公里油耗、燃料费平均价格。

A2：路桥费，是指车辆运输车在运输过程中发生的过路费和过桥费。重要影响参数：各地路桥费收费标准。

A3：驾驶员变动费用。

A31：驾驶员基础工资，是指驾驶车辆运输车人员的每月基本工资。

A32：驾驶员福利及补贴，是指驾驶车辆运输车人员的福利及补贴，例如餐补、住宿补贴、通信补贴等。

A4：车辆运输车变动费用。

A41：修理费，是指车辆运输车每年维修、保养、电瓶等费用。

A42：轮胎费，是指车辆运输车每年更新置换轮胎的费用。重要影响参数：车辆轮胎价格。

A43：停车费，是指车辆运输车在运输过程中产生的有偿停车费用。

A5：装载加固费，是指商品车在运输过程中发生的装载加固费用。重要影响参数：加固材料费用。

A6：商品车事故准备金，是指商品车在运输过程中发生意外事故后可使用的备用资金。

A7：制造费用分摊，是指为车辆运输车运输过程中产生的制造间接成本。重要影响参数：中转场站租赁费等。

A8：商品车保险费用，是指商品车运输途中所上的保险，一般指货物责任险。重要影响参数：货物责任险金额。

（二）固定成本

B1：车辆运输车固定费用。

B11：折旧费，是指车辆运输车资产价值的下降。重要影响参数：车辆运输车平均使用年限、车辆运输车残值率等。

B12：保险费，是指车辆运输车每年保险费用，主要包括交强险、商业险等。

B13：年检费，是指车辆运输车年检费用，主要包括牵引车和挂车的年检费用。

B2：驾驶员固定费用。

B21：驾驶员意外险，是指驾驶车辆运输车人员的人身意外保险。

B22：驾驶员社会保险费用，是指驾驶车辆运输车人员的每月基本社会保险，包含五险一金（养老保险、医疗保险、生育保险、失业保险、工伤保险、公积金）。

B3：车船使用税，是指车辆运输车缴纳的车船使用税。

B4：GPS 使用费，是指车辆运输车安装、使用 GPS 的费用。重要影响参数：初装费用分摊，月使用费用等。

B5：二级检测维护费，是指车辆运输车缴纳的二级检测维护费。

B6：车辆等级评定费，是指车辆运输车缴纳的车辆等级评定费。

（三）管理成本

C1：办公场所费用，是指企业为完成商品车运输车服务产生的办公场所费用。

C2：管理人员工资及福利费用，是指企业为完成商品车运输车服务产生的管理人员费用。

C3：网络资源管理费用，是指汽车物流企业为管理合作承运商运输资源产生的费用。

C4：其他管理费用，是指企业为完成商品车运输车服务产生的其他费用。

（四）利润

D1：利润，是指汽车物流企业产生的利润。

（五）税费

E1：进项税额，是指汽车物流企业可以抵扣的税费。

E1：税费，是指汽车物流企业支付或者负担的税费，交通运输业服务的增值税税率为 11%。

E2：城市维护建设税率及教育费附加，是指汽车物流企业负担的城市维护建设税率及教育费附加，一般占税费总额的 10%。

三、举例计算

分别采用中置轴车辆运输车和半挂车不同车辆，分长途和短途两种情况，采用定值进行举例计算，计算结果见表 2。由于设定前提条件较多，选值比较单一，未考虑企业和区域因素，故仅供参考，不能作为企业价格制定的依据，请企业根据指标体系按实际进行测算。

表 2　　设定一些参数下车辆运输车测算结果（仅供参考）

	选取车型	中置轴	半挂车	中置轴	半挂车
测算参数	单车装载位数	9 位或 8 位	6	9 位或 8 位	6
	选取线路运距	1000 公里	1000 公里	500 公里	500 公里
	单车辆运输车月运输里程	7000 公里	7000 公里	4000 公里	4000 公里
	重驶率	75%	75%	50%	50%
指标		单车单公里（元/车）	单车单公里（元/车）	单车单公里（元/车）	单车单公里（元/车）
成本合计		13. 307	12. 114	17. 562	17. 159
不含税价格		14. 969	13. 628	19. 767	19. 302
含税价格		16. 345	14. 889	21. 663	21. 076
单商品车单公里价格		1. 896（9 位） 2. 133（8 位）	2. 784	2. 486（9 位） 2. 797（8 位）	3. 815